I0127169

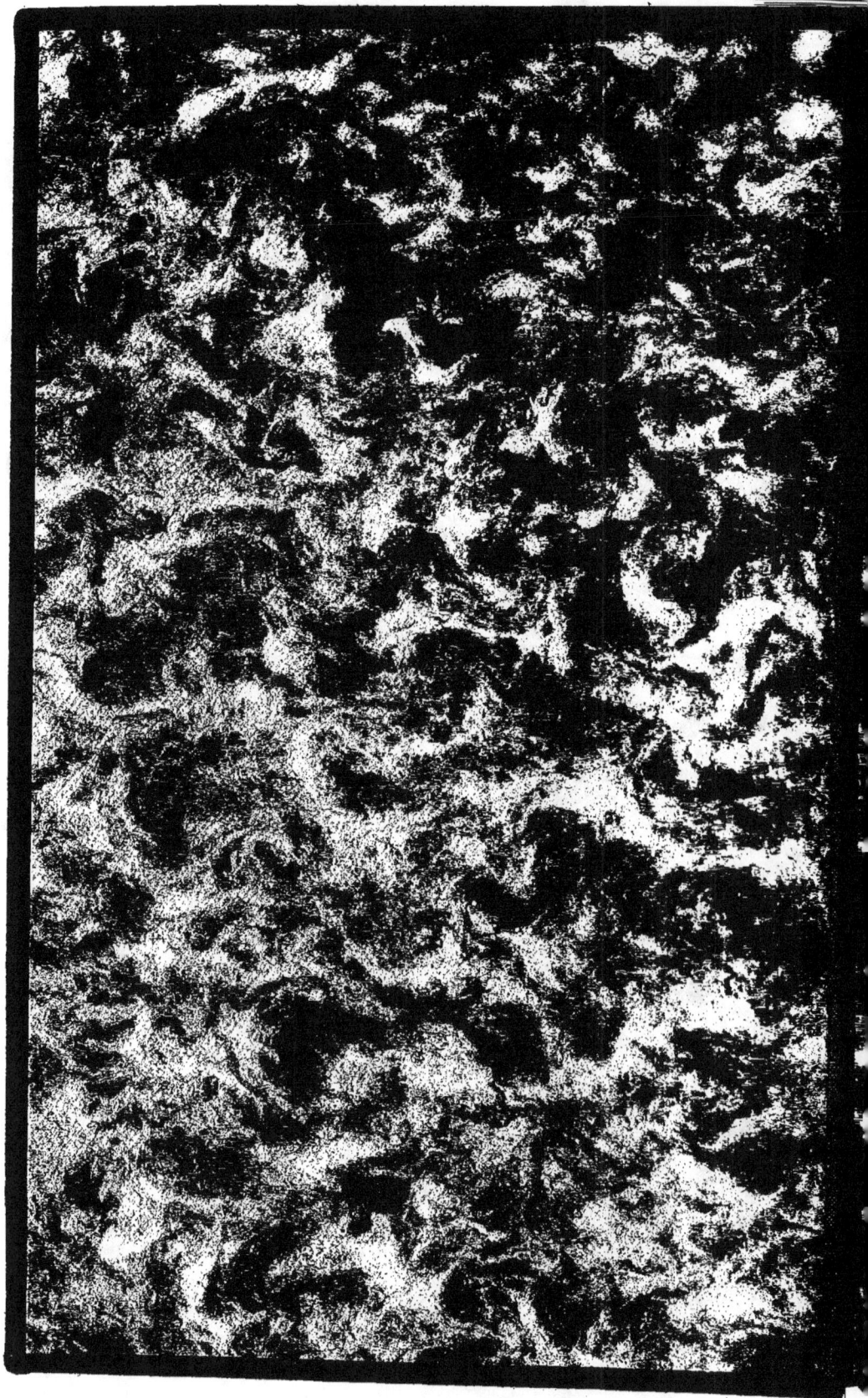

MIDI-RELIURE 1983

GLOSSAIRE

DE LA

VALLÉE D'YÈRES

17

numm 2010

GLOSSAIRE

DE LA

VALLÉE D'YÈRES

POUR SERVIR

A L'INTELLIGENCE DU DIALECTE HAUT-NORMAND

ET

A l'Histoire de la vieille Langue française

Par A. DELBOULLE

Professeur au Lycée du Havre

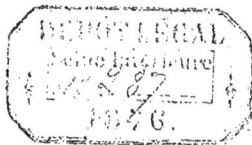

———————➤◄————————

« Quand une langue a eu plusieurs
âges, comme la nôtre, les vieux livres
sont bons à lire. Avec eux on remonte à ses sources, et on la con-
temple dans son cours. »

JOUBERT.
(*Pensées*, tome II, p. 275.)

HAVRE
IMPRIMERIE J. BRENIER & Cⁱᵉ, 2, RUE BEAUVERGER, 2.

—

1876

©

A M. L. YÉBLERON

JUGE AU TRIBUNAL DE COMMERCE

Membre de la Chambre de Commerce du Havre

« Quand tu as adopté et éprouvé un ami, accroche-le à ton âme avec un crampon d'acier, » dit un personnage de Shakspeare. J'ai suivi ce précepte, et c'est pour cela que je vous dédie cet ouvrage, si imparfait qu'il soit, témoignage d'une affection solide et vigoureuse.

A. DELBOULLE

INTRODUCTION

Sur les confins de la Picardie et de la Normandie, au N.-E. du département de la Seine-Inférieure, dans l'ancien pays de Bray (arrondissement de Dieppe et de Neufchâtel), s'étendent trois vallées presque parallèles, dont deux surtout ont une importance historique : la vallée d'Arques (de la Béthune et de l'Eaulne), si connue par la victoire d'Henri de Navarre sur Mayenne (21 septembre 1589) ; et la vallée de la Bresle, qui forme la limite extrême des deux départements de la Seine-Inférieure et de la Somme, et se jette dans la Manche, au Tréport, près de la ville d'Eu.

Entre ces deux vallées se développe la troisième, celle qui fait l'objet de cette étude, la vallée d'Yères.

Elle tire son nom d'une petite rivière qui a pour origine les fontaines abondantes d'Aubermesnil et de Villers-sous-Foucarmont, à la lisière N.-N.-O. de la basse forêt d'Eu, dans les dernières ramifications des collines de Picardie et de Caux (altitude moyenne 200 à 104 mètres). L'Yères longe la lisière occidentale de la haute forêt d'Eu, arrose de nombreux et riches villages : Aubermesnil, Villers, Foucarmont, Fallencourt, Saint-Riquier, Dancourt, Saint-Remy, Béthencourt, Grand-court, Déville, La Pierre, le Val-du-Roy, Villy-le-Bas,

Sept-Meules, Cuverville, Saint-Martin-le-Gaillard, Criel, et se jette dans la Manche, entre Dieppe et le Tréport, après un cours d'environ 40 kilomètres.

Défendue à l'Ouest dans presque toute sa longueur par la haute forêt d'Eu, comme par une palissade naturelle, abritée à l'Est par des collines boisées d'où les habitants pouvaient facilement inquiéter et harceler l'ennemi, la vallée d'Yères, grâce à sa situation peu accessible, paraît avoir médiocrement souffert des invasions anglaises aux XIVme et XVme siècles. Henri V, marchant d'Harfleur vers Azincourt (1415), la traversa à son extrémité septentrionale, mais ses soldats n'eurent pas le loisir de la *gaster et de la destruire,* et après avoir fait une halte de quelques heures à Eu, *derraine ville de Normandie* (chronique de J. Le Fèvre), ils poursuivirent rapidement leur route par Gamaches, laissant la forêt à leur droite. Les vallées de l'Eaulne et de la Bresle, moins heureuses, furent le trajet ordinaire des bandes destructives : Londinières, Bures, Croixdalle, furent pillés ou dévastés à maintes reprises; Blangy, Monchaux, Aumale, eurent le même sort. Il serait sans doute téméraire d'affirmer que notre vallée échappa complétement aux ravages de la Guerre de Cent Ans, puisque nous savons que Fallencourt fut occupé par les Anglais en 1419, et que certains noms de village, comme le Val-du-Roy, Réalcamp *(regalis campus),* rappellent à l'esprit le séjour des armées ; mais il est certain, et pour soutenir cette opinion, je m'autorise du silence des chroniqueurs, que l'occupation étrangère n'a pas eu chez nous une longue durée. Nous en donnerons une preuve convaincante : lorsque une armée conquérante séjourne longtemps dans un

pays, il est sans exemple qu'elle ne laisse point de
trace de ses mœurs, de son langage, de sa prononciation
et que les vaincus ne prennent point l'habitude de parler l'idiôme des vainqueurs. On a dit avec raison que
la présence d'un grand nombre de termes étrangers,
pénétrant de vive force dans un idiôme qu'ils violentent,
mettait sur le trace d'une invasion. Or, rien n'est moins
anglais que le caractère des paysans de la vallée d'Yères:
ils sont obséquieux, rusés, cauteleux, malheureux
quand ils se lèvent *sans une longue hottée de chica-
nerie*, âpres au gain, comme les Normands leurs ancêtres, dont ils ont tout gardé, excepté la bravoure et la
passion des entreprises lointaines. Quant au langage,
il est gros et rude ; on sent le voisinage de la Picardie.
Les finales des mots, loin de s'assourdir, sonnent fortement, *veritai, bontai, seraientt, aimaientt,* que
je *vienche,* que je *meurche,* que j'*apprinche, oz'avaimes, oz'aviommes,* etc., formes et sons qui rappellent
les traits sévères du dialecte normand au XIIme siècle,
et qui n'ont rien de commun avec l'anglais ancien et
moderne. Les envahisseurs des XIVme et XVme siècles,
n'ont donc fait que camper dans notre vallée, et si l'on
rencontre dans ce Glossaire quelques mots anglais à
peine altérés, comme *Baude* (Bawd), *Clapet* (to Clap),
Clencher (to Clinch), *Garden* (Garden), *Héque* (Hatch),
Hoigner (to Whine), *Hive* (Heave), *Reluquer* (to Look)
Rimer (to Rime), etc., lors même que ces mots n'auraient pas une origine saxonne indépendante, il faudrait, dit justement M. Du Méril, pour en rien conclure,
savoir s'ils ont été apportés en Angleterre dans le Xme
siècle ou en Normandie pendant le XIVme.

Si nous ignorions l'historique de ces mots, dont la

plupart se retrouvent dans nos vieux auteurs du XIVme
siècle, la longue durée de la domination normande
en Angleterre nous porterait plutôt à croire qu'ils ont
été importés chez nos voisins d'outre-mer par les des-
cendants des compagnons de Rollon ; car, comment
admettre qu'aussitôt après s'être établis dans notre
pays par droit de conquête, les vainqueurs n'eussent
rien retenu de leur dialecte septentrional ? De nom-
breuses dénominations locales, témoins immuables
du passé, attestent encore aujourd'hui l'influence que
le langage de ces rudes conquérants exerça en Normandie. Comme les bandes germaniques qui les avaient
précédés, ils embrassèrent la religion chrétienne, moins
par conviction que par politique, mais cette conver-
sion n'eut pas pour effet immédiat de les faire renoncer à leurs institutions, à leurs mœurs, à leur langue.
On sait qu'au Xme siècle, ils la parlaient encore, et
parmi les seigneurs et les aventuriers qui s'attachè-
rent à la fortune de Guillaume-le-Bâtard, un grand
nombre sans doute n'étaient pas assez familiarisés avec
le latin et le roman grossier des prêtres et des moines
pour avoir oublié complétement l'idiôme de leurs
caractères et perdu le souvenir de leur origine : de tels
changements ne s'opèrent qu'à la longue, et il faut des
siècles pour que les vaincus absorbent les vainqueurs.
L'idiôme qu'ils imposèrent au pays conquis fut par
conséquent un mélange de mots latins et septentrio-
naux, avec prédominance toutefois des formes et des
tournures latines, car il ne faut pas oublier que des
raisons politiques les avaient forcés d'apprendre la langue des indigènes, et que la province où ils avaient fini
par fixer leur course vagabonde était habituée depuis

César jusqu'à Charlemagne à l'administration, aux lois et aux mœurs romaines. Des médailles, des monnaies d'or et de bronze, des amphores, des restes de villas, de grandes voies connues sous le nom de chaussées, témoignent de la longue domination des empereurs dans notre province et principalement dans la vallée d'Yères. Mais ce n'est pas dans les couches profondes du sol que cette domination a laissé les empreintes les plus durables, c'est dans la langue parlée aujourd'hui par les habitants. *Avourie, dérire, duire, éternir, étramer, henne, jougler, lapier, rapiat, serte, vespe, se vitoler,* sont des mots tout-à-fait latins, et le lecteur qui prendra la peine de parcourir ce Glossaire en reconnaîtra une foule d'autres qui ont conservé non-seulement leur sens primitif, mais presque leur ancienne accentuation. La conjugaison des verbes à certains temps et à certaines personnes offre surtout des particularités curieuses : les formes *éraites, iraites, devraites, venderaites,* etc., ne sont-elles pas la reproduction exacte pour le son et pour le sens de *haberetis, iretis, deberetis, venderetis ?* C'est à cause de cette affinité avec l'une des plus belles et des plus anciennes langues littéraires que l'étude de notre patois m'a paru intéressante, et que j'y ai pris un plaisir infini. Les invasions germaniques et plus tard les invasions des hommes du Nord modifièrent, comme nous l'avons dit déjà, cette langue adoptée par les indigènes, mais elles ne firent qu'entamer *l'indestructible ciment romain.*

Si les paysans de notre Vallée ont conservé aussi fidèlement la langue de leurs premiers vainqueurs, le dépôt des anciennes traditions, le vieux langage des

trouvères et des *fableors,* celui de Joinville et de
Froissart, c'est qu'ils sont restés longtemps sans rela-
tions extérieures, éloignés des grandes voies de communication, et presque étrangers au reste de la province. Ce sont encore des *ruraux* dans toute l'acception du terme, et de tous ceux qui aujourd'hui
ont dépassé l'âge d'homme, la plupart mourront sans
comprendre les mots *égalitaire, septennat, intran-
sigeant, opportuniste,* et tous les néologismes savam-
ment barbares des charlatans politiques. Leurs fils
auront ce bonheur, car déjà la *civilisation* les pénètre,
les envahit, et quelques-uns commencent à épeler la-
borieusement les longs articles du *Rappel* et des *Droits
de l'Homme.* Inondés des torrents de lumière que ver-
sent sur eux les Vacquerie et les Rochefort, ils prennent
déjà en pitié l'ignorance et la simplicité de leurs pères.
Ne leur parlez point des *Débats,* du *Temps,* du *Dix-
neuvième Siècle* : tout cela ce n'est que de l'eau
claire. Leurs oracles quotidiens les régalent d'un vin
bien *autrement capiteux.* Aussi questions religieu-
ses, questions politiques, ils tranchent tout avec une
assurance radicale, à la façon des gens qui ne doutent
de rien, parce qu'ils ignorent tout. Que de fois, en les
entendant raisonner sur les affaires publiques, j'ai
applaudi à ces paroles salées d'un philosophe cynique
que rapporte Montaigne : « Démétrius disoit plaisamment de la voix du peuple, qu'il ne faisoit non plus de
recepte de celle qui luy sortoit par en hault, que de
celle qui luy sortoit par en bas. » Est-il besoin d'ajouter que ces jeunes émancipés rougissent autant du
langage que des idées de leurs ancêtres ? Adieu, langue des Turold et des Rutebeuf ! Adieu, langue de

Louis XI et de Rabelais ! Il était temps de composer
ce livre ou plutôt de faire ma gerbe; demain, il n'y
aura plus rien à glaner.

Il est bien probable qu'on se demandera encore
quel intérêt peut offrir le patois de quinze à seize
villages obscurs, comment on peut y trouver « un
plaisir infini, » quelles choses neuves et utiles le
recommandent aux historiens de la langue française.
En effet, pour le plus grand nombre, et je dirai
avec M. Bréal, pour l'ignorance, les patois sont des
jargons, « une sorte de corruption et de caricature
du français, un parler tout à fait digne de mépris. »
Les puristes, esclaves de Noël et de Chapsal, sont les
ennemis déclarés de ces *ramages particuliers* (Et.
Pasquier); à leurs yeux, « ce sont des parents pauvres
que l'on consigne à la porte, que l'on fait chasser
par ses gens, s'ils osent passer le seuil, et que l'on
ne reconnaît plus. » Et cependant c'est dans les patois, comme le dit fort bien Max Muller, que se ma-
nifeste la vie réelle, la vie élémentaire et naturelle
du langage. Mais personne n'a parlé des dialectes et
n'en a encouragé l'étude avec plus d'esprit et en
meilleurs termes que M. Bréal, et nous ne saurions
mieux faire que citer, sur ce sujet, ses propres
paroles : « La plupart de nos instituteurs, dit-il,
enseignent le français comme une langue tellement
au-dessus du patois, qu'on ne peut même pas songer
un instant à les mettre en parallèle : le patois pour
eux est non avenu, ou s'ils en parlent, c'est comme
d'un antagoniste qu'il faut détruire. L'élève qui
arrive à l'école parlant son patois est traité comme
s'il n'apportait rien avec lui ; souvent même, on lui

fait un reproche de ce qu'il apporte, et on aimerait
mieux la table rase que ce parler illicite. Rien n'est
plus fâcheux et plus erroné que cette manière de
traiter les dialectes. *Loin de nuire à l'étude du
français, le patois en est le plus utile auxiliaire,*
et il ne sera pas difficile de démontrer que là où il
existe un patois, l'enseignement grammatical, pour
peu qu'on ach e s'y prendre, devient aussitôt plus
intéressant et plus solide. On ne connaît bien une
langue que quand on la rapproche d'une autre de
même origine. Le patois, là où il existe, fournit ce
terme de comparaison.... Tantôt il présentera à
l'état simple des mots qui, en français littéraire,
n'existent plus que dans des composés ou des dérivés. D'autres fois, un mot qui est sorti de notre
langue vit encore dans les patois. Souvent le français n'a gardé que le sens détourné, quand le patois
a encore le sens propre et primitif. » (*Quelques Mots
sur l'Instruction publique en France,* par Michel
Bréal. Hachette, 1870.)

Longtemps avant M. Bréal, Burguy, l'auteur de
la Grammaire de La langue d'Oil, insistant sur la
nécessité d'étudier les dialectes, écrivait dans la préface de son savant ouvrage : « Les temps sont passés où l'on criait de toutes parts : *Mort aux patois !*
On en recueille aujourd'hui les moindres débris. On
a reconnu que l'étude des patois est une introduc-
duction nécessaire à la connaissance des radicaux de
la langue littéraire, et que, par eux seuls, on parvient
à s'expliquer distinctement le plus grand nombre des
étymologies. Toutefois, les savants de quelques-unes
de nos provinces n'ont pas déployé assez d'activité

pour rendre au jour les inappréciables monuments de l'art d'exprimer la pensée. »

C'est après avoir lu et relu les ouvrages des Littré, des Du Méril, et ceux des savants que je viens de citer, que l'idée m'est venue de faire ce livre. Je n'ignorais pas tout ce que j'ignore pour mener à bien un tel travail, mais j'ai pris pour guides ces philologues illustres, et je me suis efforcé de marcher dans leur lumière.

Je ne terminerai pas ces quelques lignes sans remercier de ses obligeantes communications M. Léopold Simon de Bures, conseiller d'arrondissement. Il avait amassé sur le patois normand des matériaux qu'il m'a donnés, en véritable ami, sans compter.

TABLE

Des principaux Auteurs et Ouvrages cités
dans ce Glossaire

Chroniques Anglo-Normandes, pub. par Francisque Michel, 3 vol. Rouen, 1836-1840.

Chronique de la Pucelle. Delahays. Paris, 1859.

Claude Gauchet. — Les Plaisirs des Champs. Franck. Paris, 1859.

Coquillart. — OEuvres, 2 vol. Jannet. Paris, 1857.

Decorde. — Dictionnaire du patois du pays de Bray. Neufchâtel, 1852.

Delisle (Léopold). — Agriculture en Normandie au moyen-âge, Evreux, 1851.

Deschamps (Eust.) — Poésies pub. par Crapelet. Paris, 1832.

Dergny. — Le Pays de Bray. Rouen, 1870.

Diez. — Grammaire romane, 3 vol. Vieweg. Paris, 1870-76.

Du Cange. — Glossarium ad scriptores mediœ et infimœ latinitatis. Paris, 1768.

Du Méril. — Dictionnaire du Patois normand. Caen, 1849. — Essai sur la formation de la langue française. Franck. Paris, 1852.

Ernoul. — Chronique. Renouard. Paris, 1871.

Evangile des Quenouilles. Jannet. Paris, 1855.

Fabre. — Glossaire du Patois poitevin. Niort, 1868.

Fierabras, Chanson de geste. Vieweg. Paris, 1861.

Floire et Blanceflor, pub. par Du Méril. Jannet. Paris, 1856.

Froissart, pub. par S. Luce. Tom. 1er. Renouard. Paris, 1870.

Garin le Loherain (La mort de), pub. par Du Méril. Franck. Paris. 1862.

Gaston Paris. — La Vie de saint Alexis. Vieweg. Paris, 1872.

Gaydon, Chanson de geste. Franck. Paris, 1862.

Génin. — Récréations philologiques, 2 vol. Chamerot. Paris, 1858.

Guillaume de Saint-Pair. — Le Roman du Mont Saint-Michel, pub. par Francisque Michel.

Hugues Capet, Chanson de geste. Franck. Paris, 1864.

Huon de Bordeaux, Chanson de geste. Vieweg. Paris, 1860.

Jaubert. — Glossaire du centre de la France, 2 vol. Nap. Chaix. Paris, 1856.

Jean Le Fèvre. — Chronique, tom. 1er. Renouard. Paris, 1876.

Joinville, pub. par de Wailly.

Le Héricher. — Histoire et Glossaire du Normand, 3 vol. Paris, 1862.

Le Houx (Jean), pub. par A. Gasté. Le Gost-Clérisse. Caen, 1875.

Leroux de Lincy. — Proverbes français, 2 vol. Delahays. Paris, 1859. — Les Livres des Rois. Paris, 1841.

Littré. — Dictionnaire de la Langue française.

Louis XI. — Les Cent Nouvelles nouvelles. Delahays. Paris.

Marie de France, œuvres, 2 vol. pub. par Roquefort.

Marot, œuvres. 4 vol. Picard. Paris, 1868.

Mellin de Sainct-Gelays, œuvres, 3 vol. Daffis. Paris, 1873.

Ménippée (Satire), pub. par Ch. Labitte. Charpentier. Paris, 1863.

Meung (Jean de). — Le Roman de la Rose, pub. par Francisque Michel. Didot. Paris.

Moisy. — Onomatologie normande. Vieweg. Paris, 1875.

Montaigne. — Essais, 4 vol. pub. par Louandre. Charpentier. Paris, 1854.

Nouvelle Fabrique des excellents Traicts de Vérité. Jannet. Paris, 1853.

Nouvelles françaises du XIIIeme siècle. Jannet. Paris, 1856.

Palsgrave (Grammaire de), pub. par Génin. Paris, 1852.

Pathelin (La Farce de), pub. par P.-L. Jacob. Delahays. Paris, 1859.

Partonopeus de Blois, 2 vol. Crapelet. Paris, 1834.

Rabelais. — Œuvres, 2 vol. Didot. Paris, 1870.

Roger de Collerye. Jannet. Paris, 1855.

Ronsard. — Œuvres choisies. Charpentier. Paris, 1873.

Rutebeuf. — Œuvres, pub. par Jubinal, 3 vol. Daffis. Paris, 1874.

Sand (George). — Romans rustiques. Michel Lévy. Paris.

Scheler. — Dictionnaire de l'Etymologie française. Maisonneuve. Paris, 1873.

Talbert. — Du Dialecte blaisois. Thorin. Paris, 1874.

Thibaud de Marly. — Vers ou Stances sur la mort, pub. par Crapelet. Paris, 1835.

Villon. — Œuvres, pub. par P.-L. Jacob. Jannet. Paris, 1854.

Wace. — Roman de Rou. Rouen, 1829.

ERRATA

Assassineux, page 23, ligne 10. La citation qui suit ce mot doit être rapportée à *assassin*.

Magnitudinus, page 81, ligne 27, lisez *magnitudinis*.

Encraper, page 136, ligne 33, lisez *encrapper*.

La suffixe, page 309, ligne 22, lisez *le* suffixe.

GLOSSAIRE

DE LA

VALLÉE D'YÈRES

~~~

A

À, prép. — À exprime souvent le rapport de l'objet possédé au possesseur : « La ferme *à* Martin ; le cheval *à* Pierre. »

Cette locution a été conservée dans : « la barque *à* Caron ; la part *à* Dieu ; le denier *à* Dieu ; la vache *à* Colas. »

Elle est très fréquente dans nos vieux auteurs :

« Fils *à* putain, qué est-ce que tu dis. » (Garin, v. 2690.)

« Lors espousa selon la loi paiienne Coustans li biaus varlès la belle fille *à* l'empereour. » (Nouv., XIIIe siècle.)

> Desjà le point du jour peu à peu s'avançoit
> Et la femme *à* Tithon son chemin commençoit.
>
> DESPORTES, *Elégies.*

Dans ses romans rustiques, G. Sand a tenté de remettre cette tournure en honneur : « Voici comment le grand-père *à* Brulette et la mère *à* Joseph demeuraient sous même chaume. » *(Les Maîtres Sonneurs.)*

1

Les auteurs latins, surtout les poëtes, employaient fréquemment le datif au lieu du génitif :

> Pastores, *hedera* nascentem ornate poetam,
> Arcades invidia rumpantur ut ilia *Codro*.
>
> VIRG.
>
> Mos erat *Romanis*.
>
> T. LIV.

De même *Au* s'emploie pour *du* : « La fille *au* père Langlois. »

> Li boens rois estoit cuens d'Anjou et de Provance,
> Et c'estoit filz de roi, frères *au* roi de France.
>
> RUT., I, p. 169.
>
> La peste de ta chute, empoisonneur *au* diable.
>
> MOLIÈRE, *Misanthrope*.

‖ *À* est mis pour *aux* dans cette locution : « Aller *à* vrêpes (vêpres), » et dans certains noms de localités : « La Fosse-*à*-Cats ; l'Arbre-*à*-Mouques. »

‖ *À*, *Au*, dans certaines phrases elliptiques signifient *chez, dans la maison de, dans la boutique de, à la fête, au pèlerinage de.* — Aller *à* l'épicier, *au* médecin, *à* Saint-Onuphre.

Signalons encore ces locutions remarquables : « Aller *à* dorures, aller à la ville pour acheter des bijoux *;* — aller *à* cailloux, aller ramasser des cailloux *;* — aller *à* pommes de terre, aller arracher des pommes de terre.

‖ *À* pour *de* et *en* : « Venir *à* bonne heure. — Je vous donne vingt francs *à* compte. »

A, Al, pron. pers., 3° personne du fém. singulier : — « *A* m'a dit de m'en aller. » Plus souvent *al*, surtout devant une voyelle : « *Al* a dit je ne sais quoi. »

« Vous voyez qu'*al* la soutient. — Vous êtes témoins comme *al* l'assure. » (Molière, *Don Juan*.)

Selon Burguy, cette forme *Al* ou *Ale* est bourguignonne, et se trouve quelquefois dans les sermons de Saint Bernard, ex. : « Car coment feroient-eles à altrui ceu k'eles ne welent mies c'un facet à *ales* ? »

Dans notre patois *al* est toujours sujet. On dira : « *Al* a commandé qu'on s'adressât à elle. »

Al fait au pluriel *elles*, comme en français, devant une voyelle ; *é*, devant une consonne : « *É* disent qu'elles viendront nous voir. »

ABALER, v. act. — Faire tomber, mettre à bas : « *Abaler* les branches d'un arbre pour en cueillir les fruits : — *Abaler* un tombereau. »

On dira d'un arbre qui ploie sous les fruits qu'il en est *abalé.*

Abaler est le vieux verbe français *avaler*, qui signifiait proprement faire descendre, mettre en bas.

ABAT-VENT, n. m.— Même signification que *contrevent.*

ABIMER (s'), v. réfl. — Se blesser grièvement. « Il s'est *abîmé* le bras en tombant de voiture. »

ABLOQUER, v. act. — Mettre une maçonnerie sous les pièces principales de la charpente d'une maison, d'une grange, etc.

Le part. *abloqué,* au fig., signifie *solide, trapu.* « Voilà un homme bien *abloqué.* » V. fr. *Abloc,* bloc de pierres, pilier ; *ablochier, abloquier,* asseoir sur un bloc.

ABLOUGUETTE, n. f. — Mince cordon de cuir, petite lanière qui sert à lacer les souliers (à les boucler.) C'est un diminutif de *blouque,* d'où *blouquette.*

« Audit Simonnet le Bec, pour une douzaine de *blouquettes* d'argent dorées... (Douet-d'Arc, *Compte de l'argenterie du Roi.*)

> Et si ont les longues cornetes
> Et leure solairs fais *à blouquetes,*
>> *Le Dict du Riche et du Ladre,* cité par JAUBERT.

Ce mot est donc composé de la préposition *à* et de *blouquette,* comme *alumelle* de *à* et *lemele, lamelle,* petite lame. — Eust. Deschamps parle aussi de *solers à bouclettes.* (*Le Miroir du Mariage.*)

ABLOUQUER, Ablouguer, v. a.— Lacer ou nouer avec une *ablouguette.*

ABOLIR, v. act.— Intimider, déconcerter, abattre : « Cet homme vous *abolit* avec ses raisons. — Cette triste nouvelle m'a *aboli.* » Etym. lat. *Abolere.*

Ce verbe est surtout très usité au part. passé, dans le sens de *honteux, désolé, abattu.*

« Tu n'es pas *aboli* de me demander de l'argent, quand tu m'en dois encore ! — Le pauvre homme, il est tout *aboli* de la maladie de sa fille. »

« Et estoient donc Anglois si *abolis* que un Franchois en eust cachié trois. » *(Chron. normande*, p. 456.)

ABOULER, v. act. — Jeter, pousser : « Allons, *aboule* ton argent, ou simplement, *aboule*. » De *à* et de *bouler*. Dans une pièce de vers, la *Requeste des Frères Meneurs*, publiée par Jubinal, nous trouvons *bouler* avec le sens de *abouler* :

> Car chascuns pense de *bouler*
> Por toutes ces gens (les moines) saouler.

ABRE, n. m. — Arbre.

> Pour l'amour du buisson va la brebis à l'*abre*.
> L. de LINCY, *Prov. fr.*

« Il est vrai qu'autrefois on prononçoit à la cour *abre* et *mabre*, pour arbre et marbre, mais mal ; aujourd'hui, cela est changé, on prononce l'*r*. » (Vaugelas.)

‖ *Faire l'abre*, attendre longtemps. Se dit aussi d'un singulier jeu d'enfants, qui consiste à se tenir longtemps droit sur la tête. Il y est fait allusion dans ce passage de Rabelais : « A ceste heure fais bien à poinct l'arbre forchu, les pieds à mont, la teste en bas. » (*Pantagruel*, liv. IV, 19.)

ABRIER, v. act. — Mettre à l'abri, couvrir.

« Je luy dis qu'il n'oubliast de rejecter ma robe sur son lict, en manière qu'elle les *abriast* touts deux. » (Montaigne.)

> ....Le clergé qui tremble
> *Abria* de ses mains ces deux horreurs ensemble.
> D'AUBIGNÉ, Trag., p. 152.

Plusieurs étymologistes font dériver *abrier* du mot *abre* à cause du refuge que les arbres fournissent pendant une ondée. Il est plus probable qu'il vient de *apricus locus* ou de l'adjectif neutre *apricum*, lieu exposé au soleil. « Il n'a été besoin, dit Littré, que d'une légère extension de sens, pour faire d'un lieu exposé au soleil, un lieu où l'on est à l'abri du froid et de l'humide. »

ABRUVER, v. act. — Abreuver.

« J'ay veu des récits bien plaisants devenir très ennuyeux en la bouche d'un seigneur, chacun de l'assistance en ayant été *abbruvé* cent fois. » (Montaigne).

Abruver donne *abruvoir*; on dit aussi *bruvage* au lieu de *breuvage*.

Dans beaucoup de mots, nos paysans prononcent souvent *u* la diphthongue *eu*; ex.: « *Ju, Diu, liu, fu*, etc. » Dans les noms propres qui commencent par *eu*, cette diphthongue sonne toujours *u* : « *Ugène, Ucharistie, Ustache, Urope, Udoxie.* » J'ai entendu beaucoup de mes compatriotes dire *pur, malhur, hurter*.

« Tout ce qui parle bien en France, disait Théodore de Bèze, prononce *hureux*.»

Les exemples de cette prononciation abondent dans nos vieux auteurs.

> Cil ki scivent de *troveure*
> Devreient bien mettre leur cure,
> Es buins livres...
> MARIE DE FRANCE.

On en trouve dans Lafontaine et jusque dans Voltaire :

> .....Grande est l'*émeute*,
> On court, on s'assemble, on députe,
> A l'oiseau...
> LAF., liv. X, 3.

> Mars, autrefois, mit tout l'air en *émeute*.
> Certain sujet fit naître la dispute
> Chez les oiseaux.
> LAF., liy. VII, 8.

> Près des bords de l'Iton et des rives de l'*Eure*,
> Est un champ fortuné, l'amour de la nature.
> VOLT., *Henriade*.

M. Talbert prétend *(Du Dialecte Blaisois)* que le son *u* appliqué à la diphthongue *eu* ne date pas de plus loin que 1530, mais les preuves qu'il en donne sont loin d'être concluantes.

Le son *u* s'est conservé dans le participe *eu*, dans *gageure, hurler*, autrefois *heurler*.

ACACHER, v. act. — Chasser vers : « *Acache* les vaches à l'étable.»

ACCOLERON, n. m. — Pièce du harnais qui retient le timon au cou des chevaux. De *à* et de *col*.

ACCORDS, n. m. plur. — Conventions qni précèdent le mariage ; *accordailles*.

ACCOUDRE, v. act.— Coudre un morceau à un autre. Pour la conjugaison, v. *Coudre*.

> Après ce coteles se firent
> De feuilles, qu'ensemble *acousirent*. — R. d. S. Q.
>> Burguy, gr. II, p. 135.

ACCOUPLIÈRE, n. f. — Petite lanière ou corde servant à attacher le fouet au manche. De *à* et de *couple*, lien pour attacher ensemble deux ou plusieurs choses.

ACCOUVER, v. act. — Jeter bas, renverser par terre ; mettre quelqu'un dans la position d'une poule qui couve ses œufs : « Il a voulu me colleter, mais je l'ai joliment *accouvé*. »

|| S'*accouver*, s'accroupir, s'asseoir sur ses talons.

Comme verbe réfléchi, *accouver* est très usité, surtout dans un sens érotique. On dit d'une femme légère et qui recherche les hommes qu'elle ne demande qu'à s'*accouver*.

Du latin *accubare*.

ACCUEILLIE, n. f. — Elan ; prendre son *accueillie*, s'élancer. Dans nos vieux auteurs, s'*écueillir* a le sens de s'élancer, et *écueil* la signification précise d'élan :

> Prist son *écueil*, si s'est évertuez,
> Vingt et cinq piez est sailliz mesurés.
>> *Bat. d'Aleschans*, v. 5618.

En parlant d'un cheval, Froissart a dit : « Et prit son mors aux dens par telle manière qu'il s'*escueillit*. »

Nous trouvons avec le même sens *acoillir*, d'où dérive directement *accueillie* :

> A l'enjornée oissiez cors tentir,
> Grailes soner et boisines bondir,
> Et le charroi et les chers *accoilir*,
>> Garin, v. 1044.

> L'espée fiert à terre de si grant *escueillie*,
> Grant demi pié l'embat dedens la pracrie.
>> Aye d'Avignon, v. 840.

ACONDUIRE, v. act. — Conduire à : « Il s'est fait *aconduire* de Grandcourt à Foucarmont. »

Dunc prist l'arcevesque en sa main,
Si *aconduist* le conte Alain
Au duc pour faire son voleir.

BURGUY, gr. II, 255.

ACOUTER, v. act. — Écouter. « Aucuns disent *acouter*, les au-tres *ascouter* ; d'autres et plus communément *escouter*. » (Tr. de Nicot). Selon le Dict. de Trévoux, ce n'est que la populace qui parle ainsi ; tous les honnêtes gens disent *écouter*.

« Se une femme grosse d'enfant désire savoir quel hoir elle porte, *ascoutez*-la parler. » (*Ev. des Quenouilles*).

‖ *Acouter* dire, écouter les autres quand ils parlent : « Tais-toi, *acoute* dire. » *Acouter* se rapproche plus du latin *auscultare* que *écouter*.

ACRE, n. m. — Mesure de terre dont l'étendue varie selon les lo-calités : « L'acre, dit l'abbé Decorde, se compose de 160 perches. Mais l'on distingue différentes espèces de perches ; ce qui donne une grande différence dans la contenance des diverses acres. A Londi-nières, la perche étant de 21 pieds 1 pouce, de 21 pieds 6 pouces 1/2 et de 22 pieds forme trois sortes d'acres : 1º 75 ares 5 centiares ; 2º 78,35 ; 3º 81,72. Cette dernière mesure est la plus générale. »

Acre est toujours du masculin. « Un *bel acre* de terre. » Quelques auteurs, entre autres Vauban, ont employé ce mot au même genre.

ACRIER, v. a. — Appeler : « *Acriez* les domestiques pour qu'ils viennent dîner. »

ACULER, v. a. — Éculer : « Se chauffouroyt le visage, *acculoit* ses souliers. » (Rabelais).

ADEVANCHER, Adevancer, v. act. — Devancer.

» A vous venray par un sentier,
） Bien le saray *adevancier*.

CHAST. DE COUCY, v. 4326.

À-DIEU-LEVER, n. masc. — Lever-Dieu ; moment de la messe où le prêtre élève l'hostie. On dit : « Il sonne *à-Dieu-lever*. — Je suis arrivé à la messe *à-Dieu-lever*. »

ADOUCHIR, v. a. — Adoucir. Dans une foule de mots, le *ç*, l'*s*, deux *ss* de suite se changent en *ch* doux. — On dit *rachaine* ou *ra-*

chine, panche, rincher, fichelle, ronche, herche, adrèche, au lieu de
racine, panse, rincer, ficelle, ronce, herse, adresse. — Cependant
on prononce régulièrement : danse, ganse, prince, rance, messe,
etc. — Le caprice est souvent la règle du langage.

ADVINER, Adeviner, v. act. — Deviner :

> Mors seule scet et *adevine*
> Con cascuns est a droit proisiés.
>
> *St. sur la Mort,* 32.

> Il n'en venra mie senoec
> Si con je pens et *adevin.*
>
> Burguy, gr. II, p. 324.

Le v. fr. avait encore *adevinement, devinaille.* Notre patois a conservé ce dernier mot, quoique l'on se serve plus ordinairement de
devinette (v. ce mot).

AFFAIRE (Être à son), loc. — Être à son aise. Un cultivateur
est à son, affaire quand il fait valoir ses terres avantageusement.
Être à son affaire se dit encore de quelqu'un qui s'entend bien à son
commerce, à son métier.

AFFAIRE, n. f. — Quantité : « J'ai récolté une bonne *affaire*
de pommes cette année. »

|| Au pluriel, hardes, vêtemens. « Préparez mes *affaires* du di-
manche. »

|| Id., Menstrues.

AFFAITEMENT n. m. Assaisonnement. Ce mot avait jadis un
sens correspondant à celui du verbe *affaiter* ; il signifiait ajuste-
ment, parure, politesse :

> Por aprendre l'us del païs
> Et de françois l'*affaitement*
> Les mors et le contenement.
>
> Partonop, v. 5570.

« Moult vaut un poi d'*afaitement.* » (Ren., v. 86.)

AFFAITER, v. act. — Assaisonner, préparer, « *Affaiter* la salade. » *Affaiter* est un terme de fauconnerie et signifie apprivoiser
l'oiseau de proie. Dans notre vieille langue *afaiter, afaitier,* avait le
sens général de préparer, disposer, orner.

Li emperere en tint sun chef en brunc,
Si duist sa barbe, *afaitad* sun gernun
CH. DE ROL.

On le trouve cependant avec la signification qu'il a dans notre patois.

Tantost à mengier lor *afete*
Tel viande con ele pot.
REN., v. 24574.

AFFILÉE, n. f. — File, rangée, longue suite : « Quelle *affilée* de voitures.»

‖ D'*affilée*, de suite, sans interruption : « Travailler six heures d'*affilée*. »

AFFLATTER, v. act. — Caresser avec la main : « *Afflate* le chien pour qu'il ne te morde pas. »

AFFLIGÉ, p. passé. — Malade, infirme : « Etre *affligé* d'un bras, d'une jambe. »

AFFOURÉE, n. f. — Portion de fourrage qu'on donne aux bestiaux à l'écurie ou à l'étable.

‖ Aller à l'*affourée*, aller dans les champs arracher ou couper de l'herbe pour les bestiaux.

AFFREUSETÉS, n. f. plur. — Méchancetés, calomnies : « Vous savez toutes ces *affreusetés* qu'on avait traînées sur la renommée de ce prêtre. » (B. d'Aurevilly, l'*Ensorcelée*.)

AFFULER. v. act. — Coiffer : « Elle est bien longue à s'*affuler*. »
Il prend son chapeau et l'*affule*.
Tout en barbotant, *ba, ba, ba*.
COQUILLART, *Monol.*

Selon Littré, ce mot qui est picard est le même que *affubler* et viendrait du bas latin *affibulare*. Ce passage de Froissart : « Phelippe à ces paroles se leva moult tost, et *affula* une gonne (robe de moine), » et beaucoup d'autres qu'il serait facile de citer, semblent donner raison à Littré. Ne pourrait-on cependant proposer cette étymologie, *infula*, bandeau, diadème ?

AFFUTIER. n. m. — Braconnier qui va à l'affût.
‖ *Un bel affutier*, un propre à rien.

AGACHE, n. f. — Agasse, nom vulgaire de la pie.

> Et tout aussi comme l'*agache*
> Par son crier et agachier
> Nul oisel ne laisse anichier
> Près de li...
>
>   Du Cange.

« Je vous assure... que, quant *agaches* ou piez gargonnent dans une maison, que c'est signe de très mauvaises nouvelles. » *(Ev. des Quenouilles.)*

AGACHER, v. act. — Agacer; d'où *agacherie*, etc.

AGACHETTE, n. f. — Jeu d'enfants qui ressemble assez au jeu de barres.

AGE, n. f. — « Vingt ans, c'est la belle âge. » Dans la vieille langue, ce mot est toujours masculin ; il est plus souvent féminin au au XVIme siècle et même au commencement du XVIIme. Ex. :

> Seize ans estoit la fleur de vostre *âge nouvelle*.
>
>   Ronsard, *Poés. chois.*

> Je m'emerveilloys en pensant
> Comme l'*âge ainsi larronnesse*
> Ravit la fuitive jeunesse.
>
>   Baïf, *Poés. chois.*

> Henri, de qui les yeux et l'image sacrée
> Font un visage d'or à *cette âge ferrée*.
>
>   Malherbe.

‖ Age de discrétion. — Age de raison. « C'est un enfant qui n'a pas *l'âge de discrétion*. — Le plein âge de mâle et femelle solonque le comon parlance est dit l'âge de XXI ans ; et l'âge de discrétion est dit l'âge de XIV ans. » (La Curne, au mot *âge*.) — Etre en âge, être majeur. — *Un homme d'âge,* un homme mûr.

AGLASSÉ, part. passé. — Contrarié, irrité ; qui dessèche d'envie. Ce mot qui n'a pas de signification précise est le v. fr. *aclasser*, être aux abois, râler ; du prov. *clas*, clameur, ou de l'irlandais *glas* plainte. Burguy, qui propose cette étym., n'a, dit-il, rencontré ce mot qu'une seule fois, et il cite un passage donné par Du Méril (*Gl. Normand*), ce qui n'était pas difficile à rencontrer :

Mais qui chaut, par tu les ensuit
E les dechace et les consuit,
Cum funt le chien le cerf alasse
Qui del tut estanche e *aclasse*.

Par extension, *aclasser* signifiait se calmer, s'assoupir, s'éteindre ;
ex. :

Celle se coche qui fu lasse,
Après son duel un pot s'*aclasse*
Athis, dans La Curne.

A prof icen que fut alez
Trestot li feus et *aclassez* (éteint.)
Guill. de Saint-Pair, v. 2715.

AGRAPPIN, n. m. — Petit crochet en fer ou en laiton qui sert à
agrafer les robes. De *à* et de *grappin.* On appelle encore *Agrappins*
des crochets en fer qu'ajustent à leurs jambes ceux qui montent aux
arbres pour les ébrancher. — Rapprocher ce mot du v. fr. *agraper* :

Mors est le rois qui tout atrape,
Mors est le main qui tot *agrape*.
St. sur la Mort, XXX.

Agrappeir, dans les sermons de Saint-Bernard. Comp. avec l'allemand *krapf, krappen,* crampon, crochet.

AGRIPPEUX, adj. — Celui qui ne cherche qu'à dérober ; un
grippe-sous. Du verbe *agripper,* autre forme de *agriffer.*

AGONIR, Agoniser, v. act. — Accabler : « Il m'a *agoni* de sottises.»
Comp. avec le grec ἀγονίζειν et le bas latin *agonisare.*
Agonir se dit peut-être pour *ahonir,* déshonorer, faire honte.

Brunun l'archeveske se tint pour *ahoni.*
Rou., v. 4392.

AGU, adj. — Aigu ; du lat. *acutus.*

Des portaus lancent pex *aguz*.
Ben., II, v. 4392.

AGUILLE, n. f. — Aiguille. Lat. *acula, acicula.*

Lors trais une *aguille* d'argent
D'un aguiller mignot et gent.
La Rose, v. 92

Aguille, forme *aguillie,* aiguillée.

AGUISER, v. act. — Aiguiser.

> Et en mes poins un grand pel *aguise*.
>
>   O. d. V., v. 379.

AGUISOIRE, n. f. — Pierre à aiguiser : « En tracassant par les haies et buissons, il se fit cinq ou six brèches, et qui pis est, se frotta à une pierre *aguisoire*. » (Noël du Fail.)

AHOQUER, v. act. — Suspendre, accrocher : « En passant dans le bois, je me suis *ahoqué* à une branche. » De quelqu'un trop facile à amuser, on dit qu'il faut qu'il *s'ahoque* au ou avec le premier venu. Du v. fr. *hoc*, croc, crochet ; bas latin *hoccus*.

« Ensi comme il le portoit vers son lit, ses esporons *ahoka* a le sarge... » (*Le Roi Flore et la belle Jehanne*, XIIIᵉ siècle.)

AHUTTER (S'), v. réfl. — Se mettre à l'abri ; de *hutte*.

AÏAUT, n. m. Pseudo-Narcisse, dit aussi *porion* ou *porillon*.

AIGNIAU, n. m. — Agneau. On trouve dans l'ancienne langue les formes *aignel*, *aignez*, *aigniaus*, *aigniax*.

AISES (Faire ses), loc. — Une citation extraite du Dict. de La Curne donnera le sens de cette locution : « Truvaa i une cave grande ù il entrad pour sei *aiser* : *ut purgaret ventrem*. » *Faire ses aises* est, comme le mot *s'aiser*, un euphémisme. V. fr. *aaisier*, *aesier*, *aisier*, donner le nécessaire, mettre à l'aise, soulager, donner du bon temps :

> Des .ii. ai dit qu'ele en fesoit,
>   Comment ele les *aaisoit*.
>
>   RUT., *La Vie Sainte-Elysabel*.

« Quant iceulx gens d'armes arrivèrent à Calais, où ilz cuidèrent bien entrer pour eux refaire et *aisier*.....» (Chron. de J. Le Fèvre, p. 262.)

AISIERS, n. masc. plur. — Chemins, sentiers, êtres : « Suis-moi, n'aie pas peur, je connais les *aisiers*.» Dérive probablement du v. fr. *aisie*, porte.

AJETER, v. ac. — Jeter vers : « *Ajette*-moi ce bâton. De *à* et *jeter*.

AKIENNIR (S'), v. réfl. — Ce mot signifie exactement rester assis ou couché comme un chien devant le feu. *Chien* en patois se dit *kien.* S'*akiennir,* rester *akienni* se dit d'une personne qui ne quitte jamais sa maison. Comp. avec *s'aquenir* du patois poitevin : S'ava- chir, devenir paresseux, lâche, sans vigueur. (L. F.)

AL, art. — À la.

Dans l'ancienne langue, *al* est un cas indirect de l'article, qui a produit *au* en français. Il détermine toujours un nom masculin :

« Et fu enterré *al* moustier des Apostres à grant honour. » (Ville- hardouin.)

Chez nous, au contraire, *al* s'emploie pour *à la* ; ex. : « Aller *al* fête ; travailler *al* lampe; pêcher *al* ligne. » *Al* est une contraction de *à le,* datif de l'article dans l'ancien dialecte picard : « Ele vint *à le* tor.» (Auc. et Nicol., 260). — « *À le* sereur qui estoit royne d'An- gleterre. » (Froissart, Ier, 11.)

ALDAUCE, n. f. — Averse.

ALFESSIER, n. m. — Un jean-fesse, un propre à rien. Du Méril écrit *hallefessier,* qui tire le derrière. (*Patois Normand.*)

ALLER, v. n. — Aux trois personnes du singulier du subjonctif, ce verbe fait : que je *voiche,* que tu *voiches,* qu'il *voiche,* prononcia- tion picarde du v. fr. *voise,* dérivé de *vadere,* et correspondant à l'in- dicatif *vois,* que l'on trouve encore dans Amyot, Rabelais, Mon- taigne.

> Qui vodrat elz sainz cielz semance semancier,
> *Voisse* aidier au boen roi qui tant fait à prisier.
> RUT., I, p. 169.

> M'aist Dieu, je loe que je m'en *voise.*
> PATHELIN.

|| *S'en aller,* s'enfuir, en parlant d'un liquide qui s'échappe d'un vase en bouillant : « Attention ! le café *s'en va.* »

|| *Aller sur,* avoir atteint : « Quel âge a votre fils ? — Il *va sur* sa quinzième année.»

|| *Aller le diable,* aller grand train.

|| *Allez !* exclamation d'indifférence ou de menace : « Moquez- vous de moi, *allez,* ça m'est bien égal. — Vous m'avez attrapé, mais je vous retrouverai, *allez !* »

ALLEUMELLE, n. f. — Lame de couteau; sens plus restreint que celui donné par les dictionnaires.

Notre prononciation rappelle la forme primitive : *alemele*, *la lemele*.

Hauteclere, dont tranche *la lemelle*.

GAYDON, v. 2600.

Nous ferons remarquer que la voyelle *u* seule, placée devant un *n* ou un *m* se prononce généralement comme la diphtlongue *eu*. Ex. : *Eune*, *leune*, *feumer*, *encleume*, *rheume*, *alleumer*, *pleume*, *preune*, etc.

ALLURES, n. f. plur. — Manières, façons : « Voilà un garçon qui a de drôles d'*allures*. » Dans sa comédie *Les Mots à la Mode*, Boursault tourne cette expression en ridicule :

Vous nous offrez des gens d'une agréable *allure*.

Scène IV.

ALSOUPIER, n. m. — Polisson, vaurien.

AM, pr. possessif. — *A ma* : « Viens *am* maison. — Parle *am* femme. *Amn'* devant une voyelle : « Mène tes chevaux *amn'* écurie. »

|| *Amn'*, à mon, devant une voyelle ou un *h* muet : « Adressez-vous *amn'* homme. »

Ces agrégations de mots sont fréquentes dans notre patois. On a déjà vu *al* mis pour *à la*. De même les composés *del*, *jel*, *nel*, usités dans la vieille langue ont été conservés par nos campagnards.

AMANCHER, v. act. — Maltraiter, faire des reproches : « Qu'il vienne, je l'*amancherai* joliment. »

AMARRER, v. act. — Attacher. Ce mot a un sens beaucoup plus large que le terme maritime *amarrer*, qui signifiait d'abord préparer un navire à prendre la mer : *Teneatur prompta dicta navis parata et amarrata*. (Document de 1341, cité par Du Cange.)

AMASSER, v. act. — Ramasser les gerbes et les mettre en *diziaux*. (V. ce mot.) S'emploie absolument : « Il va pleuvoir, dépêchez-vous d'*amasser*. »

AMASSEUX, adj. — Celui qui amasse, qui thésaurise ; v. fr. *amasseres*, *amasseor*, avare.

Ne fu d'avoir *amaséor*,
Nus n'ert plus large donéor.

B. DE SAINTE-MORE.

AMASSIE, n. f. — Amas, foule, rassemblement : « Il y avait à cette vente une *amassie* de gens. — Une grande *amassie* de bois. »

> Se il trovast lor *amassee*,
> A grant dolor fust dessevree.
>
> Ch. d. D. d. N., v. 38965.

AMBLETTE, n. f. — Omelette.

AMENER, v. a. — Ce verbe fait au futur : J'*amerrai*; au condit. j'*amerrais*, etc. « Vous *amerrez* avec vous vos enfants. » On dit aussi : J'*amenrai*, comme dans nos vieux trouvères :

> Ja n'iert en si sauvage terre
> Qu'il ne la truist, puis revendra
> Et a grant joie l'*amenra*.
>
> F. et Bl., v. 885.

Ainsi se conjuguent les dérivés de *mener*, comme *emmener*, *ramener*, etc.

« Il aguyse le cousteau qui sans mercy à ses derrains jours le *mainra*. » (C. N. N. 33ᵐᵉ.)

AMITIEUX, adj. — Affectueux, caressant : « Sylvinet était si *amiteux* et si plein d'esprit qu'on ne pouvait pas l'aimer moins que son cadet. » (G. Sand, la *Petite Fadette*.)

AMONCHELER, v. a. — Amonceler.

AMOUILLER, v. n. — Être sur le point de vêler : « Il faut garder à l'étable les vaches qui *amouillent*. »

AMOUREUX, Amoureuse, n. m., n. f. — Garçon, jeune fille qui se font la cour : « Je ne veux pas d'*amoureux* am' maison », dit un père qui ne veut pas encore marier sa fille.

> La belle alors me respond despiteuse :
> « Tu ne m'es bon : cherche une aultre *amoureuse*. »
>
> J. Le Houx.

ANCIEN, adj. — Avancé en âge : « C'est un homme de soixante ans, déjà *ancien*. »

‖ *Vieux*, qui tombe en ruine : « La maison est si *ancienne* qu'il faudra la refaire entièrement. »

‖ *Un ancien*, un brave homme, un homme sur lequel on peut compter.

> Il n'avoit encores que bon aage ;
> Il n'estoit point fort *ancien*.
>
>   *Le Nouveau Pathelin.*

ANDIER, n. m. — Grand chenet de cuisine, du *wallon*, *Andi*. Notre patois a conservé la forme pure de ce mot que, par corruption, l'on a écrit *landier* avec l'agglutination de l'article. C'est ainsi que l'*oriot*, l'*endemain*, l'*uvette*, l'*ierre*, sont devenus le loriot, le lendemain, la luette, le lierre. D'*auréole* on a même fait *lauréole*, comme on le voit dans ce passage du *Mystère de la Passion de Valenciennes* :

> Mais en souffrant mériterez
> La *lauréole* du martire.

ANDOUILLE, n. m. — Homme lâche, irrésolu. Il y a, dans Rabelais, un saint de ce nom. (*Gargantua*, liv. I, ch. 17.)

Le satyrique Du Lorens s'est servi de l'adj. *andouillique* :

> Vous les reconnaîtrez assez facilement (les Pédants)
> A l'humeur *andouillique*, au sot raisonnement,
> A leurs soucis touffus, à leur brutale verve,
> A leurs discours tissus en dépit de Minerve.

Diez tire ce mot du bas-latin *inductilis* ; je préfère *anduilla* que l'on trouve dans un glossaire latin du douzième siècle.

ÂNE, n. m. — Lorsqu'un âne se roule sur le dos, on dit « qu'il gagne son avoine.»

Prov. — Faire l'âne pour avoir du son, faire le gracieux, le gentil pour obtenir de quelqu'un ce que l'on désire.

« On ne peut tirer de lui une parole non plus qu'un pet d'un âne mort. »

Ces proverbes, si souvent cités par nos paysans, se trouvent dans Rabelais et dans tous nos vieux conteurs.

ANGE, n. m. — On donne ce nom aux petits papillons qui viennent, le soir, se brûler à la chandelle.

‖ *Ecrire comme un ange*, avoir une très belle écriture : « Ma fille écrit comme un *ange*. » Voici, selon Champollion-Figeac, l'origine de cette locution : «Enfin Vergece vint (Ange Vergece, de Corfou) qui, de 1535 à 1576, laissa de nombreux monuments de l'admirable écriture cursive grecque, dont il régla la forme et la proportion de manière à en faire un parfait modèle que nul n'a surpassé, et qui a donné lieu au proverbe : Ecrire comme un ange.»

> Ange Vergece, grec à la gentille main.
>
> BAÏF.

ANGOLA, adj. — Angora, chat, lapin, chèvre *angola*. On a confondu *Angola*, ville d'Afrique, avec *Angora*, ville de l'Asie Mineure, d'où l'on a importé ces animaux remarquables par leur poil soyeux. (V. Littré.)

ANNE, n. f. — Aune : « Du pied des *vieilles* aunes, tirera-t-on des rejetons enracinés. » (Olivier de Serres.)

‖ *Annières, Annettes* : terrains plantés d'aunes.

‖ *Annoy, Aulnoy* : village de quelques maisons, situé sur l'Yères, entre Fallencourt et Saint-Riquier. Les *aunes* y croissent abondamment.

ANUIT, Ennuit, adv. — Aujourd'hui, de *à* et *nuit*. Dans quelques provinces, ce mot signifie encore *cette nuit*, comme dans l'ancienne langue :

> Ne le rendroie à home qui soit vis,
> Ains le pendrai *anuit* o le matin.
> OGIER DE DANEMARCHE, v. 2116.

> Vos meres en morront *ennuit* ou le matin.
> AYE d'AV., v. 2790.

> *Ennuit* voldrai soupper en ce maistre donjon,
> Et si vous y donrai à soupper gras mouton.
> *Chron. de Duguesclin.*

Cependant *anuit* eut de bonne heure le sens de aujourd'hui :

> *Anuit* en chère, demain en bière.
> *Vieux proverbes.*

En v. fr. *anquenuit* était synonyme de *anuit* :

> Quar *enquenuit* dedenz mon lit,
> Feroiz de moi vostre délit.
> *Fables et Contes*, I, p. 250.

AOÛTEUX, Oûteux, n. m. — Ouvrier qu'on loue pour faire les

2

travaux de la moisson. L'Académie donne *aoûteron*, mot tombé en désuétude :

> La verdure jaunit, et Cérès espiée
> Trébuchera bientôt par javelles ciée
> Sous l'*aoûteron* halé.........
>
> BAÏF.

APPATÉE, Appatelle, n. f. — Nourriture : « Les oiseaux apportent l'*appatée* à leurs petits — Une bonne fermière sait donner l'*appatée* aux petits poussins. »

‖ Nourriture empoisonnée que l'on donne à un animal nuisible.

APPATELER, v. act.— Donner l'*appatée* : « Voyez cette hirondelle qui *appatelle* ses petits. » Anciennement, nourrir abondamment, faire faire un bon repas :

> Des ans il y a demy douzaine
> Qu'en son hostel de cochons gras
> Me *apastela* une semaine.
>
> VILLON.

Du v. fr. *past*; latin *pastum*.

« Boir sanz manger est *past* à grenouilles.» (L. de Lincy, *Prov.*)

« Le *past* terminé, au son de ma musette, mesureray la musarderie des musarts. » (Rab., *Pant.*, liv. 3.)

APPÉTISSER, v. n. — Exciter l'appétit : « Goûtez de ce jambon, ça *appétisse*. » Le français a conservé *appétissant*.

APPOI, n. m. — Soutien, appui. On met des *appois* à un arbre chargé de fruits, à une meule qui penche, à un édifice qui menace ruine.

APPOUSSER, v. a. — Pousser vers : « *Appousse*-moi le pain. »

APPOYER, v. act. — Appuyer.

> Il s'*apoia* as murs d'araine biz,
> Et vit les rotes des Bordelois venir.
>
> GARIN, v. 170,

> Nicolete o le vis cler
> S'*apoia* à un piler.
>
> Auc. et NICOL., p. 260.

« A donc furent ordonnées eschelles et mises et *appoiées* contre le mur. » (Froissart.)

APOSTEUME, n. m.— Apostume. Pour le son de l'*u* devant un *m*, voyez *alleumelle*. En fr., le genre de *apostume* n'est pas déterminé ; l'Académie le fait masculin, Littré, féminin.

APPRINDRE, v. act. — Apprendre. Le nom de la personne est presque toujours complément direct :

« J'*apprindrai* mes enfants à travailler. »

Tournure fréquente autrefois, ex. :

> A quelle fin est-tu de ces ailes pourveue ?
> J'*apprends l'homme* à voller au-dessus de la nue.
>
> VAUQUELIN.

> Tout mon art je recordois
> A cet enfant pour l'*apprendre*.
>
> RONSARD.

Part. *apprins*, de *apprensus*. Jusqu'aux temps de Marot, de Montaigne, de Henri IV, on ne parlait pas autrement. « Si je voulois acquérir le tiltre d'orateur, j'aurois *apprins* quelque belle et bonne harangue, et vous la prononcerois avec assez de gravité. » (*Henri IV aux Notables de Rouen.*)

« J'*apprins* à Thalès, le premier de vos sages, que le vivre et le mourir estoit indifférent. » (Montaigne.)

Subj. que j'*apprinche*, que tu *apprinches*, qu'il *apprinche*. Les personnes du pluriel sont régulières, mais la lettre *r* est ordinairement transposée : que nous *appernions*, etc. On dit de même, nous *appernons*, vous *appernez*, j'*appernois*, etc., comme *berbis* pour brebis, *berlan* pour brelan :

> Le monde est un *berlan* où tout est confondu.
>
> REGNIER, sat. III.

La métathèse de l'*r* a surtout lieu quand cette lettre est suivie d'un *o* et d'un *e* ; ex. : *porpos, fromillon, berdouiller, venderdi, berloque, berneux, enterprendre,* etc., etc.

Prindre, ainsi que ses composés, se conjuguent comme *apprindre*.

‖ *Mal-apprins,* n. m. — Homme grossier, mal élevé.

APPROFITER, v. act. — Mettre à profit. Mot excellent, très usité chez nous, comme jadis au XVIme siècle.

> Rien ne se voit plus profitable
> Qu'est la vertu, seule valable
> Pour toute chose *aprofiter*.
>
> BAIF.

« C'est l'entendement qui *approfite* tout, qui dispose tout, qui agit, qui domine, et qui règne. » (Montaigne.)

APPROUVANDER, v. act. — Donner la provende aux bestiaux.

APRÈS, prép. — A. « En tombant, il s'est rattrapé *après* une branque. »

|| D'*après*, selon : « D'*après* lui, on aurait dû s'y prendre autrement. »

|| *Être après*, surveiller, avoir le soin, s'occuper de : « Quel ouvrier ! il faut toujours que je sois *après* lui. »

« Ça, de par le deable, vous n'avez pas la paine de les (enfants) gouverner, ne il ne vous coute guères ; *je suy jour et nuict après*. » (*Les XV Joies.*)

|| *Contre.* « *Après* un tremble s'adossa. » (G. Gaymar.)

AQUEVALER, v. act.— Se mettre à cheval sur, franchir : « *Aquevaler* un mur, une haie. » Cheval se prononce *k'val*, d'où *aquevaler*.

> No baron ont la corde et le baston trouvé;
> Olivier tout premier ont sus *encevalé*.
>
> *Fierabras*, v. 2138.

ARAGER, v. n. — Enrager. Loc. : « *Arager* dans s'piau, » éprouver un violent dépit.

> Hu ! hu ! fait-ele vilenaille,
> Chien *aragé*, pute servaille.
>
> TRIST. cité par BURGUY.

ARBORISTE, n. m. — Ce mot, conformément à son étym *arbor*, signifie, chez nous, pépiniériste, et non pas *herboriste*, comme dans cet exemple de Lafontaine :

> Tu veux faire ici l'*arboriste*,
> Et ne fus jamais que boucher.

ARÈQUE, n. f. — Arête.

|| *Arêque du dos*, épine dorsale.

ARGENT, n. f. — « Il m'a payé en *bonne et belle* argent. »

ARGENTEUX, adj. — Qui a de l'argent : « Ce qui maintenoit vos peuples *argenteux*, faisoit vivre et employer les pauvres. » (Var. hist., et Litt. III.)

ARGILIÈRE, n. f. — Endroit, terrain d'où l'on tire l'*argile*. Mot très bien fait qui manque à notre langue.

ARGOT, n. m. — Ergot. « *Argot*, qu'on dit aussi *ergot* (car le français en plusieurs dictions met *e* pour *a*, comme *eppeler* pour *appeler*), est le crochet cornu qui est par derrière la jambe du coq. » (Tr. de Nicot.)

Près de la ville d'Eu, *e* se prononce *a* dans les mots où il est suivi d'un *r* et d'une autre consonne ; ex. : « *Vart, pardre, Piarre*, vert, perdre, Pierre. Au XVme siècle, c'était la prononciation parisienne, dit Marot. Villon fait rimer *part* avec *pard* (perd), page 85 ; *haubert* avec la *plus part*, p. 35 ; *Robert* avec *Lombart*, p. 96, etc. *Pervenche* s'est dit *parvenche* ; *cercueil, sarqueu* ; *gerbe, garbe* ; *apercevoir, apar-cevoir* :

« *Aparcéurent* sei que l'arche fust venue en l'ost. » (*Rois*, p. 15.)

« Deux *garbes* de blé. » (*Rois*, introd., p. 80.)

« Pourquoi toutes ces fraimes-là ? A quoi est-ce que ça vous *sart* ? » (Mol., *Méd. malgré lui*.)

ARGOTER, v. n. — Ergoter. Quoique contraire aux règles, l'étymo-logie *argutari* paraît fort probable.

« Pour un rien vous vous *argotez*. » (Vadé, la *Pipe Cassée*.)

ARGOUILLARD, adj. — Querelleur ; qui aime à disputer, à con-tredire.

ARGOUILLER, v. n. — Disputer, contredire, se quereller.

ARKANCER, v. n. — Ne faire rien à temps, être toujours en retard, soit pour les semailles, soit pour la moisson.

ARKANCIER, adj. — Négligent, qui ne finit de rien. Un cultiva-teur qui ne sème pas à temps, qui récolte après les autres, est un *arkancier*. Dans le Berry et la Beauce, on appelle *arcandier* un petit commerçant qui fait tous les métiers pour vivre, et qui tire le diable par la queue.

ARMANA, n. m. — Almanach.

ARRACHER, v. act. — Déchirer : « J'ai *arraché* mes habits en traversant le bois. »

D'où *arrachure*, déchirure.

ARRANGEANT, adj. — Personne avec laquelle il est facile de s'entendre, de faire des affaires, de conclure un marché.

On dit dans le même sens : « C'est un homme, c'est une femme d'*arrangement*. »

ARROSER, v. act. — Célébrer par de copieuses libations une noce, un *parrinage*, un grade, etc.

ARSOUILLE, n. m. et f. — Personne malpropre ou de mauvaises mœurs ; terme grossier qui des villes s'est répandu dans les campagnes. Selon Du Méril, ce mot est une apherèse de *garsouille* : «Viles personas quas *garciones* vocant. » (Mathieu Paris, anno 1256.)

ARTABAN, n. prop. — Nom souvent cité dans ce proverbe : « Il est fier comme *Artaban*. » Quel est cet *Artaban* ? — Sans doute le héros de quelque roman ou conte de la Bibliothèque bleue. Je lis dans un contemporain (Lucas de Montigny, *Récits variés*) le passage suivant : « Mlle de Montpensier, fière comme *Artaban*, après le combat du faubourg Saint-Antoine, se prenait pour une Jeanne-d'Arc de qualité qui aurait fait le plus grand coup du monde. »

ARTER, v. act. — Arrêter, par syncope, comme *débiller*, pour déshabiller.

ARTIMON, n. m.— Terme de marine dont on sait la signification. Ce mot a dans notre patois une acception singulière. «Donner un artimon au c... de quelqu'un » signifie appeler en justice, envoyer une assignation.

ARUER, v. act. — Lancer, jeter vers ; de *ad* et *ruere* : « J'ai oublié mon couteau, *arue*-moi le tien.»

AS', adj. poss. — A sa. «J'ai parlé *as'* femme ; — je retourne *as'* maison.»

‖ *As'n*, à son, devant une voyelle ou un *h* muet : « Dites *as'n* homme de venir. — Chacun doit être *as'n* affaire. » La préposition *à* se contracte avec les pronoms possessifs et relatifs ; on a vu *al, am,* mis pour *à la, à ma,* etc.

ASCAROLE, n. f. — Escarole.

ASIR, v. act. — Rôtir, brûler. Le participe *asi* est particulièrement usité : « Ce poulet ne sera pas bon, il est trop *asi*. » Comp. avec le grec άζω et le latin *assus*. Ce mot a le même sens que le français *havir* dont il est peut-être une corruption.

ASSASSIN, n. m. — Assassinat. « On a commis un *assassin* cette nuit. »

ASSASSINEUX, adj. — Celui qui assassine : « Qui jettera...l'œil sur les meutres et *assassins* que les princes faisoient faire par leurs favoris...» (Pasquier, dans La Curne, p. 220.

ASSIÉTER, **Assire**, v. act. — Asseoir. *Assire,* qui est formé du latin *assidere,* fait au fut. : je m'*assirai* ; au subj. que je m'*assièche* ou que je m'*assiche.* Un grammairien du XVIIᵐᵉ siècle dit que l'usage était fort brouillé sur tous les temps du verbe *asseoir.*

En effet, dans une comédie de Boursault (*Esope à la Cour*), je lis, à deux vers de distance, les deux formes impératives : *asseyez-vous, assis-toi* ; et Regnier écrit :

> Puis sans qu'on les convie ainsi que vénérables
> S'*assiessent* en prélats les premiers à vos tables.
>
> *Sat.*, II.

De s'*assiézer,* usité dans le dialecte blaisois.

ASSOMMOIR, m. et f. — Personne qui vous importune, qui vous fatigue par son bavardage.

ASSURÉ, adv. — Apocope de *assurément* : « Viendrez-vous me voir ? — *Assuré* que je viendrai. »

ASTEURE, adv. — A cette heure, maintenant : « Nous avons assez travaillé ; reposons-nous *asteure*. »

> O loup, j'en ay desjà besoin,
> Dit le porc-espy, tout *asteure*.
>
> BAÏF.

« J'ai des pourtraits de ma forme de vingt et cinq, et de trente

cinq ans ; je les compare avecques celuy d'*astéure* ; combien de fois
ce n'est plus moy !» (Montaigne, liv. III, 13.)

« Ces Messieurs d'Espagne, encore qu'ils soient nos bons amis et
bons catholiques, ne sont pas marchands à un mot, et ce n'est pas
d'*à ceste heure*. » (Ménippée, p. 101.)

ASTROLOGUE, n. m. — Homme prétentieux, suffisant, qui sait
tout, qui connaît tout, comme ceux qui prétendent lire

.... sur le front des étoiles
Ce que la nuit des temps enferme dans ses voiles.

LAF., II, 13.

AT', p. poss. — A ta, devant les noms féminins qui commencent
par une consonne : « J'ai parlé *at'* femme. »

|| *Atn'*, à ta, à ton, devant une voyelle ou un *h* muet : « Va
atn' affaire. — Dis *atn'* homme de venir. »

ATELLE, n. f. — Copeau, morceau de bois de chauffage. Nos
bûcherons se servent souvent de ce mot fort usité dans la vieille
langue :

De lor lances ont fet *asteles* et tronchons.

GUI DE NANTEUIL, v. 2806.

Des lances volent en *asteles*.

RENART.

Du latin *assula*, *astula*, rognure de bois, planchette. Fr. mod.
attelle.

Astele avait donné *asteler*, briser, voler en éclats.

ATRAINER, v. act. — Attirer, entraîner.

Un banc estoit de sablon amassé
Voisin du bord où Francus fut chassé,
Mont de falaise et de bourbe *attrainée*.

RONSARD, *Franciade*.

Calvin (Inst. 22) ; Baïf (Poés., p. 235) ont aussi employé ce mot.

ATTAQUER, v. act. — Attacher : « *Attaquez* votre cheval à ce
poteau. »

Dès l'origine, *attaquer* et *attacher* avaient le même sens ; ils ne
différaient que par la prononciation ; ex. : « Antiochus ne demandoit
que quelque occasion de s'*attacher* (s'attaquer) aux Romains. »

« N'*attaquons* pas ces exemples ; nous n'y arriverions point.» Ne nous *attachons* point à ces exemples, etc. (Mont., liv. III, p. 10.)·

ATTEINDRE, v. act. — Conj. ind. nous *atteindons*, vous *atteindez*, ils *atteindent* ; imp. j'*atteindais*, etc. ; subj. que j'*atteinche*, etc.; plur. que nous *atteindions*, etc. Comp. avec *complaindons*, *astraindons*, *plaindist*, *ataindist*, de *complaindre*, *astraindre*, *plaindre*, *ataindre*, formes quelquefois usitées au XIIe et XIIIe siècle. (V. Burguy, II, p. 236 et suiv.)

ATTELÉE, n. f. — Ce mot signifie la moitié de la journée d'un ouvrier : « Il a travaillé une *attelée*, » c.-à-d. depuis le matin jusqu'à midi, ou de midi jusqu'au soir.

‖ Se prend dans un sens érotique ; pour l'explication, voir la soixante et onzième Nouvelle des C. N. N.

ATTELURE, n. f. — Attelage. « Une belle *attelure*. »

ATTIFAILLES, n. f. — Objets de toilette, mise tapageuse : «Votre femme avait toutes ses *attifailles* à la fête. — Sa fille, superbe en son *attifage* bourbonnais, était grandement fêtée. » (G. Sand, les *Maîtres Sonneurs*.)

ATTISÉE, n. f. — Quantité de bois que l'on met au feu : « Il fait froid, mettez-nous une bonne *attisée*. »

ATTIVELLES, n. f. — Instruments, outils : « En partant, n'oubliez pas vos *attivelles*.»

> S'il faut qu'el ait mal aux mamèles,
> Il usera bien deux semelles,
> De courir fera tous ses efforts
> Pour lui cercher des *attivelles*.
>
> Anc. poés., Ier, p. 25.

Mot de fantaisie dont on peut rapprocher *attirantons* qui a le même sens : « Le savetier les met dans sa poche avec ses formes, cuyr, alesnes, et autres *attirantons*, tourne bride, s'en va à sa maison faire *gaudeamus*, » (N. *Fabrique*.)

Il n'est pas douteux que *attivelles* vient de *attifer*, et que *attirantons* est un diminutif du fr. *attirail*.

ATUIRE, v. a. — Tutoyer : « Nous sommes gens de connaissance, nous nous *atuisons*.»

‖ Donner une leçon, adresser une réprimande : « Prends-garde, tu vas te faire *atuire.* »

AUBERGER, v. a. — Loger et nourrir les voyageurs pour de l'argent. Mot directement formé de *auberge.*

AUMONDE, n. f. — Aumône.

AUMONIEUX, Aumônier, ère, adj. — Qui aime à faire l'aumône, charitable. *Aumônier,* qui est un mot excellent, très usité jadis, tend à disparaître de la langue académique.

> Einz ert sainte et religiose
> Et debenere et *ausmoniere.*
> *Vie de Saint-Alexis,* **v. 65.**

> Ton nom demeure vif, ton beau teint est terny,
> Piteuse, diligente et dévote Yverny,
> Hostesse à l'étranger, des pauvres *ausmoniere.*
> D'Aubigné, Trag.

AURIPIAUX, n. m. plur. — Mal d'oreilles, signalé par des pellicules ou *piaux* aux oreilles.

AUSSI.... COMME, loc. — Aussi que : « Il est *aussi* riche *comme* toi.» Tournure fréquente dans la vieille langue :

« Dites au Veau qu'il demeure encores avecque vous jusqu'à ce qu'il ait de mes nouvelles, et que je le tiens *aussi* hardy en chemise *comme* s'il avoit sa cuirasse sur le dos.» (*Lettre du roi Charles VIII.* Bull. du Bibliophile ; juin 1875.)

> C'estoit jadis chose bien rare
> Que de veoir un abbé ignare :
> Aujourd'hui il est si commun
> Que cent mille *aussi* bien *comme* un
> Se trouveront.................
> Marot, Ier coll. d'*Erasme.*

Au XVIIme siècle, Mme de Grignan écrivait : « Je voudrois être *aussi* jolie *comme* il est sûr que je suis à vous. »

G. Sand n'a pas dédaigné cette locution familière à nos paysans : « Nous arrivions là *aussi* savants les uns *comme* les autres, ne sachant point lire, écrire encore moins. » (*Les Maîtres Sonneurs.*)

‖ *Aussi,* non plus : « Je n'irai point au marché prochain. — Ni moi *aussi.* »

— « Je ne répondis rien, ni l'officier *aussi*. » (Bussy, mém. 1646.)

> Si je n'approuve pas ces amis des galants,
> Je ne suis pas *aussi* pour les gens turbulents.
>
> MOLIÈRE.

|| *Aussit* devant une voyelle : « Il a été mal reçu, *aussit* il ne reviendra pas. »

AUTANT.... COMME, loc.— Autant que : Je vaux *autant comme* toi. »

« Ses bourdes sembloient *autant* véritables *comme* Euvangile. » (C. N. N., 33.)

« Les robes *autant* précieuses *comme* les dames. » (Rabelais.)

« Ces deux jeunes enfants reçeurent ceste chargè aussi voluntiers et avec *autant* de plaisir *comme* si c'eust été quelque seigneurie. » (Amyot, *Daph. et Chloé.*)

Corneille, qui était Normand, usait presque toujours de cette tournure :

> Ce beau feu vous aveugle *autant comme* il vous brûle.
>
> (Rodoq., III, 4.)

AUTOUR DE (Être), loc. — S'occuper de : « Il faut toujours être *autour de* cet enfant. »

« Il est impossible d'entrer en une escole de payens mieux ordonnée que celle de ces deux (Sénèque et Plutarque) pour apprendre comme il convient avoir honte des choses déshonnêtes, et s'exercer *autour des* honnêtes et vertueuses. » (Amyot, préface.)

AVA, n. m. — Aval : « Le vent est d'*ava*. »

|| *Ava*, à bas : « Il est tombé *ava* d'un arbre. »

AVALACHE, n. f. — Avalasse.

AVALEUX, euse, adj. — Ivrogne, ivrognesse. — Très usité dans cette locution : « *Avaleux, avaleuse* de pois gris. » Les Dictionnaires donnent à ce mot le sens de gourmand, de goinfre.

AVALON, n. m. — Gorgée : « Boire deux ou trois *avalons*. »

AVANT (Être de l'), loc. — Être avancé dans un travail : « Vous avez fini de couper vos blés ; nous autres, nous ne sommes pas si de l'*avant*. »

AVANT, Avante, adj. — Profond : « V'là un fossé bien avant. » — « La rivière est *avante* en cet endroit. »

|| *Avant*, adv., profondément : « Il faut dabourer *avant* dans certaines terres. »

AVANTEUR, n. f. — Profondeur : « Ils creusent un puits d'une rude *avanteur*. »

AVEINE, n. f. — Avoine. Prononciation normande, conforme d'ailleurs au latin *avena*, et qui a prévalu dans beaucoup d'autres mots.

> Por dou fain, por de l'*avainne*
> A mon roncin........
> > Rut., *Li Diz de l'Erberie.*

> Que la malheureuse *avène*
> Ne foisonne sur la plaine.
> > Du Bellay, *Jeux rustiques.*

> Pasteur qui conduiras en ce lieu ton troupeau,
> Flageollant une églogue en ton tuyau d'*aveine.*
> > Ronsard.

AVEINERIE, n. f. — Champ où l'on a récolté de l'*aveine*. Du bas latin *Aveinariæ*, lieux ensemencés d'avoine : « Les chaumes mille-rines et *aveneris* ne sont aucunement de garde, sinon tant que le fruit est dedans lesdites terres. » (Cité par La Curne, p. 340.)

AVENTS (Les), n. m. plur. — Les quatre semaines qui précèdent la fête de Noël : « Les Avents se disent de plusieurs Avents, comme les étés, les hivers. Les Avents pour l'Avent, c'est un provincialisme. » (Littré.)

AVERTIS, n. m. — Avertissement, par apocope : « Il a reçu deux *avertis* pour payer ses contributions. »

AVEUC, conj. — Avec : « Ele senti que li vielle dormoit qui *aveuc* li estoit. » (Auc. et Nicol., p. 258.) En Picardie on dit *avoéc*, forme la plus fréquente dans la langue d'oïl.

AVOIR, V. act. — Se conjugue ainsi : fut., j'*érai*, t'*éras*, il *éra*, etc. Condit., j'*érais*, t'*érais*, il *érait*, os'*éraimes*, os'*éraites*, is'*éraient*.

On voit combien ces formes se rapprochent du latin *haberemus,*
haberetis, haberent.

De même les deux personnes du pluriel de l'imparfait de l'indicatif,
rappellent la conjugaison latine ; ex : *os'avaimes, os'avaites, habeba-*
mus, habebatis. Comp. avec les anciennes formes picardes, *auriemes,*
aviemes.

Subj., que j'*euche*, que t'*euches*, etc. Ainsi se conjuguent à l'imparfait, au futur et au conditionnel la plupart des verbes en *oir*. Ces
formes son[t] très voisines de la conjugaison picarde. (XIIᵉ et XIIIᵉ
siècle.)

> A vous, biau sire, le *deviemes* conter.
>
> > HUON, v. 8206.

> Nous n'y *arièmes* nulle bone escarmouche.
>
> > FROISSART.

> Nous .x. *estiemes* en une grande nef.
>
> > HUON, v. 6943.

AVOURIE, n. f. — Envie, désir violent : « J'avais une grande
avourie de vous voir.»

|| *Entrain, ardeur* : « Cet ouvrier met de l'*avourie* au travail. »
Du lat. *avere*.

AVRI, n. m. — Avril.

> Nul *avri* sans épi.
>
> > *Prov.*

> Bourgeon d'*avri*.
> N'met pas d'cidre au *bari*.
>
> > *Prov.*

Ainsi se prononcent en français *coutil, fusil, courtil, nombril,*
outil, etc. En patois, la lettre *l* finale ne se fait généralement pas entendre ; ex.: *ava, seu, mo, fi* pour *aval, seul, mol, fil.*

AVROGNE, n. f. — L'aurône des jardins.

B

BABAINES, n. f. plur. — Babines, La lettre *i* sonne *ei* ou *ai* dans la plupart des mots terminés en *ine* et *igne*; ex : *fraine, rachaine, malaine, faine, gamaine, poitraine, saigne*, etc., au lieu de farine, racine, maline, fine, gamine, poitrine, signe. Les citations qui suivent prouvent que cette prononciation populaire était admise même par les lettrés, par les poëtes :

> Cette coupe est toute pleine;
> J'en vay laver mes poulmons;
> C'est le chaud et la *saleine*,
> Ce n'est pas noûs qui buvons.
>
> Oliv. Basselin

> Prendray-je ceste *médecine*?
> Ouy, ouy, ne prenons pas la peine, etc.
>
> J. Le Houx.

BABET, n. p. f. — Diminutif d'Elisabeth. On dit plus générale-ment *Lisabeth*.

BABOT, n. f. — Femme, servante lourde et stupide : « C'est une *babot* qui ne comprend rien. » En latin *babulus* signifie nigaud.

BADIGOINCES, n. f. plur. — Babines, lèvres : « La bonne dame à ce qu'elle disoit, en se délayant les *badigoinces*, eût bien voulu avoir souvent de telles pratiques » (Béroalde de Verville.)
« La mousse luy est creue au gouzier par faute de remuer et exercer les *badigoinces*. » (Rab., IV, 49.)

BADRÉE, n. f. — Marmelade de pommes ou de poires qu'on étend sur les pâtisseries, sur les tartes. On a rattaché ce mot à *badré* qui, dans l'Orne, signifie couvert de boue, mouillé, comme *vatré* dérive de *water*, eau.

BAGNOLE, n. f. — Voiture, charrette en mauvais état ; pour *banniole*, de banne.

BAGOU, n. m.— Faconde gasconne, loquacité intarissable. « *Bagou* de commis-voyageur. » (Voir l'illustre Gaudissart de Balzac). *Bagou* forme débagouler. Etym. *ba,* particule de dépréciation, et *goule,* gueule.

BAIL, n. m. — Fait au plur. *bails.* On dit de même *travails, bétails, vitrails :* « Après les *bails* finis.» *(*Loysel, cité par Littré.)

BAISER, v. act. — Avoir commerce avec une femme. Dans la vieille langue littéraire, je ne connais que Melin de Sainct-Gelays qui ait donné à baiser ce sens érotique.

> Je ne suis beau ny advenant,
> Je suis malheureux de tout poinct !
> — Ouy, si tu ne la *baisois* point.
> *Œuv. Poét.*, t. II, p. 230.

Voir encore pour ce mot la cinquième Sérée de G. Bouchet, t. Ier, p. 197.

¶ Attraper, duper. « Il m'a *baisé* une fois, c'est assez. »

BALANCHOIRE, n. f.— Conte, mensonge : « Va conter ailleurs tes *balanchoires.* »

BALER, v. act. et neut. — Décharger ; « *Baler* un tombereau rempli de fumier. »

‖ Verser : « Le chariot *a balé* en tournant. »

‖ Être chargé, accablé , « Les pommiers *balent* de pommes.» Dans ce dernier sens, *baler* est synoyme de *abaler* qu'on a vu plus haut.

BALIER, v. act.— Balayer.

> L'air estant balié des froids soupirs de bize.
> AGRIPPA D'AUBIGNÉ.

« C'est jetter son argent dans la rivière.... quand ayant basti une grande et superbe maison, elle demeure vuide par faute de revenu, et qu'il faille employer plus de temps à la *ballier* qu'à en labourer les terres. » (Oliv. de Serres).

Nous lisons dans le dict. de Trévoux : « Balier, balayer. Ces deux mots sont bons tous deux, mais *balier* est plus en usage que *balayer*, par ce qu'il est plus doux à l'oreille : Ex : « *Balier* une chambre »—

Eole lâche les vents quand il faut *balier* le monde.

SCARRON.

D'une robe à longs plis *balier* le barreau.

DESPRÉAUX, sat. 1. (Anno, 1666.)

Ce n'est qu'en 1672 que Boileau remplace *balier* par balayer.

BALIETTE, n. f. — Petit balai.

BALIURES, n. f. plur. — Balayures : « Gens latineux qui vont grattant dans les *baliures* et bourbiers du latin, pour en tirer quelque haillon. » (Béroalde de Verville.)

> Apprends-nous sous quel ciel, sous quel angle du monde.
> Le ciel nous a jetés *ballieures* des ondes.
>
> (*Les Dél. de la poésie fr.*, p. 143).

BALLONNER, v. n. — Se dit d'un cheval qui n'a pas de reins, et qui marche en dandinant.

BALLONNEUX, Balonnier, adj. — Cheval qui *ballonne*.

BALLOQUER, v. n. — Être pendant, osciller ; prononciation picarde de *balocher* que l'on trouve dans les C. N. N. (82e) avec le sens d'aller sur la balançoire ou sur l'escarpolette : « Si se reprint Hacquin à *balocher.* »

Balloquer est un fréquentatif du v. fr. *baller*, flotter, en parlant d'une étoffe, d'un drapeau ; ex. :

> Tantes, banières contre vent *balle*.
>
> GARIN.

Dans le sens de *être pendant*, *baller* n'est usité en fr. qu'au part. prés. :

> Et que font là tes bras *ballants* à ton côté ?
>
> RACINE, les *Plaideurs*.

Dériv. *balloquement*, n. m. — Action de balloquer ; vieux mot qui signifie trafic, échange, dans ce passage de Eust. Deschamps :

> *Baloquement* de marchandise
> Y sera fait, en mainte guise.

BALLOTTER, v. n. — Marchander longtemps ; ne pas offrir d'un objet le prix qu'il vaut.

BALLOTTEUX, adj. — Celui qui *ballotte*.

BANCAL, adj. — Ce mot a une signification beaucoup plus large qu'en français. Il s'applique aux individus qui ont n'importe quel défaut physique, aux boiteux, aux manchots, aux bossus. De quelqu'un qui marche ou se tient mal, on dit qu'il est *tout tortu-bancal.*

BANNÉE, Bannelée, n. fr. — Ce que contient une *banne.*

BAQUET DE SCIENCE, n. m. — Baquet rempli d'eau noirâtre dans lequel les cordonniers font tremper les cuirs durcis pour les ramollir. On ne remplace pas souvent cette eau qui acquiert ainsi des qualités spéciales pour la trempe du cuir.

BARBOUILLER, v. act. et n — Indisposer, rendre malade : « Il m'a fait boire je ne sais quoi qui m'a *barbouillé* le cœur. »

|| Parler mal, avoir une prononciation embarrassée : Dériv. *bar-bouillard.*

BARDOU, n. m. — Sobriquet que l'on donne à un imbécile : « Bonjour *Bardou*. » C'est un mot antique : « Bonjour, Monsieur le badin, Monsieur le sot. » (Oudin, cité par L. de Lincy.) Du latin *bardus*, lourdaud, stupide. *Bardou=Ane.* (Voir *Nouv. Fabrique.* p. 184.)

« A laver la tête d'un *bardou*, on n'y perd que la lessive. » (Adage du XVIme siècle.)

BARONNERIE, n. f. — Baronnie. Il y a à Grandcourt une ferme de ce nom, qui appartient au comte de Bryas.

BARRABAS, n. prop. — Très usité dans cette locution proverbiale : « Connu comme *Barrabas* à la Passion, » c.-à-d. très-connu. Allusion au *Barrabas* qui figure dans la Passion.

BARRAGE, n. m. — Clôture faite avec des pieux et de longues pièces de bois transversales. Cela suffit pour arrêter le gros bétail, mais non les poules et autres animaux. Au lieu de *barrage* on emploie souvent *barrure* qui est du féminin.

BARRE, n. f. — Barrière : « Fermer, ouvrir la barre. » Au fig., ce mot se trouve dans Régnier, Malherbe, Corneille.

> Le Bourguignon d'ailleurs sépare nos provinces,
> Et servirait pour nous de *barre* à ces deux princes.
>
> CORNEILLE, *Attila.*

3

‖ Devant du lit : « Coucher à la *barre*. »

‖ Barre du cou, nuque : « En tombant de voiture, il s'est cassé la *barre du cou*.»

BARRÉ, adj. — Qui a la peau tachetée, bigarrée. On dit un bœuf *barré*, une vache *barrée*. Il est probable que ce mot vient du latin *varius* par le changement du *v* en *b*. Au moyen-âge, on appelait *moines barrés* les religieux (Carmes) que Saint-Louis avait ramenés du Mont-Carmel, sans doute à cause de leur costume noir et blanc.

> Si sunt cordelier et *barré*.
>
> Rose, v. 13073.

« Et par dessus le vestent d'une casacque, sur laquelle estoit portraict un lyon *barré*. » (*Hist. macaronique*, p. 15.)

BARROTTAGE, n. m. — Treillis pour empêcher de passer les plus petits animaux.

BASD'ESTAMIER, n. m. — Fabricant de gros bas de laine tricotés. Ce mot, comme le métier lui-même, tend à disparaître. *Estame* est un vieux mot français qui signifie *laine tricotée*, du latin *stamen*, fil de la quenouille.

« Pour les chausses de Gargantua furent levées onze cens cinq aulnes et un tiers d'*estamet* blanc. » (Rabelais.)

> Et deux paires de bas d'*estame*
> De la main d'Hécuba sa femme.
>
> Scarron.

BAS-ENCULÉ, adj. — Homme de petite taille. Pour exprimer la même idée, le patois abonde en locutions salées, et qui sentent le gaulois d'une lieue ; ex. : *Bas-du-cul, cul-près-de-terre*, etc. De même Marot appelle cyniquement *basenconnée* une petite vieille. (*Ep. du Coq à l'asne.*)

BASSIÈRE, n. f. — Cidre qui reste avec la lie au fond des futailles : « Ils beurent si net qu'il n'y demeura une seule goutte des deux cens trente et sept poinsons, excepté...... quelques méchantes *baissières* pour le vinaigre. » (Rabelais.)

On lit dans un sermon de Menot : « *In morte bibent de vino iræ Dei* de la *baissière*.»

BASSINER, v. act. — Fatiguer importuner : « Tu nous *bassines* avec tes contes. » D'où *bassinoire*, personne qui ennuie, qui fatigue.

BASSURE, n. f. — Enfoncement. Un village est en *bassure* quand il est situé au fond d'une vallée.

|| *Bassures*, plur., lieux bas et marécageux : « Allons chasser au canard dans les *bassures*. »

BATERLOT, n. m. — Marteau de cloche. On dit aussi *baterlet*.

BATISSE, n. propre. — Baptiste. Dicton : « Tranquille comme *Batisse*, » peut-être comme Saint-Jean-Baptiste, car on dit : « Doux comme un petit Saint-Jean. »

BÂTONS, n. m. plur. — Petits jambages que s'exercent à tracer les enfants qui apprennent à écrire. En Poitou et en Saintonge, on dit *faire des bûches* avec le même sens.

BATTE, n. f. — Ce mot désigne spécialement la pièce de bois du fléau qui sert à battre le blé.

BATTEUX, n. m. — Celui qui fait son métier de battre le blé, l'avoine, etc. Comme ces gens-là ne manquent point d'appétit, on dit proverbialement : « Manger comme un *batteux* en grange. »

> Ho ! *batteux*, battons la guerbe,
> Battons-la joyeusement.
> *Chr. Normande.*

BATTRE, v. act. — S'emploie absolument. « Où *bats-tu* aujourd'hui ? — Je *bats* chez Chevalier. »

|| *Battre des pieds*, s'ennuyer, être impatient de partir.

BAUDE, n. f. — Prostituée ; d'où *baudou*, *boudou*, lieu de prostitution, maison de tolérance. En anglais *bawd* signifie entremetteuse ; en allemand, *bald*, hardi, insolent.

Anciennement *balz*, *baut*, *bault* avait le sens de fier, brave, joyeux :

> Li empereres se fait e *balz* e liez.
> Сн. DE ROL., p. 10.

> Et cil s'en est tourné *baut* et joiant et liéz.
> GUI DE NANTEUIL, v. 1767.

> .....Poureté l'homme assault
> Et maine à perdicion ;
> De riche, joieux et *bault*,
> Fait souvent poure rigault.
> Eust. Desch. le Lai du Roi.

L'ancienne langue avait les dérivés : *Baudir, baudement, baudor, balderie,* etc.

> Repairez sunt a joi è a *baldur.*
> Ch. de Rol., p. 332.

> Il cuide avoir Dieu *baudement.*
> Rut., II, p. 229.

Nous avons gardé *ébaudir,* sans lui conserver l'étendue de sa signification première ; ex. :

> A icest mot si s'*esbaldissent* Franc.
> Ch. de Rol., p. 138.

> Li jors s'est *ebaudiz,* belle est la matinée.
> Gui de Nanteuil, v. 1062.

> La véissiez charpentiers *esbaudir*
> Portes coper, et ces fléax croissir.
> Garin, v. 3066.

BAUDET, n. m. — Lit de sangle.

‖ Espèce de fèves très-grosses.

BAUGE, n. m. — Lit : « Cette femme est si paresseuse, qu'elle n'a pas le courage de faire *sin bauge.* » En Picardie, lit se dit *baugière,* sans doute du bas-latin *baugium,* qui signifie hutte, cabane. Un étymologiste célèbre, qui n'était jamais à court, Ménage, donne de ce mot une plaisante dérivation : « *Volutrica* (lieu où le sanglier se vautre), de là *voca, boca, bauca, bauge !* »

BAVACHE, n. f. — Bave. On dit à un enfant : « Essuie tes bavaches. » D'où *bavacher,* baver fréquemment.

Au fig., *bavacher* signifie babiller, parler inconsidérément : « Il semble que la coustume concede à cet aage (la vieillesse) plus de liberté de *bavasser,* et d'indiscrétion à parler de soy.» (Montaigne, liv. III, ch. II.)

BAVER, v. n. — Bavarder : « *Bavez,* gallez, raillez, sallez. » (Coquillart, *Monol.*)

Paix, par le dyable, vous *bavez*
Et ne sçavez vous revenir
A vostre propos, sans tenir
La court, de telle *baverie* ?

PATHELIN.

BAVERIE, n. f. — Bave, action de baver fréquemment.

Au fig., bavardage médisant, calomnieux, ou simplement *bavarderie*, comme dans ce passage d'Amyot : « Le premier et principal poinct de l'éloquence gist à ne parler d'aucune chose dont on n'ait bonne intelligence ; sans quoi, ce qu'on appellerait éloquence ne seroit à la vérité qu'une *baverie* indiscrète et ignorante. »

BAVEUX, adj. — Bavard.

Fille, n'ajoutez foi en songes
Et sobre soyez de vin boire ;
Les *baveux* ne veuillez point croire,
Car en eux n'y a que mensonges.

Anc. Poés., II, p. 20.

BAYOT, Bayotte, adj. — Veau *bayot*, vache *bayotte* ; qui a la robe rouge et blanche. Diminutif de l'adj. *bai*, du bas-latin *baius*. Nous avons encore *baillet*, inusité aujourd'hui, et qui se disait d'un cheval à poil roux tirant sur le blanc. *Baliolus* dans Plaute, *badius* dans Varron :

Equi colore dispares, item nati :
Hic *badius*, iste gilvus, ille murinus.

N. MARCELLUS, liv. II.

Bayard, coursier fameux dans les romans de chevalerie, signifie *cheval bai*.

BAZA, Bazot, n. f. — Sobriquet que l'on donne à une femme qui marche lourdement, sans grâce. *Bazoter*, en patois poitevin, a le sens de *se dodiner, chanceler*.

BAZARDER, v. act. — Vendre un objet à vil prix. « Il a *bazardé* la montre que je lui ai donnée. »

Du persan *bazar*, mot devenu français, mais que les paysans emploient toujours en mauvaise part pour désigner un atelier, une boutique, une maison mal tenus.

BÉ, n. m.— Baiser. « Allons, petiot, donne-moi un *bé.* »

|| *Bouche* : « Il a toujours la pipe au *bé.* » Selon Suétone, ce mot est d'origine gauloise : « *Cui Tolosæ nato cognomen in pueritia* Becco *fuerat, id valet, Gallinacei rostrum.* » (Vitellius, 18.)

BÉCARD, n. m.— Chiquenaude sur le *bec.* Comp. avec le français *nasarde,* chiquenaude sur le nez.

BÉCOT, n. m.— Petit baiser ; les mères et les enfants l'emploient si souvent, que ce mot devrait être dans le Dict. de l'Académie. Deschanel *(Causeries de quinzaine)* raconte qu'un pauvre petit diable dit à son maître d'étude qui l'avait puni : « Allons, donne-moi un *bécot,* je ne le ferai plus. »

BÉCOTER, v. act.— Embrasser amoureusement : « Ils sont comme deux tourtereaux ; ils se *bécotent* toujours. »

BECQUER, v. act.— Becqueter ; d'où *becquie,* becquée.

> Mais ennuit toute nuit, en dormant me sembloit
> C'uns escoufflez moult grant dessur my avolloit,
> Et moult crueusement de son bec me *béquoit.*
>
> HUGUES CAPET, p. 205.

BÉDAHU, n. m.— Eglantier ; mot que j'ai entendu rarement chez nous, mais qui est très-usité en Picardie.

BÉDOLE (Vieille), n. f.— Vieil imbécile. Ce mot est une altération de bedon ou bedaine. Les gens ventrus n'ont jamais passé pour bien intelligents, quoiqu'il y ait des exceptions. « *Pinguis venter non gignit sensum tenuem,* » dit Saint-Jérôme, d'après un proverbe grec.

B. de Verville a donné au mot *bedier* le sens que nos paysans donnent à *bédole* : « M. de Césarée... interrogea un prêtre qu'il trouva ignorant. O ! dit-il, gros *bédier,* âne que tu es, qui t'a fait prêtre ? C'est vous, Monsieur. » *(Moy. de Parvenir,* p. 276).

BÉGUER, v. n.— Bégayer : « C'est un passe-temps que de louir *besguer,* quand il est courroucé. » (Palsgrave).

BÉGUEUX, euse, adj.— Celui, celle qui bégaie.

BEKEMBOS, n. m. et f.— Homme ou femme, à l'air niais, stupide : « Quelle *bekembos* que cette servante ! »

BEILLES, n. f. plur. — Terme générique par lequel on désigne les herbes qui croissent au fond des rivières, comme le nénuphar, la véronique cressonnière, etc. Fr. *Berle*, le *sium angusti-folium* des botanistes.

BELINGE, n. m. — Tiretaine ; étoffe de laine de bas prix. « **Pour** teindre et fouler **21** aulnes de belinge...» (Ext. d'un compte de dépense ; 1466.) Etym. *bel* et *enge*, par dérision.

BELLOT, otte, adj.— Diminutif de beau : « Un enfant, *bellot*, une petite fille *bellotte*. » (Littré.) En patois, ce mot a une signification plus étendue ; ainsi on dira : « Voilà un poulain qui est bien *bellot*, du blé qui est *bellot*, etc. »

‖ Faire *bellot* ou *bellotte*, caresser, flatter ; terme enfantin.

BENNIAU, béniau, n. m. — Tombereau, véhicule à deux roues qui sert particulièrement à transporter du fumier, de la terre, des cailloux. Diminutif de *banne*, qui vient du celtique *Benna*, selon Festus : « Dans la vie de saint Rémy, (Bolland. 13 janv.), *Benna* est un grand vase ou panier dans lequel on mettait des denrées et des bouteilles de cervoise. » (Belloguet, *Ethn. gauloise*.)

BÉNONI, n. m. — Celui des enfants que le père ou la mère aime le plus. *Benjamin* a le même sens. (Voir la Bible ; *Genèse*, ch. 35, v. 18.)

BER, n. m. — Berceau ; n'est plus guère usité en fr. que dans ce vieux dicton :

> Ce qui s'apprend au *ber*,
> Ne s'oublie qu'au ver.

La plupart de nos vieux auteurs écrivent au singulier *ber* avec un *s* ; Ex :

> .... En l'autre dictéen
> (Ils) gardaient le *bers* du grand Saturnien.
> RONSARD.

Au fig., nos paysans emploient ce mot au pluriel ; ex : « Tu étais dans les *bers* (*in incunabulis*), lorsque j'avais vingt ans. »

‖ *Bers*, au plur., ridelles d'un chariot.

Etym. *bersa*, petite claie, selon Du Cange, ou *berciolum*, bas-latin. Ce dernier mot d'origine tudesque viendrait du radical *berg*, lieu de sûreté, lieu où l'on se couche, tanière, nid d'oiseau. (V. Diez. D. E.)

BERBIS, n. f. — Brebis ; pour la transposition de la lettre r, v. le mot *apprendre*. On remarquera que *berbis* se rapproche tout-à-fait du latin *vervex*, et surtout de *berbex*, mot populaire qui se trouve dans Pétrone et Vopiscus.

« E returnad de Saul a maison en Bethleem pur les *berbiz* guarder. » (Les Rois.)

> La *Berbiz* sans garde truva,
> Une en ocist, si l'emporta.
>
> Marie, Fab. 45.

Au XVIe siècle, H. Estienne écrivait : « *Dicitur* brebis, *sive* berbis, *sed* brebis *magis receptum est.* »

BERCAIL, n. m. — Vermine ou pou de mouton.

BERDELET, n. m. — Bavardage. Mot formé du verbe *berdeler* qui appartient aux patois du Nord, et qui signifie gronder entre ses dents, parler d'une manière confuse et monotone. *Berdelet* est donc synonyme de langage ennuyeux, fatigant : « Nous a-t-il assez assommés avec son *berdelet* ? » Je rattacherais volontiers ce mot à *bredir, bresdir*, v. fr. hennir.

BERDOUILLER, v. n. — Bredouiller ; d'où *berdouilleux, berdouillard, berdouillement.*

BERLAN, n. m. — Brelan : « Un *berlenc* apporte et trois dez. » (Fabl. de Barbazan, cité par Littré.)

> On voit en paix garçons muser,
> Etre oyseux en bourg et aux champs,
> Jouer aux dez et aux *berlans*.
>
> Anc. Poés., t. VII, 239.

BERLAUDE, n. f. — Vieille brebis ; en ce sens ce mot tombe en désuétude.

‖ Femme qui passe son temps à jaser ; vieille commère. Dans le Poitou *brelau* désigne un bélier, et *brelauder* signifie passer son temps à dire des bagatelles. (L. Favre.)

BERLINDER, v. n. — Faire sonner à une cloche deux et trois coups au lieu d'un.

BERLINGUER, v. n. — Pencher, osciller, en parlant d'un chariot mal chargé! Faut-il rattacher ce mot à *berlingot*, diminutif péjoratif de *berline* ?

BERLOQUE, n. f. — Breloque : « Battre la *berloque*, » radoter. De cette locution usitée à peu près partout, Génin a donné une explication peu vraisemblable. (V. *Recréat. Philologiques*.)

BERLOTER, v. n. — Bavarder, dire des riens. Dérivé : *berlotier, ère*.

BERLUQUE, n. f. — Un rien, un fétu, une misère, comme on dit familièrement : « Il a tout emporté, il n'a pas même laissé une *berluque*. — J'ai avalé une *berluque* qui était dans mon verre. — Avoir une *berluque* dans l'œil. » Dans l'ancien fr. *bellugue* signifie étincelle, lueur ; d'où *belluette*, *bluette*, petite étincelle. Comme il n'y a aucun rapport de sens entre *bellugue* et notre mot *berluque*, il serait plus rationnel de tirer celui-ci de *belluga*, petit fruit sauvage, selon Du Cange.

BERNÉE, n. f. — Excréments ; d'où *berneux*, breneux.

BERQUERIE. n. f. — Bergerie.

BERQUIER, n. m. — Berger. Il n'y a pas longtemps que les *berquiers* passaient pour sorciers, capables d'*envoyer des maléfices*. J'ai entendu dans mon enfance raconter mille légendes sur ce pouvoir occulte. En Basse-Normandie, en Bretagne, les mêmes croyances ont aussi régné. (V. l'*Ensorcelée*, par B. d'Aurevilly.)

‖ *Rose de berquier*, rose sauvage.

BERSILLES, n. f. plur. — Branchettes, menus morceaux de bois ; d'où *bersiller*, casser en petits morceaux.

BESACHE, n. f. — Besace ; dér. *besachie*, ce que contient une besace : « Corbeilles, corbeillones, sacs, pouches et *bezachées* de diables. » (*Nouv. Fabrique*.)

BÊTA, n. m. — Niais, stupide. Bon. des Périers a dit, en parlant des petits d'une pie : « Ils faisoient les *bestats*, et vouloient toujours retourner au nid, pensant que la mère les deut toujours nourrir à la beschée. »

BÊTE (Être tout), loc. — Etre malade, languissant. Comp. avec le latin *betissare* qu'employait Auguste, selon Suétone.

BIAU, adj. — Beau. Tous les mots terminés en *eau* se prononcent ainsi ; ex : *Mantiau, piau, batiau, nouviau*, etc. Il y a peu d'exceptions à cette règle. En Picardie, la finale *eau* devient *ieu*; ex.: *Oisieu, martieu*, etc.

> *Biaus* chanter anuit souvent.
> RENARD, v. 5466.

Ce vers se trouve aussi dans le *Chastiement des Dames* de Robert de Blois.

BIAUTÉ, n. f. — Beauté ; prononciation anglo-normande : « Lor *biautés* le parc enlumine. » (Chast. de Coucy.)

> Car *biauté* est de tel matire,
> Quel el plus vit, et plus empire.
> ROSE, v. 9073.

BIBERON, n. m. — Bec d'un vase.

BIBI, n. m. — Synonyme de *bobo* mot du langage enfantin : « Les labiales qui composent ces mots ont été purement amenées par la facilité avec laquelle l'organe buccal peu formé et exercé des hommes primitifs et des enfants très-jeunes savait les prononcer.» (Bergmann, *Ontologie.*)

BIDAILLON, n. m. — Mauvais bidet.

BIDETTE, n. f. — Jument de selle ; féminin de *bidet* qui est français.

BIHUTTE, n. f. — Cabane, maison qui tombe en ruine.

BISAGÜE, n. f. — Besaigüe; du latin *bis acutus*.

> L'un plante aux champs une forte charrue.
> L'autre en ses mains porte une *bisagüe*.
> RONSARD, cité par Littré.

BISAILLE, n. f.— Mélange de pois et de vesce ; plus usité au pluriel : faire des *bisailles*. Du latin *bis*.

BISBIS, n. m.— Bisbille : « Ils sont en *bisbis* », c.-à-d. brouillés.

BIS-BLÉ, n. m.— Méteil, mélange de froment et de seigle.

BISCAILLER, Briscailler, v. act. — Mettre en pièces. Comp. avec *bizcazier* qu'on trouve avec le même sens dans les Contes normands d'Alcrippe, sieur de Neri en Verbos. « Il continua tout le temps... à tuer, machacrer, meurdrir, égorger, rompre, *biscazier*, et abattre oyseaux. » (*N. Fabrique.*)

BISC-EN-COIN, Bist-en-coin, loc. adv. — De biais, de travers, d'un coin à l'autre.

BISCOTER, v. act. — Terme érotique ; comp. avec *bécoter*.

« Et les moines, quelle chère font-ilz ? Le corps-Dieu, ils *biscotent* vos femmes, ce pendant qu'estes en romivage. (Rab., *Garg*, I., 45).

BISQUE, Bique, n. f. — Mauvaise jument, rosse.

‖ Au fig., femme méchante, acariâtre. Comp. *bisque* avec l'ancien anglais *baiske*, aigre.

BISSA, n. m. — Bissac. De même *sa*, au lieu de *sac*, *bé*, pour *bec*, *sé*, sec, etc. C'est ainsi que dans beaucoup de mots, le *c* final ne se fait pas sentir en français : jonc, cric, accroc, tronc, etc : « Et il sifflait toujours les *taupettes* tant et si bien, qu'il arriva vite au fond du *bro*.» (B. d'Aurevilly, l'*Ensorcelée*.)

BISTALOT, n. m — Gâteau grossier.

BISTOUILLES, n. f. p. — Contes, récits graveleux : « Dire des *bistouilles* ».

BITTE, n. m. — *Membrum virile*. On trouve dans la *Condamnacion du Bancquet* par Nicole de la Chesnaye : « Aussi avez-vous belle *bide* ? » Le bibliophile Jacob prétend que ce mot est un terme d'argot qui signifie *trogne*, face enluminée, et au fig. *membre viril*. — Ce mot est quelquefois un terme de tendresse, d'affection, et souvent les *ruraux* le prononcent sans songer à mal. Ainsi une bonne vieille dira à un grand garçon qu'elle a vu naître : « Comment vas-tu mon pauvre *bitte* ? » — Est-ce que l'empereur Auguste, au dire de Suétone, n'appelait pas ainsi le poëte Horace : *homuncionem lepidissimum, purissimum penem*? Pott a rapporté ce mot au breton *piden*, *biden* = penis, kymri, *pid*, pointe.

BITTE-DE-ROBIN, n. m. — Gouet, plante qu'on appelle aussi pied de veau. Ceux qui connaissent cette plante devineront sans peine pourquoi on l'a ainsi nommée.

BITTER, v. n. — Se toucher, terme de jeu. Deux palets qui se touchent *bittent*.

BLANC, n. m. — Peuplier ainsi nommé à cause de son feuillage pâle ; adjectif pris substantivement comme les mots français *tremble, sanglier, coursier* ; lat. *tremula* (populus), *singularis* (porcus), *cursor* (equus.)

BLASSER, v. act. — Panser, essuyer une plaie avec un linge mouillé.

BLÈQUE, adj. — Blet. Pomme, poire *blèque* : « Ils cueillirent.... poires molles, pommes *blecques*.» (*N. Fabrique.*) On a donné de ce mot plus d'étymologies qu'il n'a de lettres. (V. Littré, au mot *blet*.) Ne pourrait-on pas le rapprocher du grec βλάξ, lâche, mou, quoique cet adjectif n'ait qu'un sens moral ? *Blacte* (lâche) se trouve dans R. de Collerye :

> Tous gens flatteurs sont gens dyaboliques....
> En faulx semblant *blactes* et baziliques.
>
> *Ballade*, I.

D'où *éblaquer* : « Votre femme, votre moitié d'arrogance et de tout, et dont la fierté est maintenant aussi *éblaquée* que cha ! répondit-il en frappant de sa gaule ferrée une motte de terre qu'il pulvérisa. » (B. d'Aurevilly, l'*Ensorcelée*.)

BLÉRI, n. m. — Champ où l'on a récolté du blé.

BLINDER, v. n. — Avant de commencer à jouer au *but* ou à la *butte*, les joueurs jettent leurs palets. Celui dont le palet est le plus près du *but* joue le premier ; c'est ce qui s'appelle *blinder*.

BLINGUER, v. n.— Pencher, vaciller ; même sens que *berlinguer* qu'on a déjà vu.

BLO, n. m. — Bloc. Grosse pièce de bois sur laquelle les bouchers hachent la viande.

‖ Morceau de bois qui sert à *abloquer*. (V. ce mot.)

‖ Siége fait avec une bille de bois, qu'on place généralement dans un coin de la cheminée. « Assieds-toi sur le *blo* », dit-on à un enfant.

BLOUQUE, n. f. — Boucle. « A lui, pour deux courroies de cuir

de vache, garnies de grosses *blouques* de fer......» (Compte de l'Arg.
du roi ; Douet-d'Arcq.)

> Mervilleus cops se donnent es escus d'or listés,
> Desous les *blouques* d'or les ont frains et troés.
>
> *Fierabras*, v. 2409.

BLOUQUER, v. act. — Boucler. « Il n'est besoing que tu regardes
si hault, je veux que tu saiches que je ne daigne pas que tu *blouc-
quasses* mon soulier. » (Palsgrave.)

BOCHE, n. f. — Bosse. « S'en donner une *boche*, » boire et manger
avec excès.

BOCHU, adj. — Bossu. « On m'appelle *bochu*, mais je ne le suis
mie », disait au XIIIme siècle le poëte Adam de la Halle, surnommé
le *Bossu d'Arras.*

BOIRE, v. act. — Fut. je *buverai* ; cond. je *buverais*. Comp. ces
formes avec *bevrai, beverai,bevereie* de l'ancienne langue : « Od tei ne
ireie, ne pain mangereie, ne ewe ne *bevereie*.» (Les Rois.)

BOIS-BLANC, n. m — Terme générique qui désigne certains
arbres, comme l'aune, le saule, le peuplier, le tremble. « Faire un
plancher de *bois-blanc*, bâtir avec du *bois-blanc*, etc.

BOISETTES, n. f. plur. — Menues branches que les pauvres gens,
boquillons et *boquillonnes* vont ramasser dans la forêt ; c'est ce que
La Fontaine appelle poétiquement de la *ramée.*

BOIT-SANS-SOUÉ, n. m. et fém. — Ivrogne, ivrognesse. Soué =
soif.

BOISSON, n. f. — Petit cidre, cidre bien *baptisé*. On dit du cidre
et de la *boisson* pour distinguer la force de l'un de la faiblesse de
l'autre.

BOLÉE, n. f. — Ce qu'il y a dans un bol ; une *bolée* de lait, de
crême, etc.

BONNEMENT, adv. — Vraiment, tout de bon. « Mais *bonnement*,
croyez-vous que je voudrais me ruiner?» On use et abuse de ce mot
qu'on place à tout propos dans la conversation. « Il vous a dit cela,
bonnement ? — Est-il vrai, *bonnement*, que vous allez vous marier? »

BONNET DE CURÉ, n. m. — Baie du fusain, avec laquelle les enfants s'amusent à faire des chapelets ; ainsi nommé à cause de sa ressemblance avec les bonnets carrés des prêtres.

BOQUET, n. m. — Bosquet. Les noms de famille *Boquet*, *Duboquet* sont communs en Normandie.

BOQUETIER, n. m. — Pommier, poirier sauvage, qui n'a pas été greffé. De *bosc*, bois.

BORDILLER, v. n. — Etre près de ; ex. : « Vous devez bien *bordiller* la cinquantaine ? »

|| *Bordiller*, v. act. Se dit des animaux qui en passant attrapent une goulée dans le champ du voisin. Admirable matière à chicane.

BORGNIBUS, n. m. — Borgne ; terme de mépris. A la campagne, on n'est pas tendre pour les infirmes.

BORNE, n. m. — « Il faut mettre à votre champ de *gros bornes*. » D'où « être *borné* comme une acre de terre; être *borné* par les quatre coins, » c.-à-d. être un parfait imbécile.

BOS, n. m. — Bois . « Aller au *bos*, » aller ramasser du bois dans la forêt :

> Le *bos* est entour moult biax.
>
> ROM. DE ROU.

« Une pucele vint ci, li plus bele riens du monde, si que nous quidames que ce fust une fée, et que tos cis *bos* en esclarci. (Auc. et Nicol.)

BOSCO, n. m. — Bossu ; homme de petite taille.

BOSSETER, Bocheter, v. act. — Bosseler.

BOUCANE, n. f. — Maison qui tombe en ruine.

|| Maison, ferme mal tenue : « Je ne veux pas rester dans cette *boucane* ; on y est mal nourri et mal payé. » De *boucan*, qui anciennement signifiait *bordel*.

BOUCHIE, n. f. — Bouchée : «Manger une *bouchie*, » prendre un léger repas.

> Novelement est accouchie,
> A chascun donoit sa *bouchie*,
> Mais n'avoit pas son chief couvert.
>
> RENART, cité par LITTRÉ.

« Duas *bucceas* manducavi. » (Aug. apud Suét. **76.**)

BOUDIN (Faire du), loc. — Bouder.

BOUEN, Bouenne, adj. — Bon : « Compeignie de *boens* crestiens.» (Rutebeuf.)

> De *boin* mangier ont a fuison
> Et vollilles et venison.
>> FLOIRE et BLANCEFLOR.

BOUFFARD, adj.— Gourmand. On dit aussi *bouffeux, euse.* Comme étym., Du Méril propose le grec βουφάγος, glouton ; *boufa*, en patois languedocien.

BOUFFER, v. act. et neut. — Bâfrer, manger comme un glouton.

> Mais Rome tandis *bouffera*
> Des chevreaulx à la chardonnette.
>> MAROT, Epit.

BOUFFI (hareng), adj. — Hareng qui reste quelque temps dans la saumure.

BOUGON, n. m. — Bout de bois mort. « Aller à *bougons*, » aller dans la forêt ramasser des bouts de bois.

BOUGONNIER, adj. — Celui qui ne fait que *bougonner*, gronder entre ses dents.

BOUILLET, n.m. — Espèce de bouleau avec les petites branches duquel on fait des balais. Diminutif du v. fr. *boul.*

BOUILLON, n. m.— Averse : « J'ai reçu un rude *bouillon* en chemin. »

‖ Réprimande, reproches : « On m'a donné mon *bouillon.*»

BOUIS, n. m. — Buis. Cette prononciation est très-ancienne, et au XVIIe siècle, Ménage la signalait comme étant toujours en usage à la cour, et la seule correcte.

> Ainsi nos vieux François usoient de leur rebec,
> De la flûte de *bouis* et du bedon avec,
> Quand ils représentoient leurs moralités belles.
>> V. DE LA FRESNAYE.

‖ Dimanche du *bouis*, le dimanche des Rameaux, ainsi nommé

parce qu'on y porte à la main des branches de buis. Ce jour-là, les campagnards, suivant une pieuse et poétique coutume, se répandent après la messe à travers champs, et plantent, chacun dans sa terre, un rameau du buis bénit.

BOUJARON, n. m. — Blouse de toile courte. Littré donne *bourge-ron*. On peut rapprocher *boujaron* du gaulois *bigera*, *bigerra*, qui se trouve dans le Gloss. d'Isid.; espèce de manteau grossier que portent encore les pâtres de Bigorre.

BOUJOU, n. m. — Bonjour.
|| Visière de casquette.

BOULAGER, v. act. — Tourmenter, malmener : « C'est un maître qui *boulage* trop ses ouvriers. »

BOULE (Perdre la), loc. — Perdre la tête, la raison.

BOULER, v. act. — Très employé dans cette locution : « Envoyer *bouler* quelqu'un, » se débarrasser lestement d'une personne ; ne pas vouloir l'écouter.

BOULOCHE, n. f. — Pâte qui renferme des pommes ou des poires cuites au four. En certains endroits, cela s'appelle *douillon*.
|| Petite femme replette, ronde comme une *bouloche*.

BOULOIR, n. m. — Aire où l'on joue à la boule. Mot excellent qui ne se trouve ni dans le Dictionnaire de l'Académie, ni dans Littré.

BOUQUE, n. f. — Bouche ; du latin *bucca*. La langue maritime a conservé ce mot ainsi que les verbes *embouquer* et *débouquer*.

BOUQUET-D'HIVER, n. m. -- Bouquet de fausses fleurs.

BOURE, n. f. — Femelle du canard : « Se pensant moucher elle s'arracha le nez tout net du visage sans y penser, et le jeta à terre, avec la roupie qui pendoit au bout. Une *boure* qui là estoit le print et l'avala tout de gob. » (*N. Fabrique*.)

BOURLIER, n. m. — Bourrelier.

BOUROTER (Se), v. réf. — Ne pas se presser, marcher comme une *boure*, en se dandinant.

BOURRIQUE, n. m. et f. — Ane, ânesse : « Gros *bourrique*, » gros ignorant.

‖ Faire tourner quelqu'un en *bourrique*, lui faire perdre la tête. De *bourrique*, on a fait *bourriquer*, mot obscène qui, de même que *baudouiner* et *roussiner*, est digne de la langue de Rabelais.

BOURSIE, n. f. — Contenu d'une bourse : « Avoir une bonne *boursie* d'argent. »

> Quant chascuns a chape forrée,
> Et de denier la grant *borsée*,
> Les plains coffres, la plaine huche.
> RUTEBEUF.

BOUSAT, n. m. — Bouse de vache ; on dit aussi *bousée*, n. f.

BOUSTIFAILLE, n. f. — Bonne chère : « Aimer la *boustifaille*. » D'où *boustifailler*, manger salement, et *boustifailleur*, gourmand. Au lieu de *boustifaille*, on dit quelquefois *goustifaille*, etc.

BOUT, n. m. — Usité dans cette locution : « A tout *bout* de champ, » à chaque instant. — « Si vous m'interrompez *à tout bout de champ*, je ne dirai plus rien. »

BOUTAINE, n. f. — Nombril. Anc. fr. *boudin, boudine*, mots qu'il faut rattacher à *bedaine*, selon Diez.

> Quant il luy couvroit la *boudaine*
> Quelque philosophe ou artiste
> L'eust pleinement pris pour la guaine
> Ou le fourreau d'un organiste.
> COQUILLART, I, 115.

Le Héricher (Gl. norm.) donne *boudine* avec le sens d'intestin.

BRACHIE, n. f. — Brassée ; du latin *brachia*, bras : « Porter un enfant à *brachie*, » dans ses bras. V. fr. *brache, brachie*.

> Un flael porte dont la mance est furnie
> Toute ert de cuevre, et longe une *brachie*.
> ALISCANS, v. 5082.

> Si ot granz mains et longue *brache*
> Dont elle tient fort cels qu'ele embrache.
> JUBINAL, Fabl.

4

Brache est du reste employé dans cette locution : « Prendre à *brache*-corps, » c'est-à-dire de manière à entourer avec les bras.

BRAILLER, v. n. — S'habiller avec soin, être fier de sa toilette, être *brave*, comme on disait jadis.

Du fr. *braies*, culotte, qui vient probablement de *braca*, mot gaulois cité par Suétone.

‖ Se vanter, mentir ; d'où *brailleux*, hâbleur, et *braillerie*, vantardise.

BRAN, Bren, Brin, n. m. — Matière fécale : « Autant en dist un tirelupin de mes livres, mais *bren* pour luy. » (Rab., *Garg.*, I.) En fr. *son* ; d'où ce proverbe : Faire l'âne pour avoir du *bran*.

‖ *Bran d'agache*. — Sorte de gomme qui découle des cerisiers, pruniers, pêchers.

BRANDOUILER, v. n. — Remuer continuellement ; adj. *brandouillard, arde*.

BRANLER (Se), v. réfl. — Travailler avec ardeur, redoubler d'activité : « Le temps menace, il faut *se branler*.»

BRANQUE, n. f. — Branche ; probablement du bas-latin *branca*.

> Sor une *branque* halt s'est mise.
> > MARIE, Fabl. 22.

BRASSER, v. act.— Faire ; se prends toujours en mauvaise part : « Il est toujours à *brasser* ce qu'on ne lui demande point.»

> Disant cecy toujours son lict elle *brassoit*,
> Et les linceux trop cours par les pieds tirassoit.
> > RÉGNIER.

Dans la vieille langue, *brasser* s'emploie indifféremment avec une bonne ou mauvaise acception ; ex.:

> Jhérusalem, ahi ! ahi !
> Comme t'a blécié et esbahi
> Vaine gloire, qui toz maus *brasse* !
> > RUT., *Comp. de Constantinople*.

> Marie, nom très gracieux,
> Fons de pitié, source de grâce,
> Qui notre paix bastit et *brasse !*
> > CH. D'ORLÉANS, Ball. 23.

(C'est à tort que cette ballade figure dans les œuvres de Villon, édition du bibliophile Jacob.)

BRÊLÉE, n. f. — Mélange de diverses plantes fourragères dont on nourrit particulièrement les moutons pendant l'hiver.

|| Au fig. *faire de la brêlée*, c'est mêler le patois avec le langage de la ville. Cela s'applique aux paysans, qui ayant été quelque temps à la ville, « méconnaissent le râteau, comme dit Noël du Fail, contrefont leur naturel, et viennent mêler, à leur retour, seigle avec froment. » (V. les *Contes rustiques*.)

BRÈQUE-DINT, adj. — Brèche-dent.

BREUILLES, n. f. plur. — Entrailles de poisson, en fr. En patois, ce mot a un sens plus général ; ex. : « Le taureau a donné un coup de cornes à la servante, et lui a fait sortir les *breuilles*. »
De même dans l'ancienne langue :

> Puis (il) fet le cors ovrir,
> La *breuille* a fait richement enfoïr
> Devant l'autel el mostier St-Bertin.
> GARIN, dans Du Cange.

|| Tétines de truie, de chienne ; tétasses : « Cache tes *breuilles*, » dit-on à une femme qui étale une gorge trop opulente.

BRICOLER, v. n. — Vivre d'expédients ; entreprendre beaucoup et ne rien finir. Dér. *bricolier*.

BRIÈRE, n. f. — Bruyère ; b. lat. *brieria*. « In *brieriis et* landis in foresta de Guoffer propre Falesiam. » Cité par Le Hér.

BRIMBELLE, n. f. — Gamine ; paysanne qui fait des embarras.
|| Airelle, plante qu'on appelle encore *raisin des bois*.

BRIN, n. m. — Un peu, un rien : « Si t'as trop de viande, donne-m'en un *brin*. » S'emploie dans un sens absolument négatif : « Je n'aurai *brin* de pommes cette année. » Comp. avec cette phrase de Mme de Sévigné : « L'autre jour on me vint dire.... il n'y a pas un *brin* de vent. » Diez rattache *brin*, chose menue, au celtique *bran*, son.

BRINDEZINGUE, n. m. — Ivresse. Mot de fantaisie.

BRINOTER, v. n. — Manger peu, *brin à brin*.

BRISE-TOUT, adj. — Epithète homérique que l'on applique à un

BRO

homme brusque et brutal, à un enfant qui casse, abîme, déchire tout
ce qu'il a.

BRONGNES, n. f. plur. — Tétins de la truie. On appelait *brogne*
au moyen-âge, du mot celtique *bronn*, sein, mamelle, en bas-lat.
brunea, brunia, la cuirasse qui servait spécialement à protéger la
poitrine :

> Li *brogne* c'ot vestue ne li vaut une haire.
> > Cit. par Du CANGE.

> Il vesti une *broigne* fort et roide et tenant
> Qui one ne fu faussée par nulle arme tranchant.
> > AYE D'AVIGNON, v. 376.

> La bonne *broine* li perça et rompi.
> > GARIN, v. 3199.

Dans le kymrique, *brona* signifie allaiter. Le terme primitif est *be-
bronna*, nom que saint Domitien (Bolland, 1er juillet) donna à la
plus grande des fontaines qu'il trouva dans le désert appelé depuis
bebronnensis locus. (Belloguet, Ethn. gaul., 213.)

BROQUE, n. f. — Broche. Dér. *débroquer, embroquer, broquette*,
petite broche. Ce dernier mot s'emploie le plus souvent dans un sens
obscène.

BROSQUIN, n. m. — Brodequin. All. *buskin*. Diez fait venir ce
mot du grec βύρσα, cuir.

BROSSE (Ça fait), loc. — C'est un espoir déçu : « Je comptais sur
un remerciement, mais *ça m'a fait brosse*. »

BROSSÉE, n. f. — Volée de coups de poing ou de bâton. Pour
rendre la même idée, les paysans normands, nés aussi batailleurs que
chicaneurs, ont une multitude d'expressions, dont quelques-unes
très-métaphoriques, comme : « Donner une peignée, une raclée, une
rainsée, une dégelée, une ramonée, une brûlée, une pile, une graisse,
une douille, une tatouille, une tournée, une roulée, une torchée, une
tripotée, une trempe, etc., etc. »

BROSSER, v. act. — Donner une *brossée* ; on dit encore *brucher*,
pron. picarde.

BROU, n. m. — Gui.

BROUACHINER, v. n. — Se dit d'une petite pluie fine qui tombe ;

verbe formé de *brouée* qui paraît venir de *bruma*, selon Du Cange ; de l'anglo-saxon, *brodh*, vapeur, selon Diez. Citons encore, d'après Belloguet, l'irlandais *braon*, le gaélique *broen*, goutte d'eau, pluie.

BROUILLARDER, v. n. — Faire du brouillard. Pourquoi l'Académie a-t-elle rejeté ce verbe ainsi que *brouillasser* ?

BROUSTILLES, n. f. plur. — Menues branches, pour *broutilles.* De l'anglo-saxon *broust*, pousse, rejeton, jet.

BROUTARD, n. m. — Veau de un à deux ans qu'on élève dans les herbages.

BRÛLÉE, n. f. — Volée de coups : « Il a reçu une fameuse *brûlée.* »

BRÛLER, v. n. — Terme de jeu ; dépasser la ligne tracée par les joueurs.

|| Ne pouvoir garder son argent : « L'argent lui *brûle* les mains. — Cependant notre argent nous *brûle* et ne travaille point. » (Mme de Sévigné.)

BRÛLE-TOUT, adj. — Prodigue, dépensier ; mot formé comme *brise-tout, boit-tout.*

BRÛLOIR, n. m. — Machine pour brûler le café.

BSINER, v. n. — Se dit des vaches qui se mettent à courir de tous côtés, lorsqu'elles sont piquées par les taons. Ce mot est formé de *bsin! bsin!* onomatopée qui exprime le sifflement des mouches bovines.

Peut-être de l'allemand *biss*, morsure ; ancien haut-allemand, *bize*.

BUCHEUX, adj. — Laborieux : « Celui-là c'est un *bucheux*, il abat de la besogne. »

BUCHON, n. m. — Buisson : « En petit *buscheun* trove l'em grant lever. » (L. de Lincy, Prov. II, 475.)

> Tu iez li *bouchons* Sinay.
> Rut., les *IX Joies de Nostre-Dame.*

|| Nom d'un hameau sur l'Yères.

BUCHONNER, v. n. — Se cacher dans ou derrière les *buchons.*

Au fig., on dit que le soleil *buchonne* lorsqu'il se cache sous les nuages.

BUETTE, n. f. -- Ouverture pour laisser pénétrer le jour dans une cave. Pour l'étym., voir *buhot*.

BUHOT, n. m. — Tuyau de cheminée :« Je n'aime point à perdre de vue el *buhot* d'em k'minaie. » Selon Littré, *buhot, buiot*, veut dire tuyau et est un diminutif de *buie*. (V. Du Cange au mot *buheterius*.)

> En sa meson n'ot nule entrée
> Fors un *buiot* quant est fermée.
> > Ren. dans LITTRÉ.

Dans le pays de Bray, le *buhot* se nomme *tuet* ou *tuait*. A Bayeux, *buhot* signifie piége à taupes. — De *buie*, bas-lat. *boia*, ceps, entrave.

BULOTTE, n. f. — Chènevotte : « Allumer son feu avec des *bulottes.* »

BUQUOIRE, n. f. — Petite *canonnière* faite avec un bout de sureau dans lequel les enfants introduisent deux balles d'étoupe, dont l'une poussée avec un petit bâton chasse l'autre qui fait explosion. C'est ce que Rabelais appelle un *petit canon de sulz.* (*Pant.*, liv. II, 19.) Du picard *buquer*, frapper, retentir.

BUTTE, n. f. — Terme de jeu : « Jouer à la *butte*, ou encore au *but*, » jouer au bouchon.

BUVATER, v. n. — Aimer à boire ; boire sans discrétion.

BUVATIER, adj. — Ivrogne.

BUVERIE, n. f. — Partie de boisson : « Tout ce qu'il gagne, il le dépense en *buveries.*»

> Le long veiller, les *beuveries*,
> Ont engendré des rêveries
> Et des fureurs . . . .
> > MAROT, 1er coll. d'*Erasme*.
> En matière de *beuverie*,
> Quant à moy, toujours je prétens,
> A anticiper ma partie.
> > J. LE HOUX.

« Eux tenant ces menus propos de *buverie*, Gargamelle commença se porter mal. » (Rab., IV, 6.)

C

CABALEUX, adj. — Intrigant, fourbe, hâbleur ; au fém., *caba-leuse*, très-usité.

CABEINE, n. f. — Cabane, « la maison roulante du berger. »

CABEUILLER, v. act. — Chasser, effrayer les animaux de basse cour. « Vot' chien a *cabeuillé* nos poules. »

CABOCHARD, adj. — Entêté, qui a la *caboche* dure.

CABOCHER, v. act. — Frapper, blesser à la tête : « J'ai tiré un lièvre que j'ai joliment *caboché.* »

CABORGNE, n. m. — Petit poisson à grosse tête qui se met ordi-nairement sous les cailloux dans les petites rivières. Etym. *caput*, tête, par l'intermédiaire de la forme *cab* ou *cap*. On l'appelle aussi *castelot, capsot.* « Tout le bas de la côte se trouve couvert de truites... *capsots*, tanches, écrevisses.» (*N. Fabrique.*)

CACHARD, adj. — Paresseux ; qu'on ne peut faire marcher qu'à coups de fouet. « Cheval *cachard.* »

CACHE, n. f. — Chasse. « Prendre un permis de *cache.* »
‖ Vache, chienne *en cache*, en rut. Dans le Berry, *chassoueille* dé-signe une vache en chaleur, et *chassouer* un taureau.
‖ N'être pas au bout de ses *caches*, loc. Avoir beaucoup à faire ou à souffrir : « Il croit être quitte avec moi, mais il n'est pas au *bout de ses caches.* »

CACHE-MONNEIES, Cache-Moute, n. m. — Garçon meunier qui parcourt les villages pour recueillir les sacs de blé et les porter au moulin. *Moute* vient du bas-latin *molta*, formé de *molitum, molere*, moudre. Au moyen-âge, *moute* était un droit principal qu'on acquittait pour faire moudre son grain, et, par extension, il signifiait moulin.

> Tpz en jur sunt semuns de plaiz :
> Plaiz de forez, plaiz de *moneies*,
> Plaiz de purprises, plaiz de veies,
> Plaiz de biès, plaiz de *moutes*....
>
> R. DE ROU.

CACHER, v. act. — Chasser :

> Plus de .L. au branc en détrencha,
> Toute la rue vers le pont les *cacha*.
>
> ALISCANS, v. 2148.

CACHEUX. n. m. — Chasseur. Dicton :

> Métier de cacheux,
> Métier de pêkeux,
> C'est métiers de gueux.

‖ Garçon meunier, synon. de *cache-moneies*.

CACHOIRE, n. f. — Fouet.

‖ *Coup de cachoire*, dernier verre qu'on offre à ses convives avant le départ.

CACHOTTIER, ère, adj. — Celui, celle qui fait mystère de tout.

CADET, n. et adj. — Anciennement soldat engagé ; d'où mauvais sujet :« C'est un drôle de *cadet*; » et ironiquement :« un rude *cadet*. » *Cadette*, femme hardie, entreprenante.

Cadet a encore le sens de *moindre* : « C'est le *cadet* de mes soucis. »

‖ Derrière : « Veux-tu baiser *cadet* ? »

CADOS, n. m. — Fauteuil ; mot évidemment composé de *cayère*, *chaière*, et de *dos* ou *dossier*.

Cados = chaise à dos : « A lui, pour le fust d'une autre *chaière à dossier* ...» (Douet-d'Arcq, *Compte de l'Arg. du Roi*.)

CADRAN, n. m. — «Se casser le *cadran*; tomber sur le *cadran*, » c'est faire une chute sur ce que Th. Gauthier appelle *précieusement* l'antithèse du devant.

CADRER, v. n. — S'entendre bien avec quelqu'un: « Ce sont deux fripons qui *cadrent* bien ensemble. » Ils sont en rapport comme le *cadre* et la gravure.

CAFIAU, n. m. — Mauvais café.

CAFIGNONS, n. m. plur. — Fruits pierreux, qui n'arrivent point à maturité, en parlant des poires et des pommes. — En Picardie, au contraire, les *cafignons* ne doivent pas être à mépriser, car à Buigny (canton de Gamaches), le jour de la fête qu'on nomme *bohourdi, béhourdi* (anc. joûte, tournois, mêlée d'armes), les jeunes gens allument des feux d'éteule dans les champs, et dansent à l'entour en chantant : « *Bouhour ! bouhour ! Saint-Christophe*, envoyez-nous des pommes grosses et des *cafignons* pour manger dans l'saison. »

CAFOUILLER, Carfouiller, v. n. — Chercher dans tous les coins et recoins, *fouiller de tous côtés*. Il serait difficile d'expliquer le sens de *car*, la première partie du mot. Nous ferons seulement remarquer que le patois aime la terminaison *ouiller* dans les verbes qui rendent une succession rapide de mouvements ; ex.: *Randouiller, trifouiller, farfouiller, tantouiller, brandouiller*, etc. Dans la vallée de la Bresle on appelle *cafouillis* des restes de tartes ou de gâteaux. Le lendemain de la fête du village, les pauvres viennent demander *un molèt d'cafouillis*, c'est-à-dire quelques menus morceaux de tarte ou de gâteau.

CAFUTER, v. n. — Travailler à des riens : « Qu'est-ce que tu *cafutes*-là ? » Dériv. *cafutier, ère*.

|| Effrayer les bestiaux, les volailles. Etym. *fust*, bâton ?

CAGEOIR, Cagewar, n. m. — Piége pour prendre les oiseaux ; espèce de cage qui se ferme par une détente que fait partir l'oiseau en se posant sur une baguette placée à l'entrée du piége.

CAGNIOLE, n. f. — Tête, en mauvaise part : « Ne v'là-t-il pas une belle *cagniole* ? » *Cagniole* vient de *caygnon*, chignon, qui se trouve dans la grammaire de Palsgrave.

CAGNON, n. m. — Mauvais cheval. *Cotgrave* (Dict.) traduit *cagnon, caignon* par *litle dog*, petit chien. « Passez, passez, ordre *caigne* (sale chienne) que vous êtes. » (C. N. N., 38ᵐᵉ.) Du latin *canis*, chien.

Paien glatisent et uslent comme *gaignon*,
ALISCANS, v. 5579.

CAGOUX, n. m. — Homme chagrin, sournois. « C'est un *cagoux* qui ne veut voir personne. — Estoit lieutenant du prevost un gros villain comme un *cagoux*. » (*Journal de Paris*, sous Charles VI et VII, dans La Curne.) Pour l'étym. de ce mot, V. Michel, *Hist. des Races Maudites*.

CAHONNER, v. act. et n.— Passer son temps à des vétilles, ne faire rien qui vaille. Dériv. *cahonnier, cahonnière*. Dans la vallée de la Bresle, du côté d'Aumale, on appelle *cahons* de vieux bouts de cordes que les enfants s'amusent à détordre pour faire des balles à *buquoires*. De là *cahonner*.

CAHOUETTE, Cahuette, n. f, — Petite corneille dite *choucas*. Au fig., belle *cahouette* ! qualification injurieuse. En certains endroits *cauvette* : « Cornillarts, *cauvettes*, et autres petits oyseaulx qui hantent les bois et les champs. » (*N. Fabrique.*)

V. fr. *cahuaille*, race de chats-huants : « Hors de la carrière ; hors de mon soleil, *cahuaille*, au diable. » (Rab., *Pant.*, liv. III.)

CAHUTER, v. act. et n. — Même sens que *cafuter* et *cahonner*. Dériv. *cahutier, ère*.

CAILLARD, n. m. — Caille trop jeune pour être tuée.

CAILLEBOTTER, v. n. — Se dit des pommiers, lorsqu'ils fleurissent lentement, sans vigueur, et que leurs feuilles sont attaquées par les chenilles.

CAILLEU, n. m. — Caillou. « *Mont-à-Cailleux*, » nom de localité.

CAILLOUTER, v. act. — Lancer des pierres à quelqu'un, accabler de coups de cailloux.

CAINE, n. f. — Chaîne ; lat. *catena* : « Et de par M. de Bourguongne, le Louvre fu enforchié et les rues de Paris freméez de bonnes liches et *caynes*. (Chron. norm., p. 373.)

> Guenes li fels, en *caienes* de fer
> En la citet est devant le paleis.
> Ch. de Roland.

CAINE, n. f. — Cruche : « Tant va la *caine* à l'iau, etc. » Dériv.

cainée ; ex.: « Allez chercher une *cainée* d'iau. » Comp. avec le v. fr.
cane, canée. Caine est formé du bas-latin *canna, kanna. Chanée* dans
G. de Saint-Pair, v. 3474, roman du *Mont-Saint-Michel.*

CAÎNE, n.-m. — Chêne.

> Dessous un *caisne* ont un bel lieu trouvé ;
> Iluec areste Hues li bacelers.
> Huon, v. 3197.

> D'un Ostoir weut raconter ci
> Qui sus un *caisne* ot fait son ni.
> Marie, Fabl. 80.

Nos vieux auteurs écrivent aussi *quesne*, orthographe plus conforme
à l'étym. latine *quercus, quercinus* que suppose Diez.

CAIRE, n. f. → Chaise, du latin *cathedra.* En Picardie, on dit
caière, kaière, kaielle. Une *caire préchoire* est une chaire à prêcher.
Cahière se trouve encore dans Th. Corneille.

CALAINE, Caline, n. f. — Chaleur lourde, étouffante. Provençal :
Calina ; anc. fr. *chaline* ; lat. *calere. Caline* a formé *caliner,* v. n.,
se reposer à l'ombre dans les grandes chaleurs, en parlant des animaux : « Les vaches sont en train de *caliner.* »

CALBASSE, n. f. — Ne s'emploie que dans cette phrase : « Vendre
la *calbasse,* » c'est-à-dire tout ce qu'on possède.

CALÉE, n. f. — Portée d'une chienne, d'un chat, etc. Comp. avec
le grec Καλιὰ, nid,

CALER, v. act. et n. — Mettre bas ; se dit particulièrement d'une
chatte qui fait ses petits ; on le dit aussi des chiens, des lapins.

> VII kiens d'une lisse tous nouviaux *kaielés.*
> Chron. de God. de Bouillon, v. 2242.

> D'une Leisse vus veil cunter
> Qui preste esteit à *chaéler.*
> Marie, fabl. 8.

V. fr. *chaiel, chéiaux,* petits chiens.

‖ Fléchir, ployer sous un fardeau ; il existait dans le v. fr. ; ex.:
« Cette superbe vertu eust-elle *calé* au plus fort de sa moutre. » (Montaigne.) C'est une expression empruntée à la marine où elle s'est con-

servée. Saint Isidore disait : « Apud nautas *calare* ponère dicitur.» (Liber Orig., IV.) En grec Χαλᾶν

|| Au fig.*caler bas*, céder : « Il a voulu me tenir tête, mais il a fini par *caler bas*. »

CALEUX, adj. — Paresseux ; de *caler* signifiant faiblir, fléchir, et non du latin *callosus* qui vient de *callum*, durillon. Les paresseux n'ont pas de durillons aux mains.

Cependant, selon M. A. Le Prévost, à qui nous laissons la responsabilité de cette plaisante explication, ce mot provient de ce que les personnes indolentes et sédentaires finissent par avoir les fesses *calleuses* comme les singes.

CALIÈRE, adj. — Brebis calière, qui fait des agneaux, qui *cale*.

CALIMICHON, n. m. — Limaçon. *Calimichon-à-hotte*, à coquille. En piquant le limaçon pour le faire sortir de sa *hotte*, les enfants chantent :

> *Calimichon* borgne
> Montre-moi tes cornes,
> *Calimichon* tortu,
> Montre-moi ton cul.

CALIMUCHETTE, n. f. — Cligne-musette ; jeu où l'on *cligne* les yeux pendant qu'on cache un objet. *En muchettes* (de mucer, mucher) signifiait en tapinois ; ex. : « Je me départi en *muchettes*, et sous congié me retray, car grant sommeil avoie. » (*Ev. des Quen.*, 69.)

CALLIBISTRIS, n. m. — Mot de fantaisie que l'on trouve dans nos vieux conteurs. On sait quel sens obscène Rabelais donnait à ce mot.

J'ai entendu maintes fois des mères appeler leurs petites filles de ce nom : c'est un terme affectueux. (V. *Bitte*.)

CALOGE, n. f. — Cabane de berger. — Niche à chiens, à lapins.

CAMIOLE, n. f. — Camion ; d'où *camioler*, *camioleur*.

CAMOISI, Camousi, adj. — Moisi ; se dit du linge qui se pourrit à l'humidité, et qui prend une couleur rousse ; peut-être ce mot est-il une corruption de *cramoisi*.

A ses herberces li valles descendi,
Camoissie ot, et la char, et le viz.
GARIN, v. 3652.

CAMP, n. m. — Champ; du lat. *campus*. « Pendant la moisson, tout le monde travaille aux *camps*. »

Sire, la sainte estoile i rendi grans clartés,
Et li pastour des *cans* en ont leur cors sonnés.
FIERABRAS, v. 1174.

Parmi un *cams* s'en fu li Leus,
Où un berchier séoit tout seus.
MARIE, Fabl. 42.

CAMPAGNE. n. f.— Plaine. « Les gens de la *campagne*, par opposition à ceux de la vallée. »

Les *campagnards*, ceux qui habitent la plaine.

CAMPER, v. act. — Jeter par terre, renverser : « Son cheval l'a *campé* par terre. »

|| *Campé*, part. p. Embarrassé, gêné : « Me voilà bien *campé* avec de pareils ouvriers ! »

CANARD, n. m. — Terme d'affection, de tendresse qu'on adresse aux petits enfants : « Prends garde de tomber, mon petit *canard*. »

|| Prendre un *canard*, sucer un morceau de sucre trempé dans l'eau-de-vie.

Il a maladie de renard,
Il mangerait bien un *canard*.

Ce dicton s'applique à ceux qui feignent d'être malades.

|| Plumer quelqu'un comme un *canard*, le ruiner au jeu : « Si j'avois la force de mésmes le courage, par la mort bieu, je vous les plumerois comme un *canard*. » (Rabelais.)

CANCANER, v. n. — Bavarder; dire du mal d'autrui ; passer en revue, comme on dit, les voisins. Dériv. *cancanier, ère*. Ces mots usités partout finiront par faire irruption dans le dictionnaire de l'Académie.

CANCHELER, v. n. — Chanceler.

Puisque justice cloce, et droit pent et incline,
Et vérité *cancelle*, et loiautés décline.
RUTEBEUF.

Du lat. *cancellare*, rayer, faire des raies, et fig. n'aller pas droit. (Littré.)

CANCHON, n. f. — Chanson.

> Pleiroit-il vous à oïr une bone *canchon ?*
>
> GUI DE NANTEUIL, v. 15.

CANDEILLE, n. f. — Eau glacée qui pend en forme de *chandelles* des gouttières et surtout des toits de chaume ; c'est tout à fait le latin *candela.*

CANEÇON, n. m. — Caleçon ; se dit aussi pour *caveçon.*

CANGER, v. act. — Changer, du bas-latin *cambiare, rem pro re dare,* donner une chose pour une autre. On a rapproché *cambiare* de l'armoricain *kemma (mm = mb)*, changer, échanger. (V. Belloguet, Ethn. gauloise.)

CANGRÈNE, n. f. — Gangrène. Mme de Sévigné a écrit ce mot comme on le prononçait au XVIIme siècle : « Il faisait fort chaud et la *cangrène* s'y mit. »

CANICHE, n. f. — Niche à chien.

CANTER, v. act. — Chanter, lat. *cantare.*

> Taillefer, qui mult bien *cantoit,*
> Sor un ceval qui tost aloit,
> Devant li duc aloit *cantant*
> De Karlemaine et de Rollant.
>
> R. DE ROU.

Dans son délire simulé où il parle tantôt picard, tantôt normand, l'avocat Pathelin s'écrie :

> Et faut-il que le preste rie,
> Quand il deust *canter* sa messe ?

Dériv. *canteux*, chanteur.

‖ Locut. prov. : « Tu *cantes* et tu réponds, » s'applique à quelqu'un qui se contredit.

CANTIAU, n. m. — Chanteau, morceau de pain bénit qu'on donne à la personne qui doit faire à son tour le pain bénit le dimanche suivant. Bas-latin *cantellus,* petit morceau. Du Cange cite cet exemple : « Ipsa dedit dicto Petro Tort unum magnum *cantellum* de placenta, » elle donna audit Pierre Tort un grand chanteau de gâteau. Selon l'abbé Corblet (Glossaire picard), le *cantieu* est un morceau de gâteau qu'une nouvelle mariée envoie à celle des jeunes filles du village qu'elle croit devoir se marier la première après elle. Coutume presque disparue.

Le v. fr. avait *cant*, côté, coin, partie ; d'où *escanteler*, *escantiller*, *escandiller*, mettre en pièces ; *escantaillon*, échantillon.

> Li brans d'acier .i. poi *escantela*.
> ALISCANS, v. 1264.

CANULE, n. f. — Personne qui fatigue avec ses discours importuns. Il est aisé de comprendre comment cette arme « du mousquetaire à genoux, que le vulgaire, en langage commun, appelle apothicaire » (Boursault), a pu désigner une personne ennuyeuse, *assommante*. Au village, comme à la halle, ainsi que le disait je ne sais quel grammairien, il se fait plus de tropes qu'à l'Académie.

CANVRE, n. f. — Chanvre.

> Il arriva qu'au temps où *la* chanvre se sème....
> LA FONTAINE.

CAOIGNE, n. f. — Caboche, tête : « Je lui ai donné un rude coup su' s' *caoigne*. »

CAPELET, n. m. — Chapelet; terme de médecine.

CAPERON, n. m. — Botte de paille, gerbe dont on *coiffe* les villottes pour les préserver de la pluie. V. fr. *caperon*, sorte de coiffure.

> Se nous veons deux testes mettre en ung *caperon*.
> BAUD DE SEB.

CAPÉ, Capiau, n. m. — Chapeau.

> Cuydez-vous que, sous mon *cappel*,
> N'y eust tant de philosophie ?.....
> VILLON.

« J'ai perdu min *capet*, min *capet* des jours de fête, etc. » (Chanson norm.)

CAPOUILLOUX, adj. masc. — Pouilleux.

CAPUCHIN, n. m. — Capucin.

CARBON, n. m. — Charbon ; d'où *carbonner, carbonnier* : « Item à Pierre Pourchel, de la paroisse de Monville, *carbonnier*, pour la vendue de xv sommes de *carbon*. »(Ext. de L. Delisle, Compte de 1405.)

> Guillaumes l'ot, rougist comme *carbon*.
>> ALISCANS, v. 3050.

CARBONNADE, n. f. — Bon feu de charbons ; en fr. ce mot a un sens différent.

CARCAHOUX, n. m. — Hutte où les charbonniers de la forêt d'Eu font leur cuisine. Cette loge ou plutôt cette « *chaumine enfumée* » a la forme d'un pain de sucre et est ordinairement couverte avec des branches de houx ; de là sans doute son nom.

CARCAILLOT, n. m. — Appeau pour les cailles ; onomatopée.

> ..... Des *courcaillets* pour les cailles.
>> SCARRON, *V. Trav.*, liv. IV.

CARCAN, n. m. et f. — Personne méchante ; jument difficile à conduire.

CARCUL, n. m. — Calcul ; de même *carculer*, etc. — *Querculer*, dans Eust. Deschamps.

CARDON, n. m. — Chardon.

> Li asnes ki n'estoit avers
> Ne escars de paistre *cardons*.
>> REN, IV, 129.

CARÉSIS, Carisis, n. m.— Poires communes qui servent a brasser une espèce de boisson qu'on appelle *poiré*.

Dicton :

> Ce sont des poires de *carési*,
> Si elles sont bonnes, mordez-y.

« *Carési* est bon s'on le pisle.» (Anc. Poés. fr., t. Ier.)

CARILLONNER, v. act. — Donner des coups de fouet. *Carillonner* un cheval, un baudet qui ne veut pas avancer.

Il n'est pas rare d'entendre une mère ou un père dire à quelqu'un de ses enfants qui lui désobéit : « Attends un peu, je vais te *carillonner*.»

CARIOT, n. m. — *Chariot* dans lequel on met les enfants pour leur apprendre à marcher ; en anglais *go-cart*, chariot pour marcher. *Karios* en cornique signifie charrette, voiture.

CARIQUE, n. fr. — Gros vêtement qui sert de pardessus ; dans Palsgrave, *carrycke*.

CARNAGE, n. m. — Viande pourrie, charogne ; s'emploie au fig. : « Va-t-en, vieux *carnage* ! » Ce mot s'applique aux animaux difficiles ou à mener ou à dompter : « Quel *carnage* de vache, de cheval, etc ! »

|| Tumulte, vacarme : « Ils se battent et font un *carnage* terrible tous les jours. »

CARNAS, n. m. — Cadenas.

CARNU, Carlu, adj. — Charnu, nourrissant. On dit d'une soupe épaisse et bien mitonnée qu'elle est *carnue*. Du v. fr. *carn*, chair.

CARPENT, Carpin, n. m. — Bruit, tapage : « Faire un *carpin* du diable. » On trouve *carpenterie* avec cette signification :

> Là ot d'espées molt grant *carpenterie*.
>
> ALISCANS, 463.

CARPENTER, v. n. — S'amuser à tailler, à couper du bois : « Cet enfant est toujours à *carpenter*. » C'est ce que dans le Berry on appelle *chapuser*. (V. G. Sand, la *Petite Fadette*.)

CARPENTIER, n. m. — Charpentier ; latin *carpentarius*. En anglais *carpenter*, importé par la conquête normande :

> Si les ochit et abat à fuison
> Com *carpentiers* fait petits boskillons.
>
> ALISCANS, v. 5591,

> *Carpentiers* et engigneors.
>
> WACE, ROU, v. 11610.

Les noms de famille *Carpentier*, *Lecarpentier*, sont nombreux en Normandie.

CARPLEUSE, n. f. — Chenille. On a dit *chate-pleuse* (*N. Fabrique*) et *catte-pelouse*, c'est-à-dire chatte velue.

> Bé dea, que ma c...., est pelouse ?
> Elle semble une *catte pelouse*
> Ou une mousque à miel.
>
> PATELIN.

Chatte pelouse est devenu l'étrange nom de la chenille en anglais, *caterpillar*. Quelques étymologistes font venir *carpleuse* du latin *caro pilosa* ; chair velue.

CARQUE, n. f. — Charge : « Il est revenu du bos avec une rude *carque* ; » armoricain *karg*.

Dériv. *carquer*, bas-latin *carricare*.

> Li cameus li a respundu
> K'unques de li *carkiez* ne fu,
>   MARIE, Fabl. 70.

CARRE, n. m. — Angle saillant d'une table ou autre meuble. Fr. *carne*.

CARRÉE, n. f. — Cendre qui reste dans le *carrier*, après que la lessive est coulée.

CARRÉE, n. f. — Grande quantité. Quelqu'un achète des fruits et dit au marchand : « Vous ne m'en donnez pas beaucoup ? — Ne faudrait-il pas vous en donner une *carrée* ? » répondra celui-ci. *Carrée* signifie exactement *plein un char*.

> Une *carée* porteroit bien de plon.
>   ALISCANS, v. 367.

CARRETTE, n. f. — Charrette.

> Si grant fais porte, sans mençoigne conter,
> C'une *carete* i a molt à mener.
>   ALISCANS, v. 3154.

Le v. fr. avait *caretée*, ce que contient une *carette* :

> De mon or te donnerai une grande *cartée*.
>   FIERABRAS, v. 3052.

CARRIAU. n. m. — Carreau.

|| Affection des ganglions mésentériques ; maladie qui attaque surtout les enfants.

Les paysans de la vallée d'Yères connaissent trois sortes de carreaux : 1º le rond ; 2º le plat; 3º le pierré.

Les deux premiers sont faciles à guérir. Il suffit d'appliquer sur le ventre de l'enfant un *carrelet* tout vivant et de l'y laisser jusqu'à ce qu'il soit mort ; après quoi l'enfant guéri peut aller jouer à la fos-

sette, à moins que l'on ait affaire au carreau pierré, lequel est in-
curable.

Comme on n'a pas toujours un carrelet vivant sous la main, surtout lorsque l'on habite à huit ou dix lieues dans les terres, il est un
autre moyen de chasser le carreau rond et plat. Il faut faire *toucher*
l'enfant par une personne qui a la spécialité de cette guérison. Cette
personne prononce quelques paroles cabalistiques en touchant le
ventre de l'enfant, et le carreau de déguerpir aussitôt, mais toujours
à condition que ce ne soit pas le carreau pierré.

Il ne faut pas croire que les gens qui ont le don de guérir le carreau soient désintéressés des choses de ce monde. Il y en a qui se
font un bon petit revenu avec la crédulité des campagnards, car dès
qu'un enfant se *devient mal*, il ne peut avoir que le carreau. Et vite,
on court chez le *toucheur* ou la *toucheuse*, rarement au médecin.

CARRIER, v. act. — Charrier. Dériv. *carriage,* action de charrier.
Chemin de carriage, chemin où l'on peut passer avec un chariot.
Carrieux celui qui fait son métier de charrier; un *carrieux* de bois,
de cailloux, etc.

> Cinquante carre qu'en ferat *carier.*
>
> CH. DE ROL., p. 4.

CARRIER, n. m. — Grosse toile qu'on remplit de cendres, et dans
laquelle on passe l'eau pour faire la lessive.

CARRIÈRE, n. f. — En patois, ce mot signifie *ravin, chemin creux.*
Bas-lat. *carreria,* Du Cange.

CARROI, n.m. — Chariot qui transporte les meubles d'une mariée :
« Allons voir passer le *carroi.* » *Carroy, carroi* est ancien dans notre
langue, mais je ne l'ai rencontré nulle part avec le sens que lui donnent nos paysans.

CARRON, n. m. — Charron; bas-lat. *caronnius,* Du Cange. — « Dis
donc, piot, sais-tu ce que c'est qu'un *carron* ? — Non. — Eh bien,
c'est un *cat* qui lèke sin cul. »

CARRUE, n. f. — Charrue; bas-lat. *carruca* : « Terra unius
carrucæ. » (Cartulaire de l'abbaye de Redon, XIᵉᵐᵉ siècle.) *Carruca*
est déjà dans Süétone avec le sens de chariot (*Vie de Néron.*) : « Or

a .III. jors qu'il m'avint une grande malaventure que je perdi li mellor de mes bués, Roget, le mellor de me *carue*.» (Auc. et Nicol.)

CARTRIE, n. f. — Remise où l'on met à l'abri *chariots*, *charrettes* et autres instruments aratoires.

CARTRONNER, v. act. — Passer son temps a des vétilles, s'amuser à des riens. Dériv. *cartronnier*, *ère* ; tatillon, personne méticuleuse, difficile, qui s'occupe trop des détails du ménage. Etym. *quart*. En effet, le *cartronnier* ou *quartronnier* ressemble presque à l'avare, et l'on pourrait dire avec Molière que c'est un homme :

> ..... Qui se ferait fesser pour moins d'un *quart* d'écu.
>
> *L'Etourdi.*

CASSIER, n. m. — Petit garçon de ferme qu'on emploie à toute besogne, qui n'a point de charge particulière, comme le charretier, le berger, etc.

CASTAFIOLE (Être), loc. — Etre gris.

CASTONADE, n. f. — Cassonade.

CASTROLE, n. f. — Casserole.

> Saumon, brochet, turbot, alose, truite et sole
> Soient frits au court bouillon, en ragoût, en *castrole*,
>
> QUINAULT, l'*Amant ind.*, I. 3.

Pour avoir commis de pareils vers, Quinault ne méritait-il pas les épigrammes de Boileau ?

Dériv. *castrolée*, le contenu d'une *castrole* : « Une *castrolée* de soupe. »

CAT, Catte, n. m. f. — Chat, chatte. *Catus* dans Palladius, Veme siècle. Loc. prov. : « Amoureuse comme une *catte*. — Etre comme *kien* et cat. — Etre sérieux comme un *cat* qui *kie* dans du son.»

> Bien me deit, fait li *caz*, membrer
> De çou ke g'ai oï cunter.
>
> MARIE, Fab. 98.

CATAPLASSE, n. m. — Cataplasme.

CATAU, n. propre. — Diminutif de *Catherine*. Ce nom désigne souvent une femme de mauvaise vie.

CATÉCHISSE, n. m. — Catéchisme ; plus souvent *cadécis* : « Je t'i ai répété mon *cadécis*, » je lui ai dit durement ce que je pensais.

CAT-HOUANT, n. m. — Chat-huant. Le cri de cet oiseau nocturne est toujours, comme au temps de Virgile, de mauvais augure :

> Solaque culminibus ferali carmine bubo
> Sœpe queri, et longas in fletum ducere voces.
>
> Æ. *Lib.*, IV, 462.

> *Les chouans*, annonceurs de mauvaise aventure.
>
> RONSARD.

> Mès moult y brait et se démente
> Li *chahuan* o▪sa grant hure,
> Prophètes de male aventure,
> Hideus messagier de dolour.
>
> ROSE, v. 6711.

> Les arondes y font leur nis
> Et li *cahuan*, soir et matin.
>
> Eust. DESCHAMPS.

> A midy estoile ne luist,
> *Cahuant* ne sort de son nid.
>
> Prov. fr., XVIᵉ siècle.

CATIMURON, n. m. — Mûre sauvage, fruit de diverses espèces de ronces : « Aller à *catimurons*, » aller cueillir des mûres.

CATOUILLER, v. act. — Chatouiller.

‖ *Etre catouilleux*, loc. érotique. J'ai entendu un paysan dire à un autre : « Pierre, n'approche pas trop de Goton, elle est *catouilleuse* du fourquet. »

Catouiller est de la vieille langue ; ex. :

> Quant dedans fu (le dard), mon cœur vint esveiller,
> Et tellement le prinst à *catoillier*,
> Que je senty que trop rioit de joie.
>
> Ch. D'ORLÉANS, *Poëme de la Prison.*

CÂTRER, v. act. — Châtrer. *Câtreux*, celui qui châtre certains animaux. Dans chaque village, il y a ordinairement un *câtreux* de cochons.

On appelle ironiquement *câtreux* de mulots un homme qui n'est bon à rien, ou dont le métier est peu lucratif.

Câtreux de mulots signifie encore mauvais couteau.

CAUCHE, adj. — Dure, difficile à cultiver, en parlant de la terre ; en un mot, *terre collante*, comme disent encore nos laboureurs.

CAUCHE-PIED, n. m. — Chausse-pied.

CAUCHER, v. act. — Chausser. *Cauches*, bas ; « finiras-tu de mettre tes *cauches* ? »

Cauchures, chaussures. Ces mots se rattachent à *calceus, calceare*.

> Ains plus bel chevalier ne *caucha* d'esperon.
> > Guy de Nanteuil, v. 463.

> Tout à sec pié par l'aige passerés ;
> N'i moillerés ne *cauce* ne soller.
> > Huon, v. 3182.

« Tous nus piés, sans *cauches*, vestus de méchantz pourpoincts. » (Cochon, *Chron. Norm.*, p. 430.)

CAUD, adj. — Chaud ; du lat. pop. *caldus* : « Il fait bien *caud* ennuit ! »

« Ce fu el tans d'esté, el mois de mai, que li jor sont *caut*, long et cler. » (Auc. et Nicol.)

‖ Avoir le gosier *caud*, avoir soif. *Un gosier-caud*, un ivrogne ; *gosier-sec*, dans J. Le Houx.

‖ Commencer à avoir les oreilles *caudes*, commencer à se griser ou à se mettre en colère.

CAUDIÈRE, n. f. — Chaudière ; bas-latin *caldaria*. On dit de même *caudron, caudronnée, caudronnier, caudronnerie*.

> Ardoir me faites en *caudiere* boulie.
> > Aliscans, v. 2929.

> *Caudières, cauderons*, mainte targe noircie.
> > Chron. de God. de Bouillon, v. 16021.

CAUFFE-CUL, n. m. et f. — Epithète gauloise que l'on applique à une personne frileuse.

‖ Petite chaise basse sur laquelle on se chauffe plus facilement.

CAUFFER, v. act. — Chauffer ; lat. *calefacere*.

> Et Rainoars s'en va au fu *caufer*.
> > Aliscans, v. 4606.

CAUFOURNIER, n. m. — Ouvrier qui travaille à faire de la chaux.

CAUSE, n. f. — Locution particulière : « J'ai été malade, *c'est la cause que* je n'ai pas été vous voir. » Tournure toute latine.

‖ *A cause que*, pourquoi : « *A cause que* tu lui as menti ? »

CAUSER. v. n. — 1° Parler : « Cet enfant commence *à causer.* »

2° S'exprimer facilement : « M. Estancelin *cause* joliment bien. »

3° Parler à : « J'ai rencontré notre curé qui m'*a causé* un moment.» M'*a causé* pour m'a parlé est une locution familière dans le canton de Genève. (V. Topffer., le *Presbytère.*)

CAUSETTE, n. f. — Conversation intime ; joli mot qui n'est pas encore académique.

CAUT, adj. — Rusé, malin ; usité seulement dans cette phrase : « Il est plus *caut* que le diable.» Du lat. *cautus.*

> (Il) la fist si très ferme et si *caute.*
> J. DE MEUNG, Test. 1825.

> (La terre) fut divisee en bornes et partiz
> Par mesureurs fins, *caultz* et déceptifz.
> MAROT, Ier de la *Métamorphose.*

Ce mot a été en usage jusqu'au temps de Malherbe :
> Lassez-vous d'abuser les jeunesses peu *cautes.*
> MALHERBE.

« Et le renard quoi ? est-il pas toujours *caut* et ruzé ? » (Tahureau, *Dial.*, p. 78.)

CAUX, n. f. — Chaux ; lat. *calx.*

> E il fist *cax* et pierre atraire.
> Rou, 10211.

‖ *Four-à-caux*, chaufour.

CÉLÉBRAL, adj. — Cérébral : « Il est atteint d'une fièvre *célébrale.* »

CÉLIN, n. m. — Célerin, petit poisson de l'espèce des harengs.

CENSÉMENT, adv. — Presque, pour ainsi dire : « Il m'a *censé ment* maltraité.» — Du lat. *censeo.*

CENTIME, n. f. — « *Une centime toute neuve.* »

CERTAIN, adj. — Efficace, qui donne un remède sûr : « Telle plante est *certaine* pour les plaies, telle autre pour les foulures. »

CERTIFIS, n. m. — Salsifis. On a dit anciennement *sersifi.*

CHÀ, adv. — Çà. *Ah chà*, interj. çà, or çà : « *Ah chà*, nous laisserez-vous tranquilles ? »

‖ *Cha*, adj., çà, cela : « Donne-moi *cha.* — Viendras-tu nous voir dimanche ? — *Cha* dépend, » c'est-à-dire peut-être.

CHABOT, n. m. — Sabot. Loc. prov.: « Je te vois bien venir avec tes gros *chabots*, » c'est-à-dire je vois bien tes grosses malices.

— Faire aller quelqu'un comme un *chabot de ramoudeux* ; ne pas lui laisser de répit, ne lui accorder aucun moment de repos. On sait que le rémouleur a toujours un pied en mouvement pour faire tourner sa meule.

— Dormir, ronfler comme un *chabot*, dormir d'un profond somme.

> Tous deux yvres, dormons comme un *sabot.*
> VILLON.

Dériv. *chaboter, chabotier.*

CHACHAS, n. m. — Espèce de grive à tête cendrée ; en fr. *litorne.*

CHAIRCUTIER, n. m. — Charcutier.

> En caresme est de saison
> La marée et le sermon ;
> Se faire en ce temps *chaircutier*,
> On n'y profite d'un denier.
> Prov. L. DE LINCY.

« Il te faut des *chaircutiers* et des rôtisseurs. » (J.-J. Rousseau.) En génév. *chaircuitier*, orthographe conforme à l'étym. *chair* et *cuit.*

CHALAND, ande, n. m. et f. — Lambin, négligent, qui n'est jamais plus pressé une fois que l'autre : « Quel *chaland* ! il ne finira point de couper ses blés. » Extension du fr. *chaland* : il y a des acheteurs qui passent un temps infini à *barguigner.*

CHAMPLEURE, n. f. — Chantepleure ; ce mot vient, selon Ménage, de *chanter* et *pleurer*, à cause du murmure que fait entendre le liquide en s'écoulant. Scheler rattache *champleure* au verbe *champler* (champleyer) qui offre l'idée fondamentale d'entaille, de percement, de creusement. On raconte que de Cailly fut un jour fort tourmenté au sujet de l'étym. de ce mot. Il s'en vengea par l'épigramme suivante :

> Depuis deux jours on m'entretient
> Pour savoir d'où vient *chante-pleure*.
> Au chagrin que j'en ai, j'en meure !
> Si je savais d'où ce mot vient,
> Je l'y renverrais tout-à-l'heure.

CHANGLE, n. f. — Sangle ; verbe, *changler*.

CHARIOTÉE, n. f. — Plein un *chariot* : « Une *chariotée* de blé, de bois, etc. »

CHARLOT, n. propre. — Diminutif de *Charles*.

CHARME, n. m. — Usité dans ces locutions : « Aller comme un *charme*, se porter comme un *charme* , — aller, se porter très-bien. » Le Dict. de Littré se tait sur ces comparaisons dont on use autant à la ville qu'à la campagne.

Le *charme* est un arbre vivace, qui croît et se plaît un peu partout. Il n'est pas invraisemblable que de telles propriétés aient donné naissance à ces locutions populaires.

CHÂTIAU, n. m. — Château.

> De l'autre part est Monfélis
> Un *chastiaus* riches ....
>   FLOIRE et BLANC.

CHAUD, adj. pris subst. — Dégourdi, entreprenant auprès des femmes. Remarquez que *chaud* dans ce sens se prononce régulièrement, et non pas *caud*. (V. ce mot.)

CHAUFFETTE, n. f. — Chaufferette.

> Pour enfants fault bers et drapiaus,
> Nourrice, *chauffette* et bacin,
> Paellette à faire le pain.
>   EUST. DESCH, *Ménage des Nouveaux Mariés*.

CHAVATE, n. f. — Savate ; d'où *chavetier* : « Parler comme une *chavate*, » déraisonner. B. lat. *chabata*.

CHÉCHER, n. m. — Merisier des bois ; *chèche*, fruit de cet arbre.

CHEIGNEUX, Cheignon, Chinoué, n. m. — Tablier de femme ; latin, *cingulum*, ceinture.

CHENAILLER, v. act. — Donner des coups de fouet ou de bâton; traiter quelqu'un comme un *chien*. D'où donner une *chenaillée*, une volée de coups.

CHENAILLES, n. m. plur. — Traverses, poutres servant de soliveaux, sur lesquelles on tasse ordinairement du foin, du trèfle, des bottes de paille, etc. Du fr. *chêne*.

CHENETTE, n. f. — Cinèle, fruit de l'aubépine. Loc. prov.: « Je te donnerai des *chenettes*, » c'est-à-dire rien.

« Avoir des piots comme des *chenettes*, » avoir beaucoup d'enfants.

CHENU, adj. — Bon, excellent : « Ce mot, dit Leroux dans son Dict. Comique, dont la première édition a paru en 1718, est fort usité à Paris en la place de bon, délicat, exquis, délicieux, admirable : « Voilà du vin qui est bien *chenu*. »

En fr. *chenu* signifie blanc, vieux ; comme ce qui est vieux passe souvent pour excellent, le peuple a donné à *chenu* le sens d'exquis.

Au fig., riche, élevé ; ex. : « Je ferais bien la cour à la fille de not' fermier, mais c'est trop *chenu* pour moi. »

Dans le Glossaire-index des œuvres complètes de Marot (édit. Picard, 1868) M. Ch. d'Héricault donne à ce mot un sens jusqu'alors inconnu : *chenu* = mince, petit, appauvri, dit-il. C'est se tromper complétement.

La vieille langue avait *chanut, chanu, canut* et *canu*, du lat. *canutus*. Cette dernière forme est usitée chez nous dans ces locutions familières : « Le père *canu*, la mère *canue* », le vieux père, la vieille mère.

Fiers est li reis à la barbe *canue*.

CH. DE ROL, p. 330.

CHERFEUIL, n. m. — Cerfeuil.

CHERISE, n. f. — Cerise : « L'an 1421 fu la plus forte année a passer en France..., et oncques n'en veist on si malvès de bien ne de fruitages, nois, pommes, poires, prunes, *cherises*, et de tous autres choses. » (*Chron. Norm.*, p. 443.)

CHÉS, adj. démonstratif. — Ces : « *Chés* gens-là ne valent pas grand' chose. »

Au masc. singulier *ch'* : « *Ch'* est lui. — Viens-tu à *ch'* bos ? — Connais-tu *ch'*-t-homme ? »

Au fém. sing. *ch'té* : « *Ch'té* ferme-là est louée trop cher. »

Ch'-t-ichi, ch'-t-ilà, ch'-t-ela — celui-ci, celui-là, celle-là ; plur. *cheux-là, chés-là.*

Comp. avec le latin *ecciste* ; v. fr. *icist, icest,* qui plus tard s'est abrégé en *cest.*

CHEUZ, prép. — Chez. *Cheuz* appartient au dialecte picard : On ne doit pas oublier que nous sommes limitrophes du département de la Somme.

« Pietre du bois s'en vint un soir *chieux* ce Philippe. » (Froissart, dans Littré.)

Dans une farce du moyen-âge, un moine débite ses pardons et ses reliques, et montre aux assistants :

> La creste du coq qui chanta *cheux* Pilate,
> Et la moitié d'une late
> De la grande arche de Noé.

CHIBOT, n. m. — Oignon dont les tiges sont encore vertes : « Vingt et cinq charrettes de porreaux, d'aulx, d'oignons et de *cibotz.*» (Rabelais.)

Oliv. de Serres écrit *civot* ; le Dict. de l'Académie donne *ciboule, cive* ou *civette.*

CHIBOULER, **Chabouler**, v. act. — Maltraiter, injurier ; corruption du fr. *sabouler.*

‖ Marcher sans précaution, renverser ce qu'on trouve sur son passage : « Votre vache est entrée dans mon jardin, et a tout *chiboulé.*»

CHICOTIN, n. m. — Petit sac dans lequel les fumeurs mettent leur tabac.

CHIFFONNER, v. act. — Ennuyer, importuner.

> .... Oh ! dame,
> M'interrompre à tous coups, c'est me *chiffonner* l'âme,
> Franchement...
> BOURSAULT, le *Mercure Galant,*

C'est à tort que dans le Dictionnaire de Littré on attribue ces vers à Poisson.

CHIGNON, n. m. — Biau *chignon* ! belle tête, ironiquement.

CHIMETIÈRE, n. m. — Cimetière.

CHINDRE, n. f. — Cendre : « Le mercredi des *chindres*. »

CHINQ, adj num. — Cinq : « Il fist en son temps un chatel nommé Marcoussi, lequel cousta à faire plus de *chinc chenz* mille livres. » (*Chr. Norm.*, p. 403.) Cette prononciation chuintante est particulière au dialecte normand, ainsi qu'on l'a dèjà pu voir par les mots *chavetier, chabouler, chivot, cherfeuil, chindre*, etc., etc.

CHION, n. m. — Scion ; petit rejeton d'un arbre, d'un arbrisseau.

CHIONNER, v. act. — Frapper avec un *chion* ; de là donner une *chionnée*, c'est-à-dire une bonne volée de coups de baguette.

CHIPOTEUX, adj. -- Chipotier, qui marchande mesquinement. En anglais *chip*, morceau. Dans son Glossaire de Rabelais, L'Aulnaye dit que les couturières appellent *chippes* les morceaux qu'elles volent à leurs pratiques.

CHIQUE, n. f. — Morceau : « On lui a donné une bonne *chique* de viande avec une grosse *chique* de pain. »

CHIQUER, v. act. et n. — Manger beaucoup, dévorer. Rabelais l'a employé en ce sens.

CHIQUETTE, n. f. — Petit morceau, comme *chiquet*, d'où *déchiqueter*.

CHIRE, n. f. — Cire. - *Chire-poix*, poix dont se servent les cordonniers pour cirer leur fil. On prononce de même : *Chitron, chitrouille, chucre, chirot*, etc.

CHIVIÈRE, n. f. — Civière : « Du bas-lat. *cœno-vehum*, de *cœnum*, boue, et *vehere*, porter. »

Cette étymologie, quoique supposée par Littré, rappelle un peu celle que l'on a donnée du mot cadavre (*cadaver, id est, caro data vermibus*.) Il était beaucoup plus simple de rattacher *civière* à *chive-*

reum, mot que l'on trouve dans le *Magnus rotulus Scaccarii Nor-manniæ* (1188) publié, en Angleterre, par M. Stapleton en 1844.

CHOCHONNER, v. n. — Se dit de deux petits cultivateurs qui réunissent leurs chevaux pour cultiver leurs terres.

Ce verbe vient de l'adjectif *sochon*, lat. *socius*, qui voulait dire *associé, compagnon* : « Illec avoit une *sochonne* à Transeline qui dist : plus ne parlons de deuil. » (*Ev. des Quenouilles*, 106.)

« Deux de ses bons *soichons*, mariniers comme luy. (C. N. N., p. 406).

CHÔMER, v. n. — Manquer : « Si les fleurs ne coulent point, nous ne *chômerons* point de fruits cette année.»

CHOPAINE, n. f. — Chopine. Ainsi se prononcent *épine, racine, fine, ravine, fouine,* etc.

CHOQUE, n. f. — Souche.

CHORBER, v. n. — Chopper : « Son cheval a *chorbé* en partant.»

CHOSE, n. m. — Ce mot s'emploie pour désigner quelqu'un dont on ne sait pas ou dont on a oublié le nom, comme dans ces vers de Régnier :

> Il faut rire de tout : Aussi bien ne peut-on
> Changer *chose* en Virgile, ou bien l'autre en Platon.

‖ *Etre tout chose,* être souffrant, abattu.

CHOUETTE, adj. — Beau, superbe : « Voilà une *chouette* maison, une *chouette* fille.»

« Il abandonne son père, ça n'est pas *chouette*. ▪

Chouette est probablement une corruption du v. fr. *souef*, doux, suave, lat. *suavis*.

Dériv. *chouettement* : « Cette robe est *chouettement* faite. »

Voici une autre étymologie historique de ce mot, d'après M. Moisy : « Au moyen-âge, l'on donnait chaque jour aux chanoines de la cathédrale de Rouen, un petit pain, fait de fleur de farine, dit *pain choesne,* par abréviation, pour *pain de chanoine.* Puis, avec le temps, *choesne,* de qualificatif spécial, est devenu qualificatif général, s'appli-quant à toute personne ou à toute chose ayant un mérite ou une valeur particulière.» Notre mot *chouette* serait ainsi une altération de *choesne*. Il est péu vraisemblable que le mot *chouette* (oiseau) ait quelque rapport avec l'adj. *chouette*, quoique l'on puisse alléguer ce passage de Rabelais : «Ma femme sera coincte, jolie comme une belle petite *chouette*. » (*Pant.*, liv. III, chap. XIV.)

CHOULER, v. act. — Remuer, pousser, faire avancer : « Aidez-moi à *chouler* ce tronc d'arbre. — Quel paresseux ! on ne peut pas le *chouler*. »

Anciennement ce mot signifiait *courir, jouer à la choule* : « En l'an 1407, le lendemain de Noël, la rivière de Saine fu si gellée que les gens aloient ribler, *chouller*, en traversant la rivière de costé en autre. » (*Chron. Norm.*, p. 378.)

La *choule* est un jeu où deux partis cherchent à s'emparer d'une balle et à l'emporter à un endroit convenu. V. fr. *sole* ; dans Coquillart, dans Rabelais *soule*, probablement de *solea* ou *solum*, parce qu'on pousse cette balle à coups de pied. La *choule*, souvenir de l'ancien jeu, est une fête qu'on célèbre encore dans certains villages, aux environs de Dieppe.

Certains savants prétendent que *soule* vient de soleil, et veulent que ce jeu de ballon soit un dernier vestige du culte rendu par les Celtes à cet astre ?

CHOULEUR, n. m. — Celui qui joue à la *choule*.

Au bon *chouleur* la pelote lui vient.

L. DE LINCY, prov. XVe siècle.

CHURETER, v. act. — Fureter, par permutation de lettres : « Advenant le cas, ne seroit-ce pour *chureter* ? » (Rabelais, *Pant.*, liv. III.)

|| *Chureter* à blanc, fureter sans poches.

CIERGE-DORMANT, n. m. — « Gros cierge qu'on porte aux enterrements, et que l'on place à l'église auprès du banc du défunt, après l'inhumation. Celui qui porte le *cierge-dormant* reste, la tête couverte, toute la durée du service funèbre. » (L'Abbé Decorde.)

CISIAU, n. m. — Ciseau.

CLABAUDIER, ère, adj. — Bavard, médisant ; celui ou celle qui a l'habitude de crier, par analogie avec le chien dit *clabaud*.

|| *Clabaud*, sobriquet qui est devenu un nom de famille assez connu en Normandie.

CLAIRAUD, adj. — Clairet. Ainsi en fr., *noiraud*, de noir ; *rougeaud*, de rouge ; *sourdaud*, de sourd.

CLAIRONNER. v. n. — Etinceler, reluire, resplendir ; mot superbe : « Tout *claironne* dans cette maison, » tout est propre, luisant : « Avoir des yeux *claironnants* de joie, d'amour.»

CLAMPIN, n. m. — Fainéant, poltron. Mot formé de l'ancien verbe normand *acclamper*, lier, attacher.

CLAPET, n. m. — Dans les derniers jours de la semaine sainte, on ne sonne point les cloches, puisque, d'après la légende, elles sont parties à Rome : c'est alors que les enfants de chœur parcourent les villages avec leurs *clapets* pour annoncer aux fidèles l'heure des offices. Le *clapet* est un instrument dont la construction est très-simple : « C'est une planche de 33 centimètres sur 16, traversée au milieu par un morceau de bois, qui d'un bout sert de manche, et de l'autre laisse jouer, sur une cheville, un petit maillet, destiné à frapper sur la planche, avec plus ou moins de violence, selon le mouvement qu'on imprime au *clapet*. » (L'abbé Malais, *Cal. Normand*.)

Dès le XIme siècle, c'était l'usage de convoquer ainsi les fidèles, *percussis tabulis, ad ecclesiam concurrat populus*. Cette coutume huit fois séculaire existait dans mon enfancè.

M. L. Simon m'avertit qu'à Bures elle n'est pas encore disparue. Comp. *clapet* avec l'anglais *to clap*, faire du bruit en frappant.

CLAPETTE, adj. pris subst. — Bavarde, femme qui fait autant de bruit qu'un *clapet*.

CLAPOT, Clapotage, n. m. — Commérage : « Il ne faut pas écouter tous les *clapots*. » Anglais, *to clap* ; allemand, *klappen*, faire du bruit.

CLAQUE, n. f. — Bonne aubaine : « Il vient d'hériter 50,000 fr.; je voudrais bien recevoir une *claque* comme ça.»

CLAQUÉE, n. f. — « Donner une *claquée* à un enfant, » lui donner le touet.

|| Abondance : «Avez-vous des pommes, cette année ? — Oui, j'en ai une rude *claquée*.»

CLAQUER, v. act. — Jeter avec violence : « Il a tout *claqué* par terre. »

CLATRE, adj. — Argileux ; terre *clatre*, terre difficile à travailler en temps de pluie et aussi peu perméable que la terre *cauche*.

CLENCHE, n. f. — Loquet ; de l'islandais *klinka*, selon Du Méril. Ang. *clinch*, loquet.

CLENCHER, v. act. — Soulever le loquet : « J'ai *clenché* votre porte, mais personne ne m'a répondu. » Angl. *to clinch*, fermer.

‖ Céder : « Il ne voulait pas consentir, mais il a fini par *clencher*. »

CLERGEON, Clergeot, Clergeau, n. m. — Enfant de chœur.

> Item, à mes pouvres *clergeons*,
> Beaulx enfants et droictz comme joncs...
> VILLON.

CLEU, n. m. — Clou. On dit de même *treu, leu, cailleu,* au lieu de trou, loup, caillou.

CLICHE, n. f. — Diarrhée. Du Méril prétend que *clichard* est un sobriquet que l'on donne encore aux habitants de Bayeux, parce que, suivant une vieille tradition, pour les punir d'avoir chassé leur évêque saint Gerbold, Dieu les affligea de lienteries et d'hémorroïdes. D'où : « *Les foireux de Bayeux.* » Pluquet explique autrement ce dicton populaire : « Bayeux, dit-il, était célèbre au moyen-âge par le commerce qui se faisait dans les différentes foires de cette ville. De là le proverbe. » Pluquet qui, je crois, était né à Bayeux, tenait à ennoblir le sobriquet donné à ses compatriotes.

CLINQUAILLER, n. m. — Quincailler ; d'où *clincaillerie*, du mot *clinquaille, cliquaille,* tombé en désuétude. Comp. avec l'allemand *klingen*, résonner.

CLIQUAILLER, v. act. et neut. — Sonner, faire un bruit de quincaille : « Il fait *cliquailler* son argent dans ses poches. » Augm. de *cliquer*.

Coquillart donne à certain juge rapace le surnom d'*Empoigne-Clicaille*. (Enquête 130.)

Quand je seroy plus garny de *cliquaille*,
Vous en aurez, mais il faut attendre,
MAROT.

CLIQUE, n. f. — Douleur chronique, rhumatisme : « Voilà du temps humide, je vais être repris de ma *clique*. » — *Cliqueux*, celui qui a des rhumatismes.

CLIQUER, v. act. — Agiter la *clenche* ou la *cliquette* d'une porte ; fréq. *cliqueter* .

‖ Résonner.

Gros usuriers, qui avez l'or qui *clique*.
R. DE COLLERYE.

CLIQUES et Claques, n. f. plur. — Meubles, outils : « Il a emporté ses *cliques et ses claques*, et on ne l'a point revu, » il a décampé, déménagé sans prévenir personne. On disait jadis avec le même sens : « Trousser ses bagues et ses quilles, trousser ses quilles et agoubilles. » (V. *Ev. des Quenouilles, passim.*) Comp. avec l'expression gasconne : « Vestu de *clic* et de *clac* ; » nippé de tout. (Fœneste, p. 41.)

CLIQUESONNER, v. n. — Résonner.

CLIQUETTE, n. f. — Même sens que *clenche*. « Tu peux baiser la *cliquette* de la porte, » se dit à celui qu'on ne veut plus recevoir chez soi.

CLOCHE-PIED, n. m. — Jeu d'enfants où l'on va sur un pied, *en clochant*, et poussant devant soi un palet dans diverses cases dessinées à la craie. C'est ce qu'on appelait au XVIIème siècle le jeu de *marelles*.

CLOKE, n. f. — Cloche ; bas lat. *cloca*. Dans une pièce du Cartulaire de l'abbaye de Redon, pièce qui date de 869 : « Obtuli.... duo vestimenta sacerdotalia et tres *clocas* miræ magnitadinus. » — *Clokette*, clochette.

Trompez et olyfans faisoient tel tempier
C'on n'y oïst sonnez les *cloquez* du moustier.
HUG. CAPET, p. 134.

CLOKIER, n. m. — Clocher : « A main destre est li *clokiers* del Sepulcre. » (*Chron. d'Ernoul*, p. 194.)

6

> Quatre tors virent à crestiax batilliés,
> Et sor cascune avoit un grant *clokier*.
>
> Huon, v. 3296.

« Anno gracie ᴍᵒ cᵒ Ix. xvɪɪᵐᵒ crematum est castrum Lemovicence, et monasterii navis cum *clocario.* » (*Chron. de saint Martial*, p. 56.)

CLOIE, n. f. — Claie.

> Par desus grande *cloies* a fait drecier un pont.
>
> Fierabras, v. 3737.

> Furmaiges qui dedens esteient,
> Et sur une *cloie* giseient.
>
> Marie.

CLOQUETÉ, part. — Couvert de tumeurs, d'ampoules : « Avoir le corps tout *cloqueté.*»

CLOTIDE, n. prop. — Clotilde.

CLOUPER, Cloupionner, v. n. — Se dit du gloussement des poules quand elles veulent couver.

CO, n. m. — Coq. La lettre désinentielle est muette comme dans *bissa, fro, blo,* etc., bissac, froc, bloc.

|| *Chanter le co*, se dit d'une poule qui imite le chant du coq. On la tue immédiatement, les paysans superstitieux croyant que cela est de mauvais augure. Peut-être ont-il pris au mot ce vieux et malin proverbe :

> Malheureuse maison et méchante
> Où coq se tait et poule chante.
>
> L. de Lincy, Prov.

CO, n. m. — Cou : « Il s'est cassé le *co*. — N'être pas lourd à *co*, être malingre, souffreteux. — Tirer du *co*, vomir. — Etre du *co*, être gourmand.

La finale *l* ne se fait pas entendre dans *lico, mo, seu, mié,* etc., licol, mol, seul, miel. Aux environs de Dieppe, on dit encore *fo* pour fol.

COCHON (Pou de), n. m. — On donne ce nom au *cloporte*, en italien *porcelletto*, petit cochon.

COCHONNIER, ère, adj. — Celui, celle qui tient des propos grossiers, déshonnêtes.

CODAQUER, v. n. — Ce mot s'emploie pour exprimer le cri de la poule qui cherche à pondre ou qui vient de pondre : « Une poule qui vient de pondre éprouve une sorte de transport que partagent les autres poules qui n'en sont que témoins, et qu'elles expriment toutes par des cris de joie répétés. » (Buffon.)

Au fig., parler à tort et à travers, étourdir du bruit de son caquet. Dériv. *codaquerie*, bavardage.

CŒUR-DE-JOUR (À), loc. — « Quel paresseux ! il ne fait rien à *cœur-de-jour*. »

COFFIN, n. m. — Etui à mettre des aiguilles, des épingles. Du latin *cophinus* ; en v. fr. *corbeille*.

« Elle alloit quelque part cueillir des joncs, dont elle faisoit un *cofin* à mettre des cigales. » (Amyot, *Daph. et Chloé*.)

> Un crespe deslié luy servoit de vesture,
> Et portoit à la main un *cofin* plein de fleurs.
> RONSARD.

COINQUER, v. n. — Onomatopée pour exprimer le cri des canards.

COIPIAU, n. m. — Copeau. Dans Palsgrave, *coupiau* ; dans Rabelais, *coupeau*. Antérieurement, Jean de Meung a écrit *coypiaulx*. Bas-latin *coipellus*.

‖ *Grand coipiau*, terme injurieux pour qualifier une femme grande et maigre.

COLAS, n. prop. — Nicolas, par aphérèse. On dit aussi *Coulas*.

‖ Sobriquet qui désigne un niais, un pauvre d'esprit, comme dans cette épigramme :

> *Colas* est mort de maladie,
> Tu veux que je plaigne son sort.
> Que diable veux-tu que je die ?
> *Colas* vivait, *Colas* est mort.
> GOMBAULD.

COLÉREUX, adj. — Qui est enclin à la colère. Ce mot vaut mieux que *colérique* qu'on peut confondre avec *cholérique*.

COLIDOR, n. m. — Corridor. Le peuple change, déplace capricieusement les liquides *l* et *r*. Il a trouvé *colidor* plus euphonique que corridor. (Génin.)

COLLER (Se), v. réfl. — S'accoupler, en parlant des chiens : « C'est, comme parle Montaigne, se tenir *accouez* l'un à l'autre...... d'une manière chiennine. (*Ess.*, III, IX.)

COMBLE, n. m. — Longue et grosse corde qui sert à maintenir les gerbes quand le chariot est *comble*, c'est-à-dire chargé par dessus les *bers*.

COMME-CHI, Comme-Cha, loc. — Assez-bien : « Comment allez-vous ? — *Comme-chi, comme-cha.* »

COMMIS, n. m. — Employé des contributions indirectes.

COMPÈRE-LORIOT, n. m. — Bouton sur la paupière ; en fr. *orgelet.*

CONSÉQUENT, adj. — Important, considérable : « Il a une ferme *conséquente.* » On commet ce solécisme autant à la ville qu'à la campagne.
« Saint Paul était un génie *conséquent* et lumineux. » (Dict. Néologique.)

CONSOMMER, v. act. — Consumer. — *Consommer* dans la signification de *consumer* a continué de se dire jusqu'au temps même de Balzac.

CONTRAIRE (Bien du), loc. — Au contraire.

CONTRE-VITRE, n. f.— Contrevent, volet. Anciennement, espèce de treillis en fil d'archal pour garantir les vitres d'une fenêtre : « Une *contre-vitre* en treillis de fil d'archal. » (La Curne, p. 97.)

COPIN, Copaine, n. m. et f. — Dindon, dinde. On a dit que ce nom venait de *Copin*, jésuite qui aurait importé le premier dindon d'Amérique en France.
‖ *Copin*, imbécile : « Grand *copin* ! »

COPINIER, n. m. — Gardeur de *copins.*

COQUE-SOURIS, n. m. — Chauve-souris.

COQUER, v. act. — Côcher, qui exprime l'acte du coq sur la poule : « C'estoit un diable de coq, il mourut enragé, qui fut dommage ; car il chantoit bien, il *cauquoit* bien les gélines. » (*N. Fabrique*)

En patois, *coquer* s'applique aussi à l'espèce humaine.

Cauchemar est formé de coquer, cauquer (lat. *calcare*) et d'un mot germanique *mar*, démon, incube. V. fr. *quauquemare* : « J'ay autres fois oy dire que qui moust ses vaches le vendredy par entre deux jambes par derrière, la *quauquemare* le traveille tost, et son mary en a l'aventure. » (*Ev. des Quenouilles*, p. 153.)

COQUÊNE, n. m. — Erable des haies. *Quequesne*, dans le Gloss. latin-français de la Bibl. de Lille, E, 36.

COQUERON, n. m. — *Villotte* de foin, de trèfle, de vesce, etc.: « Le temps menace, il faut mettre le sainfoin en *coquerons* ; » on dit aussi mettre en *coqs*. Dans C. Gauchet, *cocheter* a cette acception. (*Les Moissons*, p. 131.)

COQUILLE, n. f. — Plante que l'on mange en salade ; c'est la mâche, dite aussi salade de poule ou de chanoine.

CORBATTRE (Se), v. réfl. — Se débattre, lutter contre : « J'ai eu beau me *corbattre*, il a fallu céder. — La truite retirée de l'eau se *corbat* quelque temps avant de mourir. »

CORDIAU, n. m. — Cordeau.

CORE, adv. — Aphérèse de encore : « Mentiras-tu *core* polisson. » *Cor*, en v. fr., ex. :

« Dius », dist li père, *cor* eusse un sergant
Qui le gardast trestout à son talant.
Li Roumans de Saint-Alessin.

CORNAILLE, n. f. — Corneille.

En tam comme il se dementoit
Lieve sa teste et venir voit
Une *cornaille* à la volée.
Ren., v. 22841.

Ensi avint k'une *cornaille*
S'assit sur le dos d'une oaille.
Marie, Fabl. 20.

CORNER, v. act. — Donner des coups de corne : « Prenez garde, cette vache *corne*.»

|| *Se corner*, se dit des taureaux et des vaches qui se battent à coups de cornes : « Ces expressions, qui sont de la campagne, devraient être reçues, car elles ont été faites là où seulement elles pouvaient se faire. » (Littré.)

CORNILLER, v. n. — Jouer avec les cornes : « De sorte qu'en *cornillant*, et poussant l'un contre l'autre, leur bois se mêla si bien l'un dans l'autre, qu'ils demeurèrent pris.» *(N. Fabrique.)*

CORPORANCE, n. f. — Prestance, embonpoint, corpulence : « Un homme de belle *corporance*.»

> Ci-gist le jeune Jean le Veau,
> Qui en sa grandeur et puissance
> Fut devenu bœuf ou toreau.....
> Car on dit (veu sa *corporance*)
> Que ce eust été un maistre bœuf.
>
>   MAROT.

CORPS, n. m. — Loc. particulières : « Un pauvre *corps*, un pauvre diable, un idiot. — Un drôle de *corps*, un original.»

COSSA, n. m. — Colza.

COSSU, adj. — Celui qui est riche, qui réussit dans ses affaires : « N'être pas *cossu*, être pauvre, et au fig. avoir une santé délicate, être malade.»

COTERIE, n. f. — Amitié : « Ils sont toujours ensemble, c'est une *coterie terrible*.»

COTRON, n. m. — Jupon, diminutif de *cotte*. Le v. fr. avait *cotteron*.

COUAILLOT, n. m. — Lait caillé ; autrement *mattes*.

COUCOU, n. m. — Jeu d'enfants. On dit jouer au *coucou*, comme jouer à *cache-cache*. Ce jeu est ainsi appelé parce que l'enfant bien caché crie : *Coucou*.

|| *Bran de coucou*, espèce de gomme que distillent certains arbres, et surtout le cerisier. (V. *Bran d'agache*.)

COUDRE, v. act. — On conjugue ainsi ce verbe : Ind. nous *coudons*, vous *coudez*, ils *coudent* ; imp., je *coudois* ; fut., je *coudrai* ; cond., je *coudrais* ; subj, que je *coude* ; part., *coudu*

« Avoir le bec *coudu*, se dit de quelqu'un qui ne parle pas ou ne veut pas parler.»

COUDRE, n. f. — Ce mot a gardé chez nous le genre qu'il avait ordinairement dans l'ancienne langue.

> Desor une *coudre* menue.
>> REN. v. 23912.

> Gentil rossignol passager
> Qui t'es encor venu loger
> Dedans ceste *coudre ramée.*
>> RONSARD.

De là les noms de famille *Lacoudre, Delacoudre.*

COUDRILLONNER, v. act. et n. — Coudre souvent, passer son temps à raccommoder de vieilles loques ; se prend toujours en mauvaise part.

COUDROIE, Coudraie, n. m.— Nom de localité; du latin *corylus*, coudrier, d'où *coryletum*. On sait combien de localités ont tiré leurs noms des arbrisseaux les plus ordinaires, des plantes les plus simples. (V. *Cocheris*. Origine et formation des noms de lieux.)

COUENNE, n. f. — Lâche, poltron : « Ne me parle pas de L...., c'est une *couenne.*»

COUÉSIR, Coisir, v. act. — Choisir : « Einsinc que deussent roi *coisir*. (Marie, fabl. 37.) Dans l'ancienne langue, ce mot est synonyme de voir, apercevoir ; par extension, trier, distinguer, démêler.

COUILLE, n. f. — Testicule. Lat. *coleus*, grec χολεός.

> Fu la *couille* à Pierre (Abélard) tolue,
> A Paris, en son lit, de nuis,
> Dont moult ot travail et anuis.
>> LA ROSE, v. 9546.

COUILLON, adj. pris subst. — Poltron. *Couenne* et *couillon* sont à peu près synonymes. Dériv. *couillonnade, couillonnerie*, mots rabe-

laisiens : « Et les personnes qui usent de telle *coïonnerie* sont voluntiers ces muguets et veaux de ville.... » (Tahureau, Dial., p. 156.)

COULANT-D'EAU, n. m. — Petit fossé qui sert à l'écoulement des
eaux.

COULEUR, n. f. — Mensonge. Racine l'a employé dans ce sens :

> J'inventai des *couleurs*, j'armai la calomnie.
>
> *Esther.*

‖ En faire voir à quelqu'un de toutes les *couleurs*, ennuyer, tourmenter de toutes les façons.

COULOTTE, n. f. — Coulée, petit chemin que trace le lapin dans les
bois.

COUP, n. m. — S'emploie dans beaucoup de loc. particulières :
« La nouvelle de sa mort m'a donné un *coup*, » c.-à-d. m'a causé
une surprise pénible, une grande douleur.

Avoir un *coup de soleil*, être légèrement gris.

Un *coup de chien*, manœuvre perfide, déloyale, comme on dit en
fr. coup de jarnac.

Le *coup-d'à-cheval*, le coup de l'étrier.

Le *coup d'adieu*, le coup que l'on boit en se disant adieu.

Coup de malheur, accident, crime.

> Apaise, ma Chimène, apaise ta douleur,
> Fais agir ta constance en ce *coup de malheur*.
>
> CORNEILLE.

Faire les *cent coups*, faire le diable à quatre, mener une vie déréglée.

Etre aux *cent coups*, ne savoir plus où donner de la tête.

A coup, bien à propos : « Cet héritage lui est venu bien *à coup*. »

Du coup, pour *du coup*, *à ce coup*, cette fois, pour cette fois : « Il
faut confesser que nous sommes pris *à ce coup*, plus serfs et plus
esclaves, que les chrestiens de Turquie » (Ménippée, 125.) « C'est *à
ce coup* qu'il faut que tout le monde marche. » (Henri IV.)

Dict. : « Un *bon coup* paiera tout, » vous serez pris une bonne fois
et vous expierez vos méfaits.

« Ses plus *grands coups* sont rués, » se dit d'un homme qui est sur
l'âge.

COUPLET, n. m. — Cime d'un arbre, faîte d'une maison, le haut d'une colline :

> Là jusques au *couplet* de sa teste chenue,
> D'une robe fourré (sus une autre vestue)
> Cache son col ridé...............
>
> GAUCHET.

Coypeau dans Palsgrave ; *coupeau* dans la plupart de nos vieux auteurs.

> Et vous, divin troupeau,
> Qui les eaux de Pégase
> Tenez, et le *coupeau*
> Du chevelu Parnasse.
>
> RONSARD.

> Vient à Vanves à pied, pour grimper au *coupeau*
> Du parnasse françois...............
>
> RÉGNIER, Sat. 11.

COURAILLER, v. n. — Courir de côté et d'autre ; se prend toujours en mauvaise part.

COURBATURÉ, adj. — Courbatu.

COUREUX, adj. — Celui qui court les filles ; même sens que dans ce vers de Villon :

> *Coureux*, allans, francs de faulx or, d'aloy.

Coureuse, prostituée.

COURIAS, Couriache, adj. — Coriace ; au fig. dur à la fatigue.

COURIE, n. f. — Cœur, foie et poumons d'un animal : « Avoir la *courie* bien placée, se dit de quelqu'un qui ne s'émeut pas aisément, qui a le cœur dur. » Anciennement, *corée*, cœur.

> Cascuns si tient el poig destre l'espée,
> As paiens coupent maint poing, mainte *corée*.
>
> ALISCANS, v. 271.

> Parmi ces champs les véissiez gésir,
> Et ces boiax et *corées* saillir.
>
> GARIN, v. 145.

> L'oudor des roses savourées
> M'entra ens jusques es *corées*.
>
> LA ROSE, v. 1636.

Le v. fr. avait aussi *écorer*, arracher le cœur.

COURIETTE, n. f. — Petite lanière de cuir pour lacer les souliers ou pour mettre à la poignée d'un bâton de voyage. Lat. *corium*.

COURS DE VENTRE, n. m. — Diarrhée.

COUTEUME, n. f. — Coutume. Cette prononciation est aussi celle du Berry.

COÛTER, v. act. — Loc. part : « Cela me *coûte les yeux* de la tête, » c.-à-d. fort cher.

COUTIAU, n. m. — Couteau : « Il tenoit trois *coustiaus* en son poing, dont l'un entroit ou manche de l'autre. » (Joinville, cité par Littré.)

« Celui qui estrine sa dame par amours, le jour de l'an, de *cousteaux*, sachiez que leur amour refroidira. » (*Ev. des Quenouilles.*)

Chez nous, cette croyance superstitieuse existe toujours, et l'on dit communément que « les *coutiaux* coupent l'amitié. »

Le *couteau* joue un grand rôle dans les superstitions populaires : « Joannes de Plano Carpini, décrivant, en 1246, les mœurs et coutumes des Tartares, dit qu'une de leurs superstitions, c'est qu'il ne faut pas enfoncer un *couteau* dans le feu, ni d'aucune autre manière toucher le feu avec un *couteau*, ni même tirer de la viande hors d'une marmite avec un *couteau*. — Chez les habitants de Kamschatcka, chez les Indiens Sioux de l'Amérique du Nord, on retrouve ces mêmes superstitions qui semblent tirer leur origine de cette maxime pythagoricienne : Πῦρ μαχαίρᾳ μὴ σκαλεύειν, ne pas remuer le feu avec un *couteau*. » (M. Muller, *Essais sur la Mythologie*.)

COÛTIMENT, n. m. — Coût, dépense.

> Je voi aucun riche home faire maisonnement ;
> Quand il a assouvi trestout entièrement,
> Si li fait-on .i. autre de petit *coutement*.
>
> Rut., Li Diz de la Voie de Tunes.

J'ai entendu dire aussi *coûtage*, mot qu'a employé J. Le Houx :

> « En donnant un vuide tonneau,
> Un aultre de sidre nouveau,
> On vous emplira, sans *coustage*. »
>
> Vous souciez-vous du *coustage* ?
>
> Le Nouv. Pathelin.

COUTURE, n. f. — Enclos planté d'arbres fruitiers, attenant à une ferme : « La *couture* de la baronnerie. » On rencontre ce mot en bas-latin sous les formes *cotura, costura, coutura*, que Du Cange traduit par *couture. Coulturer* s'est dit pour cultiver : « Le champart de trois cent arpenz ou environ de terre, partie en fache, et partie *coulturée.* » (Du Cange, au mot *faiscia*.)

> Encontre Gaydes, parmi une *couture*,
> Le vavassor, qui ot moult laide hure.
> GAYDON, v. 2611.

COUVERT, n. m. — Couvercle.

COUVERTE, n. f. — Couverture de lit, par apocope.

> Quand le malade amasse et *couverte* et linceux
> Et tire tout à soi, c'est un signe piteux.
> D'AUBIGNÉ, *Tragiques.*

COUVION, n. f. — Poule qui veut toujours couver. Dériv. *couvionner*, v. n. — *Couvion* est aussi un terme injurieux dont se servent les *malins* qui ont lu le *Curé Meslier* ou le *Siècle* pour désigner une religieuse, parce qu'elle a été au *couvent*. Il y a là, comme on voit, un pauvre jeu de mots.

COUVOIRE, adj. — Couveuse : « Poule *couvoire*. » On a dit *couveresse* : « La martre a mangé trois de mes mères gélines *couveresses*. » (Les *XV Joies*.)

CRAC (À), loc. adv. — Abondamment, à foison : « Il y aura cette année des pommes *à crac*, » à faire *craquer* les branches.

CRACHINER, v. n. — Se dit d'une petite pluie fine qui tombe. Dériv. *crachinage*.

CRAMEILLIE, Crinmaillie, n. f. — Crémaillère : « Qui veut son chat ou sa géline tenir à l'ostel sans les perdre, si prengne ou le chat ou la géline et la tourne par trois fois entour la *crameillie*. » (*Ev. des Quenouilles.*) — « Item i petite caudière, i trépié, i landier, i *cramillie*. » (*Invent. du mobilier des Templiers*, 1307.)

CRAN, n. m. — Dette : « C'est un mauvais payeur, quand il a fait un *cran*, il ne revient plus. — Il a un bon *cran* chez le boulanger. » On se sert aussi de *croc* dans le même sens, mot plus expressif.

CRANQUE, n. f. — Crampe ; dériv. *encranqui*, adj., qui a des crampes, fatigué, harrassé. Comp. avec l'allemand *krank*, malade.

CRANQUELET, n. m. — Grappe de noix.

CRAPAUD, n. m. — On dit en quelques endroits *crapou*. Le *crapaud* passe pour être *l'ami de l'homme* ; aussi quiconque porte un *crapaud* dans sa manche ou dans sa poche est sûr de gagner aux jeux de hasard. Il ne manque pas de gens qui croient à cette merveilleuse recette qu'ils ont lue dans les *Admirables Secrets du grand Albert*, livre très répandu dans nos villages. On sait le rôle du *crapaud* dans la sorcellerie ; on le nourrissait d'herbe, on recueillait soigneusement son écume sur un linge blanc pour en faire usage dans les maléfices.

CRAPAUD-VOLANT, n. m. — Engoulevent.

CRAQUEROLE, n. f. — Fleur de la digitale. Les enfants la gonflent d'air pour la faire péter ou *craquer* dans la paume de la main.

CRAQUEUX, adj. — Hâbleur. *Craqueuse*, femme qui porte une toilette tapageuse.

CRASSE, n. f. — Vaurien, homme ou femme ignoble.

‖ Faire une *crasse* à quelqu'un, lui faire une vilenie.

CRÉATURE, n. f. — Ce mot s'emploie toujours avec une acception de mépris pour désigner une femme de peu de caractère, de peu d'intelligence.

‖ Femme de mauvaise vie : « C'est une *pauvre créature.* »

« Mailly prit par le bois de Meudon pour n'être point vu, et pour arriver dans le quartier des incurables où logeait une *créature* qu'il entretenait. » (Saint-Simon.)

CREDO, n. m. — Crédit : « *Credo* est mort, » dit-on, à celui auquel on refuse crédit. Faire un *credo*, faire des dettes. Ce mot appartient à la vieille langue :

> ..... Li chiers tenz m'a tot ostei,
> Qu'il m'a si vuidié mon hostei
> Que li *credo* m'est dévéiez.
>
>   Rut., *la Pov.*

Prendre à *credo*, les marchans font un groing
Mesgre et plus sec qu'un vieil boyteau de foing.

Rog. de Collerye.

Le roi Louis XII a dit dans une de ses lettres : « Madame, nous n'avons plus que frire synon sur *credo*. » (Dans La Curne.)

CRÉPETTE, Kerpette, n. f. — Diminutif de *crêpe* ; petite galette composée de farine, d'œufs et de lait, qu'on fait cuire dans une poêle.

CRÈQUE, n. f. — Fruit du créquier, sorte de prunier sauvage : « Donner des *crèques* , » ne rien donner, ou donner des choses de peu de valeur.

CREVAISON, n. f. — Mort ; terme trivial, dit Littré. Les paysans qui sont peu délicats et encore moins compatissants l'emploient fréquemment ; ils diront, par exemple, d'un avare qui vient de mourir : « Enfin, il a donc fait sa *crevaison* ! »

CREVURE, Kervure, n. f. — Crevasse aux mains, *gerçure*. Anc. fente, ouverture : « Si s'estraint en son mantel, si mit sen cief parmi une *crevure* de la tor qui vieille estoit et ancienne. » (Auc. et Nicol.)

CRI-CRI, n. m. — Le grillon du foyer. Onomatopée.

CRIGNE, Crigniache, n. f. — Chevelure épaisse et négligée. Dans le v.fr., *crigne* s'employait en bonne part :

Ta *crigne*, ton chief, ton visage,
Qui descriroit, moult seroit sage.

Floire et Blancef.

Ele avoit blonde la *crigne*
Et bien faite la sorcille.

Auc. et Nicol.

CRIGNU, adj. — Celui qui a les cheveux épais, hérissés.

CRIN, n. m. — *Muliebre pudendum.*

CRINMINCHONNIER, n. m. — Prunier sauvage ; *crinminchon*, fruit de cet arbre.

CRIRE, v. act. — Chercher ; corruption des anciens verbes *querre* et *quérir*, du lat. *quærere*. Le plus ordinairement, on prononce

cri : « Il faut prononcer *qrir* et non pas *quérir*. » (A. de Boisre-
gard, cité par Talbert.)

CRIRIE, n. f. — Clameurs :

> « Adonc véissiez grant *cririe*. »
>
> CHAST. DE COUCY, v. 1760.

CRISTÈRE, n. m.— « Clystère : Ha ! maistre Jean.... prendray-
je un autre *cristère*. » La permutation des deux liquides *l* en *r*, dit
Génin, est continuelle. A propos de cette remarque, le bibliophile
Jacob, qui n'aimait pas sans doute pour de bonnes raisons, l'auteur
du Lexique de Molière, a écrit cette petite note perfide : « Génin
semble avoir un faible pour les liquides. » (V. son édit. de Pathelin,
p. 67.)

> Tant de fiel entre-t-il dans l'âme des *savants !*

CROCHE, n. f. — Espèce de perche ou grappin de bois qui sert à
maintenir les claies d'un parc à bestiaux.

CROCHER, v. act. — Accrocher, suspendre à un *croc* : « *Se crocher,* » se donner le bras ; *aller bras dessus bras dessous,* comme on
dit encore.

‖ Rencontrer, attraper : « Si je puis le *crocher* un jour, je lui en
conterai. »

CROCHIGNARD, adj. — Boiteux, mal bâti.

CROCHIGNER, **Crochillonner**, v. a. — Tordre.

CRO-CRO, n. m. — Cartilage de veau, de poulet ; onomatopée
exprimant le bruit que fait une chose sous la dent.

CROISSANT, n. m. — Serpe en forme d'arc, fixée au bout d'une
longue perche, avec laquelle les paysannes vont à la forêt pour couper ou faire tomber les branches mortes.

CROIX-DE-DIEU, n. f. — Abécédaire en parchemin, ainsi
nommé parce que le titre était orné d'une croix ; fr. *Croix de par
Dieu*.

> Je n'ay jamais appris que ma *croix de par Dieu*
>
> LAF. Liv. VII, 14.

CRONQUELET, n. m. — Cîme d'un arbre, nom d'un hameau,

situé en hauteur. « Le père *Cobert* habite au *Cronquelet.* » Il faut
rattacher à ce mot, pour le sens, *décronquer*, et *encronquer*, qu'on
verra plus loin.

CUCENDRON, n. des deux genres.— Enfant malpropre. Dans son
conte de *Cendrillon*, Perrault a très-bien donné le sens de ce mot populaire : « Lorsqu'elle avait fait son ouvrage, elle s'allait mettre au
coin de la cheminée et s'asseoir dans les cendres, ce qui faisait qu'on
l'appelait communément *Cucendron.* »

CUEILLER, v. act.— Cueillir ; part. *cueillé*. Le fr. tire son fut.
je *cueillerai*, de la forme populaire.

CUIRE, v. act. et n. — « Le soleil *cuit* les moissonneurs. —
Cuire de chaleur. »

> Les gorges avons *cuites*
> De soif, et peu d'argent.
>   JEAN LE HOUX.

Au fig., Ronsard dit de la belle Hélène qu'elle :

> N'a pas eu la poitrine *cuite*
> Par un amour premièrement.
> Ce chétif amoureux, amoureux et jaloux,
> Tout *cuit* de passions, de rage et de courroux.
>   DESPORTES. *Elég.*

On dit aussi qu'on est *cuit* de froid, conformément au latin, *uri
frigore* : « *Quanquam continuis frigoribus urantur...* (Justin, *Mœurs
des Scythes.*)

CUL, n. m. — Si, comme le dit Boileau « le latin dans les mots
brave l'honnêteté, » la langue française marche souvent sur les traces
du latin. C'est pourquoi Littré a consacré quatre grandes colonnes de
son dictionnaire aux diverses acceptions du mot *cul*.

Nos paysans prodiguent ce mot dans une multitude de proverbes
et de locutions plus ou moins salées ; ex. :

« Péter plus haut que le *cul*, » cela se comprend tout seul.

« Il ne vaut pas plein son *cul* de *chindres* (cendres), » se dit d'un
vaurien.

« Il perdrait son *cul* s'il n'était point *attaqué* (attaché), » s'applique
à celui qui a l'habitude de perdre tout ce qu'il a.

On dit d'un hâbleur : « S'il lui sortait du *cul* un lièvre toutes les fois qu'il ment, il ne mangerait pas souvent de pain sec. »

D'un entêté : « Quand il a quelque chose à la tête, il ne l'a pas au *cul*. »

« Etre comme *cul et k'mise,* ou comme deux *culs* dans la même *k'mise,* » se dit en mauvaise part de deux personnes qui ne se quittent jamais, qui sont toujours du même avis. « Se lever le *cul* devant, » être de mauvaise humeur. « Qui vous fait mal, Macée, pour nous faire une mine pire qu'un excommuniement ? Vous vous estes levée le *cul le premier*; vous estes bien engrongnée. » *(Com. des Prov.,* act. 1er sc. 5.)

« Etre du *cul,* » être porté à la lubricité.

« Donner sur le *cul,* » fouetter.

« Donner la *pelle au cul,* » chasser.

> Rigueur le transmit en exil,
> Et lui frappa *au cul la pelle,*
> Nonobstant qu'il dist : j'en appelle !
>
> VILLON.

« Marcher courir comme si on avait le *feu au cul* » se hâter, marcher très vite. « (Le chat) se prinst à fuir comme s'il eût le *feu au cul.* » (Bon. Des Pér.)

« Être à *cul,* » être ruiné, tomber en ruine.

> Vieux reste de vieille masure,
> Que six siècles n'ont pas vaincu ;
> Chastelet, faut-il que tu dure,
> Et que ma maison *soit à cu* ?
>
> CL. LE PETIT, *Paris ridicule.*

« Lever *le cul,* » décamper. — « Je leur fis bravement *lever le cul* à Dreux. » (Ménippée.)

Montaigne qui aimait *les braves façons de parler* a dit dans sa langue pittoresque : « Sur le plus beau trosne du monde on n'est jamais assis que sur son *cul.* »

Cul, le fond : « Le *cul* d'un panier, d'un sac, etc. » Le conte Jaubert dit que les paysans du centre de la France nomment *dent du cul* la dent du fond de la bouche.

« *Cul* entre dans la composition de beaucoup de mots ; Ex :

« *Un cul-près-de-terre,* un *bas-du-cul,* » un nain. Comp. avec *Bas-de-fesses,* mot burlesque que l'on trouve dans Rabelais, I, 31.

« *Cul-de-plomb,* » homme lent.

« *Cul-rouge,* » rouge-queue.

_ « *Lèche-cul,* » flatteur.

« *Cul-de-poule,* » fruit de l'églantier.

« *Hoche-cul,* » bergeronnette, ou *hoche-queue.*

. « *Cul-serré,* » Avare, homme qui ne veut rien perdre, comme Euclion, dans l'*Aulularia* de Plaute :

> Etiam-ne obturat *inferiorem gutturem,*
> Ne quid animaï forte amittat dormiens ?

« *Faux-cul,* » espèce de jupon rembourré dont se servent les dames pour arrondir et grossir leur personne par derrière. Nos riches fermières imitent les dames de la ville. Cette mode n'est pas nouvelle :

> Soulz grands robes fourrez de martres,
> Nos borgoises tiennent ces termes,
> De façonner *leurs culz de cartes,*
> Affin qu'ilz en semblent plus fermes.
>
> Coquillart, 1er, v. 154.

« La dame Du Fossé passera le guichet seule, car il seroit trop étroit pour elles deux, notamment en cette saison, où elles portent de gros *culs* hypocrités et rembourrés, contre les lois de leur fessine. » (Noël du Fail, *Contes rustiques.*)

« Pareillement fut aux femmes enjoinct de porter de gros *culs.* » (Ménippée, 225.) Ce que nos paysans nomment *faux-cul,* Mme de Genlis l'appelait tout crûment un *cul* ; ex. : « Si l'on porte encore des *culs,* dans ce cas je vous prie de m'en envoyer deux. » (Cité par Littré.) Dans le Nivernais, on appelle cela un *fessier.*

Rapprochons de ces composés le vieux mot *culvert, cuivert, cuvert* (infâme, lâche), tant de fois employé par nos trouvères, terme injurieux que les preux chevaliers, en vrais héros d'Homère, jettent à la face de leurs ennemis :

> De vos manaces, *culvert,* je n'ai essoign !
>
> Roland, ch. II.

> *Culvert* païen, vous en avez menti !
>
> Roland, ch. II.

> Après issi li *cuivert* Amauris,
> Ainc n'eschapa autel de rocefis.
>
> Huon, v. 1568.

7

Fix fu de la seror au *cuvert* Guenelon.

Gui de Nant., v. 198.

Dit Rigaus : « Dame, Fauconis de Naisil
Au reparier durement m'assailli ;
Mais, merci Deu ! li *cuivers* i perdi ! »
Ot le la dame, de rire s'esbofi.

Garin, v. 1464.

Le mot était salé, puisqu'une reine, en l'entendant, *pouffe* de rire. Aussi je n'hésiterai pas à dériver *culvert* du latin *culum vertere*. La traduction décente de *culvert* serait : celui qui tourne le dos. La vieille langue avait encore *aculvertir*, asservir, abaisser.

Mors *acuivertist* Roi et Pape.

St. sur la Mort, 30.

Je n'ignore pas que Ménage tire *culvert* du latin *collibertus*, esclave affranchi (*colibert* dans Guillaume de Saint-Pair), mais Ménage n'est pas infaillible. (Voir Du Cange au mot *cuverta*.)

CULEUVRE, n. f. — Couleuvre.

CURIEUX, Curieuse, adj. — Celui, celle qui a grand soin de sa toilette : « Ouvrier *curieux* de son ouvrage » qui fait son travail avec soin.

CUTROMBLET, m. — Culbute. Du Méril donne *cumblet* avec le même sens. On dit aussi *cutrondelet*. (V. le verbe *trondeler*.

D

DAGUE, n. m. — Mauvais couteau ; d'où *daguer* qui a le même sens que *haguillonner*. (V. ce mot.) — Du celt. *dag*, pointe.

DAMAGE, n. m. — Dommage : du bas-lat. *damagium*. *Damage*, *damagie*, *damagier* sont très-usités dans la vieille langue.

> Fils à putain, dient auquant,
> Pur kei nus leissum *damagier* ?
> > ROU, v. 6024.

> De nostre gent éust molt *damagie*,
> > ALISCANS, v. 5084.

> Mors me r'a fait de granz *damages*.
> > RUTEBŒUF.

> A donc li meschéans li conte,
> Son grant *damage* et sa grant honte.
> > ROSE, v. 17479.

Le fr. *dam*, qui tombe en désuétude est une abréviation du b. latin *damagium*, ou du latin *damnum*.

DARTE, n. m. — Dartre ; comp. avec le grec δαρτὸν, écorché.

DAUBÉE, n. f. — Grêle de coups.

DE, préfixe augmentatif.— (v. *Détrier*.)

DE, prép. — Les rapports de possession s'indiquent souvent sans la particule de ; ex. : « La ferme Delahaye, l'auberge Lefrançois, etc. » On dit de même : « La femme Langlois, la fille Lenoble, etc. » Cette ellipse a lieu toutes les fois que les paysans parlent d'une personne qui est d'une condition égale à la leur.

Cette suppression de la prép. *de* est, du reste, fréquente en français. On dit *Hôtel-Dieu*, *place Louis XV*, *imprimerie Didot*. Une fouJe de noms de rues, de places, de faubourgs, d'églises, sont ainsi composés de deux substantifs dont le second est au cas régime sans être lié au premier par la particule *de*. C'est un souvenir de l'époque où la langue française commençait à se former. Du XIeme au XIVeme siècle, les constructions de ce genre abondent :

« Mais les fiz Hély furent fiz Bélial, ublièrent Deu é lur mestier. » (Les Rois).

> Chil Auberous, que tant ot segnoraige,
> Sachiés k'il fu fieus Juliien Cesare.
>
> HUON, v. 8.

> Nous créon en chéli qui fix Marie fu.
>
> GUI DE NANTEUIL, 72.

> Son seignor lige tint tant chier
> Qu'il alla avoec li vengier,
> La honte Dieu outre la mer.
>
> RUTEBŒUF.

> . . . . Virgine la pucelle,
> Qui fu fille Virginius.
>
> ROSE. v. 6328.

De s'emploie pour *un*, *quelque* ; ex.: « Tu ne trouveras pas d'ouvrier comme celui-là. »

> Et ne permettez pas que cette illusion
> Aux mutins contre nous prête d'occasion.
>
> CORNEILLE.

|| A la place : « Si j'étais *de* toi, je m'y prendrais autrement. »

DÉBAGOULER, v. n.— Dire des sottises ; vomir des injures contre quelqu'un. (V. *Bagou*.)

DÉBÂQUER, v. act. — Démolir : « *Débâquer* une armoire, une voiture, une maison, etc. — Voilà une grange qui commence à se *débâquer*, » c'est-à-dire, à tomber en ruine.

Le part. *débâqué* s'applique aux personnes aussi bien qu'aux animaux : « Cette vache est toute *débâquée*, » c'est-à-dire très maigre. *Vix ossibus hæret*.

|| Le temps va se *débâquer*, il va faire mauvais temps.

DÉBARBOUILLER (Se), v. réfl. — S'éclaircir en parlant du temps.

DÉBAUCHER, v. act.— Distraire de ; faire interrompre une chose à quelqu'un : « C'est un bon ouvrier, mais un rien le *débauche* de son ouvrage.»

|| Loc. part.: « Le temps va se *débaucher*, devenir mauvais.»

DÉBERNAQUER, Déberniqner, v. act.— Dépêtrer. Ces mots sont surtout employés comme verbes réfl. : « Vous vous êtes mêlé de cette affaire, *déberniquez-vous* comme vous pourrez.» Selon Du Méril, c'est se tirer d'une position qui faisait *berner*, qui rendait ridicule. Je crois plutôt que *bren* est l'étym. de ce mot, et que l'on dit *déberniquer* pour débreniquer, comme *berneux* pour breneux, *éberner* pour ébrener.

DÉBILE, adj. — Affamé : « Faites-vite le dîner, car je suis *débile.*»

DÉBILLER, v. act.— Déshabiller.

DÉBISTRAC (En), loc. — En mauvais état, en ruine : « Tout est en *débistrac* dans cette ferme.»

DÉBLATÉRER, v. n. — Parler à tort et à travers, dire ce qu'on sait et ce qu'on ne sait pas, comme *deblaterare* en latin :

Ubi tu es, quœ *deblaterasti* jam vicinis omnibus,
Meœ me filiœ daturum dotem.

PLAUTE, *Aul.*, II, 3.

Le *Thesaurus novus latinitatis* donne *blatera, sonus ranœ,* mot qui est probablement la racine de *déblatérer.*

DÉBLOIQUER, v. act. — Déboucler, délacer. (V. *Blouque*).

DÉBOQUER, v. n. — Autre forme du fr. *Débucher*, terme de vénerie. De *bosc*, bois ; bas lat. *deboscare*.

|| Dépasser, sortir de l'alignement : « Ces arbres sont plantés en droite ligne, pas un ne *déboque*. »

DÉBOULER, v. n. — Se dit d'un lièvre qui part aux pieds du chasseur, en se roulant d'abord comme une *boule.*

DÉBOURSIS, n. m. — Argent déboursé. « Si j'réussis dans cette afaire, j'rentrerai dans mes *déboursis*. »

DÉBRÊLER, v. act. —Déshabiller : « *Débrêlez* cet enfant. » Etre tout *débrêlé*, être mal habillé, porter des guenilles. **Rac. Braies.**

DÉBRICOLER, v. act. — Oter la bricole.

DÉBROUILLER, v. act. — Débarbouiller.

DÉCAINER, v. act. — Déchaîner. On a vu *caine* au lieu de chaîne.

DÉCALITRE (Double), n. m. — Chapeau, par assimilation : « On voit bien que c'est fête aujourd'hui, puisque tu as mis ton double *décalitre.* »

DÉCALOTTER, v. act. — Retirer l'enveloppe, la coquille ; s'emploie souvent dans un sens obcène.

DÉCANILLER, v. n. — Décamper, fuir comme un *chien*. Rac. *canis.*

DÉCARPILLER, v. act. — Trier, démêler, séparer une chose d'une autre. Rac. *carpere*, cueillir, choisir, faire des extraits.

‖ *Se décarpiller*, v. réfl. — S'enfuir, se tirer d'affaires, d'embarras. Fréq. *Décarpillonner.*

DÉCARQUER, v. act.— Décharger; bas-lat. *discargare* : « *Et si inde fœnum ad domum suam in carro duxerit et discargaverit.* » (*Loi Salique*, tit. XXIX, § 21).

« Je porroie *descarquier* les homes du jugement qui seroit sor aus. » (Baum. cité par Littré).

DÉCARSURE, n. f. — Malheur inopiné, épreuve, souffrance. Un soldat fait prisonnier à Sedan et transporté en Silésie m'écrivait « qu'il avait passé par de rudes *décarsures.* »

DÉCAUCHER, v. act. — Déchausser.

DÉCAUS, adj. — Déchaux, sans chaussures : « Aller, courir à pieds *déeaus* ; » plus souvent, « à pieds *nu-caux*, » pieds nus et déchaux, par pléonasme.

> Nus et *descaus* comme ribaus alés.
>
> ALISCANS, v. 6911.

« Il i vont (en paradis) cil... qui sont nu et *décaus* et estrunelé, qui moerent de fain et de sei et de froit et de mesaises. » (Auc. et Nicol.)

DÉCESSER, v. n. — Cesser : *Ne pas décesser*, faire une chose continuellement : « Quel enfant ! il ne *décesse* pas de pleurer.»

DÈCHE, n. f. — Misère : « Tomber, être dans la *dèche*, » dans la gêne, Comp. avec le fr. *déchet*, *déchoir*.

DÉCHENILLER, v. act. — Faire lever quelqu'un précipitamment : « Allez *décheniller* tous ces paresseux-là. »
Décheniller, veut dire exactement faire sortir du *chenil*.

DÉCLAQUER, v. act. — Parler à quelqu'un sans ménagement, lui dire toutes ses vérités : « Je lui ai *déclaqué* tout ce que j'avais sur le cœur.»

On disait autrefois en ce sens *décliquer* : « A grand peine feut la servante despartie d'avecques sa maîtresse, qu'elle s'en alla *déclicquer* tout ce qu'elle lui avoit dict à une sienne compaigne.» (Amyot.) Du vieux mot *déclic*, détente d'un engin ou machine de guerre. (V. Mérimée, *Archit. milit.*, 299.)

Déclicquer avat donné *déclicqueur*, bavard, hâbleur.

> Venez, venez, sophistiqueurs,
> Expers, habilles *desclicqueurs*,
> Orateurs, grans réthoriqueurs.
> Coquillart, Ier, v. 31.

‖ Laisser tomber, jeter : « Il a tout *déclaqué* par terre.»
« Il affustaou il *déclicqua* toute l'artillerie qu'il avoyt contre ma poure maison. » (Palsgrave.)

DÉCLOUER, v. act. — Déclouer.

DÉCOMBLER, v. act. — Retirer le *comble*. (V. ce mot.)

DÉCOMMANDER, v. act. — Contre-mander.

DÉCOMPOTER, v. act. — Changer le mode des semences et le temps des engrais pour les terres. Du v. fr. *compost*.

DÉ ORSÉ, adj. — Maigre, décharné, qui n'a plus de *corps* ; c'est le contraire de *corsu*, si usité dans la vieille langue.

> Guillaumes a Rainoart regardé,
> Molt le vit grant et *corsu* et quarré.
> Aliscans, v. 3210.

> Ung grant vilain entr'eux eslurent,
> Le plus ossu de quan qu'il furent,
> Le plus *corsu* et le greignor.
> De Meung.

DÉCOUDRE, v. act. — Se conjugue comme *coudre*. (V. ce mot.)

DÉCRAPPER, v. act. — Nettoyer. Se *décrapper*, prendre des ha bitudes de propreté. Littré donne *crappe*, graisse de la meule du moulin. Le grain foulé aux pieds dans la grange, et confondu avec la paille et la poussière s'appelait anc. *crappe*. (V. L. Delisle, p. 314.)

DÉCROCHETER, v. act. — Décrocher : « Avoir l'estomac *décroché*, » tomber d'inanition. On se sert encore de cette locution bizarre pour désigner, je crois, une maladie de cœur.

DÉCRONQUER, v. act. — Jeter à bas : « Son cheval l'a joliment *décronqué*. »

|| Faire descendre précipitamment ; ex. : Un enfant grimpe à un arbre : « Attends-un peu, lui dit un passant, je te vais *décronquer*. »

DÉCULOTTÉ, part. passé. — Ce mot s'applique à un homme qui se sépare de biens d'avec sa femme pour éviter la poursuite des créanciers. Alors c'est la femme qui administre, qu porte, comme on dit, les *culottes*.

DÉDIRE, v. act. — Toucher aux œufs ou aux petits des oiseaux, les changer de place, ce qui fait que le père et la mère les abandonnent. C'est ainsi qu'on *dédit* un nid.

DÉFECTIF, adj. — Difficile à gouverner ; se dit surtout des enfants.

DÉFENSE, n. f. — Branche d'arbre qu'on plante dans un champ pour indiquer qu'il est défendu aux bestiaux d'y pâturer.

DÉFERLAMPÉ, adj. — Déchiré, en lambeaux, en palant des vêtements.

DÉFILOQUÉ, adj. — Qui s'effile, qui se détisse fil à fil ; habits *défiloqués*, qui montrent la corde.

DÉFIQUER, v. act. — Retirer un pieu, une branche enfoncée dans la terre. C'est le mot latin *defigere*, mais avec un sens tout différent.

DÉFLEPPÉ, adj. — Même signification que *défiloqué* ; de *fleppe* ou *flepe*, filoche, qui doit être une corruption du v. fr. *frepe, ferpe*, d'où l'on a fait fripier. (V. Du Cange au mot *frepœ vestes*.)

DÉFOUIR, v. act. — N'est usité qu'au part. passé, dans cette locution : « Il a l'air d'un *défoui* de terre, » il a mauvaise mine, il a l'air d'un cadavre. Lat. *defodere.*

DÉFOURRURES, n. f. plur. — Gerbées épluchées par les moutons.

DÉFRICHIS, n. m. — Terrain cultivé (qui n'est pas en *friche*).

DÉFULER, v. act. — Décoiffer : « Ce veau fut *défulé* et fut trouvé sans oreilles. » (*N. Fabrique.*)

> Quand vous verrez que les tigneux
> Seront joyeux qu'on les *deffule*....
>
> Anc. Poés., t. IV, 145.

(V. *Affuler, raffuler.*)

Il ne faut pas confondre avec ce mot l'ancien verbe *défuler*, qui avait le sens de maltraiter, meurtrir, tuer.

« Sire, sire, ne te deit pas huem cuntrester, mais tu deis les orgueillus abatre e *defuler.* » (Q. L. de R., III, p. 103, cité par Burguy.)

> E porc et chen le mordent et *defulent.*
>
> Ch. de Roland.

On écrivait aussi *défoler* ; ex.:

> Par devant Lenz, lez la barre, à l'entrée,
> La véissiez tante targe copée ;
> Tante banière au vent desveloppée,
> Qui le jor fu malement *defolée.*
>
> Garin, v. 1092.

DÉFUNT, adj. — Feu ; reste toujours invariable quand il est placé avant le nom ; ex. : « *Défunt* ta mère ; — *défunt* tes tantes. »

DÉGANSER, v. act. -- Tirer par force de l'argent de sa bourse : « Voilà un procès qui me fera *déganser* de l'argent. » De *ganse,* petit cordon qui sert à lier la bourse.

DÉGELÉE, n. f. — Grêle de coups.

DÉGOUGINER, v. act. — Faire perdre à quelqu'un sa gaucherie, sa timidité : « Il a été au service, ça l'a *dégouginé.* » De l'adj. *gouge* qui, en patois, signifie engourdi, lourd, maladroit, ou plutôt de *gouge,*

n. f. qui en v. fr. désignait une femme provocante : « Et en son âge
viril espousa Gargamelle, belle *gouge* et de bonne troigne. (Rabelais).

> La belle dame devint rouge
> De honte qu'on l'estimât *gouge*.
> Scarron, *Virg. Trav.*

DÉGRATINER, v. act. — Egratigner.

> Là se fiert de cez poins et fort se *dégratine.*
> Hug. Capet, p. 195.

DÉGRATTER, v. act. — Même sens que gratter ; le préfixe *de* n'a-
joute rien à la signification : « Les poules *dégrattent* le fumier pour
ramasser des graines. — Les renards *dégrattent* la terre pour attraper
des mulots. »

Dériv. *dégrattis*, n. m. Place où les animaux ont fouillé, *dégratté*,
avec les pattes, le pied, le sabot, etc. Mot formé comme *patrouillis*,
chamaillis, *ramassis*, etc.

DÉGRILLER, v. n. — Glisser, tomber doucement : « La neige
dégrille des toits.. — *Dégriller* du haut d'une meule, d'un rideau,
etc. »

DÉGROULER, **Dégrouvaler**, v. n. — Dégringoler, crouler, tomber en s'affaissant. Se dit surtout de la terre qui roule le long des
talus et tombe dans les fossés.

DÉHANQUÉ, part. passé. — Déhanché.

DÉHOQUER, v. act. — Décrocher : « Un paysan, vieux garçon,
qui avait eu l'idée de se marier avec une *jeunesse*, me racontait qu'il
avait fait afficher ses bans à la porte de l'église, mais que le lendemain, pris de repentir, il était allé les *déhoquer*. » (V. *Ahoquer*.)

Mot composé : un *dehoque-no-pot*, un niais, un imbécile, qui n'est
propre qu'à crocher et décrocher la marmite.

DEHORS (En), loc. prép. — En cachette, à l'insu de : « Il fait
l'aumône *en dehors* de sa femme. — On fait tout *en dehors* de lui. »

DÉJEUNER-DÎNANT, n. m. — Déjeuner que l'on fait tard, qui
sert de dîner.

DÉJOUQUER, v. act. — Déjucher ; au fig., faire lever quelqu'un
promptement et de bonne heure.

|| *Se déjouquer,* se lever : « Quel paresseux ! il ne peut pas se dé-
jouquer. »

Anciennement, *desjuc,* moment où l'on se lève, le matin.

Chantons Noel tant au soir qu'au *desjuc.*

MAROT, *Ball.*

DEL, cas indirect de l'article. — S'emploie pour *de la* : « Je reviens *del* maison. — Il m'a donné *del* tarte. » Dans le v. fr., devant
un nom féminin au génitif, *de la* demeurèrent séparés comme aujour-
d'hui ; on ne mettait *del* que devant un nom masculin.

Tute l'eschine li deseveret *del* dos.

CH. DE ROLAND.

Il descend jus *del* palefroi.

FLOIRE et BLANC, p. 28.

Après s'assist li damoisel
Desor la piere *del* tombel.

FLOIRE et BLANC, p. 29.

« La joie *del* père et *del* fil fu mult grant. » (Villehardouin.) —
Mettez les compléments de joie au féminin, vous aurez en patois :
« La joie *del* mère et *del* fille fu mult grant. » Dans le dial. picard, le
cas indirect de l'article féminin était *de le* : « Au dehors *de le* porte
de Honnecourt. » (Froissart, Ier, p. 167.) Il est évident que *del* est
une contraction de cette forme picarde.

DÉLICOTER, v. act. — Défaire le licou. Au fig. : « La peur lui
délicote les jambes, » le rend alerte.

« Etre comme un poulain *délicoté,* » se dit d'un enfant ou d'un
jeune homme vif, déluré.

DÉLOQUETÉ, adj. — Usé, qui tombe en *loques* : « Avoir des
habits *déloquetés.*»

DEM, cas indirect du possessif *mon, ma.* — « Je sors tout à l'heure
dem maison. » C'est la contraction de *de,* et du poss. *mon, ma.*

Demn', devant une voyelle ou un *h* muet. « Il m'a parlé longtemps
demn' affaire. — Je ne veux pas qu'on se moque *demn'* homme. »

DÉMACHONNER, v. act. — Démaçonner. (V. *Machon.*)

DEMANDER après quelqu'un, loc. — Chercher quelqu'un pour
le voir, lui parler : « Vous arrivez bien, je *demandais après vous.*»

‖ *Demander excuse ou des excuses*, pour faire excuse ou des excuses.

DÉMAQUER, v. act. — Vomir ; d'où *démaquis, démaquerie*, mots grossiers qu'il n'est pas nécessaire d'expliquer. Etym. *de*, préfixe, et *mâquer* (mâcher) ; latin, *masticare*.

DÉMARRER, v. act. et neutre. — Terme de marine, comme *amarrer*, auquel on a donné une signification très étendue ; ex. : « Finirez-vous par *démarrer*, » c'est-à-dire par partir, par vous mettre en route.

‖ Détacher, ôter la chaîne ou la longe qui retient un animal. Dans ce dernier sens, on dit plus souvent *désamarrer* : « Ladite nef fut *désamarrée*. » (XIVᵉᵐᵉ siècle. *Coutume locale d'Oléron*, cité par Littré.)

DÉMENTER (Se), v. réfl. — S'occuper de : « Ne vous *démentez* pas de cela, vous n'y connaissez rien. » Etym. *mens*, pensée, intelligence.

Dans le v. fr., ce mot signifie tantôt se *travailler l'esprit*, comme dans ce passage du Roman de la Rose :

> Quant j'oï les oisiaux chanter,
> Forment me pris à *démenter*
> Par quel art ne par quel engin
> Je porroie entrer ou jardin.
>   v. 498.

Tantôt se *lamenter* :

> Or est li amans en ses geus,
> Or est détrois, or se *démente*,
> Une hore plore, et autre chante.
>   Rose, v. 2199.

Enfin *entrer en démence*, comme le latin *dementare*, dans la fameuse maxime : « *Quos vult perdere Jupiter dementat prius.* »

> La bone medre s'en prist à *démenter* (1)
> E son chier fil sovent a regreter.
>   *La Vie Saint-Alexis*, st. 26, v. 4.

DEMIARD, n. m. — Le quart du litre.

___

(1) Devenir folle de douleur.

DEMION, n. m. — Demi-litre : « Je ne mengeay que pour six sols de trippes, et beu *demion* de perey, ce n'est mie grand chose. » (*N. Fabrique.*)

DÉMOELLÉ, adj. — Maigre, étique : « Grand *démoellé*, » celui qui n'a que les os et la peau.

DEMOISELLE, n. f. — Espèce de *villotte* que font les moissonneurs, en mettant debout les uns contre les autres plusieurs *hoviaux*, et qu'ils recouvrent d'une gerbe en éventail appelée *caperon*. (V. les mots *caperon, hoviau.*) — Mettre du blé, du seigle en *demoiselles*.

DÉMONTEUX, Démontoir, n. m. — Ciseau à froid émoussé à l'aide duquel le cordonnier *démonte* les chaussures à semelles de bois qu'il veut remonter.

DÉMUCHER, v. act. — Découvrir : « J'ai *démuché* sa *cachette*. » Se *démucher*, se montrer tout à coup. Etym. *de*, préfixe, et *mucher* (musser.)

DÉNICHER, v. act. — Faire lever : « Faites demain *dénicher* nos gens de bonne heure. » Se *dénicher*, se lever, quitter, pour ainsi dire, son *nid*. D'où *déniché*, part. passé, qui signifie :

Dégourdi, malicieux, avisé, par comparaison avec l'oiseau qui a quitté son nid et vole en liberté : « C'est un *déniché* celui là, il fera bien son affaire. »

DÉPARER (Se), v. réfl. — Devenir laid, se gâter, en parlant du temps.

DÉPARQUER, v. act. — Faire sortir les vaches ou les moutons d'un parc. Ce mot n'est pas de ceux, comme dit Sarcey, « qui ont vu le jour dans les salons de la bonne compagnie, et qui semblent traîner après eux le bruissement des robes de soie. » Né à la campagne, il garde comme une odeur de fumier ; aussi, quoique nécessaire, est-i absent de la plupart des Dictionnaires.

DÉPATICHER, v. act. — Mettre en culture un *pâtis*.

DÉPÉNAILLER, v. act. — Mettre en lambeaux : « Un chien s'est jeté sur moi, et a *dépénaillé* ma blouse. » Ce verbe n'est pas admis dans le Dictionnaire de l'Académie qui donne cependant *dépenaillé* comme adjectif. Du latin *pannus*, v. fr. *peniau*, haillon. (Rose, v. 15930.)

Dans l'ancienne langue *despaner* ; ex. :

> Sa vestéure fu toute *despanée*.
>
> ALISCANS, 2739.

> Elme barbiere et escus
> Li fu *dépanés* et derous.
>
> CHAST. DE COUCY, v. 3327.

DÉPENDEUX D'Andouilles (Grand), n. m. — Niais, grand imbécile, mauvais sujet, à qui sa haute taille permet de *dépendre*, d'enlever les andouilles que les charcutiers suspendent dans leurs boutiques pour servir d'enseignes. Les hommes grands ne sont pas en faveur auprès du peuple qui juge de leur esprit en raison inverse de leur taille.

Dicton :

> Grand Niquedouille,
> *Dépendeux* d'andouilles.

DÉPENS, n. m. plur. — Ce mot a chez nous une acception particulière ; ex. : « Un âne est un animal de peu de *dépens*, » qui coûte peu à nourrir.

Ne pas faire *grands dépens*, vivre de peu.

DÉPIAUCER, Dépiauler, Dépiauter, v. act. — Ecorcher, ôter la peau (*piau*, en patois.) Dans Adam-le-Bossu, *despieler* ; dans Rutebœuf, *pelicer*.

> Or veut de l'argent ma norrice,
> Qui m'en destraint et me *pélice*,
> Pour l'enfant pestre.
>
> *La comp. de* RUT.

|| *Se dépiaucer*, se battre jusqu'à s'arracher la peau.

DÉPIÈCETER, v. act. — Mettre en pièces. Nous avons conservé son corrélatif *rapièceter*.

DÉPLANCHER, v. act. — (V. *plancher*.)

DÉPORTER (Se), v. réfl. — Se dédire ; ne pas tenir sa parole, revenir sur un engagement pris : « Il avait dit qu'il prendrait ce cheval pour 600 francs ; mais il *s'est déporté*.»

‖ S'abstenir de, renoncer à ; très-usité dans ce sens dans le v. français.

> Déportez-vous de tels esbas,
> Encore ne m'avez-vous mie,
> Encore ne m'avez-vous pas.
>
> CH. D'ORLÉANS.

« Que tous grandisseurs se *déportent* de donner leurs coups de bec, jecter leurs brocards accoutuméz, s'ils ne veulent sentir la main forte de celuy à la parole duquel ils devroyent trembler. » (Calvin).

DÉPOTEYER, v. act. — Tirer du cidre d'un tonneau pour le mettre dans un autre.

‖ Vendre du cidre en *pots*.

DÉRACHINER, Dérachainer, v. act. — Déraciner, de *rachine, rachaine*.

DÉRAQUER, v. act. — Tirer du bourbier : « Les chemins sont si mauvais, qu'on ne peut pas se *déraquer*. De *raque*, boue, qui anciennement signifiait *mare*.

DÉRIRE, v. n. — Rire, plaisanter. Employé seulement dans ces sortes de phrases : « Jouons-nous pour de bon ou pour *dérire* ? — N'aie pas peur, je t'ai dit cela pour *dérire*. » De *de*, préfixe augmentatif, et *ridere*.

DÉROYER, v. n. — Sortir de la *roie*, du sillon que trace la charrue. Anc. se *desroier*, s'égarer.

> ..... Di li que bien sés la voie
> Au Jouvencel qui se *desroie*.
>
> *Stances sur la Mort*, VI.

DÉSARGENTÉ, part. passé. — Celui qui n'a plus d'argent.

DESCENTE, n. f. — Hernie.

DÉSERT, adj. — Ce mot, qui a le même sens qu'en français, s'emploie dans certaines phrases toutes latines ; Ex : « Comme c'est *désert* dans cette maison ! — Comme tout est *désert* dans ce village ! »

DÉSIGNALEMENT, n. m. — Signalement.

DÉSORCELER, v. act. — Désensorceler : « ... que d'Aubigné appelloit ouvertement la comtesse de Guiche sorcière, l'accusant de l'avoir ensorcelé, qu'il avait mesme consulté là-dessus le médecin Hotteman sur des philtres qui pouvaient le *désorceler*. » (D'Aubigné. *Vie*, LXXIV.)

DESSAQUER, v. act.— Tirer quelque chose d'un *sac*, d'une bourse, d'une poche : « Allons vite, *dessaque* un peu ton argent, qu'on en voie la couleur.»

‖ *Se dessaquer*, au fig., sortir de : « Se *dessaquera-t-il* de sa maison ? — Il ne veut pas *se dessaquer*, » se montrer. V. fr. *desacher*.

DESSAQUETER, v. act.— Tirer du blé, de l'avoine, etc., d'un sac pour le remettre dans un autre.

DERLINGUER, v. n. — Se dit du tintement d'une sonnette ; de *drelin, drelin*, onomatopée.

DÉTAQUER, v. act. — Détacher : « Et li soudans prist le coulon, et li *destaka* la lettre de desous l'eile, et la fist lire. » *(Chron. de Rains*, cité par Littré.) — V. le mot *attaquer*.

DÉTASSER, v. act. — Défaire ce qui est en tas : *détasser* du foin, du trèfle, etc.

DÉTEINDRE, v. act.— Eteindre.

> En la chambre revint arriere,
> Que le feu *desteindre* cuida.
>> Chast., XXIII, v. 98.

> Je *destains* le feu. Je l'allume.
>> Poésies attribuées à *Villon*.

Au figuré :

> De nos brutalités
> *Destaigons* ceste mesche.
>> J. Le Houx.

> Après effacer et *destaindre*
> Toute joie...............
>> Ch. d'Orl., *ball*. XIV.

DÉTENTION D'URINE, n. f.— Rétention.

DÉTEURDRE, v. act. — Détordre. — Se *déteurdre*, se remuer, se donner beaucoup de mal : « Voilà un homme qui se *déteurd* au travail ! »

‖ Faire des difficultés, résister : « J'en ai eu beau me *déteurdre*, il a fallu donner le prix qu'il voulait.»

> Si se debat et se *detuert*.
>> CRESTIENS, dáns Bartsch., 124.

DÉTIÉDIR, v. a. — Refroidir, devenir tiède : « Faites *détiédir* l'eau.»

DÉTOMBIR, v. act. — Mettre chauffer un liquide jusqu'à ce qu'il devienne tiède : « Votre café est froid, il n'est pas seulement *détombi*.»

DÉTORQUER, v. act. — Oter la selle d'un cheval, le bât d'un âne. De *Torque*, qui en patois signifie *selle*.

DÉTOURBER, v. act. — Déranger, interrompre.
« Il le *desturbad* el veage. » (*Rois*, ch. XV.)

> Priez, amans, qui voulez en liesse
> Servir amours, car guerre, par rudesse,
> Vous *destourbe* de vos dames hanter.
>> CH. D'ORLÉANS.

« Les pauvres Parisiens en ont dans leurs bottes bien avant, et sera prou difficile de les *détourber*. » (Sat. Menippée.)

Le v. fr. avait aussi le substantif *détourbier*, obstacle :

> D'illoec porra en quatre jours,
> Venir, se il n'a *destourbiers*,
> En Babiloine o ses somiers.
>> FLOIRE ET BLANC, p. 49.

> On dict que bien souvent entre bec et cueiller,
> Il vient du *destourbier*.
>> J. LE HOUX.

Ce mot se retrouve dans le latin *disturbare*, l'anglais *disturb*, l'espagnol *disturbar*.

DÉTRIER, v. act. — Trier, choisir : « Je veux bien vous acheter des pommes, mais il faut que je les *détrie*. » Etym. *de*, préfixe, et *trier*. *De* est augmentatif comme dans *déteindre*, *dégratter*, *dérire*, *désaquer*, *détiédir*, etc., que l'on a déjà vus. De même en latin *de* donne quelquefois au mot auquel il est joint le sens d'un superlatif ; ex. : *detinere*, *deamare*, *derumpere*, *deparcus*, *défessus*, etc.

8

Le français a perdu beaucoup de vieux mots ainsi composés ; ex. :

> Quant *degastei* eut Normandie,
> Demaneis ad France envaïe.
>> G. DE SAINT-PAIR, v. 1409.

> Tout li *debrise* et test et hannepier.
>> GAYDON, v. 2733.

> Son pitex fils, le roi de gloire,
> Piteusement en *dépria*.
>> G. DE COINSY, *Théophilus*.

> Mon pourpoint est de vieille soye,
> *Derompu* et tout *décassé*.
>> COQUILLART, *Mon. des Perruques*.

« Le moine les voyant ainsi *départir* en désordre. » (Rab. *Gar*, 1, 44.)

> Une fois en la *dépriant*,
> Je mis mon doigt sur sa tétine.
>> Anc. *Poés.*, VI, 201.

DEURIBLE, adj. — Précoce : « Des poires, des pommes *deuribles*. » || Matinal : « vous êtes bien *deurible* aujourd'hui, je ne vous attendais pas si tôt. » On dit encore, mais plus rarement *heurible*.

DÉVALER, v. n. — Descendre : « *Dévaler* d'un cheval, d'une voiture, d'un arbre, etc. » *Aller en dévalant*, être en pente ; ex. : « Ce chemin *va en dévalant*.»

DEVANT QUE, conj. — Avant que.

> M'éveillant au matin, *devant que* faire rien,
> J'invoque l'Eternel, le père de tout bien.
>> RONSARD.

> Ma foi ! si l'on vous voit de femmes mal pourvu,
> Puisque vous vous coiffez, *devant que* d'avoir vu,
> Vous ne serez pas plaint de beaucoup de personnes.
>> SCARRON, *Jod.*, I, sc. Ire.

La Fontaine, Bossuet, Molière, Racine ont employé cette locution.

DEVENIR (Se bien), v. réfl. — Grandir, se développer : « Cet enfant *se devient bien*. » *Se devenir mal*, être souffreteux, malingre.

Quand un enfant *se devient mal*, la croyance générale est qu'il *est tenu à un saint*. (V. *Mal saint X*...)

DÉVERGUER, v. act. — Voler : « Défiez-vous de cet enfant, il n'est bon qu'à *déverguer*. »
Dériv. *dévergueux, euse*.

DEVINETTE, n. f. — Enigme ; le mot de l'énigme.

DÉVOULOIR, v. act. — Usité dans cette locution : « Il veut et *déveut*, » en parlant d'un homme irrésolu.

> Un obstiné, qui une mesme chose
> Veut et *déveut* cent fois en un instant.
> MELIN DE SAINCT-GELAYS, I, 85.

« *Déveut*, dit La Monnoye, n'est pas français. Il serait souhaitable qu'il le fût. On dirait avec grâce qu'un homme a son vouloir et son *dévouloir*, de même que son dit et son dédit. *Dévouloir* était usité au XIVeme siècle. »
Il l'était longtemps avant cette époque, ex. :

> E ce que Deus en apareille
> Qui tote sainte ovre conseille,
> Ne dèvez desamonester
> Ne *desvoleir* ne déstorber.
> BEN., v. 11439.

DIABLE, n. m. — Ce mot a donné lieu à une foule de locutions populaires admises par le Dictionnaire de l'Académie. Celles-ci appartiennent au patois : « *Travailler le diable, comme le diable*, » travailler beaucoup.

« *Aller le diable, comme les cinq cents diables*, » marcher très-vite.

« *Crier le diable*, » crier fort.

« Envoyer quelqu'un *aux cent diables*, » le chasser, le repousser durement.

> A. c. *diables* il la vont craventant.
> GAYDON, 5292.

Enfin on appelle *diable* un petit véhicule formé d'un plateau en bois portant sur un essieu à deux roues, et muni de deux brancards. On le traîne à bras, et sert à transporter des pierres, du bois, etc.

DIGONNER, v. act.— Blâmer, reprendre sans cesse ; trouver toujours à redire : « Cette femme ne fait que vous *digonner*.»

Dériv. *digon*, *digonnier*, *ère*, qui ne fait que *digonner*.

Ce mot est un fréquentatif de *diguer* ; ex. : « Et n'eurent les mouches de Bretaigne ni tahons, depuis, moyen de la poindre ni *digonner*, par quoy, elle commença à repaistre mieux qu'auparavant.» (*N. Fabrique*.)

Digonner est cité dans Cotgrave comme mot normand.

DIGUER, v. act. — Piquer avec un aiguillon.

DIGUET, n. m.— Petit bâton pointu par un bout destiné à aiguillonner, à *diguer* les ânes.

DINDALLERIE, n. f. — Batterie de cuisine d'une ferme. La citation qui suit est une exacte définition de ce mot : « De sorte que toutes les chaudières, poelles, bassins, la vaisselle d'estain, pots à pisser, *dindannerie*, et autres ustensiles de la maison, qui estoient sur les tablettes, en tresbucherent par terre. » (*N. Fabrique.*)

DINGUER, v. act. — N'est usité qu'à l'infinitif, et dans cette locution : « Envoyer *dinguer*, » mal recevoir une personne, se débarrasser d'elle lestement.

DINT, n. m. — Dent : « A ce propos se leva une viele qui n'avoit mais que *un* dent. » (*Ev. des Quenouilles.*) Dans l'ancien français, dit Littré, *dent* était masculin comme en latin, et il cite plusieurs passages pris dans les écrivains du XIVeme et XVeme siècle, passages qui contredisent cette assertion. Le mieux eût été de dire que le genre de ce mot, comme tant d'autres, n'a été fixé qu'au XVIIeme siècle.

DIRE, v. n. — Parler : «Quel bavard ! il *dit* toujours ! »

|| *Dire après quelqu'un, le disputer*, lui faire des reproches.

I me dit, dit-i, j'li dis, répétitions fréquentes dans la conversation.

Dis ! dis donc ! locution familière pour attirer l'attention de quelqu'un : « Les Espagnols avaient été frappés de cette façon de parler habituelle à nos troupes ; aussi avaient-il donné aux Français le sobriquet moqueur de *Los Didones*, lequel, un jour, n'embarrassera pas médiocrement les étymologistes.» (Génin, R. P.)

DISCOMPTE, n. m. — Escompte ; de même *discompter*.

DISEUX de riens, n. m. — Bavard, indiscret.

DISPUTER, v. act. — Gronder, quereller ; extension du français *disputer*.

Dériv. *disputeux, euse*.

DIU, n. m. — Dieu : « Que le bon *Diu* vous bénisse ! »
On écrivait *Diex, Dex, Dius*, au cas sujet, et *Deu, Diu*, au cas régime. Il suffira de citer cet exemple :

> Il soloient *Diu* quere, mais il sont restorné,
> Ne *Dius* n'en trouve nul, car ils sont destorné.
> RUT., de la *Vie dou Monde*.

DIZAINES, n. f. plur. — Contes ennuyeux, bavardage fatigant : « Avez-vous fini vos *dizaines*? »

DIZIAU, Dizain, n. m. — Tas composé de dix gerbes : « Mettre du blé, de l'avoine en *diziaux*.»

DOGUE, n. f. — Patience ; plante qui croit ordinairement dans les terres incultes, et dont les feuilles sont assez semblables à celles de l'oseille, ce qui fait qu'on l'appelle quelquefois *oseille sauvage* : « Bardane, *docques*, roseaux et autres herbes qui croissent es prez. » (*N. Fabrique.*) En anglais, *dock*.

DOGUIN, n. m. — Cochon court, trapu, à oreilles droites ; assez semblable au chien dont il tire son nom.

DOIR, v. act. — Devoir, dans le sens de avoir des dettes. Fut., *deverai* ; cond., *deverais*.

> Vous vos *deveriés* pener.....
> CHAST. DE COUCY, 7312

DOLETTES, Dolures, n. f. plur. — Menus éclats de bois qu'on retranche en dolant. On allume le feu avec des *dolettes*. Du latin *dolare*.

DOLIQUER, v. act. — Tailler de petits morceaux de bois avec un couteau ; faire des *dolettes* : « Cet enfant aime beaucoup mieux *doliquer* qu'aller à l'école.»

DONNEUX, adj. — Donneur : «N'être pas *donneux*, » être chiche,

DORÉE, n. f. — Tranche de pain sur laquelle on étend du beurre ou des confitures. De là ces locutions : « Veux-tu que je *dore* ton pain ? — Veux-tu du pain *doré* ? »

DORMARD, adj. — Dormeur, paresseux.

> Requis ne t'est destre un *dormard* ;
> Cy désire bien et avoir
> De la peine te fault avoir.
>
> *Anc. Poés.*, t. II, p. 51.

DORURES, n. f. plur. — Bijoux : « Aller à *dorures*, » aller à la ville acheter des bijoux pour le mariage.

DOUCHE, adj. — Féminin de *doux* ; d'où *doucheur*, douceur. (V. *adouchir.*) *A la douche*, doucement.

Une *douche-haleine*, une sainte-nitouche.

DOUET (Le), n. m. — Petit hameau, voisin de Grandcourt, ainsi nommé à cause d'un ruisseau qui y prend sa source. Dans le v. fr. *doi*, *dois* ou *douet* signifie une source, une fontaine.

> A la fontaine dont li *dois* sont bruiants.
>
> ALISCANS, v. 696.

> Ha ! covoitise desloiaus,
> Tu es rachine de toz maus,
> Tu es la *doiz* et la fontaine.
>
> CRESTIENS, *Bartsch.*, p. 124.

On trouve ce mot jusque dans La Fontaine :

> Au passage d'un pont ou sur le bord d'un *dois*.

Douet vient de *ductus*, selon Littré ; je préfère *dour*, *douez*, en breton, fossé plein d'eau.

Dans le Morbihan, il y a le ruisseau du *Doué* de Roche, la fontaine des *Douets*, le ruisseau du *Douet* sec, le *Dourdu*. L'*Adour*, la *Durance*, la *Dordogne*, la *Dore*, etc. ont la même étymologie.

DOUILLE, n. f. — Volée de coups. Peut-être de *douloir*, d'où le lorrain *deuil*, douloureux, sensible ; on dit d'une partie qui a reçu un coup : « Cela m'est *deuil*. »

DOULIANT, adj. — Celui qui ne sait pas souffrir, qui se plaint à la moindre *douleur* ; du latin *dolere*.

|| Douloureux, sensible. Comp. avec le fr. *dolent* et le vieux mot *douloir*.

DOUTANCE, n. f. — Doute, crainte. « J'avais la *doutance* que ce malheur arriverait. » Dans nos vieux auteurs, *doutance* est générale-ment synonyme de *crainte* ; ex. :

> Ennemis de Dieu vous serez :
> Et que pourront dire ses ennemis,
> Là où les saints trembleront de *doutance*
> Devant celui pour qui rien n'est secret ?
>
> QUESNES DE BÉTHUNE.

> De guerre n'avons plus *doubtance*.
>
> CH. D'ORL., ch. 112.

> Trois hommes de bien et d'honneur,
> Desirans de sauver leur ame
> Et *doubtans* Dieu Notre Seigneur.
>
> VILLON, G., t. CLXXI.

On voit par ce dernier exemple que *douter* signifiait aussi craindre, comme le latin *dubitare*, dans ce vers de Virgile :

> Et *dubitant* homines serere atque impendere curam.
>
> *Géorg.*, II, 433.

Redouter, redoutable rappellent la signification ancienne de douter.

DOUVERRET, n. m. — Pomme à cidre.

DRAGIE, n. f. — Mélange de vesce, d'avoine ou d'orge qu'on sème au printemps.

|| Dragée : « Ç'est un biau parrain, i n'a mie acheté d'*dragies* ! »

> Dont se présentèrent varlet
> Qui donnèrent vin et dragie.
>
> CHAST. DE COUOY, v. 2078.

DRAPÉ, Drapiau, n. m. — Lange. Ce sont les anciennes formes *drapel, drapiau*.

> Pour un enfant faut bers et *drapiaux*.
>
> EUST. DESCHAMPS.

> Ici venir, ici alers,
> Ici veillers, ici parlers,
> Font as amans sous lor *drapiaus*
> Durement amaigrir lor piaus.
>
> ROSE, v. 2555.

DRÉCHER, v. act. — Verser le bouillon du pot-au-feu dans la soupière : « Il est temps de *drécher* la soupe. »

|| Donner une verte correction : « Attends un peu, je te vais *drécher*, » dit-on à un enfant qui ne veut pas obéir.

DRÈS QUE, loc. conj. — Dès que : « Je vois beaucoup de personnes qui sont en cette prononciation : *Drès que* je serai en état, remarque Marg. Buffet (Observ. page 133). *Drès* se dit aussi dans le Berry. (V. Jaubert, Ier, p. 353.)

DRIÈRE, n. m. — Derrière. Au plur., *chemins détournés* : « Je suis arrivé par les *drières*. »

|| *En drière*, en cachette, à l'insu de « : Elle donne aux pauvres en *drière* de son mari. »

DRINCHE, n. f. — Dyssenterie.

DROGUER, v. n. — Attendre, perdre son temps à attendre.

DROIT (tout), loc. adv. — Tout à l'heure, justement : « Il vient *tout droit* d'arriver. — C'est *tout droit* ce qu'il fallait faire. »

|| *Au droit*, en face, vis-à-vis : « Il demeure *au droit* de nous. »

DROIT-NŒUD, n. m. — Nœud bien fait.

DROUILLE, n. f. — Sauce claire, où l'on peut « noyer ses guêtres, » comme disent nos paysans.

|| Dévoiement. Dériv. *Drouiller, Drouilleux, Drouillade.*

DUIRE, v. act. — Corriger, châtier : « Si cet enfant ne vous obéit pas, il faut le *duire*. » Du lat. *ducere.*

|| Elever, instruire, habituer, comme dans nos vieux auteurs : « En la manière que l'en *duist* et chastie un asne ou un autre beste de labeur. » (Oresme, *Eth.*, 326.)

« Ceux qui sont *duicts* à combattre nuds, on les veoid se jecter aux hazards... » (Montaigne, II, 12.)

> De là (grand heur à moy) mon père me retire,
> Me baille entre les mains de Dorat pour me *duire*.
>
> BAÏF.

Duit, dressé, en parlant des animaux : « Un cheval, un chien bien *duit*. » Le poëte Coquillart a employé *aduyre* dans le sens de *duire* :

> Se ung grant prince se veult *aduyre*...
>
> COQUILLART. *Le Blason.*

Ils sont à mal faire *aduits*,
J. DE MEUNG, dans DOCHEZ.

DUISIBLE, adj. — Qui peut être *duit* : « Dévotieux (Louis XI), mais grand oppresseur de peuple pour entretenir ses pensionnaires estrangers et pour acheter à quelque prix que ce peust estre tous ceux qu'il cognoissoit *duisibles* à ses desseins. » (Gilles Corrozet, *Antiquitez de Paris.*)

DUR, adv. — Comme *fort, clair, net*, etc. ; a le sens de *beaucoup, extrêmement*. « Travailler *dur*, manger *dur*, crier *dur*, etc. » On appelle *tape-dur*, un homme dur au travail, à la peine. — Croire *dur* une chose, y croire fortement, d'où le substantif *Croidur*, sobriquet que l'on donne à une personne crédule.

Dans nos vieux auteurs, *durement* avait le sens de notre mot *dur*.

> Moult *durement* s'an mervilloient,
> Totes les gens qui la veoient.
> DOLOPATHOS, p. 275.

> Souventes fois sa mere regretta,
> Gérart, son frère, que *durement* aima.
> HUON, v. 2643.

> De voir sachiés, quant les oï,
> Moult *durement* m'en esjoï.
> ROSE, v. 670.

« Li Escot sont dur et hardit *durement*. » (Froissart, Ier, 51.)

DURER, v. n. — Rester chez soi, rester à la même place : « Il faut que je me promène, je ne puis *durer* à la maison. » *Nequeo durare in œdibus.* (Plaute.)

‖ *Vivre* : « Je ne puis pas *durer* avec un pareil régime. »

> Vo douce alaine m'a si le cuer enblé.
> Je vous aim tant que je ne puis *durer*.
> HUON, v. 5851.

« Amen, fait-elle ; car nous ne pouvons *durer* avecques luy en nostre meson. » (*Les XV Joies.*)

Comparez avec le latin :

> Sub Jove *durabant*, et corpora nudâ gerebant.
> OVIDE, *Fastes.*, II, 299.

.... ˙. Nan quœrit ab omni
Quisquis adest, socio, cur hœc in tempora *duret*,
Quod facinus dignum tam longo admiserit ævo.

JUVÉNAL, sat. **X.**

En français, *durer* ne s'emploie pas d'une manière absolue.

DUSQU'À, prép. — Jusqu'à : « Viens me conduire *dusqu'à*
l'forêt. »

> Ses nes commanda a chargier,
> Puis appela de ses fouriers
> *Dusqu'à* quarante chevaliers.

FLOIRE et BLANC.

> vii lieues grans fist faire de muraige,
> Qui encor durent *desc'à* la mer salvaige.

HUON, v. 13.

> Et quant li corps est mis en cendre,
> Si covient à Dieu réson rendre
> De quanques fist *dusqu'à* la mort.

RUTEBŒUF.

> Tout le monde par parole oignent,
> Mès lor losenges les gens poignent
> Par derrière *dusques* as os.

LA ROSE, v. 1046.

Etym. latin *de* et *usque*.

E

E. — Dans notre patois l'*e* fermé des terminaisons se change toujours en *e* ouvert, et se prononce *ai* : *bontai, véritai, chantai, étai*, etc., bonté, vérité, chanté, été, etc. Les exemples de cette prononciation ouverte en *ai*, ou plus adoucie en *ei*, abondent dans les vieux auteurs de la langue d'oïl :

> Neies Robert li archevesques
> Otrei en fist, o les evesques,
> Sor qui esteit sa *poestei*,
> Qui en la chartre sunt *nummei*.
>
> GUILL. DE SAINT-PAIR, v. 2426.

> Vasseur qui estes à l'*ostei*,
> Et vos li bacheleir errant,
> N'aiez pas tant le siècle *amei*,
> Ne soiez pas si non-sachant
> Que vos perdeiz la grant *clartei*
> Des cielz qui est sonz *oscurtei*.
> On varra-hon vostre *bontei* :
> Prenez la croix, Diez vos atant.
>
> RUT., *La Ch. de Puille*.

La terminaison *ée* des participes et des noms féminins se prononce comme le simple *e* fermé. On dit *montai, arrivai, couvai, nichai, appelai*, etc., montée, arrivée, couvée, nichée, appelée. Il n'y a que quelques noms qui font exception, comme bouchée, poignée, aiguillée, amassée, brassée qui se prononcent *bouchie, pognie, aiguillie, amassie, brachie*. Cette diphthongue *ai* qui a chez nous un son très-ouvert, au temps de Palsgrave se prononçait le plus communément *ei*. C'est ce son qui a prévalu dans beaucoup de mots, et particulièrement dans les imparfaits des verbes, le langage normand substituant des formes grêles et tenues aux syllabes pleines et sonores des autres dialectes. (V. Fallot, *Rech.*, p. 25.)

É, pron. fém. de la 3ᵉ pers. plur. — Elles : «*É* disent qu'*é* ne viendront pas. » On prononce *elles* devant une voyelle ; quelquefois *ez* : « *Ez* aiment ce qui est bon.»

EBERD'LER, v. act. — V. *Eberdouiller*.

EBERDOUILLER, v. act. — Ecraser : «*Eberdouiller* un limaçon, » l'écraser sous le pied.

EBERNER, v. act. — Ebrener : « Les Français sont comme les enfants qui braillent quand on les *éberne*. » (Beaümarchais, dans Poitevin.)

EBERSILLER, v. act. — Mettre en pièces, en *bersilles*. (V. ce mot.)

EBLAIRER, v. act. — Epier, jeter des regards curieux sur les actions d'autrui : « *Circumspicere, cum oculis emissitiis* », comme dit Plaute ; se prend toujours en mauvaise part. Le *blaireau* est un animal défiant, qui *regarde tout autour de lui,* avant de s'aventurer hors de son terrier. Il n'est pas impossible que de *blaireau* on ait tiré *éblairer*.

EBLEUVIR, v. act. — Eblouir :

> Si a par le cambre esgardé
> Et vit une si grant clarté
> Que de luor tos s'*esblevi*.
> *Du Roi G. d'Angleterre.*

EBOQUER, v. act. — Dégrossir un morceau de bois; s'emploie au figuré : « Cet enfant commence à grandir, le voilà tout *éboqué.* » Fr. ébaucher. Génin et Littré dérivent ce mot de *es*, préfixe, et *bauche*, sorte de mortier à bâtir : tirer de la *bauche*, préparer, dégrossir. Ce mot *bauche, bauge,* dont l'origine est inconnue, selon Littré, signifie encore lieu de travail, atelier, et il en tire les verbes *débaucher* et *embaucher*. Il n'y a rien de clair dans ces suppositions ; c'est pourquoi nous rattacherons *éboquer* au v. fr. *Bosc*, qui nous a déjà donné *boquet, déboquer*.

EBOULÉE, n. f. — Amas de terre qui s'éboule.

EBOURSOUFFLER, (S'), v. réfl.— Perdre haleine : « S'*éboursouffler* à courir; » Il est arrivé tout *éboursoufflé*.

EBRANQUER, v. act. — Ebrancher ; d'où *ébrancage, ébranqueux*, celui qui fait son métier d'*ébranquer*, (v. *Branque*.)

EBRÉQUER, Eberquer, v. act. — Ebrécher.

EBREUILLER, v. act. — Faire sortir les entrailles, les *breuilles*.

EBRITER, v. act. — Ebruiter.

EBROUIR, v. act. Echauffer, enivrer : « Le gros cidre l'a un peu *ébroui*. — Il s'est en allé tout *ébroui*. » Comp. avec le latin *ebrius*. Peut-être aussi qu'*ébrouir* est une corruption d'*éblouir*, qui d'ailleurs s'emploie dans le même sens

ECAILLOUTER, Ecaluer, v. act. — Ramasser les *cailloux* dans une pièce de terre.

ECAPPER, v. act. — Echapper :

> Son bec uvri, si commença,
> Li furmaiges li *escapa*.
>   MARIE, Fab. 14

Dicton : « Heureux comme un cheval *écappé*.»

> Toi même qui fais tant le *cheval échappé*,
> Nous te verrons un jour songer au mariage.
>   CORNEILLE.

‖ *S'écapper*, dire ou faire des sottises, des maladresses ; s'emploie absolument : « Il est temps d'arrêter *vo fiu*, il s'*écappe*. »

ECARBOUILLER, v. act. — Etendre la braise ou les charbons de l'âtre pour avoir plus de chaleur. Dans Rabelais, le bonhomme Grandgousier *escharbotte* le feu avec un bâton brûlé d'un bout.

‖ *S'écarbouiller*, s'éclaircir : « Le temps s'*écarbouille* ; la pluie ne durera pas.»

Etym. *carbunculus*, charbon.

ECARDONNER, v. act. — Echardonner, arracher les *cardons*. (V. ce mot.)

ECARDONNETTE, n. f. — Chardonneret.

ECARDONNETTES, n. f. plur. — Longues tenailles en bois avec lesquelles on arrache les chardons.

ECARNER, v. act. — « Briser, détacher les carnes, les angles extérieurs d'un objet. » (Littré.) Ce mot n'est pas dans le Dictionnaire de l'Académie. On dit en patois : « *Ecarner* une plume, un ongle. — Donnez-moi une autre plume, celle que j'ai est *écarnée*. »

ECARPILLER, v. act. — Trier, démêler. Du latin *ex*, et *carpere*. On a déjà vu *décarpiller* qui a une signification semblable.

ECARTILLER, v. act. — Ecarquiller : « Ce disant, mettoit la main à la poignée, *écartillant* les jambes et tournant l'œil de costé. » (Ménippée, p. 347.) Littré rapproche ce mot de *écarteler*.

ECAUDER, v. act. — Echauder ; d'où *écaudures*, eaux avec lesquelles on a lavé la vaisselle. Du bas-latin *excaldare*.

ECAUFFER, v. act. — Echauffer.
Loc. prov. : « Ne m'*écauffe* pas les oreilles, » c.-à-d. prends garde de m'irriter, de me faire perdre patience.

ECHAIM, n. m. — Essaim ; d'où *échaimer*, *échamer*, essaimer ; du latin *examen*, *examinare*.

|| *Echamer*, chasser, éparpiller comme un essaim : « *Echamez* les poules du jardin. »
Du Méril donne *échaumer*, chasser, mettre quelqu'un pour ainsi dire hors de son *chaume*.

ECHERTER, v. act. — Couper les ronces, les branches inutiles d'une haie ; du bas-latin *exartare*, essarter, sarcler. De là *les essarts* (champs défrichés), nom d'un hameau dans notre vallée.
Sarter, *sarteur*, *essart* se trouvent souvent dans nos vieux auteurs :

N'avoit de terre fors ce que *sarta*.
GAYDON, v. 2378.

N'a entour la forest remès home vivant......
Sarteur ne charbonnier, ne vilain ahanant.
BERTE, 2535.

Berte s'en va fuiant par delez un *essart*.
BERTE, 639.

Toute la gent de la paroisse
I coururent de toutes pars,
Et par buissons et par *essars*.
Dit de CONSTANT DUHAMEL.

Il serait difficile d'admettre, ainsi que le propose Du Méril, *exardere* comme étym. Cependant *essart* signifie quelquefois cendre :

> Si fait (le Phénix) un feu grant et plenier
> D'espices, et s'i boute et s'art,
> Ainsinc fait de son cors *essart*.
>
> ROSE, 16917.

Exardere aurait plutôt donné *essarder* que je trouve dans R. de Collerye :

> De vostre amour je me sens retardé,
> Car d'ung ennuy altérant *essardé*
> En est mon cœur et tout désolatif.

ECHORTER, v. n. — Avorter ; ne se dit que des animaux. Ce mot ne viendrait-il pas du v. fr. *escors, escort*, ventre, giron ?

ECHOUIR, v. act. — Assourdir, étourdir : « Cette femme vous *échouit* avec son bavardage. B.-norm. *assouir*.

ECLAQUER (S'), v. réfl. — Eclater ; ne s'emploie que dans cette locution : « S'*éclaquer* de rire.»

ECLAVIAU, n. m. — Pieu qui traverse les *croches* à parc, et qu'on enfonce dans la terre pour les maintenir. Du latin *clavus*, clou.

ECLICHER, v. act. — Eclabousser. *Ecliche*, en v. fr., signifie éclat, tronçon ; *esclicer*, voler en éclats.

> Lor lances par *escliches* volent.
>
> CRIST. et CLARIE.

> Si fort s'apuie sor le ferré bordon
> Que les *esclices* en volent contremont.
>
> GAYDON, v. 9928.

> Une tempeste commence et uns orés,
> Qui dont veist et plovoir et venter,
> Arbres froisier et moult fort *esclicer*.
>
> HUON, v. 3270.

ECLICHIE, n. f. — Eclaboussure.

ECLICHOIRE, n. f. — Seringue de sureau qui sert d'amusette aux enfants.

ECOLÉ, part. pas. — Instruit ; s'emploie le plus souvent par ironie : « Voilà des enfants bien *écolés*. »

Le v. fr. avait le verbe *escoler*, enseigner, instruire :

> La pucelle fut bien apprise,
> Le Saint-Esprit l'a *escolée.*
>> Gaut. de Coinsi.

> Du sens d'astronomie estoit bien *escolée,*
> Et de philozophie estoit sage éprouvée.
>> *Chron. de Duguesclin.*

« Icelui Jehan prit et *escola* Jehan de la Mote. » (*Lettres de Rémission*, 1331.)

ECORER, v. act. — Soûtenir, étayer : « Ecorer un mur, une maison. » *Ecore* ou mieux *accore* est un terme de marine qui désigne une grosse pièce de bois dont on se sert pour étayer les navires en construction ou en réparation.

|| *S'écorer*, s'appuyer solidement de manière à employer toutes ses forces pour faire une chose.

ECOUPLER, v. act. — Ecimer, couper le *couplet* d'un arbre. (V. *Couplet.*) Il ne faut pas confondre ce mot avec *escoupler*, vieux terme forestier, qui veut dire *réduire en coipeaux* : « Ilz peuvent *escoupeller* un arbre quand il est vert et sec sans atoucher au vert. » (*Coutumier des forêts*, Roumare, cité par L. Delisle, p. 362.)

ECRAMER, v. act. — Ecrêmer; dériv. *écramure;* ce qu'il y a de crême dans une jatte de lait.

ECRAMPIONNER, v. act. — Ecroupionner; n'est généralement usité qu'au participe *écrampionné*, qui a le croupion cassé, courbé, éreinté.

> Et ma plume d'oye ou de jars
> Est ja plus *escroupionnée*
> Qu'une vieille..........
>> Marot, Ep. xxiv. Du *Coq à l'Ane.*

« Un autre nous conta qu'uue bonne commère de sa rüe, tirant un peu sur l'aage, estant tombée, s'estoit *escroupionnée.* » (G. Bouchet, 3me sérée.)

L'*Ecrampionné*, sobriquet assez fréquent : Comme les enfants, les paysans sont sans pitié.

ECRÉVICHE, **Ékerviche**, n. f. — Ecrévisse.

ED, prép. — De ; ex. : « *Ed* quoi te plains-tu ? » Il serait difficile de préciser dans quels mots, dans quelles locutions particulières a lieu cette interversion, car on prononce ordinairement *de* comme en français. Cependant on dit toujours *edmander, edpis, edsous, edsus, eddans,* au lieu de demander, depuis, dessous, dessus, dedans. *Ed* pour *de* est particulier au dialecte picard :

> Février le court, ch'est le pire *ed'* tous.
>
> *Prov. Picard.*

EDUQUER, v. act. — Elever, du lat. *educare* ; mot excellent qui n'a pu faire son chemin. Quelques écrivains, entre autres G. Sand et Sainte-Beuve ont essayé d'introduire dans notre langue l'adjectif *éducable*.

EFANT, n. m. — Enfant ; prov. *efan*. La nasale *n* est supprimée. On trouve, dit Littré, plusieurs traces de cette suppression dans nos anciens textes ; ex. : *Esticele* pour *estincelle*.

> Il vous a cuit de l'*esticelle*
> Dont tout li crestien sont cuit.
>
> LITTRÉ, *Etudes*, p. 341.

EFFOUQUER, v. act. — Effaroucher, disperser ; d'où l'adj. *effouqueux* : « Il est entré dans la maison comme un *effouqueux de cats*, » c'est-à-dire brusquement, de façon à faire peur aux chats.

Ces poulets sont tout *effouqués*, dispersés par la frayeur. V. fr. *foulc* et *fouc* , troupeau ; de l'isl. *flock*, même sens, ou de l'allemand moderne *folk*, gens, grand nombre.

« Cume ço oïd David el desert que Nabal fist tundre son *fulc*. » (*Les Rois*, liv. I, ch. 35.)

> Paien sunt morz a millers et a *fulz*.
>
> CH. DE ROLAND, ch. 3.

Au XVème siècle, ce mot est encore employé : « Se en aucune cense ou metoirie a *foucq* de brebis.... » *(Ev. des Quenouilles,* p. 129.)

« *Fouc* de bestes, se dit d'une certaine quantité de bêtes qui exige les soins d'un garde ou d'un berger. » (La Curne, au mot *Beste*.)

Dans la vieille langue, on trouve *deffouquier* et *adesfouquier* avec la même acception que notre mot *effouquer* : « Les quelles bestes s'étoient *deffouquiées* ou séparées des autres et demourées aux champs comme espaves. » (Du Cange, au mot *defuga*.)

9

> Laissiez-nous assaillir et François commencier
> Et tenons nos conrois sans nous *adesfouquier*.
>
> Chron. de Dug., v. 5875.

A *foulc* se rattache évidemment le provençal *afolcar*, attrouper.

EFFRITER, v. act. — Effrayer : « Le passant qui n'estoit facile à *effriter* mit à l'instant la main à l'espée. » (*N. Fabrique.*)

|| Etre effrayant : « Cet homme est si laid qu'il *effrite*. » Anglais *to fright*.

EFFRONTER, v. act. — Affronter.

|| Intimider une personne pour lui faire avouer la vérité.

|| *Effronté comme un leu*, se dit d'un homme sans vergogne. Comp. avec le κυνὸς ὄμματ' ἔχων d'Homère, et les « pâles fronts de chien » de d'Aubigné.

EFFROUER, v. act. — Emietter ; du latin *effricare*, comme *froisser*, anciennement *froer*, *froier*, *frouer* vient de *fricare*.

> Li mes a une lettre au roi el poing plantée,
> Et Karles la fet lire, quant la cire ot *froée*,
>
> AYE D'AVIGNON, v. 797.

> Lor lanches jusques es poins *froerent*.
>
> CHAST. DE COUCY, v. 1100.

EGALIR, v. act. — Aplanir un terrain, le rendre uni.

EGARGATER (S'), v. réfl. — Ouvrir les jambes pour mieux se chauffer : « S'*égargater* au coin du feu. »

EGASILLER (S'), v. réfl. — Ecarter les jambes. Marcher à l'*égasillette*, en écartant les jambes.

EGRAFIGNER, v. act. — Egratigner : « Excepté Eusthenes, lequel un des géants avoit *égrafigné* quelque peu au visage. » (Rab., II, 30.)

Le même dans un autre passage emploie *grafigner*, mot que je rencontre aussi dans d'Aubigné : « Monsieur le Roy, il n'y a plus moyen que je vous puisse *grafigner*....» (Fœneste, 143.)

Pour l'étym., Littré renvoie au mot *graffe* que l'on chercherait inutilement dans son Dictionnaire. C'est un vieux mot qui signifie *griffe*, *stylet* pour écrire.

Un *grafe* a trait de son *grafier*.
FL. et BL., v. 787.

EGRATINER, v. act. — Même signification que le précédent ; le *g* se supprime comme dans *maline* pour *maligne* : « Soif *maline*. » (Basselin.) — « Ongle *maline*. » (Lafontaine.)

A ses ongles s'estoit un peu *esgratinée*.
BERTE.

EGROUER, v. act. — Egrener. Du Méril donne *grouer* avec le même sens.

EGROUURES, n. f. plur. — Epis et grains qui tombent à terre lorsqu'on décharge un chariot de blé ou d'avoine. Les petits cultivateurs ramassent les *égrouures* ; les gros fermiers les laissent à leurs volailles.

EHOQUER, v. act. – Limer les dents d'un chien de berger, afin qu'il ne puisse pas mordre les moutons et *gabiller* les gigots, comme disent les paysans. Etym. *hoque* (croc), et *e* privatif, comme *ébarber*, etc.

EHOUPER, v. act. — Battre le bout des épis d'une gerbe, sans la délier.

|| Enlever la *fleurette* dès quelle est formée sur le lait. En fr. *éhouper* signifie couper la cime d'un arbre. Afin de compliquer l'orthographe, l'Académie écrit *houppe* avec deux *p*, *éhouper* avec un seul. Les exemples cependant ne manquaient pas pour écrire ces mots de la même manière :

Tandis la vierge au milieu du troupeau
Tenant en main de roses un *houpeau*....
BAÏF.

Arbres montans en *houpe*.
Cité par LITTRÉ.

EJ, pron. pers. — Je, par interversion, comme *ed* pour *de* ; *el* pour *le* ; *er* pour *re*.

EKELLE, n. f. — Echelle ; prononciation picarde qui rappelle bien le latin *scala*.

EKEUMETTE, n. f. — Ecumoire : « Visage d'*ékeumette*, » appellation injurieuse.

ELINGUÉ, adj. — Haut et mince : « Des peupliers *élingués* jus-qu'au ciel.

ELINGUER, v. act. — Lancer, ordinairement avec une fronde. V. fr. *elingue*, fronde, employé jusqu'au XVIeme siècle. Angl. *sling* ; isl. *slengia*. D'où l'ancien mot *eslingur*, archer, frondeur.

« E li *eslingur* avirunerent la maistre cited e grant partie en de-truisirent. » (*Les Rois*, IV, ch. 5.)

ELLE, art. f. — La, au commencement d'une phrase et devant une consonne : « *Elle* femme à Pierre est malade. »

ELOI (Saint). — « Froid comme le marteau de *saint Eloi*, » loc. prov. pour qualifier un homme calme, que rien n'émeut.

EM, pron. poss. — Ma, au commencement d'une phrase et devant une consonne : *Em* femme viendra avec moi. »

Emn', pour les poss. *ma* et *mon* devant une voyelle ou un *h* muet : « *Emn'* homme n'est pas de cet avis.»

EMAGLER, v. act. — Ecraser, en parlant d'un fruit : « Ces poires sont *émaglées*. » Dans le v. fr., *magle* est une espèce de houe qui ser-vait à briser les mottes de terre ; d'où *emagler*.

Ge di que l'en devroit de maçue ou de *maigle*
Tuer femme qui vent à deniers son charnail.
Le Dit Chastie-Musart, v. 121.

EMBARBOUILLER, v. act. — Salir : « Ne *embarboyllez* vostre neuve robe, je vous prie. » (Palsgrave.)

|| Inquiéter, cette affaire m'*embarbouille*.

|| Perdre le fil de son discours, s'embarrasser dans une explica-tion.

|| Se couvrir, le temps s'*embarbouille*.

|| Avoir le cœur *embarbouillé*, être indisposé.

EMBERLIFICOTER, v. act. — Embarrasser : « Etre bien *émber-lificoté*, » être mal habillé.

|| Tromper, séduire par des paroles, des promesses. Mot de fan-taisie et d'origine inconnue, dit Scheler.

EMBERLUQUER, v. act. — Causer de l'embarras, de l'inquiétude : « Il vient d'avoir un procès qui l'*emberluque*.»

|| N'être pas *emberluqué* dans ses affaires, y voir clair, être à son aise. Il est évident que *berlue* entre dans la composition de ce mot.

On trouve dans nos vieux auteurs *embrelicoquer*, *emberelucoquer* : « Et lorsque la fumée du vin commençoit *emberelucoquer* les parties du cerveau, quelque bonne galloise menoit la danse. » (Noël du Fail.)

Chateaubriand s'est servi de s'*emberloquer* : « Elle regardoit avec ébahissement ce nigaud, dont elle regrettait de s'être *emberlôquée*. » (Cité par Poitevin.)

EMBERNIQUER, v. act. — Salir. On dit aussi *embernaquer*.

|| Encombrer : « Sa chambre est *emberniquée* d'outils de toute sorte. »

|| S'*emberniqner*, devenir mauvais, se couvrir, en parlant du temps.

|| N'être pas *embernique*, n'être pas gêné, savoir tirer son épingle du jeu.

Etym. *bren*.

EMBLAI, n. m.— « Faire de l'*emblai* ou des *emblais*, » faire beaucoup d'embarras.

EMBLAYER, v. act. — Encombrer, remplir : « Il *emblaie* sa maison de vieilles friperies. — La place est *emblayée* de voitures.»

|| Gêner, empêcher le passage : « Retire-toi de là, tu nons *emblaies*.

« Li chevaliers i alla et trouva .ii. femmes ki aukes estoient *en blavées* (occupées) d'atirer la fame ki iert acoucie.» (N. Franc., XIIIeme siècle.)

Emblaer, *emblayer* a signifié au propre mettre en blé, ensemencer, au fig. embarrasser, parce que la récolte sur pied encombre le champ. En fr. mod. *emblaver*, ensemencer. De son corrélatif *déblaver* (ôter la récolte) est venu *déblayer*.

EMBLOUSER, v. act. — Tromper. S'emblouser : « Je me suis joliment *emblousé* quand j'ai acheté cette maison. » Locution tirée du jeu de billard.

EMBOUCHÉ (Mal), adj. — Se dit de celui qui n'ouvre la *bouche* que pour tenir des propos grossiers.

EMBRACHER, v. act. — Embrasser.

EMBRANQUER, v. act. — Entreprendre plusieurs choses à la fois. On appelle *embranqueux* un homme qui veut faire plusieurs métiers, plusieurs commerces.

EMBRÊLER, v. act. — Habiller. Loc. : « Etre comme un cochon *embrêlé,* » être mal habillé. Etym. *braies.*

EMBRÉLURE, n. f. — Pièce de fer qui empêche l'essieu d'un chariot de sortir de l'entaille où il est encaissé.

EMBRICOLER, v. act.— Mettre une bricole : « Il faut *embricoler* cette vache.

‖ Circonvenir, surprendre par des paroles captieuses.

EMÉCHER, Émoucher, Émouquer, Mouquer, v. act. — Couper ou accourcir la mèche d'une chandelle : « Pour comprendre pourquoi l'on *mouche* une lampe, il faut savoir que le même mot signifie en grec *mèche* et *narine.* » (Du Méril.)

Μυκτῆρσι λαμπρὰς ἡλίου τιμὰς ἔχεις. (Aristophane, *Assemblée des Femmes,* v. 5.)

Ce serait donc du grec que nous serait venue cette singulière alliance de mots.

Etre éméché, au figuré, être légèrement gris, avoir un coup de soleil.

EMMIAULER, v act. — Enjôler : « Dérivé de *emmieller,* paroles *emmiellées,* ou de la voix doucereuse du chat lorsqu'il sollicite sa femelle. » (Jaubert.)

EMOUQUER, v. act. — Chasser les mouches : « On *émouque* un cheval lorsqu'on est en train de le ferrer. »

‖ Exciter, irriter, comme des mouches que l'on fait bourdonner quand on s'en approche.

EMOUQUET, n. m. — Emouchet. Au fig., celui qui surveille les ouvriers, le maître de la maison : « Attention ! v'là l'*émouquet.* »

EMPARENTÉ, adj. — Apparenté.

> Trois chevaliers qui erent frere,
> Qui erent de père et de mère,
> Moult hautement *emparenté.*
> > Bartsch., *Chrestomathie.*

Elle est fille à .I. roi, bien est *enparentée*.

GUY DE NANTEUIL, v. 454.

EMPAROLÉ, adj. — Qui a la parole facile, un langage séduisant. Ce mot se prend presque toujours en mauvaise part ; ex.: « Cette femme est trop bien *emparolée* pour être honnête.» La vieille langue avait *emparlé* :

Mors fait les plus *emparlés* taire.

St. *sur la Mort*, 27.

Li uns respont, qui bien fu *emparlez*.

GAYDON, v. 3355.

« Dix vos benie ! fait li uns qui plus fu *emparlés* des autres. » (Auc. et Nicol, 269.)

« Lors les gallans qui la voient si bien abillée et bien *emparlée*, se avancent chacun endroit soy, l'un plus que l'autre. (*XV Joies*.)

On lit dans Amyot *femme bien emparlée*, expression gracieuse et pittoresque qui se trouve aussi dans le Roman de la Rose :

Lors est à Bel-Accueil allée
Franchise la bien *emparlée*
Et li a dit courtoisement.

V. 3338.

EMPÊQUÉ, part. passé. — Embarrassé, gêné : « Je n'ai plus de domestique, me voilà bien *empêqué*. » Du latin *impedicare*.

« On dérive ordinairement, dit Burguy, *empêcher* de *impedicare* ; mais il n'existe pas de forme *empequer*, *empeker*, *empesker*, ce qui prouve contre cette étymologie.» Cette forme, comme on le voit, existe dans notre patois.

EMPONGNER, v. act. — Empoigner.

... . Lors j'*enpongne* ung esclat,
Dessus le nez luy en fais un escript.

VILLON, *G. T.*, p. 162.

EN. — Généralement, cette syllabe au commencement ou dans le corps des mots se prononce *in*. On dit *invie, incourager, dépinser, invinter, édinté, imberniquer*, etc. Nous n'avons pas voulu grossir inutilement ce Glossaire de mots français ainsi orthographiés. Il suffit que le lecteur soit averti.

On prononce de même le pronom *en* à la suite ou devant un verbe : « Allons-nous *in*. — Il est temps de nous *in* aller. »

EN, préfixe explétif. — (V. *engeler.*)

ENCARAUDER, v. act. — Ensorceler. Etre *encaraudé*, avoir le diable au corps, aimer follement : « Min fiu est *encaraudé* de c'te fille-là. » V. fr. *encharrauder* formé de *charaux*, enchantements : « Et pour plus montrer évidamment qui fust attenu des dessus diz sortillièges, *charaux* et maléfices....» (*Chron. Normande*, p. 391.) En Bretagne, *sorcier* se dit *caras.*

ENCARVALER (S'), v. réfl. — Se mettre à califourchon sur...., monter à cheval. De *en*, représentant le latin *in*, et *caballus*, cheval. *Encarvaler* est mis pour *encavaler*; pour l'intercalation de la lettre *r*, Voir le mot *harler.*

ENCHAUMER, v. act. — Imprégner de *chaux* le blé avant de semer.

ENCHEPER, v. act. — Prendre par le pied : « Cette ronce m'a *enchepé.* » Au fig., arrêter, embarrasser. Du vieux mot *cep*, lien, chaîne : « Mais il n'alla guères loing, car l'instrument qu'il vouloit accorder au bedon de la gouge estoit si bien du las *encepé* qu'il n'avoit garde de deslonger. » (C. N. N., 67ᵉᵐᵉ.) Anciennement *enceper*, *encheper* voulait dire exactement mettre des ceps, des entraves, et *ceper* ou *cepier* signifiait celui qui a la garde d'un *cep*, d'une geôle. (V. Du Cange, au mot *cippus*.)

‖ N'être pas *encepé*, être à son aise, réussir dans ses affaires.

ENCHIFFERNÉ, part. passé.— Locution particulière : « N'être pas *enchifferné*, » avoir l'esprit vif et la répartie prompte. C'est le mot fr. *enchiffrener* avec une acception métaphorique.

ENCLEUME, n. f. — Enclume.

ENCORNURE, n. f. — Cornes des vaches, des bœufs. Mot excellent qu'a employé G. Sand. (V. les *Maîtres Sonneurs*, 149.)

ENCORSER, v. act. — Manger, boire quelque chose avec répugnance ; *encorser* une médecine. Au fig. *supporter* : « Il a bien fallu *encorser* ses reproches. » Etym. *en*, et *corps* (*cors* dans le v. fr.)

ENCRANQUI, adj. — Qui a des *cranques*. (V. ce mot.)

ENCRAPER, v. act. — Salir, rendre crasseux. (V. *décrapper.*)

ENCRONQUER, v. act. — Monter sur : « Il s'est *encronqué* sur son cheval, et est parti au galop.»

S'emploie dans un sens obscène comme le vieux mot *encrocquer* :

Chascun quiert s'amye *encrocquer*.

> AND. DE LA VIGNE, le *Vergier d'honneur*.

ENDÉFIER, v. act. — Défier. De *en*, préfixe, et *défier*. Pour la composition de ce mot, v. *engelé*.

ENDIZELER,, v. act. — Mettre en *diziaux*.

ENFENOUILLER, v. act. — Envelopper comme dans du foin. Du latin *in* et *fœnum*.

ENFÉRONNER, v. act. — Passer un fil de fer (*féron*) dans le nez des porcs pour les empêcher de fouiller la terre avec leur groin. Anciennement, *ferron* voulait dire un marchand de fer; la rue de la *Ferronnerie* est historique : « On appelait *ferronnière* une chaîne d'or portant au milieu un joyau que les femmes se plaçaient sur le front.» (Littré.)

ENFIQUER, v. act. — Enfoncer un pieu dans la terre ; du lat. *in* et *figere*.

Enfiques, n. f. plur.; branches propres à faire une clôture.

ENGAMBER, Agamber, v. act. — Enjamber ; Dériv. *engambée* : « Marcher à grandes *engambées*. » Le *g* s'est conservé dans *gambade*, *ingambe*. (V. *gambe*.)

« Je *agamberay* oultre ce ruisseau, je te gaige un gros.» (Palsgrave.)

Lorsqu'un enfant passe sa jambe par dessus la tête d'un autre, il a coutume de lui dire : « Tu ne grandiras plus. » Nos petits paysans disent et font la chose en riant. Jadis, au moins pour les bonnes commères, ce fut peut-être un article de foi : « S'il avient que aucun ou aucune *engambe* par dessus un petit enfant, sachiez que jamais plus ne croistera, si cellui ou celles mesmes ne *rengambe* au contraire et retourne par dessus. (*Ev. des Quenouilles*.)

ENGANCER, v. act. — Mettre, revêtir : « Mon habit est si étroit que je ne puis l'*engancer*.» Du fr. *gant*.

ENGAVÉ, part. passé. — Se dit d'une volaille qui ne peut digérer la nourriture qu'elle a prise : « Un pigeon *engavé*. » Littré donne le verbe *engaver* qui n'est pas usité chez nous.

ENGE. — Race, espèce. Les paysans font ce mot tantôt masculin, tantôt féminin, et dans certaines localités, on prononce *enge*, dans d'autres *inge* : « Des poules, des pigeons de grande *enge*. » .

Belinge, appellation injurieuse : « Voyez donc ce *belinge* qui se moque des autres ? »

Nous avons conservé les dérivés *engeance* et *enger*, dont l'étym. est incertaine. Auger dérive ce verbe de *angere*, Génin de *augere*, Diez de *enecare*, d'autres (D. de Trévoux) de *ingignere*.

Je ne sais qui a proposé le grec γενὲα, génération. Il nous semble qu'il faut rattacher *enger* au v. fr. *engeindre*, parfait j'*engenui*, qui vient de *ingignere*.

ENGELER, v. act. — N'est usité qu'au participe *engelé* qui a le même sens que *gelé*. Le patois a gardé de notre vieille langue l'usage d'accoler aux verbes des préfixes qui n'ont qu'un sens explétif ou surabondant.

> Mès à la dame mésavint,
> Que sire Ernous ses mariz vint
> Toz moilliez et toz *engelez*.
> > RUT., t. II, p. 109.
> Et de froit en ce bois sui ennuit *engelée*.
> > BERTE, v. 1184.

Jusqu'à la fin du XVIeme siècle, on écrivait *ensuivre, envieillir, encommencer, engarder, engraver, engraveur*, etc. : « Il (Dieu) a *engravé* en chacune de ses œuvres certains signes de sa majesté » (Calvin.)

« ..... Première figure ou forme qui leur a esté donnée par le peintre ou *engraveur*. » (Tahureau, Dial. 96.)

ENJETONNER, v. act. — « *Enjetonner* un taureau, » lui attacher la queue avec les cornes, .de façon qu'étant forcé d'aller de travers, il ne puisse ni courir ni *heurter*.

ENGIGNER (S'), v. réfl. — (V. le mot qui suit.)

ENGIGNON, Ingignon, n. m. — Esprit, de *ingenium* : « Tu n'as point d'*engignon*, » dit-on à celui qui ne sait pas se tirer d'affaire dans des circonstances difficiles. Comp. avec le vieux mot *engig* :

> Les pierres gietent grant clartez,
> Quar a compas furent assises,
> Et par *engig* i furent mises.
> > FLOIRE et BLANC, 2° réd., v. 704.

D'où *s'engigner, s'engeigner à,* employer tout son esprit tout son talent à faire une chose.

Anciennement *engeigner* (mot qui semblait à La Fontaine d'une énergie extrême), avait le sens de tromper, de prendre, pour ainsi dire, dans un *engin.*

> Qui menestreil vuet *engigner*
> Mout en porroit mieulz bargigner ;
> Car mout souventes fois avient
> Que cil pour *engignié* se tient
> Qui ménestreil *engignier* cuide.
> RUT., *De Charlot le Juif.*

Engingneus, trompeur, perfide. Ex. :

> .... Li Leus
> Qi mult est fel et *engingneus.*
> MARIE, fab. 82.

ENGUERBER, v. act. — Engerber.

ENGUILLEBAUDER, v. act. — Tromper, surprendre par de belles paroles : « Il m'a si bien *enguillebaudé* que je lui ai donné de la marchandise à crédit.» En v. fr. *guile, guille* signifie supercherie ; *guiller,* tromper, et *guilleor,* fourbe.

> Chacun se seigne et esmerveille
> Quant il raconte la merveille
> Que li mostra fors de la ville
> Li *guillierres* por sa grant *guile.*
> GAUTHIER DE COINSY, *comment Théophilus*
> *vint à pénitance,* v. 1417.

ENHAITER, v. act. — Exciter, animer : « *Enhaite* tes chevaux pour monter la côte.» V. fr. *enhastir, enhaster, enhéter.*

> Bel cher compainz, pur Deu qui vos *enhaitet.*
> CH. DE ROL., ch. III

> Nous nous poons mult merveillier
> Que béguins volez devenir ;
> Ne vous en poez plus tenir !
> C'est folie qui vous *enhéte.*
> RUT., *Vie de sainte Elysabel.*

De *hait,* joie, plaisir ; d'où *déhaiter,* affliger, abattre, et *rehaiter,* ranimer. Nous avons conservé *souhait, souhaiter.*

ENLICOTER, v. act. — Mettre un licou.

ENQUIQUINER, v. act. — Importuner, ennuyer ; probablemen du vieux français *quine*, grimace, d'où *quiner*, faire mauvaise mine. La Fontaine a créé le verbe *enquinauder* que n'admet point l'Académie. Mot formé avec redoublement comme ces termes enfantins : *Bébête*, *fifils, mémère, pépère*, etc.

ENRAQUER (S'), v. réfl. — S'enfoncer dans la boue : « Demeurer *enraqué*. » (V. *Raque*.)

ENREUILLÉ (Être, Rester). — Se dit d'un chariot dont les roues sont enfoncées dans une ornière. (V. *Reue, reuillère*.)

ENRHEUMER, v. act. — Enrhumer.

ENRETOURNER, v. n. — S'en aller, repartir : « Voilà le soir, il est temps de nous *enretourner*. » Le préfixe *en* n'ajoute rien au sens. (V. *Engeler*.)

ENRONCHER (S'), v. réfl. — Tomber, être pris dans une touffe de ronces. *Ronce* se dit *ronche*, d'où *enroncher*.

ENROYER, v. act. — Tracer un premier sillon dans un champ qu'on veut labourer. (V. *Roie*.)

ENSAQUER, Ensaqueter, v. act. — Mettre dans un sac. D'une personne mal habillée on dit ironiquement qu'elle est bien *ensaquetée*. Etym. *sac*.

ENTERTENIR, v. act. — Entretenir. Nous avons déjà eu l'occasion de faire remarquer que de toutes les consonnes, l'*r* était la plus mobile. Les consonnes initiales, surtout *t* et *f* aiment à l'attirer à elles, et cette attraction peut aussi être exercée par une consonne médiale. Ce phénomène, habituel dans les patois est commun à la plupart des langues anciennes et modernes. Comme exemples dans le français, Diez cite *Fréjus* (forum Jul.), *fromage* (pour formage), *tremper, treuil, troubler* (turbulare), et dans la vieille langue, *estreper* (extirpare), *fremer, hebregier*. Il nous serait facile d'allonger cette liste. (V. *Apprindre, berbis*.)

ENTIQUER, v. act. — Enfoncer : « *Entiquer* un pieu dans la terre. » Au fig. : « Cet enfant n'apprend rien à l'école, le maître ne lui peut rien *entiquer* dans la tête. »

ENTORTILLER, v. act. — Indisposer, faire mal au cœur : « Cette liqueur m'a *entortillé*. »

ENTRAITER, v. act. — Atteler à une voiture ou mettre à la charrue pour la première fois un jeune poulain. Etym. *en*, et *trait*. Mot excellent, nécessaire à la langue française.

ENVOYER, v. act. — Fut. et cond., j'*envoierai*, *envoierais*, formes bourguignonnes qu'on rencontre dans beaucoup de nos vieux auteurs, et jusque dans Corneille, Molière, La Fontaine.

> Et Tybert leur cousin avec *envoierai*.
>> BERTE.

> *Envoierez*-vous encor, Monsieur aux blonds cheveux,
> Avec des boites d'or des billets amoureux ?
>> MOL., *Ecole des Maris*, II, 9.

Subj., que je *renvoiche*, que tu *renvoiches*, qu'il *renvoiche* ; le plur. est régulier.

ENVRIMER, v. act. — Envenimer.

EPAILLER, v. act. — Faire sortir du lit, du *paillot* : « Ne vous couchez pas trop tard, car je vous *épaillerai* de bonne heure. » Au fig., *chasser* : « Si j'étais maître, j'*épaillerais* tous ces paresseux-là. » Etym. *e*, préfixe, et *paille*.

EPAINE, n. f. — Epine : « *Epaine blanke*, aubépine ; *épaine* noire, prunellier.» Le nom de famille *Delépine* se prononce toujours *Delépaine*. (V. *Babaine*.)

EPANIR, v. act. — Epanouir.

> ....La rose *espanisoit*.
>> REN., 9664.

> Je vous envoye un bouquet que ma main
> Vient de trier de ces fleurs *épanies*.
>> ROUSARD.

EPARGNER, v. n. — Manquer à faire une chose ; plus souvent s'*épargner* : « Je ne m'*épargnerai* pas de lui dire ses vérités, » je ne serai pas avare de, etc. C'est un des sens du latin *parcere*.

EPARTILLER, v. act. — Eparpiller : « Le vent a *épartillé* les javelles. — Il faut *épartiller* le fumier. » Corruption du vieux mot *épartir*, très-poétique dans ce passage de Théophile :

> Lorsque l'aube, en suivant la nuit qu'elle a chassée,
>   *Espart* ses tresses d'or,
> Le premier mouvement qui vient à ma pensée,
>   C'est l'amour d'Alidor.
>
> T. Ier, p. 199.

EPAULÉE, n. f. — Charge de bois qu'on porte sur l'*épaule* : « Il est revenu du bois avec une bonne *épaulée*. »

EPERCINGLER, v. act. — Frapper dans l'eau pour la faire rejaillir sur quelqu'un : amusement cher aux enfants.

EPEUTER, v. act. — Faire peur ; quelquefois *épeurer*. S'emploie surtout dans cette locution : « N'être pas *épeuté*, » être hardi, effronté.

> Du faict il se repent, désirant *espeuté*,
> Qu'avecq'le reste il fust au chariot monté.
>
> GAUCHET.

EPITAPHE, n. m. — Comme au XVIème siècle, et jusqu'au temps de Corneille : « On commence à débiter icy des *épitaphes* (libelles, placards) contre Mazarin : quand il y en aura quelques bons, nous vous en ferons part. » (Lettres de Guy Patin, 15 mars 1661.)

> Je n'ai plus qu'à mourir, mon *épitaphe* est fait.
>
> CORN., *Suite du Ment.*

|| Inscription quelconque, enseigne.

EPLUQUER, v. act. — Eplucher ; d'où *éplukures*.

EPOUFFETER (S'), v. réfl. — S'essouffler, perdre haleine : « Je me suis *épouffeté* à courir. » Fr. *pouffer*, *s'épouffer*.

EPOUSTER, v. act. — Epousseter, la transformation en *e* muet ou la suppression de l'*è* grave a lieu dans la plupart des verbes en *eter*. Les paysans disent : j'*épouste*, je *cachte*, je me *colte*, je *feuilte*, etc. Plusieurs de ces formes sont même usitées à la ville, et dans une grammaire destinée aux jeunes lycéens, on lit : « Un usage assez répandu aujourd'hui laisse toujours muet le dernier *e* du radical dans les verbes *décolleter*, *becqueter*. (Gramm. fr., par Guérard.)

Il faut, dit Littré, se garder de cette prononciation très-répandue parmi les femmes : je *décolte*, tu *décoltes*, et de cette autre « vulgaire et fautive, » . j'*épouste*, etc. — Par conséquent, ces exemples qu'on trouve dans quelques-uns de nos vieux auteurs ne sont pas à imiter..

> Et de bonnes verges d'ozier
> Eussent bien lors fait ton affaire,
> Pour bien *épouster* ton derrière.
>
> *Paris burl.*, par le sieur BERTHOD.

> Oui-dà, très volontiers, je l'*épousterai* bien.
>
> MOL., l'*Et.*, IV, 7.

EPRUVIER, n. m. — Instrument de pêche, pour épervier qu'on disait *eprevier*, même au XVIIème siècle.

ERAIGNER, v. act.— Enlever les toiles d'araignée.

ERAIGNIE, n· f.— Araignée.

> Et comme bone baisselette,
> Tiengne la chambre Vénus nette,....
> Ne lest entor nulle *iraignie*.
>
> LA ROSE, v. 14277,

Prov. : « *Eraignie* du matin, chagrin ; *eraignie* du midi, plaisi ; *éraignie* du soir, espoir.» *Eraignie*, nom vulgaire de la plante appelée *nigelle.*

ERÊQUER, v. act.— Abattre avec une gaule ou avec un *réquet* les dernières pommes qui restent aux arbres après le lochage proprement dit. — Au fig., faire perdre à quelqu'un son dernier sou : « Je l'ai joliment *eréqué* aux dominos. »

ERNER, v. act.— Fatiguer, éreinter.

> ....Aussi, ma faible plume
> Je crains de trop *erner*..........
>
> BAIF, p. 168.

« Pour haster son misérable baudet, tout *errené* des coups et du fardeau.» (Ménippée).

ESANQUER, v. act. — Faire perdre le sang : « Il a saigné son cheval et l'a *ésanqué.*» Usité surtout au part. passé comme synonyme du fr. *exsangue.* Etym.. *ex*, part. priv., et *sanguis.*

ESCOFIER, v. act. — Tuer, et dans une acception, prodiguer : « Il a eu bientôt fait d'*escofier* tout son bien.»

Selon Du Méril, ce mot vient de l'isl. *scafin*, brave, intrépide ; d'où le v. fr. *scaphion*, voleur de grand chemin.

ESCOUDET, n. m. — Coup de coude : « Lancer une pierre d'un *escoudet* ou d'un *coup d'escoudet*, » c'est-à-dire en ne se servant que de l'avant-bras.

ESCOUER, v. act. — Secouer ; de même *escousse* pour secousse. Lat. *excutere*.

> ..... Ysengrins *escout* la tête.
>
> RENART.

> Contre Adonis *escout* la tête.
>
> ROSE, 16684.

Du v. fr. *escorre*, *escourre*. D'autres lisent ainsi ce vers :

> Contre Adonis *esqueut* sa tête.

Cette leçon nous paraît la meilleure. *Esqueut* est la troisième personne du verbe *esquellir*, *escoillir*, qui signifie prendre son élan, brandir. (V. *Accueillie*.)

En tout cas, notre mot *escouer* était déjà employé au XIIIeme siècle :

> Grans fu li cols, molt fist à resoignier :
> Si l'*escoua* qu'il fist agenollier.
>
> R. DE C. cité par BURGUY, II, 155.

ESCOUETTE, n. f. — Epoussette pour les chevaux ; dériv. de *escouer*.

ESCUSE, n. f. — Excuse : « Toute *escuse* d'ignorance est ostée aux plus aveugles, et aux plus rudes du monde. » (Calvin, *De la Cogn. de Dieu.*) La syllabe initiale *ex* se prononce *es* dans les mots suivants : *Esposition, estrémiser, escrément, escursion, escommunier, espédier, espérience, espertise, espliquer, esploit, esplosion, esprès, esquis, esténué, estirper*.

ESPADRILLE, n. f. — Espèce de pantoufle.

ESPADRONNER (S'), v. réfl. — S'agiter beaucoup, faire des embarras, du bruit, du tapage, comme un homme qui se bat à l'*espadon* ; en génev. *espadron*.

ESPOSITION, n. f. — Danger : « Il y a de l'*esposition* à descendre dans ce puits. »

ESQUINTER, v. act. — Abîmer, éreinter : « Il a *esquinté* son cheval à force de le faire courir. » *S'esquinter à*, faire une chose, y employer toutes ses forces. Dans le vieux provençal *esquaintar* signifie déchirer, mettre en pièces.

ESSI, n. m. — Essieu. Comp. avec le latin *axis*.

ESTATUE, n. f. — Statue. Nos campagnards ajoutent invariablement un *e* à la plupart des mots français qui commencent par *sc*, *sp*, *sq*, *st*. Ils disent donc *escandale*, *espirituel*, *esquelette*, *estudieux*, *estalle*, etc., comme nos vieux auteurs, ex. :

> Et soit mors d'ung *escorpion*,
> Ou qu'en prison vive en femme,
> Qui aultruy blame sans raison.
> *Ball. du Jardin de Plaisance.*

A mengier demanda pour Dieu l'*espirital*.
> Hug. CAPET, p. 214.

Cette forme populaire subsiste dans beaucoup de mots français : Etang de *stagnum*, établir de *stabilire*, étreindre de *stringere*, étude de *studium*, étalage de *stallum* ou *stallus*, etc., etc.

Les mots savants, au contraire, sont pour ainsi dire calqués sur le latin ; ex. : *Stagnant, stable, strict, studieux, stalle.*

ESTOMAC, n. m. — Sein, poitrine, du lat. *stomachus* : « Serrer, cacher quelque chose dans son *estomac*. »

> .... Les pitoiables mères
> Pressent à l'*estomac* leurs enfants éperdus
> D'AUBIGNÉ, Trag.

C'est la traduction du vers latin :

> Et trepidæ matres pressêre ad pectora natos.
> VIRGILE.

ETALONNIER, n. m. — Celui qui conduit un étalon.

ETAU, n. m. — Cépée, arbre coupé à quelque distance de la terre.

|| Au plur., *étaux* désigne le chaume qui reste quand les céréales sont sciées ou fauchées ; en fr., *éteules*.

|| Au fig., on dit des petits oiseaux qu'ils sont à gros *étaux*, lorsque leurs plumes commencent à pousser.

Ce mot est une corruption du v. fr. *estoc,* souche qui, dans un sens métaphorique voulait dire *ancêtres, rejeton, lignée* :

> *Estoc* d'honneur, et arbres de vaillance.
>
> Eust. Desch., sur la Mort de Duguesclin.

> . . . . Je suis un étranger
> Comme ont jadis été les *étocs* de ma race.
>
> Baïf.

> O mes chers fils, l'espoir de votre mère,
> Le seul *eştoc* de Saül, votre père,
> Duquel en tout vous retenez l'image....
>
> J. de la Taille, les Gabaonites.

> Dieu vous garde de malencontre
> Gentille butte Saint-Roch !
> Montagne de célèbre *estoc*
> Comme votre croupe se montre !
>
> Claude Le Petit, Paris ridicule.

ET, pron. poss. — Ta, devant une consonne : « *Et* femme est invitée al fête. »

ETAMPIR, v. act. — Dresser, mettre debout : « Rester là comme un *étampi,* » se tenir immobile, sans rien faire.

ETE, v. subst. — Etre. Le *r* ne se fait pas entendre dans certaines finales muettes, comme on le verra par plusieurs exemples. (Voir *R.*)

Nous allons donner la conjugaison de ce verbe aux personnes et aux temps irréguliers.

Ind., je *su* ; imp., 1re et 2e personne du plur., *éteimes, éteites;* condit., 1re et 2mo personne du plur., *sereimes, sereites.*

Subj. présent, 1re et 2mo personne du pluriel., *soyonches, soyèchès.*
Imp. du subj., *fuche, fuches, fuche, fuchions, fuchiez, fuchent.*

Ex. : « J'*su* malade. — O *n'éteimes* mie prêts pour la guerre. — I faut qu'o *soyèches* bien bon pour souffrir cha. »

Au lieu de *sereimes,* on dit encore *seriomes,* forme de la première personne du pluriel du futur dans l'ancien dialecte picard.

Le lecteur, curieux de rapprochements, pourra comparer ces formes de patois moderne à la conjugaison du verbe *être,* au XIIeme et XIIIeme siècle. (V. Burguy, *Grammaire de la langue d'Oil,* t. Ier, p. 258 et suiv.)

ETEINDRE, v. act. — Prét., j'*éteindis*; subj. prés., que j'*éteinde*; part. passé, *éteindu*; fut. et cond., j'*éteignerai, ais.* Cette dernière forme rappelle l'orthographe primitive de nos verbes en *ndre*, c.-à-d. *gnre*, en Bourgogne et en Picardie; *estignre* (exstinguere), *atignre* (attingere), etc.

« Et si fist encores plus, car elle *estaindit* le feu de léens, tant à la cuisine comme à la chambre.» (C. N. N., 38eme.)

ETERNIR, v. act. — Etendre la litière des bestiaux : « Va *éternir* les vaches. » C'est le lat. *sternere.* ·

|| *Eterni*, part. passé; dispersé, en désordre : « C'est une femme négligente, elle laisse tout *éterni* dans sa maison. »

Sternir, épandre le fumier, était une corvée qu'on exigeait des tenanciers. (V. *Etat des droits qui appartenaient au comte de Provence*, Bibl. nat., n° 9889, f. fr.)

ETERNITÉ, n. f. — Un long temps : « Il a été une *éternité* à revenir. — Elle met une *éternité* à s'habiller. » On dit au plur., dans le même sens, des *éternités* : « Quand il va au café, il y reste des *éternités*. » Corneille a employé ce mot au plur., *Héraclius*, III, 1.

ETIMER, v. act. — Etamer; *étimeux*, étameur.

ETONNÉ, part. passé. — Frappé par le tonnerre; du latin *extonare*. Dans cette phrase de Bossuet, *étonner* a une acception qui rappelle son origine : « On le vit *étonner* de ses regards étincelants ceux qui échappaient à ses coups. » (*Or. fun. de Louis de Bourbon.*)

|| On dit que les œufs couvés par une poule sont *étonnés* par la foudre (c'est-à-dire rendus stériles), si l'on n'a pas eu la précaution de mettre un morceau de fer dans le nid de la couveuse.

ETOQUER (S'), v. réfl. — S'appuyer contre : « S'*étoquer* contre un arbre, un mur, etc.» Du fr. *estoc.*

ETOU, Itou, adv. — Aussi, du latin *etiam*. Comp. avec le v. fr. *itel*, pareil, semblable, qui devant les consonnes faisait *iteu, itou.*

> Quand la chèvre saute au chou,
> Le chevreau y saute *itou.*
>   L. DE LINCY, prov.

« Le gros Thomas aime à batifoler, et moi je batifole *itou*. » (Mol.,
Festin de Pierre.)

ETRAMER, Etramiller, v. act.— Eparpiller, laisser en désordre :
« Il a *étramé* ses habits par la chambre. » Ce mot a la même origine
que *éternir*; il est formé d'un dérivé de *sternere*, comme *stramen* ou
stramentum, litière ou paille qu'on éparpille sous les chevaux. On a
du reste le vieux mot *estram*, *estrain*, litière, couverture de paille.

« Si prinst après une poignée d'*estrain*, et en boute le feu en la
maisonnette. » (C. N. N., 85eme.)

> D'*estrain* et de chenevotte
> Se chauffoyt tous les hyvers.
>   Le Houx.

ETRANGE, adj. — Exotique, étranger : « Un arbre, une plante
étrange. » — C'est un *étrange*, pour dire un *étranger*.

> France, tu as commerce aux nations *étranges*.
>   D'Aubigné, trag.

ETRIQUER (S'), v. réfl. — Se raidir, s'appuyer solidement, employer toutes ses forces à faire une chose.

> Je roidis mes deux bras, ...✶................
> J'*estrique* mes deux pieds, puis me renversant bas,
> .... Je tire le cordeau.
>   Gauchet.

ETRUQUE, n. f. — Eteule ; on a vu qu'on dit aussi *étau*.

EVANGILE, n. f. — « L'*Evangile* du dimanche des Rameaux est
bien longue. — Là où l'*Evangile* est prêchée et reçue, le traître
pillard (le diable) n'a garde s'y trouver et faire des siennes. » (Noël
du Fail, *Contes rust.*) Boileau a employé ce mot au féminin ; Mme de
Sévigné le fait tantôt masculin, tantôt féminin.

EVILLÉ, Évilloté, adj. — Espiègle.

EVITER, v. act. — Epargner : « *Evitez-moi* la peine de faire ce
voyage.»

F

FABULETTES, n. f. plur. — Contes, historiettes, mensonges ; du latin *fabula*. Dans la vieille langue *fabloier* avait le sens de *fabulari* : « Or dient et content et *fabloient*. » (Auc. et Nicol.)

FACHEINE, n. f. — Fagot : « Il revient de la forêt avec une grosse *facheine*. » Lat. *fascina*.

FAIBLE, adj. — S'emploie dans cette loc. : « Tomber *faible*, » défaillir, tomber en faiblesse.

FAIGNANT, adj. — Fainéant.

FAIM, n. f. — Envie, désir ardent, mais avec un sens beaucoup plus étendu qu'en français ; ex. : « J'ai *grand'faim* de le voir. — J'ai *grand'faim* d'arriver. » Une personne qui a une soif violente dira : « J'ai *grand'faim* de boire. » Ces façons de parler se trouvent dans nos vieux auteurs :

> Or, par le vray Dieu, j'ai *grant faim*
> De savoir le bled à bon marché.
> R. DE COLLERYE.

« Tant *grant faim* avoit de rire que à peine il savoit parler. » (C. N. N., 67ᵉᵐᵉ.)

« Mais au dyable des deux s'il *avoit faim* de boire. » (Ç. N. N., 39ᵉᵐᵉ.)

> .... Hélas ! sire,
> Chascun n'a pas si *faim* de rire,
> Comme vous ne de flagorner.
> PATHELIN.

Molière s'est servi plaisamment de cette expression dans le *Dépit amoureux,* quand il fait dire à Mascarille :

> Je n'ai pas *grande faim* de mort ni de blessure,
> Et vous ferez le sot tout seul, je vous assure.

FAIN, n. m. — Foin.

> En cel ostel moult bien trovèrent
> Trés-tout icou qu'il demandèrent,
> *Fains*, avaines, et moult boins vins.
> Fl. et Blanc.

> Le pré, le champ, et le terroy aussi
> En *fein*, en grain, en vandange foisonne.
> Du Bellay, *Jeux rustiques.*

FAÎTIR, v. act. — Couvrir le *faîte* d'une maison. Comp. avec l'ancien français *fester*, mettre un faîte, et *refestir*, recouvrir; réparer un faîte. Du lat. *fastigium.*

FALLE, n. f. — Jabot du dindon; dans quelques vieux auteurs, *gosier* appliqué à l'espèce humaine :

> C'est ici que je veux sercher
> La pierre philosophale ;
> C'est ici que je veux souffler :
> Mon fourneau, ce sera ma *fale*.
> J. Le Houx.

FALLOIR, v. n. imp. — Fut., *faura*; cond., *faurait*. De même au fut. et au cond. de *vouloir, valoir*, la dentale *d* ne se maintient pas devant *r*. Ex. : *vourai, vourais, vaurai, vaurais*, formes anciennes qui se retrouvent à l'origine de notre langue. (V. Burguy, II, 105.)

« Demain, s'il plaist à Dieu, partir il nous *faura*. » (Hug. Capet, p. 130.)

(Pour la chute des dentales à la fin et au milieu des mots, voir Diez, Grammaire des Langues romanes, et surtout la remarquable introduction de M. G. Paris à la *Vie de saint Alexis*, page 91 et suivantes.)

FAMAINE, n. f. — Famine.

> Elle alla crier *famaine*.
> Cheux la fourmi s'*voisaine*.

FAMEUX, adj. — Gros, énorme : « Un *fameux* homme. — Un *fameux* arbre. »

FANCHETTE, Fanchon, — nom de fille; désigne quelquefois une femme de mœurs légères comme les mots *Caton, Babet*.

FAQUIN, n. m. — Garçon élégant, recherché dans ses vêtements ; un grand faiseur d'embarras.

FARCE, adj. — Farceur, amusant : « Est-il *farce* quand il raconte ses histoires. »

FARFOUILLER, v. act. — Fouiller de tous côtés. (Voir *Car-fouiller.*)

FAUCHILLE, n. f. — Faucille.

FAUDE, n. f. — Bûcher qu'on allume pour faire du charbon : « Le charbon est fait de bois allumé en une fosse de terre, et estouffé, comme entendent ceux qui ont hanté les charbonnières. » (Paré, cité par Littré.) *Faude* est du v. fr.; il est toujours employé par les char-bonniers de la forêt d'Eu. Ce mot est dans Marie de France, mais avec le sens de *parc* ou *étable.*

> D'un Lairon cunte qui ala
> Berbiz embler, que il espia
> Dedenz la *faude* à un vilain.
>   Fab. 28.

FAUQUE, n. f. — Faux ; les paysans qui se piquent de bien parler disent *fauche.*

Dériv , *fauquer, fauqueux, faucage* et *faukeuse*, machine à faucher. Les gros cultivateurs ont aujourd'hui des *faukeuses.*

« Et qui i voət *faukier à fauc.* » (Tailliar, cité par Littré.)

« A Guillaume le Maire ; pour avoir *fauqué* et lié treize guerbes d'avoine....» (Compte de 1447, cité par L. Delisle.)

FAUTER, v. n. — Commettre une faute.

FAUTIF, Fautier, adj. — Coupable qui a commis une faute : « J'avoue que j'ai été *fautif* dans cette circonstance. — Me avez-vous trouvé en la confrairie des *faultiers* ? Jamais.... » (Rabelais, *Pant.*, III, 11.)

FÉCHELLE, n. f. — La table d'un pressoir ; lat. *fiscella*, panier, clayon.

FEMELER, v. act. — « Arracher le chanvre femelle, parce que les paysans, se trompant, appellent chanvre mâle celui qui porte les graines, et femelle, le vrai mâle, qui est stérile à leurs yeux. » (Littré.)

FÊTEUX, adj. — Celui qui va à la fête d'un village : « Les chemins sont remplis de *fêteux.* »

|| Caressant, qui vous fête : « Un chien bien *fêteux.* »

FEUILLARDS, n. m. plur. — Ramilles d'ormes qu'on donne à brouter aux bestiaux ; en fr., ce mot désigne une branche d'arbre quelconque garnie de ses feuilles.

FERDAINE, n. f. — Fredaine ; de même *ferlater, ferluquet, ferdonner, fertiller*, etc. Par une inconséquence remarquable, on dit *fremer, defremer, enfremer.*

FERLAMPER, v. n. — Boire comme un ivrogne : « Il a passé toute la journée à *ferlamper.* »

FERLAMPIER, n. m. — Ivrogne. Ce mot, dit Littré, a signifié dans son origine le moine qui avait soin d'allumer les lampes du couvent, et est pour frère-lampier. Les moines du temps passé avaient la réputation d'être excellents buveurs, d'aimer la purée septembrale, comme dit Rabelais ; de là le sens bachique donné à *ferlampier.*

FÉRON, n. m. — Fil de laiton. (V. *Enféronner.*)

FESSU (N'être pas), loc. — Etre mal portant, maladif.

Au fig., être dans la gêne : « Il n'est pas assez *fessu* pour que je lui prête de l'argent. »

FEUMÉE, n. f. — Fumée.

FEUMIER, n. m. — Fumier.

> Je cuidai, fet-il, purchacier
> Ma viande sor ces *femier.*
>
> MARIE, fab. I.

L'*e* muet sonne presque comme la diphthongue *eu.*

FEUVETTE, n. f. — Fève de haricot, diminutif, par opposition à *grosse fève* ou fève de marais. On appelle *feuvettes à rames* les espèces grimpantes, et *feuvettes à pied*, celles qui ne le sont pas.

FIABLE (N'être pas), loc. — Se dit de quelqu'un qui n'inspire pas la confiance : « Ne comptez pas sur cet homme, il n'est pas *fiable.* »

Corruption du français *féal* ou du vieux mot *féable*.

> A soymóisme dit : « Je voy cestui *fiable*. »
>
> Hug. Capet, p. 218.

> Pas ne mérite au chaste lict gésir
> De celle-là qui tant lui est *féable*.
>
> Marot, élég. XX.

FICHAUT, n. m. — Barreau qui maintient les montants d'une chaise.

FICHELLE, n. f. — Ficelle ; *ficheler*, etc.

FICHER *(Se)*, v. réfl. — Tomber : « Je me suis *fiché* dans la mare. »

|| S'enfoncer, se cacher : « Un lapin vient de se *ficher* dans ces halliers. »

> Renarz l'oi, si torne en fuie,
> Tant qu'en sa taisnière se *fiche*.
>
> Renart.

|| *Ficher le camp*, loc. Partir, décamper au plus vite.

FIER, adj. — Irascible, prompt à s'emporter. On dit que les mouches sont *fières*, lorsque par un temps chaud, elles tourmentent les bestiaux. Vent *fier*, violent. D'où *fièrement*, avec le sens de beaucoup, extrêmement : « Cet homme est *fièrement* bon. — Il est *fièrement* bête. »

On remarquera que notre mot *fier* a gardé le sens du latin *ferus* dont il dérive.

|| *Faire son fier*, loc. Faire le fier, l'important.

FIÉRIR, v. n. — Se mettre en colère ; au fig., le vent commence à *fiérir*.

FIÉROT, adj. — Diminutif de *fier* : « El fiu tiendra du père, il est déjà *fiérot*. »

FIEU, Fiu, n. m. — Fils : « Ne demoura puis gaires qu'il fu mors, et Phelippes ses *fius* fu quens de Flandre. *(Chron. d'Ernoul,* p. 22.)

> Sire, fait-il, por Diu merci,
> *Fius* de roi sui, je vous afi.
>
> Fl. et Blanc.

« Par ma foy, nos *fieulz*, j'aimerois mieulx voir un bon et gras oison en broche. » (Rab., IV, II.)

Fius est le latin *filius* avec chute de la consonne médiale.

FIFINE, n. prop. — Se dit particulièrement pour *Joséphine*.

FIN, adj. — Au féminin *feine*. Ce mot s'emploie comme adverbe et exprime le plus haut degré : « Il est *fin bête*. — Cette femme est une *feine* menteuse.»

Aller fin bien, *fin mal*, loc. Etre très-bien ou très-mal portant : « *Etre tout fin seul*, *tout fin prêt*, »' tout-à-fait seul, entièrement prêt.

> La dame estoit *si fine belle*....
> *Roman de Couci*, v. 6176.

> Regardez mon cœur qui se pasme,
> Qui est *tout fin prêt* de finer.
> A. CHARTIER, dans LA CURNE.

> En plainctz piteux, j'exibe ma science
> Quand j'ay *fin froid*...............
> R. DE COLLERYE, p. 215.

« Jamais, jamais, au *grand fin jamais*. » (Rabelais, t. 1er, 560.)

FINI, part. passé. — Même sens que le précédent ; ex. : « C'est un *fini* polisson, une *finie* menteuse.»

Fait au féminin *finite*, dans le sens d'*achevée* : « Notre journée est *finite*. »

FIQUE-EN-CUL, n. m. — Jeu d'enfant. Cela consiste à *ficher* en terre un bâton pointu par un bout ; celui qui manque son coup est poursuivi par les autres enfants qui cherchent à le piquer où vous savez bien, jusqu'à ce qu'il ait réussi à planter en terre son bâton. Inutile de dire que ce jeu est la ruine des fonds de culottes.

FIQUERON, n. m. — Engin de pêche ; petit bâton qu'on enfonce dans la rivière, près du bord, et qui maintient une cordée ou une pile.

FISÉE, n. f. — Petite planchette ou bâton qu'on place en travers sur les solives pour recevoir l'aire d'un grenier en terre ; doit être une corruption de *fuseau* ; v. fr. *fuissel*.

FISÉE (Poires de). — Espèce de poires avec lesquels on fait des confitures.

FLABIN, n. m. — Rapporteur, flatteur, hypocrite.

FLAIE, n. f. — Espèce de poisson plat qui ressemble beaucoup à la limande. Littré donne *flet* et *flez*.

FLAIR, n. m. — Mauvaise odeur : « Il faut jeter cette viande, elle a du *flair*.

FLAIRONNER, v. act. -- Examiner curieusement, en mauvaise part : Se mêler des affaires d'autrui, comme *flairer* dans cet exemple : « Il *flaire* partout, il s'entremet de toutes choses. » (Oudin, *Curios. fr.*)

|| Fréquentatif de *flairer*, au propre : « Ce chien est toujours à *flaironner*. »

FLAQUER, v. n. — Clapoter : « L'eau *flaque* dans mes souliers.»

> L'un conte comme il sent *flaquer* dans sa semelle
> L'eau du marais qui fait que la plante lui gelle.
>   GAUCHET, la DARUE.

On dit encore *flouquer* ; onomatopée.

FLAQUET, n. m. — Petite flaque d'eau.

FLAYET, Flaïet, n. m. — Fléau, instrument à battre le grain. Comp. avec le v. fr. *flael, flaiel.*

FLATTER, v. n. — Faire le *capon* auprès du maître, dénoncer ses camarades (terme d'écolier).

FLAUBER, v. act. — Battre, accabler de coups ; d'où *flaubée* : « Donner une *flaubée* à quelqu'un.»

Au fig., tromper, attraper : « Ne faites pas d'affaires avec lui, il vous *flaubera.* »

FLÈME, n. f. — Paresse ; v. fr. *fleume* ; flegme, lequel dérive du grec φλέγμα, proprement ce qui est brûlé, ce qui n'a plus de vertu. (V. Littré.)

FLEUR-DE-MAI, Fleur-de-Moi, n. f. — Petite pomme blanche à couteau, précoce.

FLEURETTE, n. f. — Crême excellente qu'on recueille lorsque le lait a séjourné douze heures dans la jatte.

FLIQUE, n. f. — Morceau de pain, de viande : « Donne au kien une boène *flique* de pain. » Du h. all. *flick, fleck* ; en fr. flèche de lard : « On appelle penans en gresse *fliches* de bacon sans os.» (Liv. des Mét. d'Et. Boileau.)

> Ha ! rikece, por qoi nos triches ?
> Ke plus as bacons, plus tols *fliches*.
>> *Stances sur la Mort*, XLI.

FLOTTER, v. n. — Mettre l'eau dans les prés : « Certains cultivateurs ont droit de faire *flotter* en toute saison.»

Dériv. *flottage*, action de *flotter* et *flottaison*, époque où l'on fait *flotter*.

FLUXIA, n. m. — Fuchsia. Nos campagnards dénaturent ce mot parce qu'ils ne savent pas que cette plante tire son nom du botaniste bavarois Fusch, mort en 1565. Le paysan, qui ne connaît ni l'étymologie ni l'orthographe, n'obéit en parlant qu'à ces deux seules règles, la tradition ou le sentiment de l'harmonie. Il dira : *aréostat* pour aérostat, l'*eau d'ânon* au lieu de laudanum, *romatique* ou *romatisse* au lieu de rhumatisme. C'est aux mots tirés des langues étrangères qu'il fait surtout subir les plus étranges métamorphoses. Citons comme exemple le substantif *choucroute*. Dans plus d'un auteur ancien, entre autres dans Rutebeuf, on trouve *Nicole* pour Lincoln, ville d'Angleterre.

FOËNE ou Foine, n. f. — Fouine, instrument de pêche.

> Et *foines* dont l'en prent anguilles.
>> *Dict des Fèvres*, dans JUBINAL.

FOIGNARD, n. m. — Rôdeur ; celui qui tourne autour de vous comme une *fouine* pour épier et saisir le moment de dérober quelque chose. Comme étym., Du Méril propose le grec φονίος, assassin. N'est-pas chercher bien loin ?

> Grongnars, *fongnars*, hongnars, je prive,
> Les biens leur sont mal employez.
>> R. DE COLLERYE.

FOIGNER, v. n. — Rôder çà et là comme une *fouine* qui cherche

sa proie ; en génevois *fouiner*. En rouchi, *fouguer* signifie fouiller la
terre ; dans Rab. *fouger* : « Ce que faisans, semblent es coquins de
village qui *fougent*. etc.» (Rab., *Pant.*, II, 34.)

FOIRER, v. n. — Aller à la foire ; courir les foires. D'où les
foireux, les gens de la foire : C'est ainsi que de fête on a formé
fêteux. Dans l'ancienne langue, *foirer* signifiait chômer, être en fête,
du latin *feriari*.

FOIRIÈRE, Forière, n. f. — Lisière, extrémité d'une pièce de
terre sur laquelle les chevaux tournent au bout de chaque sillon, afin
de ne pas piétiner le champ voisin ; *faire forière*, c'est labourer de
manière à respecter le champ d'autrui, à se tenir en dehors, *foras*.
Littré assimile ce mot à *fourrière* avec lequel il n'a aucune analogie
ni pour l'origine ni pour le sens. Les paysans ne confondent jamais
ces deux mots ; ils disent : Mener un animal en *fourrière* et non en
foirière.

Au moyen-âge, les *fourières* ou *forières* étaient des sentiers à
l'usage des propriétaires qui avaient sur l'héritage voisin des droits
de passage.

FOIS, n. f. — Loc. part., *une fois que* = quand, lorsque ; *des fois*
répété = tantôt ; il y a *des fois* = souvent. Ex. : « *Une fois* qu'il est
en train de travailler, ça marche. — Semer tard, *des fois* ça réussit,
des fois ça ne réussit pas. — *Il y a des fois* que je vous ai prévenu.»

FONCÉ, adj. — Accompli, en mauvaise part : « Un *foncé* grédin,
un *foncé* voleur, » un voleur qui connaît *à fond* son métier.

FONCET, n. m. — Petite cheville qui sert à boucher le trou fait à
une futaille pour en tirer du cidre. En fr. *fausset* et *faucet*.

FONÇU, adjectif. — Creux ; se dit d'un vase, d'un plat, d'une
assiette.

FONDRILLES, n. f. plur. — Ce qui reste *au fond* d'une boûteille ;
par extension, la lie d'un tonneau, le sédiment d'une liqueur quelconque.

FONDU, part. passé. — Dépensé, perdu : « Il avait de l'argent,
mais tout est *fondu*. — Je ne puis retrouver mon couteau ; encore un
de *fondu*.»

FORBU, p. passé. — Fourbu. Certains chevaux *tombent forbus* si on ne leur donne rien à manger ou à boire à l'endroit où ils s'arrêtent habituellement. De même un brave homme revient chez lui *forbu*, quand on ne lui a rien offert dans une maison où il s'attendait à se bien *décrotter les mandibules*.

FORCIR, v. n. — Devenir fort, en parlant d'un enfant ; verbe formé comme *noircir*, *grossir*, *durcir*, *grandir* ; se dit également des arbres, des animaux.

FORT, n. m. — Creux profondément enfoncé sous la rive où se réfugient les plus grosses truites ; extension du mot *fort*, repaire de bête sauvage.

FORTUNÉ, adj. — Riche : « Dans la logique du peuple, un homme *fortuné* est nécessairement un homme riche ; c'est un barbarisme très-commun dans la langue, et qui provient d'une erreur très-commune dans la morale. » (Ch. Nodier.)

FOUAILLÉE, n. f. — Correction donnée avec le fouet.

FOUAILLER, v. act. — Cingler. On dit que la pluie, le vent vous *fouaille* le visage.

FOUÉE, n. f. — Flambée ; faire une bonne *fouée*, un bon feu. Ronsard a employé les mots *fouer* et *fouement*.

FOUILLOUSSE, n. f. — Poche : « Il arrapait l'un par les jambes, l'autre par la besace, l'autre par la *fouillousse*.... (Rabelais.) Du fr. *fouiller*.

FOURCÉE, n. f. — Portée d'un animal, et particulièrement de la truie.

FOURCINER, v. act. — Dériv. du précédent ; mettre bas.

FOURNAGUER, v. n. — Fouiller de tous côtés, examiner curieusement : « Un voleur *fournague* partout.» (V.*Naguer*.)

FOURQUE, n. f. — Fourche, de *furca* ; dériv *fourku*, *fourquer*, *fourquette*, fourche de bois qui sert aux faneurs; *enfourquer*, *défourquer*, *fourque-file* qui a le même sens que *fourche-fière* dans La Fontaine. (Liv. IV, 16.)

Se Hervieu est vaincus, as *fourques* le pendés.
Gui de Nanteuil, v. 410.

FOURQUES, n. f. plur. — Entre-deux des jambes : « Donner à quelqu'un un coup de pied dans les *fourques*. » On dit aussi, mais plus rarement, *fourquet*, n. masc.

FOUTRE, v. act. — Mot grossier dont on abuse à la campagne, parce qu'on ne le comprend pas. Il a un sens très-étendu, et l'on s'en sert fort innocemment. Ex. : « Il m'a *foutu* un coup de poing. — Il a tout *foutu* par terre, » etc.

« C'est un homme *foutu*, » un homme ruiné, perdu sans ressource.

On emploie tout aussi naïvement :

Foutre ! Juron.

Jean-foutre, mauvais drôle, homme qui ne mérite aucune confiance, qui ne tient pas sa parole.

Foutre le camp, s'en aller, déguerpir au plus vite.

Ces expressions à l'origine n'avaient rien de grossier. (V. Génin, *R. P.*, II, 153.)

FRAINE, n. f. — Farine.

FRANQUETTE (A la bonne), loc. — Simplement, franchement, sans façon.

FRÊLER, v. act. — Fêler. Je rattacherais volontiers *frêler* à frêle.

FRÉMIR, Frémiller, v. n. — Se dit de l'eau qui commence à bouillir.

FRÉREUX, adj. — Germain : « Ils estoient cousinz *frareux*, l'une fille dudit roy, et l'autre filz de son frère. » (*Chron. normande*, p. 402.)

FREULER, v. act. — Frôler.

FRIGOUSSE, n. f. — Repas, apprêts d'un repas : « Faire la *frigousse*. » *Frigousser*, v. n., faire un bon repas, *se repousser les côtes en dehors*, pour parler comme les paysans.

FRIMOUSE, Frimousse, n. f. — Vilaine figure, visage laid : « Ne v'là-t-i pas un' belle *frimousse,* pour faire des embarras ! » Du v. fr. *frume, frime,* mine, grimace, et *mouse.* (V. ce dernier mot.)

FRIOLER, v. n. — Avoir grande envie de : « I *friole* qu'on l'invite à dîner. — Voilà un mets qui répand une si bonne odeur qu'on en *friole.* »

FROMAGE-MO, n. masc. — Fromage nouveau délayé dans la crême.

> Que menguent donc vostre moine ? —
> Jel vos dirai sans nule essoine,
> Ne menguent *fromages mos,*
> Mais poisson qui est cras et gros.
> RENART, v. 1009.

FROMILLER, v. n. — Fourmiller ; de même *fromillon,* fourmi, et *fromillière,* fourmilière.

> D'un Grésillon dist la menière
> Qui dusqu'à une *fromièère*
> El tans d'yvers esteit alez.
> MARIE, Fab. 19.

|| *Avoir des fromillons,* loc. Ressentir un picotement comme si des fourmis vous couraient sur le corps.

FROUETTE, n. f. — Miette de pain : « Jeter des *frouettes* aux moineaux. » Pour l'étym., v. *Effrouer.*

FROU-FROU (Mam'selle). — Jeune fille glorieuse de ses beaux atours, et qui marche en faisant *bruire* sa robe de soie.

FROUMI, n. f. — Fourmi.

> Dormi longtemps ont en leur *frommière*
> Sans eux mouvoir li *froumi* remuant.
> E. DESCH., *Ball.*

FRUITAGE, n. masc. — Toute sorte de fruits bons à manger : « Aimer les *fruitages,* vivre de *fruitage,* » ce sont des locutions qui ne sont pas près de se perdre à la campagne.

> .... Le pommier qui porte bon *fructage,*
> Vaut mieux que cil qui ne porte que fleurs.
> MAROT, *Ch. Nuptial.*

Littré donne ce mot qui n'est plus dans le Dict. de l'Académie.

FU, n, m. — Feu. Ainsi se prononcent *ju, piu, liu,* jeu, pieu, lieu.

> El *fu* le gete ki est grans enbrasés.
>
> ALISCANS, v. 4378.

> Qui le baptesme refusoit
> Ne en *Diu* croire ne voloit,
> Floire les faisoit escorchier,
> Ardoir en *fu* ou destranchier.
>
> FLOIRE ET BLANC.

FU D'OR. — Feu d'or. La veille de la fête de saint Jean-Baptiste, il a été longtemps d'usage dans nos villages et dans les plus petits hameaux de la Vallée (cette coutume existe encore en plusieurs endroits) d'allumer, à la nuit tombante, un feu de joie : c'est ce qu'on appelle le *fu d'or.* Chaque habitant apporte qui un fagot, qui un bâton, au bûcher autour duquel on danse; après quoi chacun emporte un tison comme préservatif de la foudre.

En tournoyant autour du feu, on chante ou plutôt on hurle en chœur :

> Ceux qui n'apportent pas
> Des branques, du bos à tas,
> Au *fu d'or* allumé
> Auront le cul brûlé.

A Béthencourt, par une exception assez rare, on allume le *feu d'or* la veille de l'Assomption.

FUROLE, n. f.— Feu follet ; dans Littré, *furolle.* On croit que les *furoles* se plaisent à égarer les voyageurs, mais qu'il suffit, pour échapper à leur influence, de mettre un couteau en terre, la pointe en haut : La *furole* vient danser dessus, et l'on peut continuer sa route sans crainte. On assure que le couteau reste couvert du sang de la *furole.* (Decorde, *Ouv. cité.*) En Picardie, le feu follet s'appelle *fofu* (faux-feu.)

G

GABEGIE, n. f. — Tumulte, désordre, gaspillage. Etym.probable, *gaber*.

GABELOU, n. m. — Employé de la gabelle ; terme de dénigrement.

GABILLER, v. act. — Gaspiller : « Un *gabilleux* de biens, » un prodigue.

GADES, n. f. plur. — Groseilles rouges ; *gardes* est plus usité. *Gadelles* se dit dans l'Ouest ; il y a à Sainte-Adresse (Havre), la rue des *Gadelles*.

GAFFÉE, n. f. — Morsure de chien ; de *gaffe*, croc dont se servent les pêcheurs.

GAI, n. m. — Geai. On connaît une chanson de geste qui a pour titre *Gaydon*, ou le chevalier au *geai*.

> En un leu avoit rossignaus,
> En l'autre *gais* et estourniaus.
>> Rose, v. 650.

« Des contrées du Levant advola grand nombre de *gays* d'un cousté grand nombre de pies de l'autre.» (Rab., IV, prol.)

> Alors le *gay* jazard et la pie criarde
> Volants viennent au bruit...........
>> Gauchet, la *Pipée*.

On trouve ce mot jusque dans Régnier (XVIIème siècle.)

> Je trouve ....
> Une chauve-souris, la carcasse d'un *gay*,
> De la gresse de loup et du beurre de may.
>> Sat. XI.

Un *biau gai*, un homme laid.

GAIGNAGE, n. m. — Gain, profit qu'on retire de son travail ou d'un marché : « Je n'ai pas fait un gros *gaignage* en vendant mon cheval.»

> Bon *gaignage* fait bon potage.
>
> GAB. MEURIER, *Sentences*.

On appelle particulièrement *gaignage* le nombre de gerbes de blé, d'avoine, etc., qui revient à chaque moissonneur pour prix de son travail. Etym., *vaanagium, gainagium*, produit des terres en labour. *Gaengnable, gaingnable*, adj., voulait dire autrefois labourable ; *gaignage* champ ensemencé, et *gaaignier* que les paysans prononcent encore *gaingnier* signifiait labourer.

> La terre est morte e essillie,
> N'est arée ne *gaaignée*.
>
> BENOÎT, *Chron. de Norm.*, v. 4901.

GALAFRE, Gouliafre, Goulafre, n. m. — Gourmand, grand mangeur. On dit aussi *galifre*, qui appartient à l'ancienne langue. G. de Coinsy (*Miracles de la Vierge*) donne au diable le nom de *goulafre*, et dans Rabelais, Galafre est un des géants, ancêtres de Pantagruel.

Etym. *goule*, du latin *gula*.

« La cité de Marceille, gardée de rigueureuse justice, ne souffre nullement que *gouliars* de bouche, aportans paroles vagues, entrent à leurs mengiers. » (Christ. de Pisan, *Liv. des fais du sage roy Charles.*)

Que les temps sont changés !

GALAPIAS, n. m. — Galopin, enfant malpropre ; peut-être de *gale* et de *piau* (peau.)

GALIBIER, n. m. — Polisson, vaurien.

GALINÉE, n. f. — Quantité de grain que peuvent contenir les deux mains réunies : « Donnez à mon cheval une *galinée* d'avoine.» Comp. avec le v. fr. *jaloys, galloie, galon*, mesure de capacité. (V. L. Delisle, *Ouv. cité*, p. 565.)

GALOCHER, v. n. — Faire du bruit en marchant avec des galoches ; dériv., *galochard*. Loc. prov. : « Je vous vois venir avec vos grosses *galoches*, » je vois de loin vos malices.

GALONNER (Se), v. réfl. — Se gratter comme si l'on avait la *gale* ou des poux. *Galonnier, ère,* adj., enfant qui ne cesse pas de se gratter la tête.

GALVAUDER, v. act. — Menacer, presser vivement : « Ils ne travaillent pas vos gens, il faut les *galvauder.* »

|| Frapper, battre : « *Galvaudez-moi ce galibier là.* »

GAMBE, n. f. — Jambe. Nous avons en fr. *gambader, ingambe* ; étym., *gamba,* jarret : « *Post quod admonitus injuria, tollit altius crura, et in flexione geniculorum atque* gambarum *molliter vehit.* » (Vegetius, lib. 1, de *equo.*)

> Li destres est e curanz et aates :
> Piez ad copiez e les *gambes* ad plates.
>
> Ch. de Roland.

« Biax estoit et gens et grans et bien taillés de *ganbes* et de piés et de cors et de bras. » (Auc. et Nicol.)

« Nous aurons des pieds de chapon à la fricassée, gésiers du civé, *gambes* de cabre à la sauce verte. » (Noël du Fail.)

Robert, duc de Normaudie, dit *Courte-Heuse,* avait encore le sobriquet de *Gambaron* ; enfin les noms de famille *Gambier, Legambier, Gambet* sont assez communs chez nous.

En v. fr., on appelait *gambison* un vêtement ou espèce d'armure qui protégeait les jambes :

> A ces paroles, li vavassors s'arma
> D'un *gambison* viex, enfumé qu'il a.
>
> Gaydon, v. 2386.

GAMBETTE, n. f. — Soutien du linteau d'une cheminée.

GAMBIER, n. m. — Traverse de bois où le boucher suspend par les pattes les bêtes qu'il a tuées, et le chasseur son gibier : « Je ne suis pas content, me disait un braconnier, lorsque je n'ai pas un lièvre à mon *gambier.* »

GAMBILLONNER, v. n. — Remuer les jambes continuellement. *Gambillard, gambillionnier,* adj. Celui qui ne peut pas tenir en place, etc.

GANCIR, v. réfl. — Se dit du bois qui se pourrit par l'humidité.

GANNE, adj. — Jaune. On dit en parlant d'une vieille fille : « Elle commence à avoir les pieds *gannes* ; elle restera pour coiffer sainte Catherine.»

GAQUIÈRE, n. f. — Jachère ; du bas-latin *gascaria* (XIIeme siècle), ou de *jacere, jacitura*, selon Du Méril.

> Mort l'abaty a tiere delez une *guesquière*.
> Hug. Capet, p. 151.

GARCHON, n. m. — Garçon. Dériv. *garchonnière*, fille qui fréquente les garçons ; coureuse.

|| *Garchonnaille*, n. f. Les garçons, en mauvaise part : « Et s'en allans dormir les satrapes, il (Jésus) demoura entre les mains de leurs *garsonnailles* (valets.) » (Oliv. Maillard, *Passion de N.-S.-J.-C.*)

GARDE-MAHONS, n. m. — Garde-messier ; s'emploie ironiquement. (V. *Mahon*.)

GARDIN, n. m. — Jardin ; bas-lat. *gardinum* ; angl. *garden* ; all. *garten*. On comprend difficilement aujourd'hui qu'un savant tel que Henri Estienne ait été chercher l'origine de ce mot dans le verbe ἀρδεύειν, arroser.

> Fols est ki sour chemin
> Comence soun *gardin*.
> L. de Lincy, prov.

« Nicolete jut une nuit en son lit…. et si oï le lorseinol center en *garding*. » (Auc. et Nicol.)

Dériv., *gardiner, gardinier* ; Angl. *to garden, gardiner*.

Comp. encore *gardin* avec l'irlandais *gort, gàradh*, et le kymrique *gardd*, qui ne paraissent pas empruntés au germanique. (V. Pictet, *Orig. Indo-Europ.*, II, p. 265.)

GARET, n. m. — Jarret.

> Prens, fet la reine cel filet,
> S'el lie fort à ton *gairet*.
> Marie, Fab. 3.

Du bret. *gâr, garr*, auquel on rattache encore le français *garrot*.

GARGANTUA, n. m. — Localité, près de Grandcourt. Dans le pays de Bray, un autre endroit se nomme : *Le Pas-du-Cheval-de-*

Gargantua. Qui nous dira l'humble village où ne sont pas connus les héros de Rabelais ?

GARGOUILLOT, n. m. — Sobriquet que l'on donne à ceux qui ont la prononciation embarrassée. De *gargouiller* qui a signifié *bredouiller*; exemple :

> Il s'en va : comment il *guargouille* ?
> Mais que dyable est-ce qu'il barbouille ?
>
> PATHELIN.

GARILLE, n. f. — Jambe. *Garigner, gariller,* remuer continuellement les jambes ; *garignard,* adj.

GARTIER, n. m. — Jarretière : « Dès mercredy derrain passé je ne vey mon ami Joliet, pour ce que ce mesme jour je perdy mon *gartier* en la rue. » (*Ev. des Quenouilles.*)

Aujourd'hui encore, plus d'une jeune paysanne pâlit à la pensée que son amoureux se dédit, parce qu'elle perd sa jarretière.

Rabelais s'est servi de *jartiers* : « Aucuns des moinetons emportèrent les enseignes et guidons en leurs chambres pour en faire des *jartiers.* » Etym., *garter,* en anglais.

GAS, n. m. — Gars : « Un bon, un mauvais *gas.* »

GATE, n. f. — Jatte. *Gatée,* le contenu d'une jatte. Diminutif, *gatelot.*

|| *Gatelette,* nom de lieu cité dans un enfoncement.

> Une grande *gate* demanda,
> Sur une taule l'adenta.
>
> MARIE, Fab. 46.
>
> Si i a marchéanz de lin....
> Hotes, et vanz et escueles,
> Et de *gates* et de foisselles.
>
> *Le Dit des Marchands.*

GATIAU, n. m. — Gâteau.

GAUGUIER, n. m. — Sorte de noyer, arbre qui produit les grosses noix appelées *gaugues* ; v. fr. *gauge* : « Et avoit les mamelettes dures qui li soulevoient sa vesteure ausi com ce fuissent .II. nois *gauges.* » (Auc. et Nicol.)

« Je vous dy pour conclusion, que, se une femme veut que son mary ou amy l'aime fort, elle lui doit mettre une feuille de *gauguier*, cueillie la nuit saint Jehan tandis qu'on sonne nonne, en son souler du pied senestre. » (*Ev. des Quenouilles.*)

GAVE, Gaviau, Gavion. — Gosier ; jabot des oiseaux. *Gaviau* et *gavion* sont du genre masc.

‖ *Grand-gavion*, gourmand, ivrogne.

GAVÉE, n. f. — Usité dans cette locution : « S'en donner une *gavée*, » manger avec excès, s'empiffrer.

GAVELLE, n. f. — Javelle ; d'où *gaveler*, mettre en javelles. Du v. all. *gauffel*, selon Du Méril.

L. Delisle cite *gavella* que l'on trouve dans *Fleta*, liv. II, ch. 81.

GAVE-ROUGE, n. f. — Rouge-gorge. (V. *Maribrait*.)

GAZON, n. m. — Crachat ; d'où *gazonner*, cracher souvent.

GAZOUILLER, v. act. — Bavarder à tort et à travers : « Aussi n'est-ce grande chose de feuilleter les livres, de *gazouiller* et caqueter en une chaire de la chirurgie. » (Paré, dans Littré.)

‖ Bredouiller, bégayer ; d'où *gazouillard*, *gazouilleux* : « Qué *gazouillard* ! on n'entend mie ce qu'i dit ! »

GENDARMES, n. m. plur.— Fleurs de vin, flocons de moisissure ; usité également dans le centre de la France, (V. Jaubert.)

GÉNISSARD, n. m. — Génisse de un à deux ans. On dit encore *génisson, génichon, j'nichon.*

Il met gresser ses bœufs et tendres *génissons*,
GAUCHET.

GENOIVRE, n. m. — Genièvre.

GERGON, n. m. — Jargon, bavardage : « Tu nous étourdis tous avec ton *gergon*.» Babil des enfants, ramage des oiseaux.

Le *gergon* des oiseaux, seurs hôtes de nos haies,
Font retentir l'écho qui loge en nos fustaies.
GAUCHET.

GERGONNER, v. n. — Jargonner ; commencer à parler : « Cet enfant commence à *gergonner*. »

Il eut un oncle Lymosin,
Qui fut frère de sa belle ante :
C'est ce qui le fait, je me vante,
Gergonner en lymosinois.

PATHELIN.

GERNE, n. m. — Germe : « Un biau *gerne*, » un homme laid, par
ironie.

GERNER, v. n. — Germer. Laisser *gerner*, faire attendre longtemps quelqu'un ; en d'autres termes, lui donner le temps de prendre
racine.

GESTES, n. m. plur. — Faux semblants, |prétentions ridicules :
« Quelle brimbelle ! fait-elle assez de *gestes* ? »

« Sa mère, en haussant les épaules, prétendait que tout cela c'était
des *gestes*. » (Flaubert, *M*me *Bovary*.)

GIBONNER, v. n. — S'agiter, remuer sans cesse : « Quel enfant !
il *gibonne* tellement la nuit, que son lit est tout défait. » Dériv. *gibon-
nier, ère*, adj. de *gibon*, jambe, usité jadis.

J'ai les *gibons* si bien harquebutais.
Muse normande.

Le poitevin a *giber*, ruer.

GIBOYEUX, adj. — Se dit d'un homme qui court les femmes :
« Le père Martin commence à vieillir, mais il est encore *giboyeux*. »

GIGNIAU, n. m. — Genêt. On dit aussi *baliot*, parce que l'on fait
des balais avec les branches de cet arbuste. En breton, *balan* signifie
genêt.

Le bois du genêt est très-recherché pour faire des faussets ; d'où
cette locution : « Tirer à ch'foncet d'*gigniau*, » tirer au meilleur
cidre.

GIGUE, n. f. — Longue jambe, dans le fr. populaire. En patois,
grande-gigue, *grande-giguasse* sont des épithètes qui qualifient une
personne de haute-taille, dont les jambes sont aussi longues que celles
des chevaux des ballades allemandes. Dans nos vieux auteurs, *gigue*,
comme *grande-gigue*, désigne une grande fille maigre.

GIGUER, v. n. — Ruer ; de *gigue*, jambe.

GÎTE, n. m. — Lit ; d'où *giter*, coucher : « Il est l'heure de *giter*
ou de mener au *gîte* tous ces enfants-là. » Se *giter*, se coucher.

GLACHE, n. f. — Glace ; dériv. *glacher*, *glachon*.

GLAINE, n. f. — Poule ; du latin *gallina*, usité particulièrement
en Picardie.

GLAINE, n. f. — Glane ; dériv. *glainer*, *glaineux*, *glainage*.

> Par eux est perpétré le monstrueux carnage
> Qui, de quinze ans entiers aiant fait les moissons
> Des Français, *glene* encor le reste en cent façons.
> D'AUBIGNÉ, *Trag.*

« Le premier jour de la moisson, on forme une *glaine* d'épis choisis,
artistement disposés et ornés de fleurs et de rubans de soie. Les moissonneurs se réunissent en corps pour offrir cette *glaine* à la fermière ;
celui ou celle qui la présente débite un petit compliment ; après quoi,
on arrose la fête avec quelques pots de gros cidre. » (Decorde, *Ouv. cité.*)

GLAGEUX, n. m. — Glaïeul : « Le loutre gist en fort pays de *glageux.* » (Cité par Littré, XIVeme siècle.)

> Chil furent enbusquiet en ros et en *glacheus*.
> HUG. CAPET, 8.

GLEUMER, v. act. — Humer ; *gleumer* un œuf, l'avaler tout cru.

GLORIEUSETÉ, n. f. — Gloriole, vanité, amour de la toilette.

GLORIEUX, euse, adj. — Celui, celle qui aime la parure ; se
prend toujours en bonne part. On dit aussi qu'un ouvrier est *glorieux*
de son ouvrage, quand il le fait avec soin.

GLOUT, Glot, adj. — Avare : « Pierre n'est pas *glout* d'une bêtise, »
Pierre aime à dire des bêtises, il n'en est pas avare. Dans l'ancienne
langue, *glout* était un terme injurieux qui n'avait pas de signification
bien précise :

> Tais, *gloz*, dist Karles, tu soiés maléois !
> GAYDON, v. 492.

Mais on le trouve cependant avec le sens d'avare :

> *Glous* n'iert jà saous, plus a plus veut.
> L. DE LINCY, *Prov.* XIIIeme siècle.

Glout a tout, ou il perd tout.

L. DE LINCY, *Prov.*, XVeme siècle.

Glot d'œuf, celui ou celle qui est avare d'un œuf. Lorsque quelqu'un porte des œufs dans un panier, il arrive souvent qu'on le défie, en criant : « *Glot d'œuf* ! » Alors pour montrer qu'on ne tient pas à un œuf, qu'on n'en est pas *glout*, on le jette sur celui qui vous provoque.

GLOUTIR (Se), v. réfl. — Se blottir ; prendre la fuite en s'effaçant le plus possible : « Un lapin s'est *glouti* dans cette pièce de trèfle. »

GLUIACHE, n. f. — Paille de seigle qui ne peut servir à faire des liens, et qu'on donne à manger aux bestiaux ; autrefois *gluyons* :

> Item, à Perrenet Marchant,
> Luy laisse trois *gluyons* de feurre,
> Pour étendre dessus la terre
> Et faire l'amoureux mestier.
>
> VILLON.

Le bibliophile Jacob semble n'avoir pas compris ce mot. Villon, dit-il, appelle *gluyons* de vieilles nattes *gluantes* d'ordure et de malpropreté. — Il n'y a aucun rapport entre *glu* et *glui*. Une botte de paille n'est pas une natte.

GLUIER, v. act. — Trier dans une gerbe de seigle battu les plus belles tiges pour faire des liens ; du fr. *glui*.

GLUYANT, adj. — Gluant.

> Adventuriers qui *gluyantes* les mains
> Ont comme colle ....
>
> J. MAROT.

GNOGNOTE, n. f. — Un rien, une bagatelle : « Tout ce que vous me dites-là, c'est de la *gnognote* ou des *gnognotes*. »

GOBE, n. f. — Grosse bouchée : « Il avale des *gobes* de viande à s'étouffer. » L'anglais *gob*, bouchée, est un mot normand.

GOBIER, n. m. — Niais, imbécile ; espèce de gobe-mouches ; est toujours accompagné de l'adjectif grand : « Quel grand *gobier* ! »

GODARD, n. propre. — « Servez *Godard*, sa femme est en couches. » Proverbe très-usité et dont on donne différentes explications.

Selon Oudin (*Cur. fr.*, p. 142 et 251), c'est une façon de parler vulgaire pour refuser quelque chose à un impertinent qui se veut faire servir en maistre, ou bien à un impatient.

Selon d'autres (Corblet, Decorde), ce dicton vient de ce que, dans plusieurs provinces, le mari d'une femme en couches se mettait au lit pour recevoir les visites de ses parents, et prenait ainsi ses aises pendant plusieurs jours.

Cette explication est la plus vraisemblable. Notre proverbe rappelle une vieille coutume mentionnée par le géographe Strabon qui dit que chez les Ibériens du Nord de l'Espagne, les femmes, après la naissance d'un enfant, soignent leurs maris, les faisant mettre au lit au lieu de s'y mettre elles-mêmes. Coutume absurbe, « qu'on a pu suivre pendant plus de dix-huit cents ans et retrouver dans les parties du monde les plus éloignées des unes des autres, dans la Chine occidentale, sur les bords de la Mer Noire, en Corse, en Espagne, etc. » (Voir Max Muller, *Essais sur la Myth. comparée.*)

Dans le conte d'*Aucassin et Nicolette*, il est fait allusion à cet usage : « Il *(Aucassin)* demande ù li Rois estoit, et on li dist qu'il gissoit d'enfant. — E ù est dont se femme ? — Et on li dist qu'ele est en lost, et si i avoit mené tox cias du païs. » (p. 290.)

GODICHE, adj. — Nigaud, sot ; selon Scheler et Littré, c'est une forme populaire de *claude*, niais, imbécile. Lorsque quelqu'un ne comprend pas une question et répond tout de travers, on manque rarement de lui citer ce bout de conversation : « Bonjour, Claude. — Monsieur, je fauque. — Comment te portes-tu ? — Je gagne un écu. »

GOGNER, v. act. — Epier, regarder du coin de l'œil, *limis oculis*, et par extension, loucher : « Retire-toi, je n'aime pas qu'on *gogne* tout ce que je fais. »

Gogneux, euse, adj. Celui, celle qui a les yeux louches.

GOMME, n. m. — « Du *gomme* arabique. »

GORGETTE, n. f. — Gorgerette, de même *chauffette* pour chaufferette.

GOSILLOT, n. m. — Gosier. On dit aussi *gosillon*. Ces deux mots se rapprochent de la forme ancienne *gosillier*.

GOUGE, adj. — Engourdi : « Avoir les mains *gouges* de froid. »
|| Gauche, maladroit : « Un domestique, une servante *gouge*. »
(V. *Dégouginer*.)

GOUJART, n. m. — Gamin ; corruption de *goujat*, valet d'armée.

Vous suivrez le bagaige à grands coups d'estrivières,
L'injure et le mépris des *goujards* inhumains.
Var. Hist. et Litt., IV.

GOULET (Le), n. m. — Nom d'un hameau de notre vallée ; ainsi appelé parce qu'il s'enfonce dans la forêt d'Eu par une étroite ouverture. Du v. fr. *goule*.

GOUTTE, n. f. — Petit verre d'eau-de-vie : « Prendre, payer, offrir la *goutte*. »

GRAFIGNARD, n. m. — Petit chien hargneux ; du v. *grafigner*, égratigner. Par ext., *gamin querelleur*.

GRAGEOIR, n. m. — Pilon pour écraser le gros sel.

GRAGER, v. act. -- Ecraser le gros sel ; au fig. *grincer* : « Il *grageait* des dents de colère. » La *grage* est une râpe dont on se sert dans les îles pour mettre le manioc en farine. » (Littré.)

GRAISSE, n. f. — Volée de coups.

GRAISSER, v. act. — Engraisser : « *Graisser* des bœufs, des vaches, etc. » S'emploie absol., ex. : « Ce fermier n'a pas assez de prairies pour *graisser*. »
|| Battre, accabler de coups.

GRAMENT, adv. — Grandement, beaucoup : « Cet arbre a *grament* de pommes.»

Chacune li promet *grandment*
Que vers li soit au jugement.
FL. ET BLANC, v. 481.

Granment n'a mie que la fame
A un chevalier, gentiz dame
Estoit en ce païs en vie.
RUT., *Du Secrestain*, etc.

Lorsque les adjectifs français, dérivés du latin, avaient le féminin semblable au masculin, la forme masculine subsistait dans l'adverbe. Ainsi, dans nos vieux auteurs, on trouve *fortment, briefment, mortel-ment, grandment,* etc., au lieu de *forte-ment, briève-ment, mortelle-ment, grande-ment.* (Pour la formation des adverbes voir Raynouard, Ampère, Littré, etc.)

GRAND, adj. pris subt. — S'emploie dans le sens d'espace, d'éten-due : « Voilà une belle cour, il y a du *grand* pour se promener. »

GRANDET, adj. — Dim. de *grand.* Usité au XVIème siècle. (Voir Marot, *Avant-Naissance,* etc.)

GRAND-GOSIER, n. m. — Sobriquet que l'on applique aux gour-mands et aux grands mangeurs ; probablement de *Grandgousier,* un héros de Rabelais.

GRANDIER, adj. — Fier, qui ne parle pas à tout le monde.

GRAND'MÈRE, n. f. — On appelle ainsi la petite araignée à longues pattes qui se trouve surtout dans les champs.

GRÉGI. adj. — Fripé, plissé, en parlant d'un voile, d'une dentelle, d'une robe de mousseline. De l'italien *greggio,* brut, qui a donné le fr. *grége* ; soie *grége.*

GRÉMIR, v. n. — Frissonner, grincer des dents. On *grémit* en entendant scier une pierre, tailler un bouchon de liége, etc. Du v. fr. *gram, graim,* fâché, attristé :

> Or sui si *graime* que ne pois estre plus.
>> *La Vie saint Alexis*, texte du XIème siècle,
>> st. 22.

Dériv. *gramoier, gremoier, gremier, gremir, agremir.*

> Charles voit son neveu *gramoier* et irer.
>> FIERABRAS, v. 186.

> Quant Fedri voit sen frère de courour *agremy.*
>> HUG. CAPET, p. 28.

Etym. anc. haut-allemand *gram, gramjan.*

GREUILLE, Greuillie. n. f. — Grappe : « Une belle *greuillie* de noix. » Au fig. : « Une *greuillie* de harengs enfilés d'une corde ou d'une petite branche. » Pour exprimer la même idée, le vieux français avait *hardel*, pluriel *hardiaus*, diminutif de *hart*, corde, petite branche d'osier.

> Renarz qui sot tant de guiles,
> Trois *hardiaus* (de harengs) mist entor son col.

RENART.

Bartsch (*Chrest.*, page 589) donne à *hardel* le sens de paquet. On ne voit pas clairement comment le renard aurait pu s'enfuir avec trois paquets de harengs ou d'anguilles, mais on se le figure très-bien prenant la poudre d'escampette avec trois *greuillies* de harengs passées autour de son cou.

GRÉSILLER, v. n. — Brûler au soleil : « Du blé, de l'avoine *grésille*, lorsque la paille casse comme du verre. C'est pourquoi je rattacherais plus volontiers ce mot à *grésil*, *groisil* (verre cassé) qu'aux mots *gril*, *griller*. Cependant l'acception figurée : *grésiller* d'envie, brûler d'envie, me laisse dans le doute.

GRIBLE, n. m. — Crible, du lat. *cribrum*. Le patois a substitué le *g* au *c*. On remarquera que cette substitution a lieu dans beaucoup de mots français : *Ciconia*, cigogne, *crassus*, gras, *vicarius*, vignier, *conflare*, gonfler, etc.

|| Dériv. *gribler*.

GRIBLÉ, adj. — Rempli, chargé : « Ce poirier est *griblé* de fruits. — Ce champ est *griblé* da cailloux.»

Griblé a tout à fait le même sens que le latin *creber* dans cet exemple : « Creber *arundinibus locus*. » (Ovide.)

GRIBOUILLARD, adjectif. — Celui qui fait du gribouillage, dont l'écriture est illisible.

GRIBOUILLE, n. m. — Mot forgé, dit Roquefort, pour désigner un sot, un benêt : « Fin comme *gribouille* qui se jette à l'eau de peur de la pluie.» Ce dicton est connu partout.

GRIBOUILLIS, n. m. — Ecriture indéchiffrable.

GRIBOUILLONNER, v. n. — Fréq. de *gribouiller*.

GRIGNARD, Grignon, adj.— Enfant qui ne fait que *grigner*, d'une humeur difficile. Comp. avec le vieux mot *gringnos* que l'on trouve avec cette acception dans Benoît de Sainte-More.

GRIGNÉE, n. f. — Grimace. Dans Villon *groignée* ou *grongnée*, emplâtre sur l'œil que se mettaient les gueux pour émouvoir les passants par des *grimaces* hypocrites.

> Item, je laisse aux hôpitaux,
> Mes chassis, tissus d'araignée ;
> Et aux gisans sous les estaux,
> Chascun sur l'œil une *grongnée*.
>
> G. T., XXX.

GRIGNER, v. n. — Pleurnicher, en parlant des enfants. Berry, *grigner* des dents, les montrer par humeur ou par menace. (Voir Jaubert.) Comp. avec l'all. mod. *greinen*, grincer des dents, et le bas-breton *krina*, grignoter, ronger. En v. fr. *grigner* signifiait froncer :

> Il *gringne* les grenons, si lieve les sorcis.
>
> FIERABRAS, v. 2630.

GRILLER, v. n. — Glisser sur la glace. Le v. fr. avait *escriller* qu'on a comparé avec le suédois *scrilla, scridla*. (V. *Chevallet*.)

GRIMPLET, n. m. — Grimpereau.

GRISIR, v. n. — Devenir gris ; très-usité dans ce dicton : « Tête de fou ne *grisit* point. »

GRON, n. m. — Tablier ; syncope de *giron*.

> Ses *grons* (d'herbe) a la dame emplis.
>
> GAUT. DE COINSY, *Mir. de la Vierge*

Diez qui rejette l'étym. latine *gremium* en propose une autre aussi incertaine : *gêr*, pointe de lance, à cause de la forme de ces pans de vêtement. (Voir aussi Littré, au mot *Giron*.)

GRONÉE, n. f. — Ce qu'on peut porter dans un tablier, dans un *gron* : « J'ai apporté une *gronée* de pommes. » V. fr. *gironnée*.

> C. mailles li tranche de sa broigne safrée,
> Et l'en y a tailliée toute la *gironnée*.
>
> AYE D'AVIG., v. 525.

GROS, adj. — Riche : « Fréquenter les *gros*, dîner avec les *gros*.»

> Or preneiz à ce garde, li *groz* et li menu.
>
> RUT., *Li Diz de Puille*.

Nos paysans substituent *gros* à riche comme Mme Josse dans la comédie de Boursault, les *Mots à la Mode*, substituait *gros* à grand.

Alexandre-le-Grand, l'exemple des héros,
Est appelé par elle Alexandre le *gros*.
Hier au soir elle-même, en parlant d'Allemagne,
Dit que le *gros* Visir s'alloit mettre en campagne.

GROSELLE, Groiseille, n. f. — Groseille. Dériv. *groisellier*.

Barbier, or viennent les *groiseles*,
Li *groiselier* sont boutonné.

RUTEBEUF.

Elle a beau tainct, un parler de bon zelle
Et le tétin rond comme une *groizelle*.

MAROT, *Rond*.

GROSSIER, adj. — Qui prend de l'embonpoint : « C'te fille est un peu *grossière*, mais elle est bien jolie tout de même.»

GROUÉE, n. f. — Pommes qui tombent avant le lochage : « La *grouée* des meilleurs arbres de la forest de Lyons. » (*Nouv. Fabrique.* »
De ce mot dérivent *égrouer, égrouures*, qu'on a vus plus haut.

GROUINAGES, n. m. plur. — Pommes tombées avant leur maturité ; même sens que *grouée* : « On pile tout d'abord les *grouinages*.»

GROULARD, Grouleux, adj. — Qui a l'habitude de bouder ; personne qui a l'humeur triste.

GROULER, v. act.— Bouder : « Je ne sais ce que j'ai fait à Pierre, mais il me *groule*. »
‖ Etre languissant, malade. Se dit surtout des animaux : « Cette poule traîne les ailes comme si elle *groulait*. » En Basse-Normandie, *grouler, crouler*, signifie *roucouler*.
‖ Le temps *groule*, c'est-à-dire le temps menace.

GRUGEOIR, n. m. — Moulin pour écraser les pommes; du fr. *gruger*.

GRUMELER, Greummeler, v. act. — Grommeler.

Puis le mari a sa fumelle
Hongne, frongne, grongne, *grumelle*
Par l'espace d'une grosse heure.

R. DE COLLERYE.

GUÉDER, v. act. — Repaître, gorger de nourriture ; usité surtout au part. passé : « Ils sont partis bien *guédés.* » Ce mot qui appartenait au vieux français vient du germanique *weidôn* ; all. mod. *weide*, pâture, nourriture.

Une autre étymologie, *gœda* qui en islandais signifie *enrichi* a été supposée par Du Méril.

GUERBE, n. f. — Gerbe ; du haut-allemand *garba*, selon Du Méril.

Dériv. *guerbée*, gerbée ; *guerbette*, petite gerbe battue que l'on donne à manger aux bestiaux ; *guerbu*, qui fournit beaucoup de gerbes : « Je crois que cette année les blés ne seront pas *guerbus.* »

GUERDOUILLER, Gredouiller, v. n. — Faire un bruit comme l'eau qui commence à bouillir, ou comme les flatuosités dans les intestins.

Ce verbe exprime aussi le bourdonnement (v. Buffon) que fait entendre le dindon lorsqu'il va piaffant et sollicitant sa femelle. Ce dindon est appelé par les paysans *copin guerdouilleux.*

GUERGEOLER, v. n.— Jargonner ; se dit du ramage des oiseaux ; des petits enfants qui commencent à parler.

GUERGEON, Gregeon, n. m. — Produit du blé qui tient le milieu entre la farine et le son. Il faut rattacher ce mot au fr. *gruger* ; angl. *to grudge* ; bas-all. *grusen*, écraser. Citons encore le v. fr. *gru* ; picard, *grui*, gruau.

> Mors dessoivre rose d'espine,
> Paille de grain, *gruis* de férine.
>
> St. sur la Mort, 32.

GUÉRITE, part. passé fém. — De guérir : « M'fille n'est pas core *guérite.* » De même bénir fait toujours *bénite*, au fém.

GUERLOTTER, v. n. — Grelotter.

GUERNIER, n. m. — Grenier.

> ....Cil qui avoient les *guerniers*,
> Voussissent bien qu'il (le blé) fut plus chiers.
>
> Chron. de S. Magloire, v. 191.

GUERNOUILLE, n. f. — Grenouilles ; loc. : «Avoir des *grenouilles*

12

dans le ventre, » on devine ce que cela veut dire. Dériv. *guernouil-lard, guernouillère*.

GUERNU, adj. — Grenu : « J'avons de l'aveine qui n'est pas bien *guernue*. »

GUETTER, v. act. — Signifie simplement regarder : « Quoi que tu *guettes-là* ? » C'est l'extension naturelle du sens du mot français.

Anciennement, on écrivait *gaiter*, *gaitier*, du subst. *gaite*, veilleur, sentinelle :

> Quatre *gaites* en la tor
> Qui veillent la nuit et le jor.
>> FLOIRE ET BLANC, v. 1703.

GUEULE, n. f. — Visage, figure : « Il a une drôle de *gueule*. — Donner à quelqu'un un coup à travers la *gueule*. »

Anciennement, ce mot ne se prenait pas toujours en mauvaise part ; exemple :

> Fromons s'en ist defors a la meslée,
> Ses enfants trove gisant *gole* baéc.
>> GARIN, v. 1096.

> De moie part l'amiral rouverés
> Que il m'envoit .M. espreviers mués...
> Et de sa barbe les blancs grenons mellés,
> Et de sa *gueule* .IIII. dents maiselers.
>> HUON, v. 2347.

‖ Etre de la *gueule*, sur sa *gueule*, être gourmand.

GUEULU, adj. — Gourmand ; formé de *gueule*, comme *goulu* du v. fr. *goule*.

GUEUSAILLE, n. f. — Gueux, gueuse.

GUIBOLLE, **Guillebaude**, n. f. — Longue jambe, par mépris : « Range tes *guibolles*, tu m'empêches de passer. »

GUISIER, n. m. — Gésier ; v. fr. *juisier*.

> Si resavés, biaus genius,
> Comment li *juisier* Ticius
> S'efforcent ostoir de mangier.
>> ROSE, v. 19506.

GUITE, n. propre. — Marguerite, par abréviation.

GUSTIN, n. propre. — Augustin, par aphérèse.

H

H. — Cette lettre est rarement aspirée. On prononce *ache, asard, aïr, ardiesse, anneton, erche, onte,* etc., au lieu de hache, hasard, haïr, hardiesse, hanneton, herse, honte.

HABIT À LA VIANDE, n. m. — Habit de fête, celui qu'on met les dimanches ou bien aux grands repas.

HABITUDE (D'), loc. adv. — Habituellement : « Je me lève d'*habitude* à six heures du matin. »

HAGUER, v. act. — Hacher : «Nous irons chez le boucher, dès qu'il aura *hagué* sa viande.»
Au fig., *accabler, abîmer* : « Il m'a *hagué* de sottises. » Comp. avec l'anglais *to hack,* hacher.

HAGUETTES, n. f. plur. — Petites branches . « Aller au bois couper des *haguettes* pour faire des balais. »
Au fig. *jambes longues et minces.*

HAGUILLONNER, v. act. — Péjoratif de *haguer,* couper quelque chose avec un mauvais couteau.
Dériv. *haguillonnier,* adjectif. Se dit de quelqu'un et surtout d'un enfant qui s'amuse à tailler du bois avec son *câtreux de mulots.*

HAÏE. n. f. — Haie ; prononciation conforme à l'étym. *haia,* bas latin.

HAIM, n. m. — Hameçon, du latin *hamus,* comme le vieux mot *rain* (rameau) de *ramus. H* s'aspire quelquefois. Dans l'ancienne langue la lettre *h* de ce mot est tantôt muette, tantôt aspirée.

> Li valés vint au chastelain,
> Que amours avoit pris à l'*ain.*
>
> CHAST. DE COUCY, v. 439.

« Uns pechierres geta iluec son *hain*...... » (XIIIme siècle, Du Cange.)

« En l'autre bougette avoit force provision de *haims* et claveaux. » (Rab., *Pant.*, II, 16.)

> J'aimois le cours suivy d'une longue rivière
> Tirer avec la ligne, en tremblant apporté,
> Le crédule poisson prins à *l'haim* apasté.
>
> RONSARD, *Poés. choisies.*

« Ne pensez pas qu'il y ait.... poisson aulcun qui, pour la friandise, s'accroche plustot dans le *haim*, que tous les peuples s'alleichent vistement à la servitude. » (Et. de la Boëtie.)

Primitivement, on a écrit *aim*, *ain*.

HAÏON, n. m. — Claie recouverte de paille ou de branchages derrière laquelle se mettent à l'abri les vachers et les bergers, lorsqu'il pleut. Diminutif de *haïe*.

HAÏR, v. act. — *H* ne s'aspire point, et le tréma est conservé à toutes les personnes et à tous les temps du verbe. La contraction je *hais*, tu *hais*, il *hait*, remonte à l'origine de la langue, et l'emploi du tréma est une exception non-seulement à l'indicatif, mais à tous les autres temps.

> Tus ceux qui cest conseil li dunèrent *harra*.
>
> TH. LE MART., dans LITTRÉ.

> Tu *hez* orgueil et félonie
> Seur toute chose.
>
> RUT., *Ave Maria.*

> Aimez les vos, *haez* vos anemis.
>
> GARIN, v. 1759.

> Ce que l'un *het*, li autres *héent*.
>
> ROSE, v. 12581.

Cependant, au subjonctif présent, nos paysans indiquent à peine le tréma dans la prononciation ; ils disent que je *heiche*, etc., qui rappelle la forme ancienne *hace* :

> Ne sai beste fors que Brun l'ors
> Que je tant *hace* comme vos.
>
> RENART, v. 20419.

HÂLITRE, n. m. — Grand air sec ; d'où *hâlitré*, desséché. « Les

herbages sont *halitrés* par une longue sécheresse. » Il faut rattacher
ce mot au fr. *hâle*.

HALLETTES, n. f. pluriel. — Petit hangar pour mettre le bois à
l'abri et faire sécher le linge ; diminutif de *halle*.

HALOT, n. m. — Touffe de buisson, hallier : « La moitié de tous
les aunois, sauchois, *haloz*, prez et rentes. » (Du Cange, *halotus*.)
Pour étym., Diez a proposé le bas-latin *hasla*, branche.

« Bon bergier, pour passer temps comme il avoit de coustume, se
mit en contrepoix entre deux *haloz* sur une balochouère. » (C. N.
N., 82eme.)

‖ *La Hallottière*, petit village du pays de Bray, ainsi nommé par
ce qu'il était couvert de *hallots*.

HAMEL, n. m. — Nom de plusieurs localités situées dans notre
vallée ; quelques communes comme Dancourt, Grandcourt ont des
dépendances ainsi appelées. Le *hamel* est le cas régime de *li hamels*
ou *hamiaus*, dérivé des mots germaniques *ham*, *heim*, terrain entouré
de haies, demeure, et par extension, bourg, village.

HAMONT, n. m. — Espèce de carcan en bois que l'on met au cou
des cochons pour les empêcher de traverser les haies.

HAMPILLES, n. f. plur. — Hardes, habits vieux ou malpropres.

HANSART, n. m. — Hachette ou couperet dont on se sert pour
débiter la viande : « Prête-moi ton *hansart* pour faire un hachis. »
V. fr. *hansacs*, de l'anglo-saxon *hand-seax*, couteau de main, et par
extension *trait, javelot*.

« Le *hansart* et l'escorchéor. » (Partonop., dans Littré, p. 1909.)

Ailleurs, page 1290 du Dict., la citation est toute différente : « Le
hansart, l'escorcheor. »

L'auteur du lexique de Partonopeus (Edition Crapelet, 1834), dé
finit ainsi le mot *hansart* : « Pièce du harnois d'un cheval ! » Le
même explique le vieux mot *ré*, bûcher (du latin *rogus* ou plutôt du
bas-latin *redulus*), par roi (rex), et par coupable (reus.)

> Et il le fist ardoir en *ré* (en roi !)
> V. 359.

> Destruicte sui ou arse en *ré* (en coupable !)
> V. 7708.

HANSE, n. m. — Manche d'une faux ; selon les uns de *hasta*, selon les autres de l'anglais *hand*, main.

Dériv. *renhanser*, faire remettre un manche ; dans la vieille langue *renhanter*.

HARCHELLE, n. f. — Petite branche torse d'osier ou de coudrier ; dim. de *hart*. On peut qualifier de bizarre l'opinion de Génin qui tirait *harchelle* d'archal, parce que, disait-il, il y a une analogie frappante entre une tige d'osier et un fil d'archal.

HARDE, n. fém. — Œuf à coquille molle ou dont la coquille est remplacée par une membrane. Littré donne l'adjectif *hardé* (œuf hardé) employé par Buffon.

On dit *hardelé* dans le Calvados : « Les œufs *hardelés* sont pondus par des coqs et quand on les met dans du fumier de cheval, il en sort des serpents dont l'huile est excellente pour composer des philtres et transmuer des métaux. » (Du Méril, G. N.)

HARÉE, n. f. — Averse : « J'ai reçu au milieu de la route une bonne *harée* sur le dos. » Ce mot est probablement une corruption du v. fr. *orée*, tempête.

> *Orez* y a de tuneire et de vent.
>
> ROLAND, ch. II.

Du latin *aura*, brise légère dont *ore*, *oré* a souvent le sens :

> Tot dreit a Rome les portet li *orez*.
>
> *Saint Alexis*, XIème siècle, st. 39.

> Et Damedix lor dona bon *oré*.
>
> HUON, v. 8620.

Selon Pluquet *harée* est pour *horée*, pluie d'une heure ; par analogie une *harée* de soleil, une embellie qui ne dure qu'une *heure* ?

HARICOTER, v. n. — Se dit d'un cultivateur qui laboure avec des haridelles et n'avance point dans son travail ; d'où *haricotier*, pauvre homme qui n'arrive point à faire ses affaires, qui tire le diable par la queue.

HARIDONS, n. m. plur. — Brins de lin, tiges de chanvre dépouillés de leur écorce ; probablement de *arida, orum*, choses desséchées. Au lieu de *haridons*, on dit encore *écouchures*, de *écouche*, outil pour préparer le lin et le chanvre.

HARLAND, Harlandier, n. m. — Homme lent, irrésolu. Le fermier qui n'achève point ses travaux en bonne saison est un *harland*.

HARLANDER, v. n. — Faire tout avec lenteur, n'avancer à rien.

HARLER, v. act. — Hâler. On dit de même *marle, pertrir,* au lieu de mâle, pétrir ; la lettre *r* se retranche aussi capricieusement qu'elle s'ajoute, ex. : *mêle, mêlan* pour merle, merlan. On trouve dans l'ancienne langue *angre, arme, merler* (ange, âme, mêler.)

> Bien pert qu'il ne veut pas faire Dieu de sa pance,
> Quand pour l'*arme* sauveir met le cors en balance.
>
> RUT., *Li Diz de Puille.*

> Par Mahon ! dit Califes, ne m'en *merlerai* ja.
>
> BAUDUIN DE SEBOURC.

> Orgueil geta du ciel jadis
> Le plus bel *angre* que Dieux fît.
>
> G. DE COINSY, dans THÉOPH,, v. 1889.

HARLOQUER, v. act. — Ebranler, secouer : « Il a longtemps *harloqué* la porte, ou *harloqué* à la porte. »

Rouchi, *harlocher* ou *arlocher* = *relocher*, ébranler à plusieurs reprises.

HARLOTER, v. act. — Même sens que *harloquer*. Au fig. *marchander* : « Je ne veux pas *harloter* avec vous ; ce sera cent francs, et je n'en démordrai pas »

‖ *Harlotier, ère,* adj. Celui, celle qui marchande.

Harloter doit être un fréquentatif du fr. *haler,* tirer, avec intercalation de la lettre parasite *r*.

HARNAS, n. m. plur. — Terme dont se servent les bouchers pour désigner le poumon, le foie d'un animal, et particulièrement les tripes de mouton, mets recherché par quelques amateurs.

‖ Garniture, doigts d'une faux. — Dans le Poitou, toutes espèces de garnitures d'outils, d'instruments de labourage. (L. F.)

Harnas a formé le fr. harnais. Dans l'ancienne langue, ce mot signifiait armure, engin de fer, habillement de guerre, puis vêtement en général. Du celt. *haiarn,* fer.

HARNIQUER, Harnaquer, v. act. — Harnacher : « Barons *ahar-nakiés* de chevaus et d'armeures. » (*Chron. de Raims,* dans Littré.) Dériv. *harniquement.*

HASARD (D'). — Cette locution marque le doute ou la probabilité, ex. : « c'est bien *d'hasard* s'il ne loue pas sa ferme, » il louera probablement. — « C'est bien *d'hasard* s'il vous refuse cela, » il est probable qu'il ne vous refusera pas cela.

‖ Par hasard. « C'est tout-à-fait *d'hasard* que je l'ai rencontré. »

HASIER. n. m. — Touffe de ronces, buisson épais. Pour étym. Scheler propose l'allemand *hasel,* coudrier, baguette de coudrier. Le bas-latin *hasla,* branche, est plus acceptable. (V. *Halot.*)

HATELET, n. m. — Carré de côtelettes de lard qu'on fait rôtir à la broche ; du v. fr. *haste* qui signifiait viande rôtie, et broche à faire rôtir, ex. :

(Sains Laurens) fist por Dieu de son cors *haste.*
Stances sur la Mort, 37.

La dame a le *haste* jus mis,
S'en pinça une pelure
Quar moult ama la lecheure.
Fabliaus des Perdris, dans Bartsch.

Musars, dist-il, où devez-vous aler ?
Miex vos venist les *hastes* à torner....
Aliscans, v. 3788.

De *haste* dérivaient *enhaster,* mettre à la broche, *hastereaux,* foies de volailles coupés par rouelles et mis à la brochette ; *hastille,* boudin et parfois petit bâton. On trouve encore dans les Dictionnaires *hâteur,* officier de cuisine de la bouche du roi, et *hâtier,* grand chenet de cuisine à plusieurs crochets sur lesquels tournent les broches.

« Et si trouvèrent..... plus de mille *hastiers,* plains de pièces de char pour rostir. » (Froissart, I, p. 71.)

Etym. lat. *hasta.*

HAUCHER, v. act. — Hausser. Mots composés : « *Hauche-cul,* ancienne pièce de la toilette des dames ; *hauche-nez,* celui qui marche en levant le nez, étourdi, esprit éventé. »

HAUTE! Haute! — Cri pour chasser les vaches.

HAVET, n. m. — Ustensile de cuisine, croc ou crochet qui anciennement servait à différentes choses.

> L'hostel est seur, mais qu'on le cloüe ;
> Pour enseigne y mis un *havet*.
>
> VILLON, G. T., LXXXVI.

« Ce mot, dit le bibliophile Jacob, qui ne manque pas d'invention, nous paraît venir, non du grec, comme le prétendent les étymologistes, mais du verbe latin *habere*, avoir; on a dit *havet* de *habet*, parce que l'instrument *a* ce qu'il accroche ! »

Un autre commentateur de Rabelais, non moins ingénieux, prétend que *havet* vient de *havir*, parce que cet ustensile était *havi* par la flamme.

Littré (c'est toujours à lui qu'il faut recourir) donne pour étym. l'allemand *haft*, agrafe.

Comp. avec le bas-latin *havus* par lequel est traduit *uncinus* dans le Glossaire de Reichenau.

HAYEUX, n. m. — Ouvrier dont le métier est de faire ou de réparer les haies ; du verbe *hayer*, usité jusqu'au XVIᵉᵐᵉ siècle : « Et ne faut qu'il allègue mes champs être mal clos, car je suis celui qui les regarde à les bien clore et *hayer*. » (Noël du Fail.)

HAYURE, n. f. — Haie, clôture.

HENNE, n. f. — Mauvais cheval, rosse : « Il ne pense qu'à ses *hennes*, » disait en parlant de son mari une brave fermière qui de son côté ne pensait qu'à ses vaches. Du latin *hinnus*, mulet. (V. N. Marcellus, p. 127.)

HÈQUE ou Hec, n. m. — Petite barrière ou plutôt « demi-clôture d'un huis, » pour empêcher les volailles et autres animaux d'entrer quand la porte reste ouverte. (V. Du Cange, au mot *heket*.) L'origine de ce mot est inconnue ; comp. cependant avec l'anglais *hatch*, demi-porte.

HERBAGE, n. f. — « Une *belle* herbage. »

HERBIERS, n. m. plur. — Touffes de mauvaises herbes.

HERCHE, n. f. — Herse ; d'où *hercher*, *herchage*, etc.

HÉRICHON, n. m. — Hérisson ; au fig., enfant malpropre, mal peigné. L'*hérichon* a mauvaise réputation : Il passe pour être friand de lait, et traire les vaches pendant la nuit. Les naturalistes ont depuis longtemps démontré que la conformation de cet animal s'opposait à ce qu'il commit un pareil méfait, mais les préjugés ne sont pas faciles à détruire.

HÉRODE (Vieux comme), loc. prov. — Très-vieux, très-connu, comme l'histoire d'Hérode dans l'Evangile.

Les allusions aux récits de l'Ancien et du Nouveau Testament sont assez fréquentes; on dit :

Je ne le connais ni d'Eve ni d'Adam.

Vieux comme Mathusalem.

Connu comme Barrabas à la Passion.

Traître comme Judas.

Aller de Caïphe à Pilate.

Doux comme un petit saint Jean.

Léger comme l'oiseau de saint Luc, etc.

HERPER, v. act. — Dérober : «C'est un vagabond qui *herpe* tout ce qu'il trouve. »

|| Saisir avec violence, mordre, Etym. ἅρπη, croc, ou *arripere*, saisir.

HÉTRELLE, n. f. — Nom de localité; hameau de quelques maisons environné de bois, de *hêtres*.

HEUMER, v. act. — Humer.

HEURTER, v. act. — Corner, frapper avec les cornes : « Le taureau a *heurté* la servante.» S'emploie absolument, ex.: «Méfiez-vous, cette vache *heurte*.»

HEURE, n. f. — Loc. particulière : « A *belle heure,* » tard, par ironie. Vous arrivez à *belle heure,* nous allions nous coucher.

« *Trop de bonne heure,* » trop tôt, de trop bonne heure.

« *A cette heure, asteure,* » voir ce dernier mot.

« *A bonne heure,* » de bonne heure.

« *A quelque heure,* » un jour, à quelque moment. Nous irons vous voir à *quelque heure.*

« *D'heure,*» de bon matin. «Il faudra demain se lever *d'heure* pour lier l'aveine. — Il commence à n'être pas *d'heure*, le soir commence à venir.»

D'heure a formé l'adjectif *d'heurible, deurible*. (V. ce mot.)

HEURTE-POT, n. m. et f. — Maladroit, oite ; celui ou celle qui casse les *pots* : « Ne prenez pas cette fille pour servante, c'est une vraie *heurte-pot*.

HIE ! — Exclamation pour faire avancer ou chasser un animal. Dans l'ancienne langue, *hie* signifiait force, vigueur, énergie. Comp. avec le hollandais *hijgen* s'efforcer, et l'anglais *to hie*, se hâter.

HIMEUR, n. f. — Humeur : « Il est d'une *himeur* à kier dessus,» d'une humeur insupportable. On dit encore : « Avoir une *himeur* de kien, » un caractère difficile, hargneux.

HISTOIRE De, loc. conj. — Afin de, pour : «Jouons aux dominos, *histoire de* passer le temps. — Je lui ai fait une farce, *histoire de* rire. »

HIVE, n. f. — Ruche ; c'est le mot anglais *heave*.

HOC, Hoque, n. m. — Crochet en fer, fixé au bout d'une longue perche, avec lequel on décharge le fumier des tombereaux. *Hoque* a formé les verbes *ahoquer, déhoquer, hoquer*.

‖ *Rester hoc*, s'arrêter court, demeurer comme *ahoqué*.

Etym. bas-latin *hoccus*, corruption du latin *uncus* ; grec ὄγκος, ὀγκίνος.

HOCSONNER, Hoquesonner, v. n. — Secouer fortement une porte pour l'ouvrir ; faire comme si on l'ébranlait avec un *hoque*.

HOIGNARD, adj. — Se dit des enfants qui crient et pleurent continuellement. Dans l'ancienne langue on se sert de *hoignard* pour qualifier une personne qui grogne, qui est toujours de mauvaise humeur : « Mari mérancolieux et *hoingnard*. » (*Evangile des Quenouilles*, page 20).

« Misérablement son temps passoit avecques son très maudit mary, le plus soupessonneux *hoignard* que jamais femme accoinstât. » (C. N. N., XIème.)

Hoigne est un vieux mot signifiant plaisanterie, gronderie.

Par Dieu ! se je les empoigne,
Puisque j'en jure une fois,
Je leur monstrerai sans *hoigne*
De quel pesant sont mes doigts.

OL. BASSELIN.

HOIGNÉE, Hoignerie, n. f. — Pleurs, lamentations, en mauvaise part. Au figuré *grincement*. Une porte fait des *hoignées* lorsque les gonds ne sont pas huilés.

HOIGNEMENT, n. m. — Cri de douleur d'un chien, d'un chat, quand on lui marche sur la queue ou sur les pattes.

HOIGNER, v. n. — Pleurnicher, grincer; dans *Marot*, grogner.

Il faut dire, puis qu'ainsi *hoingne*,
Que je lui ai gratté sa roingne
En quelque mot qu'il trouva layd.

HOIGNON, n. m. — Enfant qui pleurniche sans cesse. C'est le v. fr. *waignon*, chien (animal qui *hoigne*, aboie continuellement). Comp. *hoignard, hoigner*, etc., avec l'anglais *to whine*, se plaindre.

HOMME, n. m. — Mari : « Not' *homme*, nos *hommes*, » c'est ainsi que nos campagnardes désignent leurs maris.

Cloez vos huis, taverniers, à nos *hommes*.

Anc. Poés., VI, 176.

‖ *Homme* d'âge. (V. *Age*.)

HONESTÉ, n. f. — Honnêteté, probité : « C'est un homme de grande *honesté*. » Primitivement ce mot eut le sens du latin *honestas*, exemple :

Por o s'furet morte a grand *honestet*.

EULALIE.

Nobles hom ert, e netée
Ama toz dis et *honesté*.

GUILL. DE SAINT-PAIR, v. 3030.

‖ *Honestés*, au plur. Actes, paroles de politesse.

« Le Procureur de Tyr leur fist de grandes *honestez*. » (*Chron. d'Ernoul*, 139.)

HONTABLE, adjectif. — Honteux, infâme ; ne s'applique qu'aux choses : « Maltraiter ainsi son père, c'est *hontable*. »

HOQUER, v. act. — Accrocher, suspendre : « *Hoque* el marmite al cremillie. » (V. *Hoc, hoque.*)

HOTTELÉE, n. f. — Le contenu d'une hotte.

HOTTIAU, n. m. — Charrette à deux roues qui sert à porter du sable, des pierres et surtout du fumier ; du fr. *hotte.*

HOU ! Hou ! — Cri pour chasser les cochons ; v. all. *huz, huz !* Cri par lequel Louis le Débonnaire, à son lit de mort, chassait le malin esprit.

HOUETTE ! — Exclamation qui exprime le doute et l'incrédulité : « O' croyez qu'il me fera un procès, *houette !* »

« Et ainsi amplifiant sa gloire, nous disait qu'il avoit guéri toutes sortes de maladies. Comme je lui faisois *houette*, etc. » (Bér. de Verville, p. 205.)

On dit aussi, *houin !*

HOULER, v. act. — Pousser : « Quel paresseux ! on ne peut le *houler* à rien, » on ne peut obtenir qu'il travaille : « Quant Aucasins oï ensi le Roi parler, il prist tox les dras qui sor lui estoient, si les *houla* aval le cambre. (Auc. et Nicol, 292.)

HOURD, n. m. — Instrument de labourage, mobilier d'un cultivateur : « Laignel est ruiné, il a vendu son *hourd*. » Dans le v. fr., ce mot signifiait échafaudage : « Et y avoit droit au milieu de l'église un haut *hourd* tout couvert de vermaux parements. » (Froissart). Le dérivé *hourder* voulait dire *fortifier, garnir* une ville, un château. En patois, ce verbe signifie *fournir à quelqu'un tout ce qui lui est nécessaire* pour la culture ; ex.: « Le père B... a loué une ferme à chacun de ses fils et les a bien *hourdés*. »

Du Méril tire ce mot de l'islandais *hurdaras*, masse grossière. »

HOUSES, n. f. plur. — Guêtres de toile et de cuir qui montent jusqu'aux genoux. V. fr. *hose, huese, hoese, house, housel, housiaus.*

As *hueses* traire keurent cil esquier.
RAOUL DE CAMBRAI dans BURGUY.

Dériv. *houser, enhouser*, habiller d'une façon ridicule : « Peut-on s'*enhouser* de cette manière ? — En v'là ti un bien *enhousé* ! »

HOUSSENAPPE, n. des deux genres. — Personne malpropre, dégoûtante.

HOUSSER, v. actif. — *Mulierem comprimere* : « *Housser* une fille. — Elle s'est laissé *housser*. » Ce mot est particulièrement usité dans la Somme.

HOUSTABAS, n. f. — Femme malpropre, de mauvaise vie, qui est toujours prête à jeter *ses housses à bas*.

HOVELER, v. act. — Mettre en *hoviaux*.

HOVIAU, n. m. — Petit tas de blé, d'orge ou d'avoine qu'on fait à l'aide d'un râteau avant de botteler. Dans certains endroits de la Basse-Normandie on dit *haviau*, de *havet*, crochet.

Il existait sur le blé un droit de *havage* : « Item le *havage* de la ville de Vernon.» (Aveu du XVᵉᵐᵉ siècle, cité par Le Héricher.)

HUCHER, v. act. — Placer en haut.

HUQUER, v. act. — Hucher : « Tu m'*huqueras*, si t'as besoin de mai. »

HURLÉE, n. f. — Hurlement : « Les chiens ont cette nuit poussé des *hurlées* du diable. »

> Sous l'effroyable bruit de ses fortes *hurlées*
> On oit gémir de loin les rives reculées.
>
> GILLES DURAND, dans JAUBERT.

HURU, adj. — Mal peigné, hérissé; v. fr. *huré* de hure. Si deux coqs se battent en hérissant leurs plumes, on dit qu'ils sont *hurus* de colère.

« Il estoit bossu et contrefait, et s'il avoit la teste *hurée* et entremeslée de cheveux chenus. » (Perceforest.)

On trouve encore *héru, hurepé* :

> Orible gens estoit et moult laide et *hérue*.
>
> CH. D'ANTIOCHE, II, p. 254.

> Braies et noires, cemise deslavée,
> Et si avoit la teste *hurepée*.
>
> ALISCANS, v. 2739.

HUSTUBERLU, n. m. — Hurluberlu. Ce mot, dit Littré, est d'origine inconnue. Du Méril le dérive de l'arabe *hourloubourlou*, ahuri, littéralement *troublé-perdu*.

Nom de saint inventé par Rabelais. (*Pant.*, v. 15.)

I

I. — Va, marche ; selon Du Méril, cette seconde personne du verbe latin *ire* s'est conservée dans le patois du Jura.

I, pron. masc. — *Il.* La lettre *l* ne se fait pas sentir devant une consonne. On dit : *I* vient, *i* court ; de même au plur. : *I* viendront, *i* courront.

Au pluriel, *ils* devant une voyelle se prononce *il* : « *Il* arriveront tard. »

Dans certains cas, au singulier comme au pluriel, la lettre *l* ne sonne pas, même devant une voyelle : A-t-*i* arrivé à temps ? — A-t-*i* eu du bonheur ?

> En France fu li rois, qui fu viez et chenus ;
> A Laon tint sa cort, molt *i* ot de ses drus.
>
> AYÉ D'AVIG., v. 47.

I, pronom. — Cas indirect : A lui, à elle : « Quand tu le voirras, tu *i* parleras de not' affaire. — J'ai rencontré t'mère, j'*i* ai parlé. »

IAU, n. f. — Eau. On a dit autrefois *aigue, aighe, aige, age, aiwe, ewe, iewe, iave,* etc.

> *Aigue* coïe ne la croye.
> Il m'est si perillouse *yaue* que la coye.
>
> L. DE LINCY, Prov., XIIIeme siècle.

> Eschaudés doit *iaue* douter.
>
> ROSE, v. 1794.

Iau est resté en anglais dans *yaw*, embardée.

Nous avons eu maintes fois occasion de faire remarquer que nos paysans prononcent *iau* la triphthongue *eau* soit dans le corps, soit à la fin des mots. Ils disent *viau, mantiau, dépiauter, biauté, biaucoup,* mais ils ne prononcent pas autrement qu'on ne le fait en français les désinences en *au, aud, aut* : Sarrau, lourdaud, artichaut, etc.

Cette prononciation qui disparut à la fin du XVᵉᵐᵉ siècle persista dans la bouche du peuple, comme en fait foi Théod. de Bèze : « Evitez la foule grossière des Parisiens, l'*iau* pour l'eau.»

IAUWISSE, Iauwiche, adj. — Qui a le goût d'eau, aqueux ; se dit en parlant des fruits, des légumes.

Les *ewiches* ou *eauwisses* désignent en Cambrésis les lieux humides.

ICHI, Ichite, adj. — Ici ; forme picarde. Comp. avec le latin *istic*.

IDÉE, n. f. — Souvenir vague, réminiscence lointaine : « J'ai *idée* que mon bisaïeul est mort en 1780. »

‖ Un peu : « Donnez-moi *une idée* de cette eau-de-vie, que j'en goûte. »

Avoir idée, s'imaginer, supposer : « J'ai *idée* que ce remède me ferait du bien. »

Avoir l'idée à, l'idée de, avoir des dispositions, de la vocation pour: « Cet enfant a *l'idée* d'être menuisier ; il n'a point *d'idée* à un autre métier. »

Avoir de l'idée, avoir de l'intelligence, de l'esprit.

Avoir idée de soi, être content de son esprit, se croire un personnage.

IMPOSSIBLE (A l'), loc. — En grande quantité, au delà de l'imagination : « Cette arbre donne des fruits *à l'impossible*. — Il est bête *à l'impossible*. »

IMPOURVU (A l'), loc. adv. — A l'improviste : « L'Alviane, général des Vénitiens, survint, qui *à l'impourvu* les chargea en queue.» (Mezeray, hist., liv. VI.)

A l'improviste, à l'impourvu, tous deux sont bons, disait Vaugelas.

IN-BRANLABLE, adj. — Inébranlable ; lent, paresseux : « C'est un homme *in-branlable*, on ne peut le houler à rien. »

INCOMMODE, adj. — « Devenir *incommode*, » acquérir trop d'embonpoint.

INDAIGNE, adj. — Indigne.

INDÉCIS, n. m. — Indécision : « Etre dans l'*indécis*, » ne savoir quel parti prendre.

INFER, n. m. — Enfer.

> Quar tol cil qui lores moroieut
> Sempres à *infier* s'en aloient.
>
> PHIL. MOUSKES, v. 10600.

‖ Nom de localité ; hameau de quelques maisons, ainsi nommé parce qu'il est enfoncé dans la forêt d'Eu : Endroit triste, *locus tenebricosus* ; c'est un *infer* que d'y habiter.

> En *infer*, sans chalenge, droit,
> Là irez, biaus fius, orendroit.
>
> FLOIRE et BLANC, v. 817.

INFINI, n. m. — S'emploie dans ces sortes de phrases : « Quel lambin ! avec lui *c'est l'infini* ! » pour dire : C'est un homme qui ne finit de rien, qui remet toujours au lendemain ce qu'il devrait faire aujourd'hui.

IN-MAGINABLE, adj. — Inimaginable.

IN-MANQUABLE, adj. — Immanquable.

IN-MOBILE, adj. — Immobile.

INSTANT (De l'), loc. adv. — Tout-à-l'heure, sur le champ, maintenant : « Je n'ai pas de travail *de l'instant*, mais j'espère que j'en aurai bientôt.»

INSURGÉ, part. passé. — Mauvais sujet, épithète injurieuse qui prouve que nos ruraux n'aiment pas les émeutiers. Mais déjà ce mot le cède à *communard*, synonyme de vaurien, chenapan.

INTERBOLER, v. act. — Déconcerter : « Le juge de paix m'a *interbolé* avec ses questions. — Je demeurai *interbolé* à cette nouvelle. »

INTÉRÊT, n. m. — Amour du gain, avarice sordide.

INTÉRESSÉ, adj.— Chiche, avare : « Il est si *intéressé* qu'il aimerait mieux mourir que de donner un sou aux pauvres.»

INTIBOT, n. m. — Se dit de quelqu'un qui reste toujours à la même place, qui a l'air niais, stupide : « Quel *intibot* que ce domestique ! Je nel' garderai pas longtemps. » En Basse-Normandie, *étibot* signifie arbre rabougri. (V. F. Pluquet.)

13

INTOMBIR, v. act. — Engourdir. Dans nos vieux auteurs, ce mot se trouve avec le sens d'*étonner, accabler, endormir*. (V. Roquefort.) C'est une autre forme de *esturmir, estourmir, estommir*, mettre en mouvement, ébranler, assaillir, combattre :

> Cum si li munz fust *exturmiz.*
>
> M. D. F., II, 443.

« Il n'y a meilleur remède à gens *estommis* et recreus que de n'espérer salut aucun. » (Rab., *Garg.*, I, 43.)

Etym. bas-latin *stormus*, combat ; anglo-saxon, *storm*.

Intombir est surtout employé au part. passé : « J'ai les mains *intombies* de froid. »

‖ Un *intombi*, un lourdaud, un imbécile.

INUSABLE, adj. — Qui ne s'use point : « Achetez ce drap ; c'est *inusable.* »

IRRASASIABLE, adj. — Insatiable. Littré donne ce mot qui a été employé par Scarron.

ISQUE, n. f. — Vieux cheval, vieille rosse ; peut-être du bas-grec ἰχχος, cheval.

J

JACQUES, n. propre.— Sobriquet injurieux : «Un biau *Jacques*,» un faiseur d'embarras, un imbécile, un propre à rien.

JALOUSETÉ, n. f. — Jalousie. On dit aussi, mais plus rarement, *jalouserie*.

JAPPARD, Jappeux, adj. — Bavard insupportable : « Mais pour laisser telles disputes à ces criards et *jappeurs* aristotéliques...... » (Tahureau, Dial. 68.)

JAPPE, n. m. — Caquet, bavardage : « Langlois ne manque pas de *jappe*. »

JAPPETTE, n. fém. — Commère, femme qui a la langue bien pendue.

JASPINER, v. n. — Jaser.

JE, pron. pers. — On prononce généralement *ej*, devant une consonne : « *Ej* viendrai bientôt vous voir. » Ce pronom de la première personne remplace *nous* comme sujet devant le pluriel du verbe. On dit : « *J'avons, j'irons.* » Si le sujet est après le verbe, on dit correctement : « *Avons-nous, irons-nous.* »

A la cour de François Ier, on parlait comme nos paysans : « Ce sont les mieux parlants, disait H. Estienne, qui prononcent ainsi : *J'allons, je venons, je soupons.* »

« Que faites-vous pour avoir de si beaux enfants? demandait un jour Henri IV à un paysan matois. — Sire, *je les faisons* nous-mêmes. » (Bull. du Bibliophile, juin, 1875.)

De même dans une chanson populaire contre les gens de la ville :

> Si v's avez une belle famille,
> Ne faites pas tant les pédants :
> Nous, *je ne sommes* pas de la ville,
> Mais, *je somm's* père de nos enfants.

JEAN, n. propre.— Homme faible, sans énergie : «Qui m'a donné un *Jean* comme celui-là? — C'est un vrai *Jean,* un imbécile, un cocu. »

« De là est venu qu'on appelle un homme cocu, un *Jan,* etc. » (G. Bouchet, 8ᵉ sérée.)

« Ce *Jean* futur respondit à ses parents, que si on ne se marioit, il n'y auroit point de *Jans*, et que le monde périrait. » (G. Bouchet, 8ᵉ sérée.)

‖ *Jean-bête, jean-fesse, jean-foutre,* sont autant de sobriquets méprisants.

‖ *Jean-qui-revient,* se dit de quelqu'un qui revient sur une décision : « Tiens, voilà *Jean-qui-revient !* »

JEANNOT, n. m. — Un niais, un imbécile. Comp. avec *Jenin* qui anciennement désignait un sot, un homme simple et crédule, un cocu. Dans Coquillart, *Jenin Dada.* (Voir le *Monol. des Perruques.*)

JEANQUIN, n. m. — Nous empruntons à l'abbé Decorde la définition et l'histoire de ce mot : « Vers 1825, le nommé *Jean-Quin,* de Neslette, garde de M. de Richemont, passant par Bouttencourt, près de Blangy, entra au café du père Desmoulins, surnommé la *Queue-Blanche* ; il se fit servir pour un sou de café, un sou d'eau-de-vie, et un peu de sucre ; il mêla le tout ensemble, et, comme on lui demandait le nom de ce mélange, il répondit : «Appelez-le comme moi, *Jean-Quin.* » A partir de là, le *jeanquin* devint en renom.

Les denrées ayant augmenté beaucoup depuis cette époque, le *jeanquin* est passé de mode, et puis on est beaucoup moins sobre que le bonhomme *Jean-Quin.* Il faut aujourd'hui la tasse de café bien pleine, avec le *bain-de-pied,* sans compter le carafon d'eau-de-vie, ce que l'on ne peut pas donner pour deux sous.

JEL. — Agrégation des mots *je le, je la* : « Je n'ai pas besoin de vous pour faire ce travail, *jel* ferai bien tout seul. — Je dirai tout à vot' femme, si *jel* vois.»

> *Gel* voi tut seus sans compaignie.
> MARIE, fab. 73.

> Que menguent donc vostre moine ?
> *Jel* vous dirai sanz nule essoine.
> RENART dans BARTSCH, *Chrest.*, p. 227.

JEUNESSE, n. f.— Jeune fille : « Tous ces vieux garçons, ça veut toujours épouser des *jeunesses*. »

JOLIMENT, adv.— Beaucoup, très. De là des alliances de mots singulières, comme : « Il est *joliment* laid. — Il est *joliment* canaille. »

JOMARIN, n. m. — Ajonc, dit aussi genêt épineux. De *jonc* et *marin*.

> Je vous vendz le doulz rommarin,
> Non poignant comme *jonc marin*,
> Qui le chef perça de l'espine
> Du doulx Jésus, qui est tant digne.
> Anc. Poés., t. VII, p. 21.

JORDAMBOISE, n. m. — Sobriquet plaisant et familier dont on baptise le premier venu. C'est une corruption évidente de Georges d'Amboise, ministre de Louis XII, cardinal et archevêque de Rouen, dont le nom historique est resté longtemps dans la mémoire du peuple.

JORER, v. n. — Attendre : « M'avez-vous fait assez *jorer* ? »

JOSET, n. propre. — Joseph.

JOUAILLON, n. m. — Celui qui aime beaucoup le jeu, et qui joue mal : « Quel *jouaillon* ! il ne fait que perdre. »

JOUGLER, v. n. — Courir, gambader, comme un poulain longtemps reposé qu'on fait sortir de l'écurie.

Au fig. rire, folâtrer, en parlant des garçons et des filles : « C'est jeune, ça aime à *jougler*. »

Du latin *joculari*, comme le vieux mot *jugleor*, *jougleor*, vient de *joculatorem*. Il ne faut pas confondre notre mot *jougler* (v. f. *jugler*) avec *jangler*, *jaugler* qui signifiait bavarder, railler, moquer :

> Va biaus amis, si t'arme, si laisse ton *gengler*.
> FIERABRAS, v. 186.

> Si doit aler paisiblement
> Ne mic *jangler* à la gent
> Qu'il trovera par les cemins.
> RENARD, v. 20593.

« Les commères s'en vont bien coiffées, parlant et *jauglant*, et ne se esmoient point dont il vient. » (*Les XV Joies.*)

JOUJOU, nom des deux genres. — Celui, celle qui aime à jouer comme un enfant.

JOUJOUTE (Faire), loc. — Jouer ; terme enfantin.

JOUQUER, v. n. — Jucher, en parlant des poules et de quelques autres oiseaux : « Il faut empêcher les poules de *jouquer* dans les arbres. » Ce verbe est actif dans le sens de *coucher* : « Il est l'heure de *jouquer* ces enfants.»

JOUR, n. m. — Employé dans cette locution : « J'irai vous voir *un de ces jours,* » c.-à-d. bientôt, dans quelque temps. Molière a dit *quelqu'un de ces jours* ; ex. :

> On a pour ma personne une aversion grande ;
> *Et quelqu'un de ces jours*, il faut que je me pende.
>
> Mis., III.

JU, n. m. — Jeu : «Donnez-nous un *ju* de dominos. »

> Adonques à l'huissier veu
> Que il a bien le *ju* perdu.
>
> Floire et Blanc.

JU, n. m. — Tablette ou planche posée à plat sur le chambranle d'une cheminée ; c'est sans doute le vieux mot *juc*, parce que les paysans ont coutume de *jucher* sur cette tablette des chandeliers et autres ustensiles de ménage.

JUIF, n. m. — On donne quelquefois ce nom au martinet noir ou martinet de muraille. Cela vient peut-être de ce que les *Juifs* longtemps persécutés ont été comparés à ces oiseaux fuyards.

JUQU'À TANT QUE, loc. conj. — Jusqu'à ce que.

JUTER, v. n. — Rendre du jus ; se dit des fruits ainsi que d'un gigot, d'un canard qui rôtit.

|| Au fig. *pleurer*, par ironie.

K

KÉNOUIS, n. m. — Chènevis.

KERMAINE, n. f. — Viande pourrie, charogne ; on a proposé pour étym. *caro minor* ?

KÈVRE, n. f. — Chèvre.

> Une *kièvre* vuleit aler
> Là ù pasture pust truver.
> MARIE, Fab. 90.

KEUSSE, n. f. — Pierre à aiguiser ; du latin *cos, cotis*, en fr. *queux*.

> Mors, qui saisis les terres franches,
> Qui fais ta *keus* de gorges blances
> Et ton raséoir afiler............
> *Stances sur la Mort*, IX.

> Il (le faucheur) jette sur son dos la besace garnie,
> Et sa trenchente faux de ses *queusses* munie.
> GAUCHET.

KEUSSER, v. a. — Aiguiser avec la *keusse*. Au fig. s'emploie dans un sens obscène : « Vot' servante se fait *keusser* par un tel. »

KEUVETTE, n. f. — Fossette de la nuque du cou ; doit être une corruption du v. fr. *chevece*, tête, col, chevet.

« Et ce fut lors qu'il parloit de rompre la *cavesche* à tout le monde.» (Sat. Ménippée, p. 353.)

KIEN, n. m. — Chien.

> « De tutes parz les *kiens* huèrent, »
> MARIE, Fab. 94.

Dictons : « Un *kien* regarde bien un évêque, » un inférieur peut regarder son supérieur. — « Etre grand comme un *kien* assis, » être de petite taille. — « Ils sont comme Saint-Roch et sin *kien*, » c'est-à-dire inséparables.

|| *Kien* de terre, larve de hanneton, dit aussi *verbled* et *mans*. Dans l'Avranchin cet insecte s'appelle *chevrette*, et *tac* à Valognes.

KIENNER, v. n. — Se dit d'une chienne qui met bas.

KIER, v. n. — Chier. Dériv. : *Kiard*, celui qui ne fait rien qui vaille, qui chie sur la besogne ; *kiache, kiachie*, excréments ; *kiacher*, aller souvent à la selle ; *kiole*, diarrhée ; *kiure*, chiure.

K'MIN, n. m. — Chemin.

> Jadis avint k' uns leu erra
> Par un *kemin*.............
> MARIE, Fab. 29.

> Huez l'an merchia, puis c'est au *quemin* mis.
> HUG. CAPET, p. 19.

Kamin carral (1074), *caminum publicum* (1038) dans les *Chart.* de saint Victor.

Ce mot, selon quelques linguistes, dérive des langues celtiques, *camen*, chemin, *cam, kamm*, pas.

K'MIN, adv. — Comment : « *K'min* qu'o vos portez ennuit ? »

K'MINAIE, n. f. — Cheminée : « Rester dans s'*k'minaie*, » rester au coin du feu, ne jamais sortir de sa maison. Etym. *camminata*, dans un texte de l'an 584. (Littré.)

K'MINCHER, v. act. — Commencer. La suppression de l'*o* a également lieu dans *rac'moder, k'mander*, raccommoder, commander, et leur dérivés.

Il fut un temps où les Parisiens prononçaient *quemencer*, presque comme nos paysans : « Plusieurs personnes, écrivait Vaugelas, doivent prendre garde à une mauvaise prononciation de ce verbe *commencer*, que j'ai remarquée même en des personnes célèbres à la chaire et au barreau, c'est qu'ils prononcent *commencer*, tout de mesme que si on escrivoit *quemencer*. »

K'MINTÈCHE, loc. adv. — De quelle manière ? Comment est-ce que ? « *K'mintèche* qué t'as fait pour te salir comme cha ? »

K'MISE, n. f. — Chémise.

> Cors bien norris, char bien alise
> (Mors) fait de fust et de vers *kemise.*
> > *St. sur la Mort,* XXVIII.

Du bas-latin *camisia,* employé par saint Jérome, et fort usité au moyen-âge : « *Teneatur annuatim perpetuo... dare* camisiam *singulis pauperibus* (1004). ») Chart. saint Victor.)

K'MISETTE, n. fém. — Petite chemise de laine pour couvrir la poitrine.

K'VA, n. m. — Cheval : « Etre comme un *k'va* de bos, » paraître stupide, avoir l'air d'un sot.

Au plur., *k'vas.* Beaucoup de mots font ainsi au pluriel : *Marichals, journals, canals, hôpitals, mals,* etc., maréchaux, journaux, canaux, hôpitaux, maux.

K'VEU, n. m. — Cheveu.

K'VET, n. m. — Chevet.

K'VILLE, n. f. — Cheville.

> N'i out *keville* ne closture
> Ke ne fust tute d'ebenus,
> > MARIE, *Gugemer.*

K'VILLER, v. act. — Cheviller.

> Fox est cil et moult engigniés,
> Quant por Dieu s'est si avilliés,
> Ke en blanc ordre est *kevilliés,*
> Quant d'aler à Dieu ne se haste.
> > *St. sur la Mort,* XXXVII.

Nota. — Dans les mots *k'va, k'veu, k'vet, k'ville, k'viller,* la lettre initiale *k* s'adoucit et se prononce presque comme le *g.*

L

L', art. — *Le, la*, dans le corps d'une phrase et devant une consonne : « Il est entré dans *l'* maison. — J'irai trouver Monsieur *l'* maire. » Comp. avec le dialecte picard du XIIeme au XIVeme siècle, ou l'article *le* régime est des deux genres ; ex. : « Li rois de France renvoia le signeur de Couci en sa terre, et le signeur de Hen en *le* sienne. » (Froissart, I, p. 166.)

LABOUREUX, n. m. — Laboureur.

> Mars halleux (venteux)
> Marie la fille du *laboureux*.
>
> L. DE LINCY, *Prov.*

Dans beaucoup de noms et surtout dans les substantifs verbaux la finale *eur* sonne *eux*, ex. : *Procureux, joueux, trompeux, diseux, demandeux, conteux, porteux, querelleux,* etc.

« Les hommes sont vains, effrontés, *querelleux*. » (La Bruyère.)

Cette prononciation qui a duré jusque vers le milieu du XVIIeme siècle est très-ancienne, en sorte qu'il n'est pas rare de voir *honneur, douleur, frayeur, ailleurs,* etc., rimer avec des noms ou adjectifs en *eux* :

> Que dira Katerine et Agniez et *Riqueus*
> Quant d'ellez ay éus les premiers *honnéurs*,
> Et ont pour my laissiet à prendre leur *espeus ?*
> Tant qu'il m'en souvenra, j'en vivray en *dolleurs*.
>
> HUGUES CAPET, p. 9.

On disait et on dit encore en Normandie : *Harfleu, Honfleu, Barfleu* : « Ilz (les Anglais) prindrent port à ung Havre qui est entre *Hontfleu* et *Harfleu*, où l'eaue de Saine chiet en la mer. » (Chron. de J. Le Fèvre.)

LACHE, n. f. — Longe : « Mener une vache par la *lache*. »

LÂCHER, v. n. — Usité dans ces locutions : « Il *ne lâche point* de parler. — *Ne lâche pas*,» tiens ferme.

LACHET, n. m. — Lacet.

LAIT-BATTU, n. m. — Lait de beurre, lait qui reste dans la baratte quand le beurre est pris. C'est ce que Noël du Fail appelle encore du *lait barratté*. (V. *Prop. rust.*, p. 42.)

LAMBINIER, ère, adj. — Celui, celle qui ne finit de rien ; de *lambin*.

LAMPRONER, v. n. — Boire comme un ivrogne : « Il passe ses journées à *lamproner.* »

Dériv. *lampronier*, ère, celui, celle qui aime à *lamper* ou *lamproner*. Anciennement on appelait *lampronières* les coureuses de nuit, de *lampron*, petite lampe qu'elles portaient. (V. Richelet.)

LANCHERON, n. m. — Laiteron. Il peut se faire que cette plante ait été nommée *lancheron*, parce que ses feuilles ont la forme d'un fer de lance, à moins que ce ne soit une corruption du fr. *laceron* : « Et là les nourrit et allaicta jusques à ce qu'ils fussent grands, et qu'ils peussent gringnoter le *laceron*. » *(N. Fabrique.)*

LANDON, n. m. — Langage ennuyeux, contes à faire dormir ; usité surtout au plur : « Quel homme ! vous assomme-t-il avec ses *landons* ! » Dans certaines parties de la Normandie, on donne le nom de *landon* à une espèce de longue corde ; de là peut-être *landon* avec le sens de causeries sans fin, et *landonner* avec celui de parler longuement et lentement.

On pourrait aussi trouver quelque analogie métaphorique entre ce mot et le v. fr. *landon*, diminutif de *lande* : « Il sera si dompté que l'en le pourroit mener par le *landon* garder les brebiz. » (*Les XV Joies.*)

LANGONER, v. n. — Parler à tort et à travers, médire : « Il faut que cette femme *langone* sur tout le monde. »

LANGONIER, ère, adj. — Celui, celle qui passe son temps à *langoner*, à médire d'autrui.

LANGU, Langard, adj. — Bavard, médisant.

> *Languards* picquans plus fort qu'un hérisson.
>
> Marot, Ball. 1re.

« Orateurs *languars*. » (Tahureau, dial., p. 163.)

> L'autre fut un *languard*, révelant les secrets
> Du ciel et de son maître aux hommes indiscrets.
>
> Régnier.

LANGUE, n. f. — Loc. part. : « *Taire sa langue,* » rester muet, savoir garder un secret : « Ne lui confiez rien, il ne sait pas *taire sa langue.* »

|| *Langues du monde*, caquet, commérage : « On ne vivrait pas s'il fallait écouter les *langues du monde.* »

|| *Langues de femmes*, médisances, propos calomnieux.

LANTERNIER, ère, adj. — Celui, celle qui ne dit que des fadaises, dont la conversation traîne en une longueur insupportable. Littré ne donne que *lanternier*, subst. masculin.

LAPARD, Lapeux, adj. — Ivrogne.

LAPER, v. act.— En français *laper* se dit des animaux ; en patois, des ivrognes : « Cet homme a dépensé sa fortune à *laper*. — Il a *lapé* tous ses biens. — Il a dépensé tout ce qu'il avait en *lapant*. »

> Et le vin boire. engloutir et *laper*,
> Et tote jor dormir et reposer.
>
> Aliscans, v. 3349.

LAPETTE, n. f. — Soif : « Cet enfant a toujours el *lapette*. »

LAPIDE, n. f. — Eunui, tourment. « Qué *lapide* que d'être obligé d'écouter un pareil bavard ! »

Lapidée, lapidement sont de vieux mots qu'on rencontre fréquemment avec le sens de *massacre, destruction* :

> De mes hommes ocist et fait grant *lapidée*.
>
> Fierabras, v, 5057·

> Cascuns tint nu le branc et cruel et sanglent,
> De turcs et de paiens font grant *lapidement*.
>
> Fierabras, v. 4961.

LAPIDER, v. act. — Ennuyer, importuner ; extension du français *lapider*, tuer, poursuivre à coups de pierres : « J'ai des enfants qui ne font que me *lapider*. »

LAPIER, n. m. — Rucher, du latin *apiarium*. On a dit d'abord *apier*, puis *lapier* avec agglutination de l'article. (Voir *Andier*.)

LAPINER, v. a. — Se dit de la lapine qui met bas sa portée.

LAQUER, v. act. — Terme de pêche : « *Laquer* des cordées, » c'est mettre un appât aux hameçons. Cet appât est ordinairement un ver, un limaçon, un vairon ou bien un caborgne. Du latin *laqueare, laqueus*, lacs, filet, piége.

LARD, n. m. — Peau, dans un sens burlesque : « Le dimanche, on va faire gratter son *lard*, » c.-à-d. se faire raser.

« Joyeusement se *frottans leur lard*. » (Rab., *Garg.*, I.)

LARDER, v. act. — Brûler : « Le soleil nous *lardait*. » L'abbé Decorde voit dans *larder* le latin *ardere*. La forme normande *arder* au lieu de *ardoir*, existe bien dans les anciens textes, mais comment expliquer la prosthèse de *l* ?

> Cil boire mon désir atise,
> Et mon cœur fait frire et *larder*.
> > *Mystère de l'empereur Julien.*

LARRIS, n. m. — Lande, pâtis pour les moutons.

> Cuverz en sunt (de Sarrasins) li val et les muntaignes,
> Et li *lariz* e trestutes les plaignes.
> > Rol., ch. II.

> En doce France ai-je été norris ;
> N'i a guichet, ne sentier, ne *larriz*
> Que ne sachions .... ,..
> > Garin, v. 2231.

Dans les *Cent Nouvelles nouvelles*, on trouve *larrier*, avec le même sens. (XXVeme N.)

Etym. bas-latin, *larricium* ; latin, *arida*, lieux arides.

LÈ, pron. régime des deux genres. — Le, la, lorsqu'il est placé après le verbe : « Pierre veut vendre son cheval, achète-*lè*. — Cette maison te convient-elle ? loue-*lè*. »

LÈCHE-CUL, n. m. — Homme d'un caractère servile : Expression rabelaisienne usitée partout.

LEQUEL QUI, Laquelle qui, pron. interrog. — Qui : « *Lequel qui* veut venir avec moi ? »

LENTIPONNIER, n. m. — Homme lent, irrésolu. Mot formé de l'adjectif *lent* et du verbe *pondre, poner*, dans le patois berrichon. *Pontard*, sobriquet que l'on donne à certains paysans qui ne sont jamais pressés, est un mot composé comme *lentiponnier*.

Le verbe *lantiponner* appartient au fr. populaire : « Ne *lantiponnez* pas davantage. » (Molière, *Méd. malgré lui*.)

LESSIVEUSE, n. f. — Lavandière. Ce mot qu'on emploie partout n'est pas dans le Dict. de l'Académie.

LEU, n. m. — Loup.

> Ensi avint k'uns *leus* runja
> Uns os que el col li entra.
>> Marie, fab. VII.

> S'uns *leus* avoit chape roonde
> Si resambleroit-il provoire.
>> Rut., la *Descorde de l'Univ. et
>> des Jacobins.*

> La dame fu el bois, qui durement plora,
> S'oï les *leus* uller et li huans hua.
>> Berte, v. 704.

> Cil (Jupiter) mist le venin ès serpens ;
> Cil aprist les *leus* à ravir.
>> Rose, v. 21063,

Loc. part.: « Vivre comme un *leu*, » vivre seul. Un pauvre *leu*, » un pauvre hère.

Avoir le mal *saint Leu*. Etre malade de la peur ; on invoque saint Loup contre la peur, et contre l'épilepsie. (V. Du Cange.)

Mont-Jean-le-Leu, nom de localité, près de Grandcourt.

Cacheleu, nom de famille ; celui qui chasse le loup.

En français *leu* a été conservé dans cette locution : *A la queue leu leu.*

LEUNE, n. f. — Lune. Ainsi se prononcent *preune, eune, breune* (prune, une, brune, etc.) Voir la remarque faite au mot *aleumelle* : « Etre bien ou mal *leuné*, » être de bonne ou de mauvaise humeur.

LEUR, pron. pers. — On prononce *leu* devant une consonne, *leus* devant une voyelle : « Ej *leu* dirai ce que je pense. — *Leus* as-tu promis d'aller les voir ? »

LEUR, adj. poss. — *Leus*, au plur., devant une voyelle ou un *h* muet : « Les femmes viendront avec *leus* hommes. » *Leu*, au sing. et au plur. devant une consonne : « Je connais *leu* maison. — *Leu* domestiques sont partis. » *Leut,* au sing. féminin, devant une voyelle : « Je crois que *leut* affaire va mal. »

LEUVE, n. f. — Louve : « Une pauvre *leuve*, une pauvre femme ; quelquefois une femme de mauvaise vie, comme le latin *lupa*, qui avait le sens de courtisane, ainsi qu'on peut le voir dans Plaute et dans ce passage du *Liber de Spectaculis* attribué à saint Cyprien : « *Quod si rursum prærogem quo ad illud spectaculum itinere perve-nerit, confitebitur per* luparum, *per prostitutarum nuda corpora....*»

> On te connaît dans le bordeau ;
> C'est là que tu tiens ton bureau,
> Vilaine *louve* diffamée,
> Reste des goujats de l'armée.
> *Paris burl.* par le sieur Berthod.

De même, dans la vieille langue, le nom de *lisse* (chienne) était souvent appliqué aux prostituées :

> Pute mauvese, vil *lisse* abandonée.
> Aliscans, v. 3041.

LEU-WAROU, n. m. — Loup-garou. J'ai entendu dire aussi par quelques paysans *warder, eswarer,* au lieu de garder et égarer, mais cette prononciation appartient proprement au picard et aux dialectes de la Flandre française. Les trouvères et chroniqueurs originaires de cette région écrivent *want, waitier, rewarder, werredoner, wimple, warir, werpir, wise,* au lieu de gant, gaitier, regarder, guerredoner, guimpe, guérir, guerpir, guise. Ces vieilles formes et d'autres sem-blables se rencontrent surtout dans la *Vie Saint-Alessin,* rédac-tion du XIIIeme siècle.

LEVÉ (Être bien ou mal), loc. — Etre bien ou mal disposé, de bonne ou de mauvaise humeur.

LI, pron. — Lui, du latin *illi* : « Voilà un pauvre, donne-*li* un sou. » Notre patois a gardé ce pronom usité depuis l'origine de la langue jusqu'au XIVeme siècle :

> En piez se dresect, si *li* vient contredire.
> Ch. de Rol, p. 18.

Il a nom li rois Charles ; or *li* faut des Rollans.

RUT., Li Diz de Puille.

Il se trouve encore dans Marot :

Et de faict, je tiens tant de ly.

Epitaphes. VIII.

LIA, n. m. — Livre ; terme enfantin : « Si tu es bien sage, je te donnerai un beau *lia*. »

LIACHE, n. f. — Longue et grosse corde qui sert à maintenir la charge d'un chariot. (V. *Comble*.)

‖ Mauvais lien, lien qui a déjà servi.

LIAGE, n. m. — Action de *lier*.

LIARDEUX, euse, Liardier, ère, n. m. et f. — Celui, celle qui tient à un *liard* ; personne capable, comme disent les paysans, de couper un *liard* en deux.

LICHARD, Licheux, n. m. — Celui qui essaie d'attraper un bon repas, qui arrive toujours au moment où l'on dîne. C'est le parasite d'autrefois, mais moins amusant. Etym. bas-latin *lecator*, qu'on trouve dans Isidore de Séville. V. fr. *lechierre, lecheor, leceor*, gourmand, glouton, débauché ; *lecherie*, débauche.

LICO, n. m. — Licol, licou.

LIÉNARD (Saint). — Saint Léonard. Ce saint, à cause de son nom, *Liénard*, est invoqué pour les enfants *noués*.

Les prisonniers, que les *liens* importunent si fort, l'avaient jadis choisi pour patron :

Saint-Lienart, qui les prisons desloie.

ALISCANS, v. 6571.

Et saint Lienars qui desferge
Les prisonniers bien repentans,
Quant les voit à soi démentans.

ROSE, v. 9586.

« Le 8 mai, saint Léonard (église d'Haucourt) est encore invoqué contre la maladie de poitrine, dite *patte d'oie* ; les femmes enceintes le prient pour obtenir une heureuse délivrance, les conscrits pour avoir un bon numéro. » *(Le Pays de Bray*, D. Dergny.)

LIETTE, n. f. — Cordon de tablier.

LIEUX, n. m. — Lieur.

LIGNER, v. n. — Pêcher à la ligne.

‖ V. act. Tracer une ligne avec un cordeau frotté de craie sur une pièce de bois qu'on veut ou équarrir, ou débiter en planches.

LIGNEU, n. m. — Ligneul.

LINOT, n. m. — Mâle de la linotte : « Rêtu comme un *linot*. » Terme affectueux comme : «Mon poulot, mon canard, » qu'on adresse aux enfants : « Viens m'embrasser, mon petit *linot*. »

LIROT, n. m. — Jeune canard.

LIROTES ! Lirotes ! Lirelire ! — Cri par lequel on appelle les canards.

LISA, n. propre. — Elisa.

LISET, n. m. — Petit ruban de soie : « Ké biaus *lisets* qu'os avez à vo bonnet ! »

LIU, n. m. — Lieu : «En cel moustier meismes est li *lius* ou madame sainte Marie trespassa. » (*Chron. d'Ernoul.*)

> Quant lor mangiers aprestés fu,
> Ils vont laver, puis sont assis :
> El plus bel *liu* ont Floire mis.
> FLOIRE ET BLANC.

LIUE, n. f. — Lieue : « Escalonnes est une cités sous mer, à XII *liues* de Jhérusalem. » (*Chron. d'Ernoul.*)

> Babiloine, si comme jou pens,
> Dure vint *liues* de tout sens.
> FLOIRE ET BLANC.

LIURE, n. f. — Longue branche qui sert à *lier* les haies.

LOCHAGE, n. m. — Action de *locher* les pommes.

LOCHE, n. f. — Espèce de boîte carrée qui est suspendue par des cordes ou des chaînes de fer sous la voiture des rouliers. D'où ces locutions : « Monter en *loche*, traîner quelqu'un en *loche*.»

Etym. *lücke, branlant,* en haut-allemand.

LOGER, Faire Loger, v. act. — Mettre, faire mettre quelqu'un en prison.

LOINTEUR, n. f. — Distance ; mot formé de *loin*, comme *avanteur*, de *avant* : « J'ai tiré ce lièvre à une rude *lointeur*. »

LOLO, n. m. — Lait ; terme enfantin.

‖ Veau : « Regardez ce petit *lolo* dans l'herbage. »

‖ *Grand lolo*, grand garçon qui a des manières puériles.

LONGIS, n. m. — A le même sens que le français *lambin* : « C'est un *longis*, un vrai *longis*. » (Dict. de l'Académie, de 1696.)

LOQUET, n. m. — Hoquet. On a dit d'abord l'*hoquet*, puis *loquet*, avec agglutination de l'article. (V. *Audier, lapier*.)

LOQUETIER, n. m. — Celui qui fait commerce de *loques*. Rabelais fait exercer au beau Pâris, dans les enfers, le métier de *loqueteux*, mot auquel la plupart des commentateurs donnent maladroitement le sens de deguenillé.

LORS DE, loc. prép. — Au moment de : « *Lors de* votre arrivée, je partais. » Littré approuve cette façon de parler et donne pour exemples : « *Lors de* votre élection, *lors de* votre mariage. »

LOUCHER, v. act. et neut. — Bêcher la terre avec un *louchet* : « Il faut que je *louche* ce petit coin avant de dîner. »

« Un nommé Jean de Retz et la grosse Jenneton y fouillèrent, piochèrent, houèrent, gravonnèrent, *louchèrent* et forcèrent tant et tant, qu'enfin découvrirent les dignes et précieuses richesses d'iceluy. » (*N. Fabrique.*)

LOUDIER, n. m. — Grosse couverture de laine piquée.

« Passant oultre je vis un averlant qui, saluant son alliée, l'appela mon matraz ; elle l'appelait mon *loudier*. » (Rabelais, *Pantagruel*, IV, page 9.)

« Est-il possible que ce gros *lodier* qui vous monte autour des reins ne vous fasse point sentir de gravelle ? » (D'Aub., *Fœneste*, p. 14.)

Etym. lat. *lodix*. Comp. avec l'arménien *lôtig*, manteau, et l'irlandais *lothar*, vêtement. (V. Pictet, *Orig. Indo-Europ.*, II, 298.)

LOUISE, Louison, n. propre. — On applique souvent ce nom à des femmes de mœurs légères : « C'est une grosse *Louise* qui entend le mot pour rire. »

LOÛTIER, n. m. — Louvetier.

LOUTRE, n. m.— « J'ai de *bons loutres* à peliçons. » (Dit du Mercier, v. 24.)

« Dedans lequel buisson fut trouvé *un loutre*, maistre *loutre*. » *(N. Fabrique.)*

> Le loup mengue les brebis,
> *Le loutre* poisson maigre ou gras.
> > Anc. Poés., t. VII, p. 242.

Leloutre, nom de famille.

LUIRE, v. act. — Lire : « Cet enfant ne peut pas apprendre à *luire*. »

Dériv. *luiseux*, lecteur : « Ne v'là-ti pas un *biau luiseux*, on nel comprind mie. »

LUQUE, adj. — Louche, et non pas borgne, signification qu'on pourrait attribuer à *luque*, à cause du latin *luscus*. Qui ne se rappelle à ce sujet les beaux vers de Juvénal sur Annibal :

> O qualis facies, et quali digna tabella,
> Cum Getula ducem portaret bellua *luscum* !
> > Sat. X.

LUQUER, v. n. — Loucher. Le composé *reluquer*, ou plutôt *erluquer*, signifie considérer, examiner avec curiosité. Comp. avec l'ang. *to look*.

M

M', pron. poss. — Ma, devant une consonne et dans le corps d'une phrase : « J'vous louerai *m'* ferme deux mille francs. » (V. *Em'.*)

MA, n. m. — Mal. Dans beaucoup de mots, *l* final ne se fait pas entendre, exemple : *Ligneu, seu, mié, solé*, etc., ligneul, seul, miel, soleil.

Ma fait au pluriel *mas* : « On peut dire que cet homme-là a eu tous les *mas.*»

MACAILLE, n. f. — Ce qu'on donne à manger aux animaux domestiques. En mauvaise part, nourriture pour les hommes.

MACAILLIS, n. m. — Mélange de diverses plantes fourragères. (V. *Brêlée.*)

MACHACRE, n. m. — Massacre : « Portant du *machacre* à Caen. » (Cité par Le Héricher, XIIIeme siècle.)

Comme on le voit par cette citation, *machacre* a signifié boucherie, viande de boucherie, et *macecrier*, boucher :

> Iluec truevent un *macecrier*
> Ou il acatent lor mangier.
>   FLOIRE ET BLANC, v. 1034.

MACHON, n. m. — Maçon ; d'où *machonner, machonnerie, démachonner*, etc.

« Le tour qui estoit à thérasse se fendi en deux, et avala une des parties en bas sans soy *démachonner.* » (J. Le Fèvre, p. 41.)

MACHOQUER, v. act. — Bossuer, gâter : « Les poires que vous m'avez envoyées sont toutes *machoquées.* »

Etym. *choquer*, et *mar*, mal, particule de dépréciation, ex. : *Marmiteux, marmotter.*

MACRIAU, n. m. — Maquereau.

MADAME-J'ORDONNE, n. f. — Sobriquet plaisant que les domestiques appliquent à la fermière qui fait trop sentir son autorité.

MADELON, n. propre. — Madeleine.

MAHEU, n. des deux genres. — Bossu. On dit aussi *Mayeux*, en souvenance du type longtemps populaire créé vers 1830 par le caricaturiste Traviès.

MAHON, n. m. — Coquelicot.

MAI, Mei, pron. pers. — Moi : « La Normandie n'a pas connu *mi* ; elle avait *me* et *moi* qu'elle écrivait *mai*. » (Burguy.)

« Et tu m'as oï e delivreras *mei*, tue ancele, de tuz ces ki *mei* e mun filz voleint oster del heritage nostre seignur. » (G. L. d. R., II, 169, cité par Burguy.)

Lorsque *moi* sujet précède le pronom relatif et une proposition incidente, le verbe de cette proposition se met à la première personne, et l'on doit dire : « C'est *moi* qui *ai fait* cela ; *moi* qui *t'ai* toujours protégé. » Dans notre patois *mai qui* est toujours suivi d'un verbe à la troisième personne ; ex. : « C'est *mai qui se nomme* Pierre ; ce n'est pas *mei qui reculera*. » Il en est de même après *toi qui, vous qui* : « Ce n'est pas *tei qui se fâcherait* de cela. — Ce n'est pas vous autres qui *chercheraient* à me nuire. »

« Il n'y a que vous qui *sache* si vous estes lasche et cruel, ou loyal et dévotieux. » (Mont., liv. III, ch. II.)

Nos plus grands écrivains, Corneille, Molière, Racine ont usé de cette tournure :

> Et je ne vois que vous qui le *puisse* arrêter.
>> *Nicomède.*

> Ce ne serait pas moi qui se *ferait* prier.
>> *Sganarelle.*

> Il ne voit à son sort que moi qui *s'intéresse.*
>> *Britannicus.*

Mai est quelquefois régime indirect, placé avant le verbe, comme dans ce passage tiré de Rabelais : « Allez *moy* dire que les cornes d'aultres animaulx plus grands ayent vertu telle. »

MAILLARD, n. m. — Canard domestique mâle. *Malart*, en français, est le mâle des canes sauvages.

Dans l'ancienne langue, on le trouve avec l'acception qu'on lui donne chez nous :

> Moult i ot gelines et cos,
> Anes, *malarz*, et jars et oes.
>
> RENART, v. 1273.

Etym. bas-lat. *mallardus*.

MAILLOT, n. m. — Maillet de bois.

MAIN, n. f. — Ce mot est usité dans plusieurs locutions remarquables, ex. :

Avoir de la main, avoir un appui, être protégé par une personne influente : « Vous perdrez votre procès, si vous n'avez pas *de la main* ou *d'à main*. »

Avoir la main longue, même sens que : Avoir le bras long.

Etre à son à main, être placé de façon, quand on travaille, à agir librement, de sa main droite, si l'on est droitier ; de la main gauche, si l'on est gaucher.

N'être pas à son à main, c'est le contraire.

Etre à main de, pouvoir facilement : « *Il est à main* de vous rendre service. »

Etre à main de, être proche : « A votre place, j'aurais acheté cet herbage ; *c'est si à main* de votre maison.»

Etre à main, être commode, facile à manier : « Cette faux est bien *à main*.»

Les cultivateurs disent que le blé *a de la main*, quand il est sec, et qu'il glisse facilement entre les doigts. Aussi les paysans normands, qui sont nés *malins*, ont l'habitude, quand il portent un sac de blé au marché, d'y verser un peu d'huile, pour *donner de la main* à leur marchandise.

Avoir des mains de beurre, se dit de quelqu'un qui laisse tomber à terre et brise la vaisselle ou d'autres objets.

MAINE, n. f. — Mine : « Il a bien mauvaise *maine* edpis s'maladie. »

MAINE, n. f. — Mine, mesure de pommes contenant huit boisseaux. La petite *maine* n'est que de six boisseaux.

MAINTIENT, n. m. — Manche du *flayet*. (V. ce mot.)

MAISONCELLE, n. m. — Nom de localité, hameau composé de trois ou quatre maisons. Du v. fr. *maisoncèle*, petite maison.

MAIRESSE, n. f. — La femme du maire ; se dit presque toujours par moquerie : « E ! gardez, Gautier, veez-vous la *mairesse* alcr e son gendre ? » (Théat. fr., au moyen-âge, dans Littré.)

Nos campagnards donnent le féminin à certains noms propres ; ils disent : *Beauvalesse, Brocarde, Poulette, Kakalesse, La Noblesse, Cossarde ou Cossardière*, pour : la femme de Beauval, Brocard, Poulet, Kakal, Lenoble, Cossard, etc., mais toujours avec une acception de mépris.

MAIRERIE, n. f. — Mairie. On dit aussi *maison-commeune* (commune), mot de la Révolution.

MAÎTE, n. m. — Maître. *R* dans les syllabes finales ne se prononce pas. (Voir *R*.)

« Je luy fy paroistre comme il s'estoit trompé, prenant botte de foin pour filet, renard pour *marte*, et hape-lourde pour rubis.» (Sat. Ménippée, p. 304.)

MAÎTRESSE, n. f. — Ce mot s'applique sans inconvenance à une fille honnête qu'on recherche en mariage, et que l'on courtise pour le *bon motif* : « Ne cherche pas à courtiser Clémentine, c'est la *maîtresse* de Louis, » comme nous dirions sa *fiancée*.

MALADIE (Faire une), loc. — Avoir, éprouver une maladie.

MALAINE, adj. f. — De malin.

MALAISE, adj. — Souffrant : « Je me sens tout *malaise*. — El'e est rentrée chez elle toute *malaise*. »

MALAISE (À), loc. — A plus forte raison : « Vous êtes fatigué d'avoir fait deux lieues, *à malaise* si vous en aviez fait six comme moi. »

MALANDRE, n. f. — On entend par ce mot toute espèce d'infirmité, de maladie.

MALAPATTE, adj. — Maladroit ; celui qui « *est adroit de ses mains comme un cochon de s'queue.* »

MALDIRE, v. n. — Médire : « C'est une femme qui passe son temps à *maldire sur* tout le monde. »

D'où *maldisant*, jadis très usité : « Tu es ivrogne, tu es larron, et *mal disant* de tout le monde. » (Nicolas de Troyes.)

MALENDURANT, ante, adj. — Personne d'humeur difficile.

MALENTENTE, n. f. — Désunion, discorde, mauvaise intelligence : « Il y a de la *malentente* dans cette famille. »

> Damediex leur envoit tous trois si *male entente*
> Que de lors faus marchiés viengent à droite vente !
>   BERTE, v. 2055.

‖ Etym. *mal* et *entente*.

MALGRÉ QUE, loc. conj. — Quoique : « *Malgré que* vous ayez dit du mal de moi, je ne vous en veux pas. » On sait qu'en français *malgré que* ne s'emploie qu'avec le verbe *avoir*, dans ces locutions : *Malgré que j'en aie, malgré qu'il en ait.*

MALIN, adj. — Difficile : « Ce n'est pas *malin* de faire l'aumône quand on est riche.

MALINSTRUIT, adj. — Malotru. V. fr. *malestruit*, *malestrus*, du lat. *male instructus*.

MALPOLI, adj. — Grossier, mal élevé.

MAL-SAINT X... (Etre tenu du). — Maladie inconnue à la Faculté, mais non pas aux bonnes femmes, commères ou sorcières de nos villages. Quand un enfant ne guérit point du carreau ou de toute autre maladie, et qu'il *se devient mal*, c'est qu'assurément il est *tenu à un saint* : par conséquent, pour le guérir, il faut porter l'enfant en pèlerinage au saint qui le *tient*. Comme il y a beaucoup de saints dans le calendrier, il est important de savoir l'adresse de celui qu'il faut prier. A cet effet, il y a dans chaque village une femme qui a le *don* de découvrir le saint qui torture le malade. C'est ordinairement quelque vieille *macette* convertie qui fait ce métier.

Voici comme elle s'y prend : Elle commence une neuvaine, puis elle cueille trois feuilles de lierre qu'elle met dans un verre plein d'eau bénite ; sur chaque feuille est le nom d'un saint. Celle qui jaunit ou se tache la première dénonce le saint auquel le malade est tenu. Ce n'est pas plus difficile que cela.

Les saints auxquels on est le plus exposé d'être tenu sont : Saint Vincent, pour les fièvres intermittentes ; saint Vimer, pour les coliques ; saint Martin, pour le carreau ; saint Hélier, pour les maladies de langueur.

On se tromperait si l'on croyait que de telles superstitions n'existent que dans nos villages : elles *fleurissent* même dans les grandes villes, et je sais qu'au Havre bon nombre de femmes font métier de *toucher* les enfants atteints du carreau.

MALTIDE, n. propre. — Mathilde.

MANCHERON, n. m. — Manche de charrue : « Dès l'âge de treize ans j'étais dans les *mancherons*, » c.-à-d. dès l'âge de treize ans, on m'apprenait à labourer.

> Levès à deus mains toutes nues
> Les *mancherons* de vos charrues.
>   Rose, v. 19910.

MANGE-TOUT, n. masc. — Petites fèves qu'on mange avec les cosses.

MANIQUE, n. f. — Manière, moyen : « Je ne savais comment m'y prendre pour atteler un cheval, mais maintenant je connais la *manique*. » Du lat. *manicula*, pris au figuré.

MANJURE, n. f. — Démangeaison.

MANS, n. m. — Larve du hanneton.

MAQUE-À-PART, n. des deux genres. — Celui, celle qui prend un bon repas en cachette.

MAQUE-ÉPAIS, n. m. — Goinfre. On dit *maqueflans* avec le même sens.

MAQUER, v. act. — Manger comme un gourmand, comme un animal vorace. On prépare à *maquer* aux bestiaux, aux volailles.

MAQUERIE, n. f. — Ripaille, festin, en mauvaise part : « Je ne me soucie pas de faire la *maquerie* pour tous ces paresseux-là. »

MAQUEUX, adj. — Gourmand. On peut rattacher *maqueux* et les mots précédents à la racine *mac*, frapper, meurtrir; fort répandue dans les langues indo-germaniques.

Comp. aussi avec le latin *masticare*, mâcher.

MARCANDIER, n. m. — Homme qui fait tous les métiers pour vivre ; pauvre hère.

MARCHANDER QUELQU'UN, loc.— Discuter un prix avec quelqu'un : « Je ne veux pas *vous marchander*, ce sera cent francs. »

MARCHE ! MARCHEZ ! — Interjection employée pour affirmer, encourager, menacer : « Je ne viendrai pas vous déranger, *marchez* ! — Il ne veut pas payer, mais *marche*, je vais le poursuivre. » Ce mot revient sans cesse dans la conversation. (V. *Allez* et *va*.)

MARCOU, MARCOUR, n. m. — Matou. Au fig., amant, souteneur de femmes de mauvaise vie : « Puis qu'elle ne veut pas travailler, qu'elle aille retrouver ses *marcous*. »

> Belaud estoit plus accointable
> Que n'est un petit chien friand,
> Et de nuit n'alloit point criand
> Comme ces gros *marcous* terribles.
>> Du BELLAY, *Jeux rustiques*.

> Les gros *marcous* s'entreregardent,
> Ou de leurs griffes ils se lardent.
>> SCARRON, *Virg.*, *Travesti*.

MARGOULETTE, n. f. — Visage, mâchoire : « As-tu vu sa belle *margoulette* ? — Je lui ai donné un coup à travers la *margoulette*. » De *mar* = mal, et de *goule*.

Je trouve dans Roger de Collerye *margouller* dans le sens de casser la figure, de mettre la *gueule à mal*.

> Besoing seroit, par cry impérial,
> De *margouller* sans appel ou répliques
> Telz séducteurs...................
>> *Ball.*, I.

MARGOT, n. propre. — Marguerite ; petit nom familier. Comme *Catin*, *Cataut*, ce mot désigne souvent une femme de mauvaise vie. On donne aussi le nom de *Margot* à la pie, et par métaphore, à une femme bavarde.

Dans Ronsard (1re églogue), *Margot* est poétique ; il changeait de même, comme dit Boileau :

> Lycidas en Pierrot, et Philis en Toinon.
>> *Art. Poét.*, II

MARGOUSSER, v. act. — Mâchonner, manger salement.

MARIBRAIT, n. f. — Rouge-gorge. A la campagne, on a pour cet oiseau une sorte de pieux respect. Lui nuire, c'est presque un crime pour nos paysans; les enfants même, qui sont sans pitié, épargnent son nid. Lorsque le froid sévit, que la neige blanchit les toits et couvre les champs, on lui ouvre la fenêtre ou la porte de la maison, et le petit oiseau vient familièrement ramasser les miettes de la table.

Ce respect, il faut l'attribuer à cette gracieuse légende :

« Quand Jésus portant sa croix s'achemina vers le calvaire, tous ceux qui avaient vécu de sa parole s'étaient enfuis. Seul, un petit oiseau, auquel, le jour de la Cène, il avait jeté quelques miettes, suivait la victime et ses bourreaux. Seul des amis du fils de l'homme, il assista au lamentable drame du Golgotha. Quand Jésus sentit approcher sa délivrance, il baissa les yeux vers le buisson dans lequel l'oiseau agitait ses ailes, et lui dit : « Tu es béni, toi, qui n'a pas abandonné celui que son père lui-même abandonna ? » Alors, volant sur la tête du crucifié expirant, l'oiseau détacha une épine de la couronne ensanglantée et l'emporta dans son bec, et une goutte de sang qui suintait de la sainte relique descendit sur sa poitrine, et la décora du plus glorieux des stigmates.» (Légende bretonne qui explique pourquoi la gorge de cet oiseau est rouge.)

Maribrait doit être composé des vieux mots *mari*, *marri*, triste, et du substantif *brait*, cri, clameur, lamentation, par allusion au petit cri plaintif de cet oiseau solitaire.

A Poix (Picardie), le rouge-gorge s'appelle *foireuse*, nom qui s'explique facilement quand on a vu la place où se pose habituellement cet oiseau ; à Grandvilliers, *rotrouille* ou *routrouille*.

MARICHA, n. m. — Maréchal : « I faut m'ner les k'vas au *maricha*. »

|| *Coléoptère*. Le lucane-cerf, qu'on désigne aussi sous le nom de cerf-volant. Les paysans nomment sans doute cet insecte *maricha* à cause de sa couleur noire. On sait que les *marichas* n'ont pas souvent le teint blanc.

MARJOLE, n. f. — Terme de jeu. Aux dominos, deux joueurs qui, à la fin d'une partie, comptent le même nombre de points, ont *marjole*, et la partie est à recommencer. En certains endroits, on dit *barjole*, en d'autres, *parjole*.

Etym. probable : *par*, *pair* = égal, et *jole*, qui serait une corruption de *jeu* ?

MARJOLE, MARJOLES, n. f. — Caroncule qui pend sous le bec des dindons et des coqs. (V. *Nappe*.)

|| Grosses joues, double ou triple menton.

MARLE, adjectif. — Mâle. On trouve dans le v. fr. *masle*, *malle*, *marle*. Pour l'intercalation des lettres parasites *l* et *r*, voir le mot *harler* : « Un biau *marle*, un biau *marle* de puches. » un vilain homme.

MARLE, n. masc. — Marne. On a vu combien fréquemment une liquide est remplacée par une autre liquide.

Dériv. *marler*, *marleux*, *marlière*, *marlon*, morceau de marne.

« L'an 1438 furent .v. acres de terre mallées de *blanc malle*. » (Cité par L. Delisle.)

« Et ainsi allant et traversant parmy ce bois, vint tomber dans un puits à *marles*. » *(N. Fabrique.)*

« En la maison d'un gentilhomme estoit une chienne de bien..... que l'on jetta dans une *marlière*, pour cause qu'elle avoit esté mastinée. » *(N. Fabrique.)*

MARMITE (Avoir la clef de la), loc. — Se dit de quelqu'un qui, par mégarde, s'est mis de la suie aux mains ou au visage.

. **MARMITÉE**, n. f. — Ce qui est contenu dans une marmite : « Une *marmitée* de soupe, de pommes de terre. »

MARQUE, n. f. — Mesure pour le bois de charpente. Il y a deux sortes de *marque* : La grande qui contient 300 chevilles, et la petite qui n'en renferme que 96. La grande *marque* égale 0,71 décistères, et la petite *marque* 0,23. (Decorde, *Ouv. cité*.)

|| Bois de *marque*. Bois de charpente.

MARQUER, v. n. — Laisser tremper le *marc* de pommes, pour que le cidre soit plus fort.

MARTIAU, n. m. — Marteau. On a vu par de nombreux exemples que la terminaison *eau* se prononce *iau*. Il faut excepter quelques mots, comme drapeau, chapeau, râteau, rouleau qui font : *Drapet, capet, râtet, roulet.*

MARTYR, n. m. — Un pauvre diable, un homme qui gagne difficilement sa vie : « Travailler comme un *martyr,* » travailler beaucoup.

MASIÈRE, n. f. — Bord d'une rivière : « Les truites s'enfoncent sous la *masière.* » Anciennement ce mot signifiait *mur, clôture,* du latin *maceria,* d'où les noms de localités : *Mazère, Mazière, Mezières, Mezeray,* etc.

> Un sarkeu fist apareillier
> Lez la *maisiere* del mustier.
>   Rou, v. 5879.

Il avoit en .iii. lius en Jherusalem .iii. cuves de marbre enscellées en *maisières.* » (*Chron. d'Ernoul.*)

D'où *maiserer,* maçonner : «Si le puch fist vuidier et *maiserer* tout neuf. » (*Chron. d'Ernoul,* p. 122.)

MASTOQUE, n. m. — Lourdaud : « Un gros *mastoque.* »

MASURE, n. f. — Basse-cour, herbage qui entoure une habitation ; ce mot a gardé dans notre patois le sens qu'il avait à l'origine. Etym. bas-lat. *mansura,* demeure.

MATÉRAUX, n. m. — Matériaux.

MATIN, n. m. — Loc. particulière : « *Être du matin,* » aimer, être habitué à se lever matin

|| *Du matin,* de bonne heure : « Il est venu *du matin* me trouver. » On trouve cette locution dans Corneille et Molière.

|| *A ce matin,* ce matin.

> L'archer qui tire aux Dieux et aux hommes
> A *ce matin* vous voyant à l'église.........
>   Sainct GELAYS, II, p. 264.

« Icy est l'isle farouche dont je vous parloys *à ce matin.* » (Rab., *Garg.,* IV, 35.)

MATTES, n. f. plur. — Lait caillé ; au lieu de *mattes,* on emploie *couaillot* : « Une bonne, belle et grande platelée de *mattes* sures. » (*N. Fabrique.*)

MAUREPAS, n. m. — Nom de localité ; hameau voisin de Grand-court. Etym *mau* = mal, et *repas.*

MAUVAIS, adj. — Enragé, en parlant d'un chien : « Un chien *mauvais,* » l'adjectif, en ce sens, se place toujours après le nom : « Quant on crient que son chien ne soit mors de chien *mauvais,* faittes le mengier parmy un trépié et boire, et il sera pour cette fois asseuré de mal avoir. » *(Ev. des Quenouilles,* p. 122.)

MAUVAISETÉ, n. f. — Méchanceté.

> Cele nuit fist li rois toute sa volenté
> De la tres fausse serve, plaine de *mauvaisté.*
> BERTE, v. 403.

« Or vois-je bien que la *mauvaiseté* des femmes surpassera celle des hommes. » (Bon. des Périers, *Cymbalum mundi.*)

« Cette *mauvaiseté* d'enfant chagrina beaucoup Landry. » (G. Sand, *Fadette.*)

Mauvaistié était un de ces vieux mots que regrettait La Bruyère.

MAUVIARD, Mouviard, n. m. — Espèce de grive selon les uns, d'alouette selon les autres. D'après Littré, c'est le merle mauvis, fléau de la vigne, *malum vitis* ?

MÉCANIQUE, n. f. — Machine qui, au moyen d'une vis, ralentit dans les descentes la marche des voitures.

MÉCHANT, adj. — Pauvre, misérable : « Un *méchant* fermier, un *méchant* porte-balle. »

‖ Mauvais, sale, boueux : « Voilà un chemin bien *méchant.* »

MÈCHE (Il n'y a pas), loc. — « Cette locution pourrait venir de l'italien : *non c'è mezzo,* il n'y a pas moyen » (Jaubert).

MÉD'ÇAINE, n. fém. — Médecine ; remède : « Quelle drôle ed *méd'çaine* que cha ? »

MÉKAINE, quelquefois **Mekine,** n. f. — Meschine, mot qui dans l'ancienne langue voulait dire d'abord jeune fille, plus tard servante ; diminutif *mescinete.* (Auc. et Nicol, p. 260.)

> Iluec se heberga une franche *meschine,*
> Fille Yon de Gascoigne, de devers la marine.
> GUI DE NANTEUIL, v. 421.

Berte se fait amer come cele qui ne fine
De servir plus à gré c'une povre *meschine*.

BERTE, v. 371.

En Picardie, dans le canton de Gamaches, on appelle encore *mé-kaine,* une servante. Dans notre vallée on désigne sous ce nom un instrument de cuisine, cercle en fer qu'on suspend à la crémaillère pour supporter une poële ou une chaudière.

MEL. — Agrégation des mots *me*, et *le*, *la*; comp. avec *del*, *jel*, *nel*, *tel*, etc. : « Tu m'as promis un coutiau, il faut que tu *mel* donnes. — Ej veux bien louer vo ferme, mais il faut *mel* fair *vir*, (voir.) »

MÉLAN, n. m. — Merlan.

MÉLI-MÊLO. n. m. — Mélange confus.

MELON, n. m. — Niais, nigaud, propre à rien. De tout temps on a pris le mot *melon* dans cette acception burlesque. Thersite, par raillerie, appelle les grecs πεπῶνες, *melons* (Iliade .II. 235) et Tertullien reproche à Marcion d'avoir un *melon* à la place du cœur : *Puponem loco cordis habere.*

MÊME CHOSE (La), loc. adv. — Tout de même, pareillement : « J'ai intention d'aller chez vous dimanche. — Je n'y serai peut-être pas. — Eh bien, j'irai *la même chose.* »

MÉMÈRE, n. f. — Grand'mère, terme enfantin. Femme qui a de l'embonpoint : « Une bonne grosse *mémère.* » On dit de même avec redoublement de la première syllabe : *Tantante, pépère, fifils, seu-sœur, bébête.* (V. *Enquiquiner.*)

No premerain *pepère* Adam. (Sermon de Maurice de Sully, cité par Le Héricher.)

« Pas vrai, *fifille* ? plus de pain sec, tu mangeras tout ce que tu voudras. »

« Ah ! elle ouvre les yeux : Eh bien ! la mère, *mémère*, timère, allons donc. » (Balzac, *E. Grandet.*)

MÉNAGER, n. m. — Fermier, petit cultivateur. C'est le sens que le poëte Racan a donné à ce mot dans ces vers :

Oubliez, oubliez l'amour de ce berger,
Et prenez en son lieu quelque bon *ménager*.

BERG., I.

Selon Littré, *ménager* veut dire ici *chef de ménage* : c'est une erreur : « Au lieu d'un berger, épousez un *gros fermier*,» comme on dirait aujourd'hui.

‖ Meuble placé dans la cuisine où sont disposés par étages les plats et les assiettes.

Ce mot est surtout usité dans le pays de Bray.

MENDRE, adj. — Moindre : « C'est un avare qui ne vous donnerait pas la *mendre* chose. »

‖ Faible, maladif : « Cet enfant me paraît bien *mendre* depuis quelque temps.

Etym. lat. *minor* ; v. fr. *manre, mendre*.

> i. enfant ot petit et tendre,
> De ses enfanz trestout le *mendre*.
>
> RUT., la *Vie sainte Elysabel*.

> Car l'autre jour oy maistre Martin
> Qui racontoit le roy est *mendre* d'ans.....
>
> EUST. DESCH., *Ball.*

Mendre avait donné *amendrir*, amoindrir : « Si ce veoient fort oppressez et leurs vivres amendrir. » (Chron. de J. La Fèvre.)

MENER, v. act. — Fut., *menrai, merrai* ; cond., *menrais, merrais* : « Au futur, l'*r* de flexion, empruntée à l'infinitif, attire souvent à elle une r du thème, et il arrive alors qu'une consonne précédente peut être assimilée, par exemple : *Livrer, liverrai, monstrer, monsterrai, mener, merrai*. » (Diez, g. romane, **208**.*)*

S'il le pot truver, s'il *merra* à la justice. (Lois de Guill., IV.)

> Ens en son cuer bien áficha
> Que cette nuit n'y *enterra*.
>
> CHAST. DE COUCY, v. 2380.

> Et li demanda sa maison,
> Et le lieu où le *trouverra*.
>
> CHAST. DE COUCY, v. 3240.

Çes formes très-anciennes, puisqu'elles remontent aux XIIème et XIIIème siècles, sont toujours usitées dans notre vallée.

MENOUILLE, n. f. — Monnaie.

MENTEUX, euse, adj. — Menteur : « Et encores vous deffens que

ne soyez noiseux, ne *menteux,* ne rapporteur de choses maldites. »
(Ant. de la Salle, *Jeh. de Saintré.*

MENTIRIE, n. f. — Menterie.

MENUISE, n. f. — Petit plomb à tirer. Ce mot qui n'est pas dans
le Dict. de l'Académie a servi et sert encore à désigner des objets de
peu de valeur, d'importance, ex. :

> Pescheurs prendront force *menuise* (petits poissons)
> Ce printemps, car l'eau sera trouble.
>> *Anc. Poés.,* IV, p. 41.

MENUSERIE, n. f. — Menuiserie : « Les vieux noyers sont plus
estimés à faire *menuserie* que non pas les plus jeunes.» (Bern. Palissy,
dans Littré.)

MENUSIER, n. m. — Menuisier.

MERLIER, n. m. — Néflier. Anciennement *meslier.*
« Faisant une verge de fouet de néflier ou *meslier.*» (Noel du Fail.)

> .... Chapeau de feuilles de *meslier.*
>> Marot, Métam. Ier.

> Un *meslier* nouailleux ombrage le portail.
>> Ronsard.

Les fruits du *merlier* s'appellent *mesles* : « La terre fut certaine
année si très-fertile en *mesles,* qu'on l'appela de tout mémoire l'année
des grosses *mesles.*» (Rabelais.)

MERQUEDI, n. m. — Mercredi.

> *Merquedy* au matin feray me gent rengier.
>> Hug. Capet, p. 125.

MÉSINGLE, Mésingue, n. f. — Mésange : « Il lui respondit qu'il
mangerait bien, s'il en avoit, des petits oyseaux, comme merles....
mezengues, brunettes, estourneaux. » *(N. Fabrique.)*

MESNIL, n. m. — Nom que l'on donnait jadis au domaine rural
d'un personnage notable. Ce mot s'est conservé dans beaucoup de
noms de famille et de localité : *Lemesnil, Beaumesnil, De Grosmes-
nil, Mesnil-David, Mesnil-Réaume, Aubermesnil, Baromesnil,* etc.

A l'origine, *mesnil, maisnie, maignie,* signifiait famille, suite.

15

Es ostels et es sales heberja sa *maisnie*.

Ch. d'Ant., v. 301.

La *mesnie* Guion se va esbanoier.

Guy de Nanteuil, v. 492.

Mesnil est une contraction du bas-latin *mansionile*.

MET, n. f. — Huche, coffre au pain; le mot et la chose tendent à disparaître. Rabelais emploie *met* au masculin : « Et croissoit comme pâte dans le *met*. » (*Garg.*)

« Les filles, leurs quenouilles sur la hanche, filoient; les unes assises... sur une huge ou *met* à longues douettes, à fin de faire plus gorgiasement pirouetter leur fuseau. » (Noël du Fail.)

On lit dans les anciens textes *maie, mai, mait*: Etym. lat. *magis, magidis*.

MESURE (A), loc. adv. — De temps en temps : « Venez-nous voir *à mesure*, vous serez toujours bien reçu. »

MÉTAIL, n. m. — Métal : « Cuiller, fourchette de *métail*.»

Salomon fist armer son throne droit-disant,
Par douze fiers lyons de *métail* reluisant.

D'Aubigné, *trag.*

MÉTIER, n. m. — Besoin : « J'aurais bien *métier* de partir demain. — Cette maison aurait *métier* d'être réparée. » Telle était la signification ordinaire de *métier* dans l'ancienne langue :

Toute ma vie et mes santés
Est en vous, plus ne say que dire,
Ne je n'ay *mestier* d'autre mire.

Chast. de Coucy, v. 1950.

En chascun estage se trait
L'eve par le conduit, et vait ;
Les dames qui en l'autre sont,
En prennent quand *mestier* en ont.

Floire et Blanc.

Je ai *mestier* et d'argent et d'or fin :
Por néant, sire, ne puis guerre tenir.

Garin, v. 4255.

« Mon compère, prestez-moi quelque chemise pour ce jeune filz, qui est tout en eau, et le faictes un petit frotter. — Dieu, dit le barbier, il en a bon *métier*. » (Bon. Des Périers.)

> .... La France avoit *mestier*
> Que ce potier fust roy, que ce roy fust potier.
>
> <div align="right">D'Aub., <i>trag.</i></div>

METTRE, v. act.— Subj., que je *mèche*, que tu *mèches*, etc., forme usitée jusqu'au XIVeme siècle :

> A paines prent-ele onques pain,
> Que li dus n'i *meche* sa main.
>
> Rom. du Comte de Poitiers, p. 8.

> Je lo qu'ils *mechent* en estui
> Lor lanche et lor escus nues.
>
> Rom. de la Violette, v. 5979.

> Faitez que vous trouvez le bon roy men mary,
> Et ly ditez, biau sire, ne me *mache* en oubly.
>
> Hug. Capet, p. 199.

MEUR, adj. — Mûr. Le grammairien Ramus (1562) enseigne que l'on doit prononcer *meur* ; vingt ans après, H. Estienne assure au contraire que l'on dit *mûr*. En 1606, Nicot donne *heurler* et *hurler*, *meusnier* et *munier*, *beurre* et *burre*, etc. ; d'où l'on peut conclure que la prononciation de la diphthongue *eu* a beaucoup varié. (V. le mot *abruver*.)

> Si je ne puis au printemps arriver,
> Je suis taillé de mourir en yver,
> Et en danger, si en yver je meurs,
> De ne veoir pas les premiers raisins *meurs*.
>
> Marot.

> Que je vous croyois bien d'un jugement plus *meur* !
> Ne pouviez-vous souffrir de ma mauvaise humeur.
>
> <div align="right">Corneille, <i>Gal. du Pal.</i>, v. 4.</div>

De même Racan fait rimer ensemble *meurs* (mûrs) et *mœurs*. (Traité de Versif., p. 358.)

Dériv. *meurir*, mûrir ; *meurison*, *murison*, maturité, temps où mûrissent les fruits.

MEURDRIR, v. act.— Meurtrir. V. fr. *mordrir*, *murdrir* ; dériv. *murdrissur*, meurtrier ; de l'ancien haut-allemand *murdrjan*.

Et ensi comme les engresses
Le vaurent *mordrir* as coutiaus.

LAI D'IGNAURÈS.

Tous trois ont vu.....
Leurs maisons effroyées
D'avoir reçu les cris
De leurs femmes tuées,
De leurs enfants *meurdris.*

JODELLE.

Dériv. *meurdrissure*, meurtrissure.

MIAULÉE, n. f. — Miaulement : « *Miauléis* de chaz. » (L'Apostoile.)

MICHER, v. act. — Mettre en pièces, en miettes. Au fig. battre, frapper sur quelqu'un à coups redoublés : « Si je ne me retenais, jel *micherais.* » Du latin *mica*, parcelle, miette.

MIDIS (Sur les), loc. — Sur le midi, vers midi.

MIE, nég. qui renforce *ne.* — « On ne peut *mie* siffler et bailler en même temps. »

Sainte-Eglise se plaint ; ce n'est *mie* merveille.

RUTEBEUF.

« Tout le monde crie mesnage, mesnage. Mais tel parle de mesnage qui ne sait *mie* que c'est. » (Rab., *Pant.*, III.)

« Puissances étrangères, ne les écoutez *mie.* » (P. L. Courier, lettre X.)

Du latin *mica*, parcelle.

MIÉ, n. m. — Miel.

Li *miez* est fait pour c'on le leiche.

Prov. dans L. DE LINCY, XIIIeme siècle.

MIELLAT, n. m. — On donne ce nom à une petite pluie fine et douce, funeste aux avoines et aux blés murs.

MIETTE, nég. absolue. — « Reste-là, et ne bouge *miette.* »

MIGNATURE, n. fém. — Miniature : « C'est une *mignature.* » (Corneille, suite du *Ment.*, II, 6.)

MILER, v. act. — Viser, guetter, épier, etc. : « *Miler* l'occasion. Qu'il fasse attention à lui, jel *mile.* » Pour le reste, *miler* a le même sens que *mirer*. On remarquera encore dans ce mot la substitution d'une liquide à une autre.

MILIU, n. m. — Milieu.

MILOUÉ, Miloir, n. m. — Miroir.

MIN, pron. poss. masc. — « Donne-moi *min* livre de messe. »

MINABLE, adj. — Misérable, qui n'a aucune ressource pour vivre : « Mot fort répandu dans les provinces du Nord et en Belgique. Exprime-t-il, « ce qui est facile *à miner*, » c'est-à-dire à détruire ? » (Scheler.)

MINETTE, n. f. — Petite luzerne ou lupuline.

MINUTE ! — Interjection qui signifie *attendez !* — « *Minute !* ne vous impatientez pas. »

MINONS, n. m. plur. — Fleurs mâles du saule, du noisetier, ainsi nommées parce qu'elles sont douces au toucher comme le poil d'un *minon* ou minet. On les appelle encore *berbis* pour la même raison.

MIOCHE, n. m. — Enfant, petit garçon ; se dit toujours avec une acception de mépris.

MIOÛT, n. f. — La fête de l'Assomption : « Nous commencerons à couper les blés al *mioût* (mi-oût).

MIRLITON, n. m. — Souci des jardins ; fleur jaune qu'on cultive pour colorer le beurre.

MITAN, n. m. — Moitié, milieu : « Coupe le pain par le *mitan*. » Ce mot appartient plus particulièrement aux patois picard et berrichon ; chez nous il n'est guère usité que pour désigner certains lieux, ex. : « Le *Bois-du-Mitan*. »

« Huriel me dit qu'ils (les hêtres) n'étaient foisonnants que dans le *mitant* du pays bourbonais. » (G. Sand, *Maîtres Sonneurs*.)

MITE, n. f. — Mauvais coup : « Je lui ai donné une *mite* à le laisser sur la place. » Ce mot dérive-t-il du latin *mitis, mite*, doux ? Et faut-il voir dans cette locution une antiphrase ?

MITER, v. act. — Ronger : « Les vers *mitent* le bois. » Du fr. *mite*.

MITES (Être maqué à), loc. — Etre mangé aux vers ; au fig. être usé par l'âge, ou encore, être complétement ruiné : « L'bonhomme est vieux ; mais il n'est pas core *maqué à mites*, » c'est-à-dire il est encore vert. — « Ne lui prêtez pas d'argent, il est *maqué à mites*. »

MIUS, adv. — Mieux.

> Gonorille li a juré
> Del ciel toute la déité
> Qu'ele l'aime *mius* que sa vie
> R. DE BRUT.

MIYEU, Miyeure, adj. — Meilleur.

M'N, pron. poss. — Mon, devant une voyelle ou un *h* muet : « *M'n* homme, *m'n* affaire, etc. »

MO, adj. masc. — Mou : « Il est *mo* au travail. — Il fait *mo* marcher. »

MOGNIAU, n. m. — Moineau. Au fig. *un biau mogniau*, un homme laid. Dans la 84eme fable de Marie de France, je trouve les formes : *Moingniax, moingniaus, moinaus, moinet, moinel, moingnels*.

MOIDOÛT, n. masc. — Epoque de la moisson : « Le *moidoût* arrive. »
|| Faire *moidoût*, se louer pour le mois d'août. S'engager à travailler pendant trois mois à la moisson.
Les moissonneurs disent qu'ils ont fait ou eu un bon *moidoût*, lorsque la récolte a été abondante, et qu'il leur revient un bon *gagnage*. (V. ce mot.)

MOIE, n. f. — Meule de blé ou d'avoine.

> Ni'a si nu qui ne s'esjoie ;
> Plus sont seignor que raz sur *moie*.
> RUT., la *Griesche d'Eté*,

Dans son Dictionnaire, au mot *corbillon*, page 806, Littré donne à *moie* un sens qui me paraît inacceptable, ex. :

> Quatre rat à *moie* (mue)
> Faisoient monnoie
> D'un vieux *corbillon*.
> *Fatrasies*, JUBINAL.

Il est évident que dans ce passage, *moie* signifie *meule* : « Quatre rats dans une *meule*. »

MOISSE, n. f. — Quantité de lait que la vache donne en une seule fois. Du latin *messis*, récolte, pris au figuré.

MOISSON, n. m. — Moineau.

> Et li Arunde ki fu fole,
> As *moissuns* l'ala tost cunter.

MARIE, fab. 84.

« Quant vous voyez arondelles faire leur nyd en aucune maison, sachiez que c'est tout signe de povreté ; et se les *moissons* y font leur nyd, c'est signe de prospérité. » *(Ev. des Quenouilles.)*

Etym. bas-lat. *muscio*, qui dérive sans doute de *musca*, mouche.

MOMENT (Du), loc. — En ce moment : « Je n'ai pas le temps de vous écouter *du moment*. »

‖ *Du moment que*, puisque : « *Du moment que* vous me défendez de venir, je vous obéirai. »

MONCORNE, n. f. — Mélange de pois, de vesce, d'orge et d'avoine qu'on sème au printemps. On trouve *mancorn, mancor*, cité dans les vieilles chartes. Dans ses *Etudes sur l'Agriculture au moyen-âge*, L. Delisle pense qu'il faut entendre par ce mot le blé méteil.

MONDE (Être par devant le), loc. — Servir en qualité de domestique : « Mon fils a été de bonne heure *par devant le monde*. »

Autre locution : « On a bien fait de le *mettre par devant le monde*, cela lui a formé le caractère. »

« *Ça n'a jamais été par devant le monde*, » se dit d'un homme impoli, grossier.

MONEUX, euse, adj. — Privé de queue : « Une poule *moneuse*. »

MONGNE. n. f. — Soufflet ; violent coup de poing.

MONNÉE, Monaie, n. f. — Sac de blé qu'on porte au moulin, ou farine qu'on en rapporte. (V. *Cache-monnée*.)

MONNIER, n. m. — Meunier.

> Par quoy nuls ne la vit ne sot
> Fors que seulement li *monniers*
> A qui donna de ses deniers.

CHAST. DE COUCY, v. 6413

« Le *monnier* est au moulyn, car la roue commence à rotir (rotare.) » (Palsgrave.)

MONT, n. m. — Monceau, tas. On dit à un domestique : « Vous irez aujourd'hui *éparpiller les monts* de fumier. »

Mettre de la vesche, du foin, du trèfle en *monts*, c'est-à-dire en petites meules. Mettre en *coqs* ou *coquerons* offre le même sens. (V. *Coqueron.*)

Mettre quelque chose en un *mont,* en un seul tas ; tomber en un *mont,* etc. : « Qui adonc vit gens.... trébucher l'un sur l'autre, dix ou douze en un *mont.* » (Froissart.)

MONTER (Se), v. réfl. — S'élever, en parlant d'une construction : « Votre maison commence à *se monter.* »

‖ Se procurer, acheter peu à peu ce qui est nécessaire : « Nous n'avons pas beaucoup de meubles, mais *nous nous monterons* peu a peu. »

‖ *Etre bien ou mal monté,* se dit d'un fermier qui a de bons ou de mauvais chevaux. Avoir quelque chose en petite ou en grande quantité : « Avez-vous des poiriaus dans vo gardin ? — J'en su *bien mal monté.* »

‖ *Monter de grade,* en grade. Corneille a dit *monter d'état* :

Dedans saint Innocent il se fit secrétaire,
Après, *montant d'état*, il fut clerc d'un notaire.
Illusion Com., I, 3.

MONTOIR, adj. — Pied montoir. Pied gauche du cheval, du côté que l'on monte.

MONTRER, v. act. — Enseigner : « Monsieu l'curai *montre* el latin à min fius. »

MORCIAU, n. m. — Morceau.

MORDURE, n. f. — Morsure.

MORGUARD, Morgueux, adj. — Hautain, qui prend des airs de suffisance, faiseur d'embarras.

Si vous ne m'arrachez des mains
De quelques *morgueurs* inhumains...
Théophile, *Requeste au Roy.*

MORGUES, n. f. plur. — Manières affectées : « Fait-elle des *morgues* cette Poulette ? »

MORLÈQUE, n. f. — Petit morceau. En v. fr. *lèche*, signifie petite tranche de viande, de jambon.

MOUCHOUÉ, n. m. — Mouchoir. Cette prononciation est commune à la plupart des finales en *oir*.

MOUDRE, v. act. — Conjugaison, indicat., je *mouds*, nous *moudons*, etc. Imp., je *moudais*, etc. Subj. prés., que je *moude*, ou que je *mouche*. Part., *moudant*, *moudu*.

MOUFLU, adjectif. — « Pain, gâteau *mouflu*, » bien levé. V. fr. *mouflet*, pain mollet. Comp. avec le bourguignon *môflô*, rebondi, joufflu.

MOULINET, n. m. — Petit bâton autour duquel les enfants font voler un hanneton attaché par la patte à un fil.

« Une pipe de hannetons sallez, qu'on donna aux petits enfants de Rosny pour faire des *moulinets*. » (*Nouv. Fabrique.*) Diminutif de *moulin*.

MOUQUE-À-MIÉ, n. f. — Abeille. S'il meurt quelqu'un dans la maison de celui qui possède des ruches, il est d'usage de couvrir le *lapier* d'un voile noir, afin que les abeilles fassent aussi leur deuil, sinon elles ne tarderaient pas à mourir ; charmante légende que Brizeux a mise en vers :

> Si le chef d'une ferme, ou la mère, ou la fille,
> Si quelque membre enfin décède en la famille,
> Les ruches qui chantaient aux deux côtés du seuil,
> Sont couvertes de noir, en signe d'un grand deuil :
> Aux pleurs de la maison, à toutes ses prières,
> On veut associer ce peuple d'ouvrières.
>
> *La Chaîne d'Or.*

« On affirme que les abeilles qui essaiment le jour du Saint-Sacrement forment, dans la ruche, un travail en forme d'ostensoir, c'est-à-dire que les rayons aboutissent au centre de la ruche, au lieu d'être transversaux. » (Decorde, *Ouv. cité.*)

MOUQUER, v. act. — Moucher ; se prononce comme en français dans la locution : *Tu te feras moucher*, c'est-à-dire tu recevras un soufflet, une mornifle, et au fig. tu te feras attraper. Du bas-lat. *mucare, muccare.*

MOURIR, v. n. — Fut. et cond , je *mourirai, mourirais.* Subj., que je *meurche,* que tu *meurches,* qu'il *meurche.* (Les pers. plur. sont régulières.)

Meurche est la corruption des anciennes formes normandes *murge, moerge.*

« Nus ne vus demandums ne or ne argent ; ne ne volum pas que huem de Israel i *murged.* » (Les Rois, II, p. 201.)

> « Miez est sul *moerge* que tant bon chevaler. »
> CH. DE ROL., p. 32.

« *Morgent* l'un et l'autre de mort. » (Cité par Diez, tome III, page 193.)

MOUSE, n. f. — Museau, figure, mine, en mauvaise part : « On voyait à sa *mouse* qu'il n'était pas content. »

> Item, à Jehan Raguyer je donne,
> Tous les jours une talemouze,
> Pour bouter et fourrer sa *mouse.*
> VILLON.

En provençal, on appelle *mourre de chin,* museau de chien, une espèce de truffe rousse. De l'ancien français *muse.*

MOUSSE (Rose), n. f. — Rose moussue.

MOUTON (Poire de), n. f. — Poire précoce, bonne à manger.

MOUTON-FOYER, n. masc. — Lorsqu'une brebis met bas deux agneaux, on ne lui en laisse qu'un à nourrir ; l'autre est élevé dans les herbages de la ferme, dans la maison, et pour ainsi dire au *foyer* ; d'où son nom.

MOUTONNER (Se), v. réfl. — Se couvrir de petits nuages blancs : « Le ciel commence à se *moutonner.*— Quand le ciel est *moutonneux,* c'est signe de pluie. » De *mouton,* par similitude.

MOUTURE, n. f. — Orge ou avoine moulus grossièrement pour donner dans l'étable aux porcs ou autres bestiaux. (Decorde.)

MOUVER, v. act. et neut. — Agiter, remuer, se mouvoir : « On n'a pu *mouver* cette pierre de place. — Il est si frileux qu'il ne *mouve* pas du coin de son feu. »

> Cum se il fust tued,
> *Muver* ne se purrat.
>
> PHIL. DE THAUN, *Bestiaire.*

> A la feste de la Toussains
> *Mouverons*, ni a plus ne mains.
>
> CHAST. DE COUCY, v. 6230.

> Ils apaisent les flots, ils *mouvent* les orages.
>
> RONSARD.

« Après 1250, selon Burguy, le normand *mover*, prist souvent l'*u* picard : *Mouver*. » Etym. lat. *movere.*

MOUVETTE, n. f. — Cuillère de bois pour *mouver* les sauces.

MOYEN, adjectif. — Souffrant, maladif ; même signification que *mendre.*

Moyen (tâcher), loc. — Faire en sorte, s'efforcer. « O *tacherons moyen* de vos aider. »

MOYENNER, v. n. — S'arranger, faire une affaire : « Avec un pareil homme, il n'y a pas moyen de *moyenner.* » Ce verbe n'est usité qu'à l'infinitif et seulement dans cette locution.

MOYETTE, n. f. — Petite meule, diminutif de *moie* : « Mettre du blé en *moyettes*. »

MOYEU, n. m. — Noyau de cerise, d'abricot, de prune, etc. Anciennement *jaune d'œuf.* Etym. *moieuf* = mi-œuf.

MUCHER, v. act.— Cacher : « *Muche*-li sin bâton.— Ces oyseaux robent et pillent tout ce qu'ils trouvent, portent et amassent le tout en leurs nids et *muchent* tant ordures que bonnes besongnes. » *(N. Fabrique.)*

MUCHE-TIN-POT (À la), loc. — En cachette : « Ce mot vient de ce que certains marchands vendaient de la bière à meilleur marché que leurs confrères ; mais comme ils ne payaient pas de droit, il fallait l'emporter en cachette, *mucher sin pot*. » (Decorde.)

MUCHETTE, n. f. — Cachette.

Je croi ceste *muchete* que bestes l'ont estruite.

BERTE, v. 922.

MUCRE, adjectif. — Humide, moisi. Comp. avec le latin *mucere*, moisir.

MUGOT, n. m. — Provision de fruits qu'on garde pour l'hiver et qu'on laisse mûrir sur la planche ; par ext. trésor, somme d'argent que l'on cache, économies mises en réserve.

> N'en fait *musgode* pour son cors engraissier,
> Mais as plus povres le donet a mangier.

La *Vie saint Alexis*, st. 51.

Nous lisons dans le Dict. de Trévoux, au mot *magot* : « Argent caché. Le peuple de Paris dit *mugot*, mais le véritable mot c'est *magot*. »

Comp. avec *muedecke*, *muyek*, *muydick* (*pomarium, locus ubi poma reservantur*) mots que l'on trouve dans les Glossaires flamands-latins.

Citons encore le bavarois *maucken*, épargne secrète en argent. Enfin dans la basse latinité *muga*, *mugium*, signifie monceau, tas.

MUGOTER, v. act. — Faire bouillir tout doucement ; faire cuire à petit feu.

|| Mettre des fruits dans la paille pour les faire mûrir : « Je laisse *mugoter* pour vous des poires et des pommes.

MULON, n. m. — Petite meule ; rarement employé.

MURON, n. m. — Mûre, fruit de la ronce ; du grec μὸρον (V. *Catimuron.*)

MUSETTE, n. f. — Musaraigne ; du v. fr. *muse*, la musaraigne ayant un petit *museau* pointu : « Mais les autres rats, mulots, souris, *musettes* et lerots, ils les effondraient à roide boce sans pardonner à nul. » (*N. Fabrique.*) Je n'ai jamais entendu dire *miserette*, ni *meserette* que Littré donne comme mots normands.

MUSIAU, n. m. — Museau.

MUSIQUE, n. f. — Visage, figure : « Prends-garde à tei, tu vas t'faire donner su la *musique*. » De *muse*, *mouse*.

MUSIR, v. act. — Moisir, du lat. *mucere*.

MUSONNER, Musotter, v. n. — S'occuper à des riens, s'amuser à des bagatélles, flâner. Ces verbes sont des fréquentatifs du français *muser*, lequel commence à tomber en désuétude.

> .... N'est pas sens
> Ni cortoisie de baer
> En autrui maison ne *muser*.
> > R. DE BLOIS, *Chast. des Dames.*

MUSONNIER, Musardier, adj. — Badaud, flâneur ; qui est toutours en retard parce qu'un rien l'amuse et le retient. Littré donne le verbe *musarder* et son dérivé *musarderie, musardie,* mots que l'on rencontre fréquemment dans nos vieux auteurs.

N

NA, particule qui renforce la négation ou l'affirmation. — « Je ne ferai jamais ça, *na*! — Je viendrai vous voir quand même, *na !* » Comp. avec le latin *næ*, certes, assurément.

NACHE, n. f. — Fesse de bœuf : « Donnez-moi un bon morceau, un morceau de *nache*. » Du bas-latin *natica* formé du latin *nates* dont *nache* avait primitivement le sens : « Li reis Annon... fist colper lur vestures très par les *nages*. » *(Les Rois.)*

> Fin de ci, si feras que saiges,
> Ou tu auras parmi les *naiges*
> D'une grosse aguille d'acier.
> <div align="right">JUBINAL , <i>fabl.</i></div>

> Mestre Michel aux hautes *naches*.
> Bat. des VII Arts.

> Sainte-Marie, com or me cuit la *nache !*
> ALISCANS, v. 6091.

> En dormant li sambloit que une ourse sauvage
> Li menjoit le bras destre, le côté et la *nage*.
> BERTE, v. 1678.

> Je vous eschaufferai les *naches*.
> ROSE, v. 20933.

NACTIEUX, adj. — Dégoûté, dédaigneux. V. fr. *nacheus, nachous*. Dans Marot (*Ball.* .XI.), *nac* est une interjection qui paraît exprimer le dédain.

NAGE (Être en), loc. — Etre tout en eau. Beaucoup d'écrivains ont employé cette locution vicieuse. Cela vient de ce que l'on a dit autrefois *être en age*, c'est-à-dire être en eau, *age* étant une des anciennes formes du mot *eau*.

NAGUARD, arde, adj. — Celui, celle qui regarde partout avec curiosité.

NAGUER, v. act. et n. — Examiner curieusement, fureter de tous côtés comme un voleur : « Qu'est-ce que tu *nagues*-là ? — Je ne veux pas d'une servante qui *nague* partout, » qui fourre son nez partout, comme on dirait familièrement.

> Richesses nous viennent à bauge,
> Esquelles chacun *nague* et fouylle.
> *Anc. Poés.*, VII, p. 234.

Comp. *naguer* avec le wallon *nagueler*, fureter. Ce mot est peut-être une corruption de *narguer*, dont le dérivé *narquois* signifiait anciennement *voleur*.

NANETTE, Nanon, n. prop. — Anne, diminutifs affectueux.

NAPPE, n. f. — Buffon va nous donner la définition de ce mot : « De la base du bec inférieur descend sur le cou du dindon, jusqu'à environ le tiers de sa longueur, une espèce de barbillon charnu, rouge et flottant. » (V. *Marjolle*.)

NASE, n. f. — Morve qui sort du nez d'un enfant. Du latin *nasus*, nez.

NASIAUX, n. m. plur. — Naseaux.

NASU, adj. — Morveux : « Va te mouquer, piot *nasu !* ». — On se sert aussi du mot *nasier* dans le même sens : « Un piot *nasier*, un méchant *nasier*. »

NATURE, n. f. — Les parties qui servent à la génération :

> Exemple : comme vous scavés,
> En ung bancquet la créature
> Se venoit asseoir à ses piez,
> Pour lui eschauffer la *nature*.
> COQUILLART, plaidoyer.

« Lui emplirent par la *nature* le ventre de poudre à canon et y mirent le feu. » (Mém. de Montluc.)

En français ce mot ne s'applique ordinairement qu'aux femelles des animaux.

NE, négation. — Pour ni : « *Ne* connaître *ne* a *ne* b, être un parfait ignorant. — Ne craindre *ne* Dieu *ne* diable. »

> Or d'or *ne* d'argent je n'ay grain.
>> R. de Collerye, 146.

« L'enfant sucçoit le pis de la chèvre *ne* plus *ne* moins que s'il eust tetté la mamelle de sa mère nourrice. » (Amyot, *Daphn. et Chloé.*)

« *Ne* plus *ne* moins que le benoist saint Paul, qui de persécuteur des chrétiens fut fait vase d'élection. » (Sat. Mén., 87.)

« Mademoiselle, *ne* plus *ne* moins que la statue de Memnon, etc. » (Mol., *Malade imag.*, II, 6.)

NEL. — Agrégation des mots *ne le, ne la*; ex.: « Je *nel* ferai point,» je ne le ferai pas. « Si elle vient, je *nel* recevrai pas, » je ne la recevrai pas.

> Il *nel* connurent, si out à lui parlé !
>> Saint Alessin, réd. du XIIeme siècle, v. 500.

« Je *nel* vous di mie pour voir, mais ensi le disent aucunes gens, qu'ensi l'avoit dit li empereres par orguel. » (*Chronique d'Ernoul,* p. 363.)

> Dunc à sei-meismes avait dit
> Que nul beste *nel'* valeit.
>> Marie, fabl. 32.

> Pour le roi Pepin prie, *nel* met pas en oubli.
>> Berte, v. 1433.

NENTILLE, n. f. — Lentille : « Il faut dire aussi de la *poirée* et des *nentilles* avec les Parisiens, et non pas des *bettes* ni des *lentilles* avec les Angevins. » Tel était le précepte donné au XVIIeme siècle par Mesnage, l'oracle des précieuses. Aussi Mme de Bregy, nièce du savant Saumaise, une des précieuses les plus qualifiées, qui avait beaucoup d'esprit, mais une orthographe de cuisinière, écrivait-elle *nantille*. (Voir une de ses lettres citée par Sainte-Beuve, *Caus. du Lundi*, t. XI.*)

NÉSIME, n. propre. — Onésime.

NEU, adj. — Neuf : « Avoir un chapeau *neu*, un habit *neu*. » On prononce de même œuf, bœuf : « Donner un *œu* pour avoir un *bœu*. »

NEUCHE, n. f. — Noce : « Une belle *neuche*. — Iras-tu al *neuche* de Jeanne ? »

NIANT, n. masc. — Un niais, un homme de rien ; de *néant*.

NICHARD, n. m. — Paresseux, celui qui reste au *nid* ou au lit. du fr. *niche*, d'où *anicher* ; v. act. mettre dans un nid, et, par extension, attirer, retenir quelqu'un chez soi par des caresses. « I ne faut pas *anicher* les kiens dans l'maison. »

NICHOUÉ, n. m. — Œuf naturel ou taillé dans un morceau de marne qu'on laisse dans le nid des poules pour les engager à pondre.

NIFLER, v. n.— Flairer avec bruit, en parlant d'un chien. *Niffle* était un mot d'argot signifiant *nez*. Le français a gardé les dérivés *mornifle* et *renifler*.

> Enfant, en quelque compaignie
> Que tu soyes, garde de *nifler*
> Ton nés hault, ne faire siffler :
> C'est déshonneur et mocquerie.
> *Anc. Poés.*, liv. Ier, p. 191.

NIVELET, n. m. — Jeune homme prétentieux et maniéré, faquin. Littré donne *nivèlerie*, vieux mot qui signifie badauderie. La Fontaine a employé l'adjectif *nivelier*, badaud. (Lettre à sa femme, 1663.)

NO, adj. poss.— Notre, devant une consonne : « *No* terre, *no* fille. »

> Or repairons à *no* maison.
> CHAST. DE COUCY, v. 3113.

> Qui est chilz qui huche à *no* huis ?
> CHAST. DE COUCY, v. 3477.

NOCER, quelquefois Neucher, v. n. — Célébrer, fêter la *neuche* de quelqu'un : « O'z avons *nocé* pendant trois jours. »

‖ Faire bombance, jouer, passer ses journées dans les cafés : « Je ne donnerai pas ma fille à un homme qui ne fait que *nocer*. »

Dériv. *noceux*, les gens de la noce ; mot formé comme *foireux*, *fêteux* : Celui qui aime trop à s'amuser, paresseux, débauché.

NŒUD-GABRIET, n. masc. — Nœud de la gorge : « S'en donner jusqu'au *nœud-gabriet*, » manger jusqu'à s'en faire crever, comme disent les paysans ; d'après une légende qui raconte qu'Adam, voulant

16

rentrer dans le paradis terrestre, fut renversé par l'archange Gabriel, et se fit au cou cette saillie. (V. Le Héricher.)

NOIRE-ÉCAILLE, n. des deux genres. — Sobriquet qu'on applique à une personne dont le teint est noir.

NOIRETÉ, n. f. — Obscurité, ténèbres : « Il fait cette nuit une *noireté* du diable.»

> O nuict heureuse, ô doulce noire nuict,
> Ta *noireté* aux amants point ne nuyt.
>
> MAROT, Elég. XI.

NOIRPRUN, n. m. — Nerprun. Le patois est conforme à l'étym. *noire* et *prune*, cet arbuste ayant été nommé ainsi à cause de ses baies noires.

NOM-DES-OS, n. m. — Juron. *Nom-dé-Dieppe, nom-d'une-pipe, nom-d'un-chien*, autres jurons.

Les mots *os, Dieppe, pipe, chien* sont employés pour éviter de jurer par le nom de Dieu.

NONE, n. f. — Midi. On divise la journée en deux parties l'*avant-none* et l'*après-none*. Ces expressions chez nous commencent à vieillir, mais elles sont très-usitées dans les villages de Picardie.

Du latin *nonus*, neuvième. On dînait jadis à neuf heures, comme le prouve le dicton suivant :

> Lever à cinq, dîner à *neuf*,
> Souper à cinq, coucher à *neuf*,
> Font vivre d'ans nonante et *neuf*.
>
> LEROUX DE LINCY. *Prov.*

Cette heure ayant été reculée jusqu'à midi, on n'en continua pas moins à donner à *none* le sens de midi et de repas du midi. En anglais *noon* signifie aussi midi.

NOS, pron. pers. — Nous, complément. Ex. : « Il *nos* a donné tout son bien.— C'est lui qui *nos* défendra. — « Tu *nos* juras que tu *nos* garderoies. » (Villehardouin.)

La forme *nous* ne s'introduisit que vers le XIIIeme siècle dans le dialecte bourguignon.

NOSTRUM (Perdre le), loc. — Perdre la tête ; ne plus savoir où l'on en est dans un travail commencé.

‖ Connaître le *nostrum*, savoir son affaire, être au courant d'une chose, comme le prêtre qui après le *Christum dominum nostrum* n'est pas embarrassé pour trouver la fin de l'*oremus*.

NOT' adj. poss. — Notre, devant une voyelle ou un *h* muet : « *Not'* homme, *not'* affaire. » Cette forme vient de ce que dans la plupart des terminaisons en *tre*, la lettre *r* ne se fait pas entendre, exemple : *Maite, prête, traite, prende,* etc., maître, prêtre, traître, prendre.

NOUÉ, n. m. — Noix : « De gros *noués*, des *noués* francs, » fruits du noisetier franc.

NOUFAIT, négation. — Pour non fait : « Viendrez-vous à la fête ? — *Noufait*, je n'ai pas le temps. »

NOURRIR, v. n. — S'emploie absolument en parlant d'un cultivateur qui engraisse des vaches, des moutons. « Chevalier a une grande ferme, il peut *nourrir.* »

NUER, v. act. — Nouer.

> L'espée ceinst, si l'ad *nuée.*
> G. GAYMAR, *Chron. anglo-norm.*

NUNUS, n. m. plur. — Bagatelles, niaiseries : « Dire, écouter des *nunus*. Comparez avec le latin *nœniœ* qui offre le même sens.

Dérivé : *Nunuter*, s'amuser à des riens.

O

O, pron. indéf. — On : « *O* dit qu'i va se marier. » **Devant un** mot commençant par une voyelle, on prononce *on*, comme en français.

O, pron. pers. — Nous, vous : « C'est un brave homme, *o* le connaissons depuis longtemps. — Quoi qu'*o* faites là. » Devant une voyelle on prononce *o'z*, ex. : « Où qu'*o'z* allez ? »

OBLI, n. m. — Oubli.

> Par Deu, bons Rois, mis avez en *obli*
> Hernaut le preu et son frère Gerin.
> GARIN, v. 2148.

OBLIER, v. act. — Oublier.

> Hom ki bien aime tart *ublie*.
> TRIST. dans BARTSCH. p. 167.

> Par les grands turmenz ke il virent
> Deu *obliërent* è perdirent.
> MARIE, le *Purg. saint Patrice.*

« Et devant ces devises elle n'*oblya* pas de le servir d'aubades, Dieu soet, largement. » (C. N. N., 23ᵉᵐᵉ.)
Oblier est plus voisin que *oublier* du latin *oblivisci*.

OCCUPER, v. act. — Inquiéter, chagriner : « Je lui ai envoyé une assignation, ça va l'*occuper.* »

ŒU, n. m. — Œuf. (V. *Neu.*)

OIR, n. m. — Jars, oie mâle ; d'où *oiresse*, oie femelle.

OISIAU, n. m. — Oiseaux ; on dit aussi *osiaux* : « En tel guise com ge vos cont estoit li rois March a la fenestre et escoutoit le chant des *oisiaux* qui jà avaient commencé la matinée. » (Rom. de Trist. dans Bartsch, p. 115.)

Les noms de famille qui dérivent de oiseau, *Loiseau, Loisel* se prononcent *Loisiau, Loisé.*

ONDÉE, n. f. — Apparition subite et passagère d'un soleil ardent entre plusieurs averses : « Une *ondée* de soleil a suffi pour sécher les chemins. » On remarquera que *harée* qui signifie averse a en outre le sens que nous donnons à *ondée* : « Une *harée* de soleil. »

ONGUE, n. f. — Ongle, pron. conforme au latin *unguis*. Le genre de ce mot, aujourd'hui masculin, a été longtemps incertain : « Le cheval de César avoit l'*ongle couppée* en forme de doigts. » (Montaigne.)

> Elle sent son ongle *maline.*
> LAF., VI, 15.

ONZAIN, n. masculin. — Amas de onze gerbes, soit de blé, soit d'avoine.

ONZE, adj. num. card. — L'*e* muet de l'article, de la préposition *de*, et de la conjonction *que*, s'élide toujours devant *onze*, ainsi que devant *onzième.*

« Elle le pourta jusques à l'*unzième* mois. » (Rab., *Garg.*, 1. 3).

> On a fait contre vous dix entreprises vaines ;
> Peut-être que l'*onzième* est prête d'éclater.
> CORN., *Cinna*, II, scène I.

ORAGE, n. f. — « Nous avons été surpris par une *violente orage.*» Au XVIIeme siècle, les femmes mettaient souvent ce mot au féminin, ex. : « Devinez où s'en alla *cette diablesse d'orage*..» (Sévigne, lettre à Mme de Guitaut, 24 juillet 1694.)

ORGERIE, n. m. — Champ où l'on a récolté de l'orge. Dans la basse-latinité, *orgeria* (voir Du Cange) signifiait *marché au blé.*

ORILLER, n. m. — Oreiller.

> D'une pierre a fait *orillier*,
> Si commença à someillier.
> REN., v. 1529.

ORMOIRE, n. f. — Armoire. On a dit d'abord *aumoire* (Renart, v. 3260), et *aulmoyre* (Villon).

La diphthongue *au* s'est changée en *o*; d'où notre mot *ormoire* qui est resté dans la langue française jusqu'au XVIIeme siècle.

ORTILLE, n. fém. — Ortie (les *l* sont mouillés) : « Etre sur des *ortilles*, » être gêné, ne pas se tenir d'impatience : « Il avait tellement hâte de partir, qu'on aurait dit qu'il *était sur des ortilles*. »

ORTILLÉ (Être), locution. — Désirer, souhaiter violemment une chose ; même sens que être sur des *ortilles* : « Elle est *ortillée* de se marier. » C'est la signification du latin *urtica,* pris au figuré :

.... Unde
Hœc teligit, Gradive, tuos *urtica*, nepotes ?

JUVÉNAL, sat. II, 127.

ORTILLON, n. m. — Orteil. Comp. avec l'italien *artiglio*. De quelqu'un dont on n'aime pas la visite, on dit proverbialement : « J'aime mieux voir ses talons que ses *ortillons*. »

ORVER, Orvère, n. masc. — Orvet : « Escarbots, tahons, *orvers*, hannetons. » (*N. Fabrique.*)

OSIÈRE, n. m. — Osier. Du bas-latin *osariæ*, oseraies : « Les aucuns portaient hunettes ou cappelines de cuyr bouilly, et les aucuns d'*ozières* sur lesquelz avoit une croisure de fer. » (J. Le Fèvre, p. 254.)

Et quand Fedris le vit, n'en donne une *osière*.

(HUG. CAPET, p. 151.)

OUÈCHE, contraction de *ou est-ce*. — « *Ouèche* qu'o'z allez? »

OUI (Pour cha), locution adv. — Assurément : « Voulez-vous vraiment faire des affaires avec moi ? — *Pour cha oui*. »

OUICHE ! — Exclamation par laquelle on témoigne qu'on a froid.

OÙ QUE, lôc. adv. — Là où : « Je te suivrai, *où que* t'iras. » En français *où que* signifie *en quelque lieu que*, et veut le subjonctif.

OURLON, n. masc. — Hanneton ; mot formé par onomatopée de *hurler*, probablement.

|| *Pou* : « As-tu fini de gratter tes *ourlons*. »

OURSERIES, n. f. plur.— Caprices, moments de mauvaise humeur : « Il ne fait pas bon lui parler, il est dans ses *ourseries.* » Etymologie *ours.*

OUTARDES (Aller aux), loc. — Aller à la chasse aux petits oiseaux à la clarté d'une lanterne le long des haies ; en fr. *aller à la fouée.*

OUVRAGE, n. f. — « Vous faites-là de *la belle ouvrage.*» Au temps de Vaugelas, les femmes mettaient souvent ce mot au féminin. (Voir *Rem. sur la langue française.*)

‖ Quantité. « Quelle *ouvrage* de pommes qu'oz avez ! ».

‖ Désastre. « Quelle *ouvrage* que la grêle a faite dans chés camps ! ».

P

PADOLE, n. des deux genres. — Paresseux, propre à rien. Comp. avec *badole,* du patois poitevin, niais, *badaud.*

PAILLOT, n. m. — Lit ; de *paille.*

PAIN (Tracher sin), loc. — Mendier. *Pain m'nit,* corruption de *pain bénit.*

PALÉE, n. f. — Ce qui peut tenir sur une pelle : « Jeter quelques *palées* de terre. » De *palle,* pelle, usité dans le Berry.

Les autres, avec leurs *pasles,* en remplirent les corbeilles. (Rab., *Pant.,* liv. II.)

PALETTE, n. f. — Pelle à feu.

‖ *Dent incisive* : « A-t-il une rangée de *palettes* ? » Ces dents larges et plates ont la forme d'une petite pelle.

PALOT, n. m. — Palet. On a vu *maillot* pour maillet.

PANCHE, n. f. — Panse.

PANCHE-A-POIS, n. m. — Sobriquet que l'on applique aux gens ventrus et gourmands. C'est le surnom qu'Olivier Basselin donnait aux Anglais dans ses chansons patriotiques :

> Ne craignez point à les battre,
> Ces godons, *panches à pois,*
> Car ung dé nous en vault quatre,
> Au moins en vault-il bien troys.

PANCHIE, n. f. — S'emploie dans certaines locutions : « En a-t-elle une *panchie* ? » en parlant d'une femme qui est près d'accoucher.

‖ En prendre une *panchie,* s'en donner une *panchie,* faire un bon repas, boire et manger avec excès.

‖ Travailler par *panchies,* travailler à ses heures, par caprice.

PANCHU, adj. — Pansu : « Allez, j'ne veux mie m'marier aveuc un gros *panchu* comme vous. »

PANNÉE, n. f. — Morceau d'étoffe : « Vo kien a déchiré eune grande *pannée* d'em robe. »

Au fig. : On dit qu'un moissonneur a abattu une grande ou une petite *pannée* de blé, d'avoine, etc., selon qu'il en a fauché plus ou moins. Ex. : « Nous sommes avancés dans notre *moidoux*, mais nous avons encore une bonne *pannée* de blé à couper. »

La vieille langue avait *despaner*, mettre en lambeaux :

> L'escu li a brisié et estroué
> Et son hauberc rompu et *despané*.
>
> ALISCANS, v. 5545.

Etym. *pannus*, bas-latin *panna*.

PANSÉ (Être bien), loc. — Avoir bien bu, bien mangé : « Il doit être content, car je l'ai renvoyé bien *pansé*. » Selon Jaubert, cela voudrait dire : Je l'ai renvoyé la *panse* bien garnie. Il nous semble que dans cette locution *panser* est pris au figuré et signifie traiter somptueusement, comme dans ce passage de Rabelais :

« Il print dedans Paris cent beaulx jeunes et gualans compaignons bien délibérez et cent belles garses picardes, et les feist bien traiter et bien *panser* pour huit jours. »

PAOUR, n. m. — Gros lourdaud, rustre ; de l'allemand *bauer*, paysan, d'après Du Méril et Littré. Je préfère le celtique *paour* qui signifie pauvre, indigent.

PAPIN, n. m. — Bouillie qu'on fait pour les enfants et surtout pour les domestiques dans les fermes.

> Paellette à faire le *papin*.
>
> EUST. DESCH., *Ball.*

D'où *empapiner*, usité anciennement :

« Le charreton..... hucha les gens et son maistre qui ouvrirent le casier, où ils trouvèrent le pouvre prisonnier, doré et *empapiné* d'œufs, de fromage, de lait, et aultres choses plus de cent. » (C. N. N., page 324.)

Etym. *Pappa* ; en latin, bouillie. Anglais, *pap*.

PÂQUER, v. n. — Faire ses pàques : « Un curé annonçait ainsi à ses paroissiens la clôture de la *pàque* : « Mes frères, dimanche prochain nous chanterons le *Te Deum* pour ceux qui ont *pâqué* ; pour ceux qui n'ont pas *pâqué*, ça fera bernique. » (Ext. du Dict. du Pays de Bray, par l'abbé Decorde.)

PAQUET, n. m. — S'emploie dans cette locution : « Attraper son *paquet*, » Devenir enceinte.

PARAPHE, n. f. — « Une belle *paraphe*. »

PARASINER, v. n. — Avoir la main tremblante : « Il *parasine* tellement qu'il peut à peine signer son nom. » Comp. avec le vieux français *palasine*, paralysie, et *palasineux*, paralytique :

« Vos sereiz.... gariz de diverses maladies, de toutes goutes sans *palasine*. » (Rut., II, p. 62.)

« Pour eschever de non venir *palasinenx* de la teste ou des rains, il se faut abstenir de mengier de teste de char de chat ou de ours. » *(Ev. des Quenouilles.)*

PARÉ, adj. — Pareil.

‖ *Le même paré*, par pléonasme : « Si vous trouvez ce drap solide, je puis vous donner du *même paré*, c.-à-d. le pareil.

‖ *Tout paré*, tout à fait pareil : « O'z avez un habit *tout paré* au mien. »

PARESSER, v. n. — Faire le paresseux. Dans un glossaire du XIVᵉ siècle (Biblioth. nat., nᵒ 7692), on lit au mot *Accidior*, estre ennoiez, *parecier*.

PARFIN (À la), loc. adv. — Finalement : « *A la parfin*, on s'est mis d'accord. » On emploie aussi *parfinir*, achever, terminer complétement. V. fr. *parfiner*.

Dans l'ancienne langue, la préposition *par* ajoutée à certains mots leur donnait une signification superlative ; ex. : *Paraller*, *pardestruire*, *pardurable*, *à la parsomme*, *parester*, *parcreistre*, *parcerchier*, etc.

« Après lesquelz traictiés accordés et *par accomplis*. » (J. Le Fèvre, page 357.)

> Or fault que notre voix s'appère
> En chantant, Michiel, mon doulz amis,
> Tant que notre rondel *pardis*
> Sera du tout.
>   *Mystère de la Nativité.*

Comp. avec les formes latines *permagnus, perbrevis, peragere*, etc. Souvent dans le v. fr., on séparait la particule *par* du mot auquel elle était jointe, ex. :

> Molt *par* fu bien li destriers acesmés.
>
> ALISCANS, v. 8036.

> Molt *par* en a grant joie.
>
> ALISCANS, v. 8228.

> Il n'a mès c'un sol fil, le petit Loéis,
> Qui moult *par* sera liez se le deignon servir.
>
> AYE D'AVIGNON, v. 274.

PARIURE, n. f. — Pari.

PARLANT, adjectif. — Affable, qui n'est pas fier *envers le pauvre monde* : « Madame X... est riche, al est tout de même bien *parlante.* »

PARLER, v. n. — Faire la cour à une jeune fille : « Pierre va sans doute se marier avec Lisa, car il lui *parle* depuis longtemps. »

Se parler, se courtiser mutuellement, en parlant d'une fille et d'un garçon.

PARLORER (Se), v. réfl. — Parler avec affectation ; se dit des paysans qui veulent parler comme les gens de la ville, et qui font de la *brêlée*. (V. ce mot.)

PAROLES, n. fém. plur. — Paroles magiques : « Un sorcier l'a guéri par des *paroles.* » Les maladies que l'on peut surtout guérir par *paroles* sont le carreau, la rage, les coliques et les tranchées de chevaux. La formule *Anté* +, *Super Anté* + +, *Super Anté té* + + +, accompagnée de signes de croix, est toute-puissante contre les entorses. Une prière à Notre-Dame-de-Saint-Autreuil guérit sur le champ les tranchées de chevaux.

PAROLES, n. f. plur. — Langage emphatique, vide de sens. Toutes les fois qu'un paysan entend un discours prétentieux, plein d'antithèses, de phrases ronflantes, où il ne comprend rien, il le qualifie de la sorte : « *Tout ça c'est des paroles*, » en d'autres termes, du galimatias double, langage où l'auteur ne se comprend pas lui-même.

Ces phrases de V. Hugo : « La pensée humaine a de très-hautes cimes dans notre époque ; et parmi ces cimes, Quinet est un sommet,

On sent qu'il pense pour ainsi dire au delà de la pensée. » *Tout ça c'est des paroles.*

Cette autre phrase d'un avocat de province : « Vivre sans travailler, c'est adultérer son âme par des affections concubinaires avec l'oisiveté criminelle, ce complice permanent du génie de la spoliation ; ... c'est déchaîner les effluves de la concupiscence ; c'est divorcer avec la science, ce sel qui préserve de la corruption, etc., etc. (Caumont, *Discours.) Tout ça c'est des paroles.*

PARRINAGE, n. m. — Cérémonie à l'occasion d'un baptême. Le parrain et la marraine de l'enfant. Lorsqu'ils sont riches et généreux, on dit : « Voilà un beau *parrinage* ! » Mais s'ils ne jettent ni gros sous ni dragées, les enfants les poursuivent, en criant : « *Parrain sec ! parrain sec !* »

Parrinage est formé de *parrin* que l'on trouve dans Cotgrave et Nicot.

PART, n. f. — Côté : « *D'une part*, votre pré est bordé par la rivière, *d'autre part*, etc. » C'est un des sens du latin *pars, partis.*

‖ *Part à deux !* exclamation usitée quand on fait une trouvaille en présence d'une autre personne.

‖ *De part.* En société, en communauté : « Nous *sommes de part* pour telle ou telle entreprise, » nous partagerons les pertes ou les bénéfices.

PARTAGEUX, n. m. — Celui qui demande le partage des biens : « N'être pas *partageux*, » ne pas aimer à donner de son bien, être parcimonieux. C'est le plus souvent dans cette locution que les paysans emploient *partageux*, mot dont ils ignorent la signification politique.

PARTOUT (Tout), loc. adv. — Partout.

> Moult assembla en France la serve grant avoir,
> *Tout partout* le prenoit où le pouvoit avoir.
> BERTE, v. 1571.

> D'où naquit le bordeau qui, s'élevant debout,
> A l'instant comme un Dieu s'étendit *tout partout.*
> RÉGNIER, sat. VI.

PAS, nég. — S'emploie seul, sans être précédé de *ne* : « J'irai *pas* au marché. — J'avons *pas* étudié comme vous. »

Nos vieux auteurs laissaient tomber souvent le premier membre de la locution négative *ne pas, ne point :*

> Puisque l'on est contrainct sur la mer voyager,
> Est-ce *pas* le meilleur, après maint grand danger,
> Retourner en sa terre, et revoir son rivage ?
>
> RONSARD.

« La plus belle royne vient-elle *pas* de mourir ? » (Montaigne).

« Avons-nous *pas* consommé peu à peu toutes nos provisions, vendu nos meubles ? » (Ménippée, p. 128.)

> Fit-il *pas* mieux que de se plaindre ?
>
> LAF., fab. 3, 11.

Les poëtes modernes ont usé de cette licence, ex. :

> Viens-tu *pas* voir mes ondines
> Ceintes d'algue et de glaïeul ?
>
> V. HUGO, *Ball.*, 4.

|| *Pas moins*, pourtant, néanmoins : « Il ne voulait pas donner le prix que je demandais ; il a fini *pas moins* par céder. — Quand on est riche, il faut *pas moins* mourir. »

PAS-DE-CAT (chat), n. m. — Lierre terrestre, ainsi nommé à cause de la forme de ses feuilles.

PAS-DE-K'VA (cheval), n. m. — Tussilage vulgaire ; en français *pas d'âne.*

PASSAGE, n. m. — Barrière fixe, facile à enjamber, qui permet de *passer* d'un herbage dans un autre, ou d'une prairie dans une autre prairie. » Ce bonhomme ainsi traversant ces lieux sur le poinct du jour, comme il vouloit enjamber ou enfourcher le *passage* d'une certaine closture.... (*N. Fabrique*, p. 140.)

PASSAGER, ère, adj. — Passant, en parlant d'un chemin, d'une rue : « Cette route est très-*passagère*. — Les chemins *passagers* aboutissant ou traversant le domaine seront maintenus en bon état. » (Oliv. de Serres, cité par Littré.)

PASSÉ, part. passé. — Ce mot s'emploie pour exprimer un excédant de quantité, de mesure, de dimension : « Ce pain pèse six livres *passées*. — Cette planche a douze pieds de long *passés*, » c'est-à-dire ce pain pèse plus de six livres, etc.

PASSÉE, n. f. — Sentier dans un bois, trou que l'on fait dans une haie.

PATÈRE, n. m. — Accrochez votre habit *au patère*.

PATERNOTE, n. fém. — Patenôtre ; n'est employé qu'au pluriel. Anciennement, chapelet : « Item, unes *paternostres* où il a 101 perles et 12 saigniaus d'or..., vendu au Roy et livré comme dessus. » (Douet d'Arcq. ; Inv. de Clémence de Hongrie.) Du latin *pater noster*.

PATOUF, Patapouf, n. m. — Un gros lourdaud. Au moyen-âge l'ours s'appelait *patous*.

> Premier parla *patous* li ors,
> RENART, v. 7143.

PATRIQUER, v. act. — Manier malproprement.

PATTE-D'OIE, n. f. — Maladie de poitrine contre laquelle on invoque saint Liénard (Léonard, v. ce mot.)

PATTELETTE, n. f. — Férule ; palette de bois ou petite branche de coudrier avec lequel le maître d'école, *plagosus Orbilius*, nous corrigeait dans notre enfance. La punition consistait à recevoir dans la paume de la main quelques bons coups de cet instrument, après quoi on allait s'asseoir stoïquement à sa place.

PAURE, adjectif. — Pauvre. V. fr. *poure*, usité jusqu'au XVIeme siècle.

> .... Qui *poure* est, et vuiz de villenie,
> Devant tous puet bien sa teste lever.
> E. DESCHAMPS, *Ball.*

PAYON, n. m. — Langue de bavard, de bavarde. « Qué *payon* qu'al a ! a vos étourdit. »

PÉKIE, Pékée, n. f. — Un tout petit morceau, un rien : « Veux-tu goûter ces confitures ? — Prends-en une *pékie*. » Du v. fr. *pèce* ; bas-latin *petia, petium,* morceau. (V. Du Cange.)

PÊLE, n. f. — Poêle à frire ; contraction du v. fr. *paelle*.

> ...... Pour les cuisines,
> Fault poz, *paelles*, chauderons.
> E. DESCH.

PELET, n. m. — Un pětit poil : « Je ne veux pas qu'il y ait un pelet sur mes habits. »

Au fig. rien : « Il a mangé tout son bien, il ne lui en reste plus un pelet. »

Ce mot marque la négation absolue : « Il n'y a pas un pelet d'herbe dans ce champ. »

« Je vous luy couperay les couillons tout rasibus du cul. Il ne s'en faudra un pelet. » (Rab., Pant., III.)

.**PELU**, adj. — Dans la langue française, ce mot est synonyme de poilu. En patois, il signifie un malin, un homme résolu. On dit : « C'est un pelu, » comme nous disons familièrement en français : C'est un gaillard à trois poils. Comp. avec patte-pelu, fourbe, rusé.

Dans La Fontaine, le chat et le renard sont deux francs pattes-pelus.

PENDRE, v. n. — Dépendre : « Il ne pend qu'à lui d'empêcher cela.»

S'emploie particulièrement dans cette phrase : « La table est servie, il ne pend plus que de dîner, » il ne reste plus qu'à dîner.

PENEUX, adj. — Penaud : « Qui fut bien pesneux, ce fut le secrétaire. » (Marg. d'Angoul, p. 227.)

« Et s'en revint le pauvre Jean de Beaux ……, peneux comme un fondeur de cloches. » (N. Fabrique.)

PENSER, v. n. — Manquer de, faillir : « Il a pensé tomber. — Il a pensé se ruiner. »

PEPÈRE, n. m. — Père, terme enfantin. (V. Memère.)

PÊQUE, n. f. — Pêche. Dériv. pêquer, pêqueux, pêquerie. De là aussi des noms propres, comme : Pesqueur, Lepesqueur.

PERCHE, n. f. — Perce : « Mettre du cidre en perche. » Dériv. percher, qui a un sens plus étendu qu'en français, ex. : « Être perché par la pluie, ou simplement être perché, » être mouillé jusqu'aux os.

PERDU (Sentir le), loc. — Etre sur le point de perdre : « Allons, tu sens le perdu, » dit un joueur à un autre. Etre sur le point de se ruiner : « Il ne pourra rester dans sa ferme, il sent déjà le perdu. »

PÉRETTE, n. f. — Fille de mauvaise vie.

PÉRI, n. m. — Péril. (V. *Avri, mo, lico,* etc.)

PERLUQUER, v. n. — Manger peu et délicatement. Ce mot est d'origine italienne, et vient de *pilucare* qui, en dialecte de Sienne, signifie manger un raisin en choisissant les grains dans la grappe, ou des cerises en les choisissant à l'arbre. En gascon, *péluca* a le même sens. Je rattache à *perluquer* l'adjectif *esperlucat*, dédaigneux, difficile, mot que je n'ai trouvé qu'une fois :

> Car les esprits *esperlucats*
> N'y pourront que mordre ne rire.
>
> *Anc. Poés.*, t, IV, p. 38.

PERLUQUEUX, adj. — Délicat, difficile dans le manger.

PERPOS, Porpos (À), loc.— A propos : « Et sur ce *porpos* un de nos poëtes... a dict. » (Ménippée, p. 280.)

PERQUE, n. f. — Perche, baliveau coupé et dépouillé de ses branches ; diminutif *perquet*.

|| *Grande perque*, femme grande et maigre. Etym. latine *pertica*, à moins que l'on ne préfère *perca* qu'on lit dans les Tables Eugubines : « *Perca ponisiater habituto.* » (Que les pommiers puniques aient une perche ou un tuteur.)

PERTRIR, v. act. — Pétrir ; pour l'intercalation de la lettre *r*, voir *harler*.

PESACHIS, n. masc. — Semaille ou récolte de pois, vesce et lentilles.

PESAS, n. m. plur. — Tiges de pois ou de vesce desséchées, battues et liées.

« Le suppliant se muça en un solier en ladite maison, et se bouta dedens un tas de *pesaz*. » (Voir Du Cange, au mot *pesait*.)

PÉSERIE, n. m. — Champ où l'on a récolté des pois.

PETAU, n. masc. — Peton, petit pied : « Viens cauffer tes *pétaux*. »

PÉTAUCHER, v. n. — Courir, marcher en faisant du bruit avec ses *pétaux* ; se dit des enfants.

PÉTEUX, adj. — Lâche, poltron ; exactement celui qui *pète* de peur.

|| Confus : « Il est parti tout *péteux.* »

PETIÈRE, n. f. — Derrière : « Prends-garde, je te vais donner sur la *petière,* si tu n'es pas sage, » dit-on à un enfant, c.-à-d. tu vas recevoir le fouet.

PETIOT, **Pékiot**, adj. — Petit.

> Pourquoy larron me faiz nommer ?
> Pour ce qu'on me voit escumer
> En une *petiote* fuste.
>   VILLON. p. 49.

PÉTIR, v. n. — Péter ; p. passé *péti* ; aux autres temps, il est régulier.

PÉTOIRE (Canne), n. f. — Ce mot veut dire exactement *roseau, bâton de sureau qui pète,* qui fait explosion. (V. *Buquoire.*)

PEUPLE, n. m. — Peuplier.

PHERNATIQUE, adj. — Capricieux, dégoûté : « Quand on est par devant le monde, il ne faut pas être *phernatique.* » Corruption du mot savant *frénétique,* auquel les paysans ont donné un sens *approximatif.*

PHYSIQUE, n. m. — Visage, extérieur, manières : « Cet homme a un *physique* déplaisant, un drôle de *physique.* »

PIAN-PIAN, **Piane-Piane**, loc. adv. — Avec lenteur, tout doucement. De l'italien *piano.* On connaît le proverbe : Qui va *piano* va *sano.*

PIANNER, v. n. — Se dit pour exprimer le cri du dindon, et signifie littéralement crier comme un paon. (V. *Picot.*) Par ext. criailler, piailler.

PIAU, n. f. — Peau. On dit de quelqu'un que l'on méprise : « *I* ne vaut pas s'*piau.* »

> Ne morra plus, ce est la voire :
> Or poons soz nos *piaus* acroire.
>   RUT.

17

‖ *Une piau, une graude piau,* femme de mauvaise vie. De même en latin *scortum,* cuir, peau, a le sens de *prostituée.*

PIAUCER, Piaucher, v. act. — Ecorcher, enlever la *piau* d'un animal.

‖ Faire *piaucer,* faire mordre, faire arracher la *piau.*

‖ Se *piaucer,* se battre : « Nos kiens viennent de se *piaucer.* »

Dériv. *piaucée, piauchée,* n. f. : « Ils se sont donné une *piauchée* à se tuer. »

PIAULARD, adj. — Du fr. *piauler.* Se dit d'un enfant qui pleure et crie sans cesse.

PICHAT, Pichon, n. m. — Pissat. De même *picher* pour pisser.

PICHATER, v. n. — Uriner fréquemment. J'ai entendu quelqu'un dire à un cafetier : « Vos ivrognes ne font que sortir pour *pichater.* »

PICOT, n. m. — Dindon. Comp. avec l'anglais *peacock,* paon. Le dindon a été ainsi nommé parce qu'il fait la roue comme le paon.

PIÈCHE, loc. — Aucun, rien, pas du tout : « J'avais vingt sous, il ne m'en reste plus *pièche.* — Combien avez-vous d'enfants ? — *pièche.* »

« S'il voloit, il n'en escaperoit jà *piés,* que tout ne fussent noié. » (*Chron. d'Ernoul,* 444.)

« Si lui feistes-vous plus grant honneur de le prendre qu'il advenist oncques à *pièce* de son lignage. » (*Les XV Joies.*)

‖ *Pièche à pièche,* peit à petit, et non pas une pièce après l'autre, comme en français.

Pour l'étym. voir *pekie.*

PIEDS (Perdre les), loc. — Piétiner d'impatience, brûler de partir, souhaiter ardemment une chose : « Laisse-le s'en aller, tu ne vois pas qu'il *perd les pieds* ? »

« Elle désire tant se marier qu'elle en *perd les pieds.* »

« Et d'adventure il y avoit un curé en la ville, qui estoit tant amoureux de cette belle painctresse qu'il en *perdoit les piés.* » (Nicolas de Troyes, p. 88.)

Cette locution, assez fréquente dans nos vieux auteurs, n'est pas indiquée par Littré.

PIERROT (Être gai comme), loc. prov.— Etre d'humeur joyeuse :
« Et ainsi print congé, *gay comme Piérot*. » (Bon. des Périers.) Quoiqu'il ne soit guère permis de rire dans un ouvrage de cette sorte,
nous citerons à propos de cette locution une remarque assez humoristique de La Monnoye : « Il vaut mieux, dit-il, lire *gai comme Perrot*,
car ce dernier mot écrit de la sorte fait une allusion plus juste à *pet*,
rot, les deux choses du monde les plus gaies ; un *pet* et un *rot* chantant l'un et l'autre, du moment de leur naissance jusqu'à celui de leur
mort. » Evidemment La Monnoye s'amuse. Le *pierrot* est un oiseau
vif, alerte, pétulant ; c'est ce qui a donné naissance au proverbe.
Pour la même raison, on dit : Être gai comme un pinson, comme un
friquet ou un *piot* friquet.

PIERROTER, v. n. — Bavarder, jaser confusément comme une
bande de *pierrots*.

PIÉSENTE, n. f. — Sentier, petit chemin où l'on ne peut passer
qu'*à pied*.

PIÉTER, v. n. — Marcher : « Il faut rudement *piéter* pour faire
trois lieues en deux heures.» De *pied* qui a donné le fr. *empiéter*.

PILER, v. act. — Ecraser les pommes au moyen d'un pilon ou
d'un *grugeoir*. (V. ce mot.)

« Voici le temps de *piler*, » c.-à-d. de brasser le cidre. Dériv.
pilage, action de piler.

Ces deux mots, dans cette acception particulière, manquent dans
la plupart des Dictionnaires.

PILLETTE (Jeter à l'), loc. — Prodiguer, gaspiller : « Il ne faut
mie jeter s'n argent al'*pillette*. »

PIMPERNELLE, n. f. — Pimprenelle.

PINCHARD, n. m. — Pinson. On trouve *pinchon, pinçun* dans les
anciens textes. Cet oiseau a-t-il été ainsi appelé parce qu'il *pince* dur
avec son bec, ou bien à cause de la couleur gris de fer de son plu-
mage ? En Basse-Normandie, *pinchard* est une épithète qu'on applique aux chevaux dont la robe est couleur gris de fer : « Pendant la
nuit de samedi à dimanche, on a volé, au Ham, une jument hors
d'âge, sous poil *pinchard* pâle. » (*Le Bonhomme Normand*, 2 juillet
1870.)

PINCHE, n. f. — Pince : « I ne fait pas bon être dans les *pinches* des huissiers. » Dériv. *pincher, pinchettes.*

‖ Embrasser à *pinchette*, embrasser quelqu'un en lui *pinçant* les deux joues.

PINGEON, n. m. — Pigeon.

PIONE, n. fém. — Pivoine : « O'z avez bien dîné, o'z êtes rouge comme une *pione*. »

PIOT, adj. — Petit : « Il a une belle *piote* fille. » N. masc. *enfant* : « Combien avez-vous eu de *piots* depuis que vous êtes marié ? »

PIOTER, v. act., plus souvent neutre. — Mettre bas. Accoucher, mais dans un sens méprisant : « Va-t-elle *pioter* bientôt ? » dira-t-on d'une fille qui est enceinte avant le mariage.

‖ Dériv. *pioteuse*, femme qui a beaucoup d'enfants.

PIOUT ! PIOUT ! — Cri pour appeler les poules.

PIPER, v. act. — Aspirer un liquide à l'aide d'un chalumeau. Etym. provençal : *Pipa*, tuyau.

‖ *Fumer* : « Il est toujours à *piper* au coin du feu. »

PIPET, n. m. — Sifflet fait avec un chalumeau de blé, et dont le son rappelle celui de la cornemuse.

> ..... Acatrons gastelés,
> Gaïnes et coutelés,
> Flausteles et cornés,
> Macueles et *pipés*.
> Auc. et Nicol.

PIPETTE, n. f. — Soif : « Donnez à boire à c't enfant, il a toujou l'*pipette*. »

PIQUE, conj. — Puisque.

> Et *pisqu*'il l'a payé, donne-li son bouquet.
> Vadé, *Bouquet poissard.*

PIRE, adv. — Pis : « Il va de mal en *pire*. — Il est *pire* depuis quelques jours, » en parlant d'un malade. Mme de Sévigné a dit : « Je ne suis pas *pire* que j'étais. »

‖ *Tant pire*, tant pis. Un paysan, marchand de grenouilles, à qui on faisait observer qu'il ramassait des crapauds avec des grenouilles, répondit : « *Tant pire* pour eux. »

‖ *Aussi pire*, aussi mauvais : « Le temps aujourd'hui est aussi *pire* qu'hier. »

PLACHE, n. f. — Place. Dériv. *placher, plachement, remplacher*, etc.

PLAIDAILLER, v. n. — Plaider souvent. *Plaidaillerie*, procès ; *plaideux*, plaideur. Il n'est pas nécessaire de dire que ces mots sont fort usités dans le pays de la chicane. Nos paysans, comme cet évêque de Chartres dont parle Rabelais, ont besoin d'avoir toujours sur la planche quelque bon procès *pour se exercer*.

PLAIGNEUX, Plaignard, adj. — Qui a l'habitude de se plaindre.

PLAISI, n. m. — Plaisir : « *Au plaisi*, » au revoir.

PLAÎT-IL? — Formule polie pour faire répéter ce qu'on n'a pas entendu.

PLAMUSE, n. f. — Gifle ; soufflet donné à *plat* sur la *mouse* ou *muse*.

PLANCHER, v. act. — Planchéier : « Planchent-ils (les oiseaux) de mousse leurs palais, ou de duvet, sans prévoir que les membres tendres de leurs petits y seront plus mollement ? » (Montaigne, liv. II, chap. XII.) On disait aussi *déplancher* : « Petit garnier .... tout *desplanché*, délaté et pertuisé en plusieurs lieux. » (C. N. N., 34ᵉᵐᵉ.)

Dériv. *planchage*, action de *plancher*.

PLATTE, n. fém. — Pelure : « Les *plattes* d'une pomme, d'une poire. »

‖ Ecorce : « Les chèvres mangent les *plattes* des arbres » En argot, *plette* signifie peau.

« Et tous les efforts qu'elles font, c'est qu'elles marchent quelquefois sur la *platte* d'une orange et glissent dans un lieu infâme. » *(Les Caq. de l'Accouchée.)*

PLAUDER, v. act.— Battre, arracher la peau. Ce verbe a le même sens que *piaucer* ; *pelauder, plauder* se rencontrent fréquemment dans nos vieux auteurs : « Le maître prit une fourche pour *plauder* son serviteur qui s'enfuit et se jeta en la rivière. » (Béroalde de Verville.)

PLEIN (Tout), loc. adv. — Beaucoup, extrêmement : « Il est *tout plein* triste. — Il y a *tout plein* de fruits dans ce jardin. — Son habit est *tout plein* de treus. »

PLEUT-PLEUT, n. m. — Pivert, par onomatopée : *Pleut-pleut* est un mot qui reproduit le cri de cet oiseau. Selon une croyance populaire, le cri du pic est signe de pluie.

PLI. n. m. — Levée de cartes.

PLISSE, n. f. — Pelisse.

PLOTE, n. f. — Pelote.

> Nul si fin que femme n'assotte
> Plus frappez, plus bondit la *plotte*.
>
> BAÏF, *Poés. choisies.*

Dériv. *ploton*, peloton, et *ploter*, terme érotique : « *Ploter* sa bonne amie, — se laisser *ploter*, etc. »

|| *Se ploter*, se jeter des boules de neige.

PLOYON, n. m. — Bâton pliant qui sert pour les couvertures en chaume.

Dans les anciennes charrues, le *ployon* était une pièce de bois qui servait à maintenir le coutre dans une position nécessaire ; on le changeait de côté à chaque sillon.

« Le suppliant... trouva que on avoit osté un bâton appelé *ployon*, duquel on fait tourner le coutre de la charrue. » (Du Cange, au mot *plowshum*.)

PLUCOTER, v. act. — Se dit des volailles qui épluchent les épis et ramassent les grains perdus.

> Un oiset qui cherche à *plucoter* du feurre.
>
> *Farce des Quiolards.*

PLUMACHE, n. f. — Pelure des fruits ; de *plumer* qui a quelque fois le sens de *peler*.

PLUQUE, n. f. — Enjeu : « Il a ramassé toute la *pluque*, et n'a plus voulu jouer. »

|| Aubaine, héritage inattendu : « Son oncle lui a laissé une bonne *pluque.* »

|| *Faire sa pluque,* faire des épargnes, amasser, thésauriser.

PLURE, n. fém. — Pelure ; dériv. *plurer,* peler : « *Plurer* des oignons. »

PLUVOIR, v. n. — Pleuvoir : « E il *pluveit* tant fort qu'il ne voleit cesser. » (Th. le mart., dans Littré.)

PLUVOTER, v. n. — Se dit d'une pluie fine.

POAIL, n. m. — Poil. Comp. avec le v. fr. *peil* et le bourguignon *poi.* Dériv. *poaillu,* poilu.

|| *Avoir un biau poail,* se dit ironiquement d'une personne mal habillée.

POCAGE, n. m. — Il est d'usage qu'à la fête de Pâques les garçons meuniers, bourreliers et autres, se présentent chez leurs pratiques pour cueillir leur *pocage,* c'est-à-dire pour demander, et non pour apporter, comme disent les paysans dans leur langage expressif. On leur donne ordinairement quelques sous qu'ils empochent : C'est ce qu'on appelle le *pocage,* mot qui signifie argent de poche.

Comme les garçons meuniers, les instituteurs cueillent leur *pocage.* Jadis on leur donnait des œufs, mais il paraît qu'aujourd'hui ils rougissent de cette cueillette, et qu'ils aiment mieux les pièces blanches. (V. Dergny, le *Pays de Bray.*)

Il y a quelques années, avant qu'une sage décision archiépiscopale eût interdit cet espèce de colportage, les maîtres d'école, en cueillant leurs œufs de Pâques, allaient de maison en maison offrir des pains azymes, et aspergeaient d'eau bénite le lit du chef de famille.

POCHIE, n. f. — Le contenu d'une poche : « Avoir une bonne *pochie* de gros sous. »

POGNE, n f. — Poigne; d'où *pognie,* poignée : « Et donnoit à *poignies* aussi bien les siens deniers comme il fesoit ceus que il avoit gaingniés. » (Joinville, p. 148.)

> J'auray une belle *poignie* d'argent...
> *Le Nouveau Pathelin.*

POINTER, v. act. — Clouer avec des pointes.

POINTU, adj. — S'emploie toujours ironiquement : « Un *pointu*, » un imbécile.

POIRETTE, n. f. — Variété de poireau qui ne grossit pas beaucoup.

« Puis après *porète* menue. » (Les Crieries de Paris, XIIᵉ siècle).

> Aulx et oignons y eut à grandes bottes,
> Et molz frommages en grande quantité,
> Herbes, cyvos, *poirette* et eschalottes.
>
> *Anc. Poés.*, t, X, p. 214.

POIRIAU, n. masc. — Porreau : « Oingnons, *poiriauz*, naviaus, civos qui viennent par eau ne par terre. » (*Liv. des Mét.* , cité par Littré.)

POIRION, n. m.— Verrue : « Quiconque frotte un *porion* la veille de sainct Jehan de la feuille d'un sehus, et puis la boute parfont en terre, à mesure que cette fueille pourrira, le *porion* seichera. » (*Ev. des Quenouilles*, p. 40.)

« Elle a une noire enseigne en sa diestre cuisse, et un *porion* priès de son guiel. » (*Nouv. Franç.*, XIIIᵉᵐᵉ siècle.)

POISON, n. f. — « J'voudrais bien avoir de la *poison* pour détruire nos *surchins*. » (**V.** ce mot.)

Anciennement ce mot voulait dire breuvage, potion, comme le latin *potio*, dont il dérive, et dont il a conservé longtemps le genre :

> Mès li vilains, por garison
> Avoit ce soir prise *poison*.
>
> Rut., *Dou pet au Vilain*.

> Et li fit avoir la toison
> Par son art et par sa *poison*.
>
> Rose, v. 14189.

> Qu'une amère *poison* te soit une douceur !
>
> D'Aubigné, *trag.*, p. 86.

Contrepoison était du même genre : « Mais nous savons bien la *contrepoison*, si cela advient. » (Ménippée, p. 91.)

‖ *Vieille poison !* Terme injurieux pour qualifier une femme méchante, acariâtre.

POLITIQUE, adj. — Celui qui est de l'avis de tout le monde, afin de n'être mal avec personne ; hypocrite, sournois. C'est une extension toute naturelle du français : on sait que la franchise n'est pas la vertu de ceux qui font de la *politique*.

POLON, n. propre. — Napoléon.

POLYTE, n. propre. — Hippolyte.

POMA, n. masc. — Marc de pommes, après que le pressoir en a exprimé le jus. Les uns en font du fumier, les autres le font sécher et le brûlent.

POMON, n. m.— Poumon.

> Tost l'ont afaistié à son droit,
> As levriers a donné lor droit,
> Et le *pomon* et la coraille.
> RENART, v. 22533.

Les formes habituelles à l'ancienne langue sont : *pulmun, pulmon, pomon.*

Dériv. *pomonique,* au lieu de *pulmonique.*

POMPETTE (Être), loc. — Etre pris de vin. Nez de pompette : On devrait dire *nez à pompettes.*

« Car par là j'apprendrois pourquoi Lupolde a tout son rouge nez, et à *pompettes.* » (Noël du Fail.)

« *(Un nez)* tout diapré, tout étincellé de bubelettes, pullulant, purpuré, à *pompettes*, tout esmaillé, tout boutonné, et brodé de gueules.» (Rab., II, chap. Ier.)

> Et puis sçachez d'un biberon
> Qui porte un gros nez à *pompettes.*
> Anc. Poés., t. Ier, p. 73.

Un *nez à pompettes*, c'est un nez :

> Où maints rubis balez tous rougissans de vin
> Montrent un *hac itur* à la Pomme de pin.
> RÉGNIER, sat. X.

Du v. fr. *pompete*, ornement d'habit, dans Du Cange. Au fig. des *pompettes* ne déparent point le nez d'un *très-illustre beuveur*.

Il faut donc, il me semble, rejeter l'explication de Littré qui fait de ce mot un diminutif de *pompe*, parce qu'*une petite pompe aspire le liquide.*

PONTOISE (Avoir l'air de revenir de), loc. proverbiale. — Avoir l'air hébété, ahuri. Pour l'explication et l'origine de ce dicton qui n'est pas mentionné dans Leroux de Lincy, voir les *Curiosités de l'Etymologie française*, par C. Nisard.

POPOT, Popote, n. masc. et féminin. — Petit garçon, petite fille, poupée.

|| *Une belle popote*, ironiquement, une vilaine donzelle.

Etym. lat. *pupus*, *pupa*, poupon, pouponne.

POPREUNE, Popraine, n. f. — Espèce de poire commune, assez précoce.

PORQUIER, n. m. — Porcher : « Etre sale comme un *porquier*, » Du lat. *porcarius*.

PORTE-CO, n. m. — Espèce de jong qui sert aux servantes de ferme à porter leurs seaux.

PORTE-IAU, n. m. — Canal qui *porte l'eau* de la rivière dans les prairies.

PORTES (Aller aux), loc. — Mendier.

PORTEUX-DE-LETTRES, n. m. — Facteur rural.

POTICHE, n. f. — Cuisine : « Préparer, faire la *potiche*. » Du fr. *pot*.

POTIN, n. m. — Commérage ; d'où *potiner*, v. n., et *potinier*, *ère*, adj.

Outre le sens de bavarder à tort et à travers, *potiner* a encore celui de faire des remontrances à quelqu'un, critiquer ce qu'il fait. Par exemple un ouvrier dira à son maître : « Si vous continuez à me *potiner* de la sorte, je ne travaille plus avec vous. »

POTUIT, n. m. — Porte d'une cour, d'un jardin, abritée ordinairement d'un petit toit en paille. On n'y passe ni à cheval, ni en voiture, c'est presque une porte dérobée. Ce mot doit venir du latin *posticum ostium* (porte de derrière), que l'on trouve dans Plaute. Comp. avec le v. fr. *postic*, poterne.

> Ele vint au *postic*, si le deffrema
>
> AUC. ET NICOL, p. 260.

POUANT, n. m. — Un faiseur d'embarras ; quelquefois un homme malpropre. Du fr. *puer*.

POUCHIN, n. m. — Poussin. Dériv. *pouchinée*, troupe de poussins et *pouchinière*.

POUDRILLER (Se), v. réfl. — Se dit des volatiles et surtout des poules qui se collent le ventre contre terre en été, puis à grands coups d'ailes font voler la poussière autour d'eux. Mot excellent et qui peint.

POUFFIASSE, n. des deux genres. — Celui, celle qui se donne des airs d'importance et affecte du dédain pour les pauvres gens. Etym. *pouffer, pouf*.

POUILLARD, adj. — Pouilleux ; un misérable, un homme qui n'a pas le sou.

‖ N. m. Perdreau trop jeune pour être tué.

POULIER, n. m. — Poulailler.

> De vingt porcs il convient qu'il couvre son pallier,
> De cinquante chapons fournisse son *pouillier*.
>
> CL. GAUCHET.

Anciennement *pouillier* signifiait aussi mauvaise auberge, bicoque mal défendue, *un vrai nid à poules*.

« Tant de noms, tant de victoires ensepvelies sous l'oubliance, rendent ridicule l'espérance d'éterniser notre nom par la prinse de dix argoulets et d'un *pouillier* qui n'est cogneu que de sa cheute. » (Montaigne.)

Etym. *poule*, qui se dit *poïe*, en wallon, et non *pou*, *pouil*, comme le prétend Littré.

POULIOT, n. m. — Pièce de bois mobile ou tourniquet, placé à l'extrémité postérieure d'un chariot ou d'une charrette, sur lequel s'enroule le *comble*. Diminutif de *poulie*.

POUQUE, n. f. — Petite sac. Les paysans qui se *parlorent* disent *pouche*. Corruption du français *poche* ; en anglais *pouch*.

POURCACHER, v. act. — Courir après les bestiaux, les volailles, et leur faire peur : « J'ne veux pas que tu *pourcaches* nos vaques comme cha. » En fr. *pourchasser*.

POURLÉQUER, v. act. — Lécher tout autour : « Se *pourléquer* les babaines. »

POURPE, n. m. — Fièvre miliaire, caractérisée par de petits boutons rouges. Du latin *purpura*.

Pour la suppression de *r* dans la syllabe finale, voir *Not', maite, aute*, etc.

POURSUIVRE, v. act. — Passé déf. : « Je *poursuis* ; fut., je *poursuirai* ; cond., je *poursuirais* ; subj., que je *poursuiche* ; part. passé, *poursuit*. On dit aussi à l'infinitif *poursuir* qui était très-usité autrefois :

> Tant qu'il puist *poursuir* clergie...
>
> Eust. Desch., *Ball.*

La forme la plus ancienne est *persuir*, dans les *Lois de Guill.*, page 25.

POUSSER pour être prêtre, médecin, ingénieur, notaire, etc., loc. — Faire ses études pour devenir ingénieur, etc. : « Min fius est au séminaire, *i pousse pour être curé*. »

POUSSIU, adj. — Poussif : « Vendre, acheter un cheval *poussiu*. » || Asthmatique.

PRÊCHEUX, n. m. — Prêcheur ; prédicateur.

PRÊCHOIRE (Chaise), n. f. — La chaire où l'on prêche.

PRENDRE, v. act. — Pour la conjugaison, voir *apprendre*. || Loc. particulière : « Le temps est *prins*, » c.-à-d. le mauvais temps va durer.

PRÊT, n. m. — Employé dans cette phrase : « Attraper son *prêt*,» qui signifie : 1° recevoir un mauvais coup ; 2° être enceinte, en parlant d'une fille de conduite équivoque.

PRÊTE, n. m. — Prêtre.

PRÉTINTAILLES, n. f. plur. — Grelots que les rouliers et les conducteurs de diligences attachent au cou de leurs chevaux. Par ext. meubles, outils : « Il est parti avec toutes ses *prétintailles*. » Ce mot, dit Littré, semble formé comme *pretantaine* de *pretantan*, onomatopée qui exprime le bruit que font les chevaux en galopant. Cette étymologie paraît hasardeuse à Scheler qui n'en propose aucune autre, se contentant de critiquer ceux qui « s'emparent de la ressource des onomatopées, quand les éléments font défaut. »

Le sens que *prétintailles* a dans notre patois me porte à rattacher ce mot au verbe *tentir*, ancienne forme de *tinter*, conservée dans *retentir*. Mais reste toujours le préfixe *pré* qui est embarrassant.

On prononce ordinairement *pertintailles*.

PREUNE, n. f. — Prune. Loc. part. : « Recevoir, attraper une *preune*, » être battu, attraper un mauvais coup. *Preune* s'emploie quelquefois dans le sens de *bon morceau, d'aubaine*, comme dans ce passage de la farce de Pathelin :

> Je happeray là une *prune*,
> A tout le moins, sans rien despendre.

Dans Coquillart (*Enquête*, p. 134), *Hoche-prune* est un personnage qui court après les bons morceaux.

Guette-à-preunes, n. m. Etourdi, qui va le nez en l'air, *bayant aux prunes*.

PRIER LE BON DIU, loc. — Se dit d'un cheval qui tombe souvent à genoux.

PROUSTE (Être, aller, partir en), locution. — Etre en voyage ; aimer à courir les foires, les marchés : « Ce sont des gens qui sont toujours en *prouste* ; ils feraient mieux de s'occuper de leur ferme. » Le son de ce mot exprime parfaitement un départ précipité.

PROUVAINE, n. f. — Provende, quantité d'avoine que l'on donne à un cheval. Provision de tabac.

« Quand i n'a point s'*prouvaine* à renifler, il est comme perdu. »

Quelques-uns disent *prouvende*, d'où *approuvander*, mot qu'on trouve dans nos vieux auteurs et qui est très-usité chez nous. L'ancien français avait encore *approuvendement*, provision.

PUCHE, n. f. — Puce : « Va gratter *tes puches ailleurs*, » dit-on à quelqu'un dont on veut se débarrasser.

PUCHE-OREILLE, n. f. — Perce-oreille.

PUCHER, v. act. — Puiser : « Allez *pucher* del l'iau al rivière. »

|| *Pucher* l'eau d'un fossé, d'une mare, etc. Les mettre à sec en jetant l'eau au dehors avec une pelle creuse.

|| *Pucher* la lessive. Retirer la lessive de la chaudière avec un vase pour la répandre sur la cuvée de linge.

Comp. avec *espucher* :

> Ewe en viver u en estanc
> Ert plus légier à *espucher*
> Ge n'iert son beivre ne son manger.
>> G. GAYMAR.

Etym. v. fr. *puc*, *puch*, *puich*, puits : « Si se advisèrent aucuns de faire perchier nouveaux *puichs*. » (J. Le Fèvre, p. 170.)

PUCHOT, n. m. — Lieu où l'on *puche* de l'eau dans une mare, dans une rivière ; diminutif de *puc*, *puch*.

« En le valée de Jozafas avoit un *puc* ancien que Joseph feist. » *(Chron. d'Ernoul, p. 121.)*

> Or me di, Gui, que ses tu faire ?
> Savras-tu l'eve del *puc* traire ?
>> GUILL. D'ANGLETERRE.

> Li dus ot *puch*, corde, selle et trallier,
> Molin et for, et blé en son gernier.
>> Cité par BURGUY, II, p. 182.

Cette forme était surtout en usage dans l'expression *puch d'infer*.

PUIN, n. m. — Puine ; arbuste fréquemment mentionné dans les anciens textes sous le nom de *bois puant*, *puygne*, *puine*. (V. L. Delisle, *Agriculture en Norm.*, p. 359 et suiv.)

PUISSANT, adj. — Gros, gras : « Quel homme *puissant* ! — Devenir *puissant*, trop *puissant*. »

PURÉE (Porter la) loc. — Recevoir des reproches pour un autre, par conséquent, sans les avoir mérités. « Bon ! c'est encore moi qui porterai la *purée* ! »

PURER, v. act. — Epurer.

PUS, adv. — Plus : « Pourquoi ne venez-vous *pus* me voir ? »

PUTET, n. m. — Petite mare formée par le liquide écoulé du fumier.

Et le porte des arçons hors
En un *putel* tout enversé.
        Tournoiement de l'Antéchrist.

L'en te devroit en un *putel*
Tooiller cum un viex panufle.
                ROSE, v. 7121.

Là coule une fontaine avecqu'une claire eau
Qui à cent pas de là faict un petit ruisseau,
Et autour un *puteau* ....
                CL. GAUCHET.

‖ L'égoût même du fumier : «Mettre du *putet* au pied des arbres.»
On a proposé pour étym. le latin *puteus*, puits. Comme le *putet*
sent plus fort, mais non mieux que roses, je préfère *putere, putidus*.
Comp. avec l'anglo-saxon *pytt, pyttel* ; bas-allemand *putte*. (V. *Chevallet*.)

Q

QUANT ET, À quant et, conj. — Avec, en même temps : « Veux-tu venir au marché *à quant et* moi ? » Locution très-fréquente dans nos vieux auteurs.

> L'une pour ung millourt saisir,
> De l'oueil gettera mainte larme ;
> Et l'autre prend bien le loisir
> De partir, *quant et* le gendarme.
>
> COQUILLART, II, p. 281.

« *Quant et* luy estoit son plus jeune fils Tytire. » (Amyot, *Daphnis et Chloé.*)

> Qui diroit le regret que mon cœur supporta,
> Quand ce prince à la fin de ses yeux s'absenta,
> Emportant *quand et* soy son âme et sa puissance.
>
> DESPORTES, *Elégies.*

Au XVIème siècle, les hommes et les femmes, se rendant en procession au tombeau de saint Laurent d'Eu, chantaient :

> Amendons-nous, amendons-nous,
> Portons nos suaires *quanté* nous ;
> Pensons qu'il nous faut tous mourir
> Pour aller avec Jésus-Christ.
>
> Cité par DERGNY, *Essai sur Incheville.*

Au XVIIème siècle, cette locution n'était pas encore tombée en désuétude : « Souvenez-vous de quelle horloge son heure a été sonnée. N'a-ce pas été de celle qui, faite *quant et* les siècles mêmes, gouverne le soleil. » (Balzac, *Lettre à la princesse de Conti.*)

Chateaubriand est le dernier de nos écrivains qui l'a employée.

QUART D'HEURE, n. m. — Employé dans cette phrase particulière : « Je n'ai pas d'emploi pour le *quart d'heure,* » c.-à-d. en ce moment.

QUARTRON, n. m. — Quarteron.

QUASIMIN, adv. — Presque.

QUATE, n. ordinal. — Quatre : « Faire les *quate*-vingt-dix-neuf coups, » mener une vie déréglée.

QUÉ ? interrogation. — Qu'est-ce ? quelle chose ? « *Qué* qu'o dites ? — *Qué* que t'as vu ? »

‖ Adj. interrogatif, *quel, quelle* : « *Qué* drôle d'homme qu'o'z avez amené aveuc vous ? »

Comp. avec l'ancien français :

> *Quiex* gens puet ice estre que je voi là venir ?
>
> AYE D'AVIGNON, v. 3510.

QUÊNOT, n. m. — Petit chêne.

QUESTIONNER, v. n. — Disputer, se quereller : « J'aime mieux me taire que *questionner*. »

QUETOU, n. m. — Petit cochon.

‖ *Quetou ! quetou !* Cri pour appeler les cochons.

QUÉVRON, n. m. — Chevron.

QU'I, mis pour qu'il, qu'ils : « J'crois *qu'i* fera bien, *qu'i* feront bien de s'arranger. »

QUILLER, v. neut. — Usité seulement à l'infinitif et dans cette phrase : « Je l'ai envoyé *quiller*, » c.-à-d. je l'ai envoyé promener, jouer des jambes ou des *quilles*, comme on dit populairement.

QUINZE-CÔTES, n. m. — « Grand *quinze-côtes*, » homme grand et maigre ; grand dadais, ἀνὴρ τρισκαιδεκάπαχυς. (Théocrite, Syrac. v. 18.)

QUITTER, v. act. — Permettre, laisser : « Me *quitterez-vous* parler ? — *Quittez-le* dire, et écoutez. — Quel enfant ! il ne nous *quittera* pas tranquilles ! »

QU'O, contraction des mots *que* et *vous*. — « A quelle heure *qu'o* viendrez nous voir ? » On rencontre fréquemment cette contraction dans la vieille langue. (V. Burguy, Ier, page 136.)

QUOI. — S'emploie pour *que* interrogatif : « *Quoi* qu'o faites-là ? »

‖ *Avoir de quoi.* Cette locution est française dans le sens d'avoir ce qui suffit, d'être dans une certaine aisance. Chez nous, de *quoi* signifie une grande fortune soit en terres, soit en argent, comme dans les citations qui suivent :

« Messire *Raous...* s'atira molt richement comme cil ki ot *bien de coi. (Le roi Flore et la belle Jehanne.)*

La vertu de ce monde est quand l'on a de *quoy.*

VAR., *Hist. et Litt.*, t. IV,

« Les courtisans voyent que rien ne rend les hommes sujets à la cruauté du tyran que les biens ; qu'il n'y a aucun crime envers luy digne de mort que le de *quoy.* » (Et. de la Boetie.)

En Picardie, au lieu de dire d'un homme qu'il a de *quoi*, on dit qu'il a du *saquoi* ou des *saquois.*

Comp. *avoir de quoi* avec la locution latine : *Et habet unde*, qui se trouve dans Pétrone, chap. XXXXV.

R

.R. — Cette lettre ne se fait point sentir dans certaines finales muettes comme *bre, dre, pre, tre, vre* ; ex. : *marbe, crainde, prope, maîte, live*, etc., au lieu de marbre, craindre, propre, maître, livre.

Elle s'intercale ou se supprime capricieusement dans quelques mots ; ex. : *marle, pertrir, merlier, harler,* au lieu de mâle, pétrir, mêlier, hâler ; *mélan,* merlan, et quelquefois *mèle,* pour merle.

Elle se transpose dans beaucoup de ceux qui commencent par *bre, cre, fre, gre, pre* ; ex. : *berbis, kerver, Kerpin, Kerton* (noms propres Crépin, Creton), *fertiller, guerlotter, guernier, pertintailles,* au lieu de brebis, crever, frétiller, grelotter, prétintailles.

Dans le corps des mots la syllabe *tre* se change fréquemment en *ter* : *entertenir, enterprendre,* etc.

Remarquez encore le déplacement de *r* dans *porpos, fraine,* propos farine.

Enfin, cette lettre ne se prononce pas dans beaucoup de finales en *eur* et dans certains mots comme loisir, déplaisir, plaisir, sur (pré- position), etc. ; ex. : *joueu, plaideu, loisi, plaisi, déplaisi, su.*

RABETTE, n. f. — Chou-rave qu'on cultive comme plante oléagi- neuse. Diminutif de *rave.*

RABISTOQUER, v. act.— Raccommoder, réparer de vieux habits, de vieux meubles ; a le même sens que *rafistoler.* Voir Palsgrave, page 589 : Je *bistocque.*

RABLÉ, adj. — Trapu, qui a les reins solides. Du fr. *rable.*

RABLOUQUER, v. atc. — Renouer les cordons de ses souliers. (V. *Ablouguette.*)

RABOENIR, v. n. — Rabonnir, devenir meilleur : « On *raboenit* en vieillissant. » De *boen,* bon.

RABOUTONNER, v. act. — Boutonner de nouveau.

RACACHANT, Racachante, adj. — Qui attire, qui séduit : « Une femme *racachante*, » une femme propre, gentille.

|| Bon, exquis, en parlant des choses : « Voilà une soupe *racachante*. »

RACACHER, v. act. — Ramener les bestiaux à l'étable, en les *chassant* devant soi. Nous avons vu que l'on dit *cacher* pour chasser.

|| Alléguer des raisons frivoles, chercher de mauvais prétextes pour s'excuser : « Qu'est-ce que tu *racaches* là ? J'ai assez de tes mensonges. »

|| *Racacher*, se dit encore d'une fille ou d'une femme qui vous attire par ses manières séduisantes : « Un paysan me racontait qu'il avait refusé de se marier avec une ivrognesse, parce qu'elle ne le *racachait* point. »

RACAHUANNER (Se), v. réfl. — Rester accroupi au coin de son feu, comme un *cat-huant* dans son trou.

RACCOLER, v. act. — Embrasser : « Je t'ai vu *raccoler* ta bonne amie. » Renforcement de *accoler*.

> Atant ses amis la *r'acole*
> Et ele lui.
> FLOIRE ET BLANC, v. 2295.

RACCOURCHI, n. m. — Chemin de traverse qui *raccourcit* les distances.

RACCROCHER, v. act. — Obtenir, à force de marchander, une réduction sur une emplette : « Je n'aime pas faire d'affaires avec un tel, il faut toujours qu'il *raccroche*. »

D'où l'adj. *raccrocheux, euse.* Celui, celle qui ne finit pas de marchander avant d'avoir obtenu une réduction sur le prix demandé. On dit plus souvent au féminin *raccrochière.*

RACÉ, adj. — De race : « Un chien, un cheval *racé*. »

RACEPOUIL, n. des deux genres. — Racaille, vermine. De *race* et de *pouil*, qui s'est dit au lieu de *pou*.

RACHAINE, n. f. — Racine.

RACLER, v. act. — Battre quelqu'un avec un fouet ou avec des verges. D'où *raclée*, volée de coups.

RACMODAGE, n. m. — Raccommodage. On dit de même *racmoder, racmodement*.

RACOIN, n. m. — Recoin.

RACONDUIRE, v. act. — Reconduire.

RACQUIT, n. masc. — Terme de jeu : « Jouer au *racquit*, » jouer pour regagner ce que l'on a perdu. Ce mot a été employé par Mme de Sévigné. (V. Littré.)

RADRÉCHER, v. n. — Recommencer une chose jusqu'à ce que l'on réussisse : « J'ai manqué mon coup, mais je *radrècherai*. » Corruption remarquable, surtout pour le sens, du français *redresser*.

RAFARDER, v. act. — Chercher à obtenir quelque chose par ruse ou à force d'importunités.

‖ Faire retirer quelque chose sur le prix d'une marchandise que l'on va payer, dit-on ; que l'on ne paie pas, et qu'on emporte tout de même.

Extension du vieux mot *refarder*, *rafarder* :

> Il n'y a rime ne raison
> En tout quant que vous *rafardez*.
>   *La Farce de Pathelin.*

Dérivé, *rafardier*, *ère*, adj. Celui, celle qui *rafarde*. Etym. *re* et *farder*.

RAFFOURER, v. act. — Porter l'*affourée* aux bestiaux.

RAFUS, n. m. plur. — Vieilleries, vieux chiffons ; étoffes, meubles passés de mode : « Il n'y a que des *rafus* dans cette boutique. »

RAFFULER, v. act. — Coiffer ; s'emploie surtout comme verbe réfléchi, en parlant d'une fille ou d'une femme qui dépense un long temps à sa toilette : « Elle ne finira pas de se *raffuler*. » (Voir *Affuler*.)

RAGALI, adj. — Chétif, maladif : « Il ne tient pas debout, c'est un pauvre *ragali*. »

‖ Sec, pierreux, en parlant des fruits : « Ces poires sont toutes *ragalies*. »

La Curne cite *agali* qu'il tire de *gal*, caillou ; au fig. *cal*, durillon qui vient aux pieds.

> Plas piez avoit et *agalis*.
>   Dans LA CURNE, p. 228.

RAGOBILLES, n. f. plur. — Petites branches de bois sec : « Ramasser des *ragobilles* dans la forêt.»

|| Au figuré, choses de peu de valeur, habits usés, meubles en mauvais état : « Il a tout emporté, ne laissant que des *ragobilles*. »

Ce mot est le même que le v. fr. *agoubilles*, menus instruments, outils de travail : « Et je troussay mes *agoubilles* pour m'en tourner dormir, car la minuit approchoit. » (*Ev. des Quenouilles.*)

Dans le centre de la France, on dit *grobilles*. (V. Jaubert.)

RAGUISER, v. act. — Aiguiser. La particule prépositive *re* ne modifie en rien la signification de certains mots ; elle n'a qu'un sens explétif. *Aguiser* et *raguiser* sont absolument synonymes. Il n'y a pas non plus de différence entre *raccoler* et *accoler*, *raffuler* et *affuler*, *rablouquer* et *ablouquer*, *raffourer* et *affourer*. Nous disons de même *rabaisser* pour *abaisser*, comme on disait jadis *raccueil* au lieu de *accueil* :

> Toutes fois, veu le bon *racueil*
> De nostre hostesse...........
> J. LE HOUX.

RAIDE, adj. — Avare : « C'est un vieux *raide* qui ne donne pas un sou aux pauvres. »

RAILE, n. f. — Raie : « *Raile du dos*, » épine dorsale.

RAILER, verbe act. — Tracer une raie avec une pointe, un crayon, etc.

RAILETTE, n. f. — Séparation des cheveux sur le haut de la tête.

RAILLE, n. m. — Râle, oiseau. Comp. avec l'anglais *rail*.

RAINCHÉE, Rainsée, n. f. — Volée de coups de bâton (v. le mot qui suit).

RAINCHER, Rainser, verbe act. — Battre, frapper à coups de bâton; du v. fr. *rains* (*ramus*) branche.

> Sa robe deront et despièce :
> Chascuns *rains* emporte une pièce.
> RUT., II, page 279.

Conformément à l'étymologie et aux anciens textes, c'est ainsi que l'on devrait orthographier ce verbe, puisqu'il a l'acception de *bâton-ner*. On aurait dû écrire de même *rainceau*, et non *rinceau*, comme le veut Littré. *Raincelet*, petit rameau, est un diminutif qui plaisait à nos vieux poëtes.

> La rose durant l'aurore
> De son vermillon honore
> Ses *raincelets* verdoyans.
>> BAÏF, p. 116.

RAISONNIER, ère, adj. — Raisonneur, insolent : « Il faut rendre les enfants raisonnablés et non *raisonniers*. »

RAISONS, n. f. plur. — Langage, paroles : « V'là un homme qui a de drôles de *raisons*. »

« *Il a de belles raisons*, mais c'est tout, » se dit d'un homme qui ne conforme pas sa conduite à ses discours.

Avoir des raisons, avoir la langue bien pendue : « C'est une femme d'entretien, elle ne manque pas de *raisons*, elle a des *raisons*. »

RALLER, s'en raller, v. n. — Ce verbe est usité à tous les temps, même au futur : « J'y *rirai*, s'il le faut. »

> De toutes part les *revunt* envaïr.
>> CH. de ROL.

> Incontinent dormir *ralez*.
>> EUST. DESCH., *Notable Enseignement*.

> Arière m'en *riray*, se vo congié avoie
>> HUG. CAPET, p. 90.

Pour la conjugaison de ce verbe, voir *aller*.

RAMARRER, v. act. — Amarrer de nouveau.

RAMBOURRER, Rebourrer, v. act. — Repousser, rudoyer, malmener quelqu'un : « Il faut *rambourrer* tous ces paresseux-là.»

‖ *Se rebourrer*, se bourrer, manger avec excès.

RAMBUQUER. v. act. — Frapper, accabler de coups. — Bossuer, briser.

‖ *Se rambuquer*, se heurter contre : « Il était tellement soûl, qu'il se *rambuquait* contre les murs. » De la particule *re*, et *bucher*, picard *buquer*.

RAMENTEVOIR, v. act. — Rappeler ; exactement remettre dans l'esprit. Racine, *mens*, pensée. Ce vieux mot que donnent encore les Dictionnaires est toujours jeune dans nos campagnes. Le futur et le conditionnel font : *je ramenturai, ramenturais* ; subjonctif, *que je ramenteuche, que tu ramenteuches, qu'il ramenteuche, que nous ramenteuvions*, etc. *Ramentevoir* est particulièrement usité comme verbe refléchi : « En voyant le fils, je me suis *ramentu* du père. »

Les formes *ramentevoir, amentevoir, mentevoir* sont fréquentes au XIIème et XIIIème siècle ; ex :

> Bons hom, « dist-il, » ke me *ramentevés?*
> > *S. Alessin*, réd. du XIIème siècle, v. 821

> Je parlera à ceus qui ci m'ont *amentut*,
> Des nouvelles de France dont je savoir wiel plus.
> > AYE D'AVIGNON, v. 3434.

> Por ce c'on ne doit *mentevoir*,
> Homme où il n'a point de savoir.
> > RUTEBŒUF, II, p. 282.

RAMI (être), loc.— Etre réconcilié : « Ils étaient brouillés depuis longtemps, mais ils sont *ramis*. » On dit encore *se ramicer*.

RAMIAULER, v. act. — Chercher à se raccommoder avec quelqu'un : « Maintenant qu'il a besoin de moi, il me *ramiaule*. » (Voir *Emmiauler*).

RAMONCHELER, v. act. — Mettre en monceaux.
‖ *Se ramoncheler*, se courber sous le poids des années. « Un tel commence à vieillir, il est déjà tout *ramonchelé*.»

RAMONÉE, n f. — Grêle de coups ; de *ramon*, terme vieilli qui signifiait *balai*.

RAMONER, v. act. — Faire, remuer quelque chose, en mauvaise part : « Qu'est-ce que tu *ramones* là ? veux-tu me f.... le camp ? »
Ramoner a gardé chez nous le sens érotique que lui donnent nos vieux auteurs :

> S'el voulloit que la *ramonasse*
> A son plaisir, et demenasse,
> Il fauldroit qu'el se desvetit.
> > R. DE COLLERYE, *Rondeaux*.

Voir la Nouvelle XCVII de B. Des Périers.

De même que *ramoner*, *ramoneur* a une signification grivoise qui n'était pas inconnue au bon vieux temps : « Il faudroit un autre *ra-monneur* que vous à ceste garse de trente ans, noire comme poivre, et d'apétit ouvert. » (Ménippée, p. 108.)

RAMOUDEUX, Ramouleux, n. m. — Rémouleur.

RAMOUDRE, v. act. — Aiguiser. (V. *Moudre*.)

RAMOUGNOUSSE, n. m. — Ramoneur.

RAMPILLE, n. féminin. — La clématite des haies, dite viorne des pauvres.

.|| Terme générique pour désigner toute espèce de plantes grimpantes. Etym. *ramper*.

RAMPONER, v. act. — Faire des reproches, rudoyer, quelquefois battre. Anc. *railler*, *outrager*.

« Encore dist plus danz Goliath, ço sui jo ki ai vi *ramponed* et attarge l'ost de Israel. » *(Liv. des Rois.)*

> N'estiez mie estoz ne *ramponanz*,
> Desor vos pers orgueilleus ne proisanz.
> GUILL. D'ORENGE dans BARTSCH.

> Sa femme *remprosne* forment.
> CHAST. DE COUCY, v. 6212.

> Li parent Guenelon l'en vont moult *ramponant*.
> GUI DE NANTEUIL, v. 1885.

> Vassal, dit Oliviers, laise le *ramponer*.
> FIERABRAS, v. 564.

« Quand il eust bien esté *ramponné* sur ce et rigolé de ses compaignons. » (C. N. N., 39ᵉᵐᵉ.)

Comp. ce mot avec l'italien *rampognare*, tirailler, pincer, injurier. Pour étym. Burguy propose le bas-saxon *rapen*, le haut-allemand *raffen*, arracher, enlever, saisir. Il est plus simple de le faire dériver de *rampos* qui signifiait en vieux français *rameaux*, en sorte que *ramponer* voudrait dire littéralement : *Frapper avec des verges*.

RAN, n. m. — Bélier ; *ram*, en anglais. *Ran* se trouve encore dans le Dictionnaire de Cotgrave, édition de 1650.

En vieux français, le mouton s'appelait *marran*, c'est-à-dire mauvais ran.

RANCER, v. n. — Se dit des pommiers qui craquent sous l'effort du vent. En Basse-Normandie, *rancer* signifie ployer sous un fardeau.

|| Avoir la respiration gênée et bruyante. Peut-être du latin *rancare* :

> Tigrides indomitæ *rancant* rugiunt que leones.
>
> AUCT. PHIL., v. 49.

RANDIR, v. n.— Courir, rôder, errer çà-et-là dans de mauvaises intentions : « Il faut se défier des gens qui *randissent* toute la nuit. »

« Car la mercy Dieu, elle avoit *randy* et couru païs, tant que du monde ne savoit que trop. » (C. N. N., 79ème.)

A l'origine ce mot signifiait s'élancer vers, se précipiter sur. Comp. avec le danois *rende* et l'anglais *to run*.

RANDONNER, v. n.— Rôder çà et là ; fréquentatif de *randir*. Du v. fr. *randon*, fuite, course rapide, usité jusqu'au 16ème siècle :

> .... Une nymphe fuyoit
> Par bois espez, tant que de grand *randon*
> Vint jusque au bord du sablonneux Ladon.
>
> MAROT, liv. Ier de la *Métamorphose*.

Le substantif *randonnée*, élan, course impétueuse,

> Ils brochent les destriers tout une *randonnée*.
>
> GUI DE NANTEUIL, v. 1028,

a été conservé comme terme de chasse.

RANDOUILLÉE, n. f. — Volée de coups.

RANDOUILLER, Redouiller, v. act. — Battre, rouer de coups. (V. *Douille*.)

RANKEUME, n. f. — Rancune.

RANQUILLIE, n. f. — Ce mot désigne particulièrement la viorne des haies.

RAPASSER, v. n. — Repasser, passer de nouveau : « Si tu *rapasses* par ici, entre al maison. »

« Et fisent tant qu'il *rapassèrent* la rivière en grant malaise. » (Froissart, I, 61.)

« Ils *rapassèrent* l'eau de Somme pour retourner au pays. » (J. Le Fèvre, p. 297.)

RAPENSER (Se), v. réfl. — Réfléchir, se souvenir.

> Et la dame se *rapanssa*
> Qu'ele avoit si grant tort eu.
> CRESTIEN dans BARTSCH.

RAPIAT, n. des deux genres. — Celui, celle qui rapine. Du latin *rapax*.

RAPINERIE, n. f. — Vol : « Ses *rapineries* ont fini par le mener en prison. »

> Tuit (li baron) vivent de *rapinerie*
> Chascuns tout honor relanquist.
> ROIS DE CAMBRAY, XIIIeme siècle.

RAPINIER, ère, adj. — Celui, celle qui vit de rapine.

RAPOUSSER, v. act. — Pousser de nouveau quelque chose vers quelqu'un.

RAPPORT À, loc. — Par considération, par égard pour, à cause de : « Je l'obligerai *rapport* à vous. »

RAPRÉHAUT, n. m. — Caprice, idée subite qui traverse l'esprit : « Je ne sais quel *rapréhaut* lui a passé par la tête ; il est parti sans rien dire. »

|| Enfant que l'on a longtemps après les premiers. (V. *Ravisé*.)

RAPTI, n. m. — Tiges de colza battu : « Donnez-moi quelques bottes de *rapti* pour chauffer le four. »

RAQUE, n. f. — Boue.

RAQUER, v. n. — Cracher, anciennement *racher*, *rachir*, *raquier* : « Ainsi que la dite Jehanne passoit par devant le suppliant, il commença à escopir ou *rachir* contre terre. » (Glossaire de Carpentier, art. *rascare*.)

Comp. avec l'anglo-saxon *hraekan*, cracher. Notre verbe *cracher* vient évidemment de ce mot avec *c* préposé pour renforcer la syllabe initiale.

Dériv. *raquillonner*, fréquentatif de raquer ; *raquerie*, *raquillonnerie*, crachats.

Raqueux, raquillionnier, celui qui crache souvent. Cette dernière épithète est souvent appliquée aux fumeurs.

RAQUEVALER, v. act. — *Aquevaler* de nouveau. (V. ce mot.)

|| V. n. Passer brusquement d'une idée à une autre; faire des coq-à-l'âne ; chercher des faux-fuyants.

RASSAUCER, v. act. — Mouiller, tremper : « J'ai reçu une harée qui m'a *rassaucé.* »

RASSIRE, v. act.— Asseoir de nouveau : « *Rassis* cet enfant dans s'chaise. »

|| *Se rassire,* v. réfl. Se rasseoir. Pour la conjugaison de ce verbe, voir *Assire.*

RASSOUPLIR, v. act. — Assouplir ; rendre moite : « Un temps humide *rassouplit* le linge. »

RATÉ, n. m. — Râteau, du v. fr. *rastel, ratel,* cas régime de *ratiaus* ; du bas-latin *rastellus.*

RATELAGE, n. m. — Action de rateler : « Avec leu *ratelage,* les fermiers ne laissent pu rien aux gleneux. »

RATELEUSE, n. f. — Machine à rateler. Des inventions nouvelles créent des mots nouveaux.

RATELURES, n. f. plur. — Ce qu'on ramasse avec le rateau ou la rateleuse : « *Ratelures* de blé, d'avoine. »

RATIER, n. m. — Celui qui fait son métier de détruire les rats ; mot formé de *rat* comme taupier de *taupe.*

RATOURNER, v. n. — Retourner, dans le sens de revenir sur ses pas.

Dans certaines localités du pays de Bray, *Saint-Saturnin* est appelé *Saint-Ratourni.*

Il est invoqué sous ce nom par les femmes délaissées ; parce qu'il a le pouvoir de ramener ou de faire *ratourner* les maris infidèles.

RATOURS, n. m. plur. — Détours, ruses, expédients malhonnêtes ; très-usité dans cette locution : « Avoir des tours et *ratours,* » avoir maintes ruses dans son sac.

RATTAQUER, v. act. — Attacher de nouveau : « Allez *rattaquer* vot' kien. »

|| Un travail fini, en commencer un autre : « Quand j'érai fini de labourer-là, où faudra-t-il *rattaquer ?* »

|| Se remettre à table : « On a dîné jusqu'à trois heures, à six heures on a *rattaqué.* »

RATTIRER, v. act. — Attirer de nouveau, ou simplement, attirer.

|| Ramener quelqu'un, le faire rester auprès de soi : « C'est une femme qui ne sait pas *rattirer* son mari.

|| En mauvaise part, enjôler par des démonstrations, des caresses hypocrites. On appelle *rattireuse* une femme de mœurs équivoques.

RATTISER, v. act. — Attiser de nouveau, simplement attiser.

|| Gronder quelqu'un, lui donner une verte réprimande.

RATRUCHER, v. act. — Ne rien laisser dans un plat ; lécher la sauce : « Un chat, un chien *ratruche* les assiettes. »

RAUGMENTER, v. act. — Augmenter, et augmenter de nouveau ; s'emploie neutralement : « Depuis vingt-cinq ans, les denrées ont beaucoup *raugmenté.* »

RAVEINDRE, v. act. — Retirer d'un puits, d'un fossé, d'un bourbier, etc : « Le père François a *raveint* de la rivière un enfant qui se noyait. » (Pour la conj. voir *Atteindre.*)

RAVISÉ, n. masc. — Enfant qui vient longtemps après les autres : « Celui-là c'est un *ravisé* ; il a quinze ans de moins que son frère. »

RAVOIR, v. act. — Avoir de nouveau. Ce verbe est usité à toutes les personnes et à tous les temps, comme dans l'ancienne langue.

> Il prent l'anel et l'en mercie,
> Et dist qu'encor *r'ara* sa mie.
> > FLOIRE ET BLANCEFLOR, v. 1007.

> A sa mère *r'a* pris congié.
> > FLOIRE ET BLANCEFLOR, v. 1010.

> Ung serment entre eulx jurent et font
> Que là-dedans Cupido n'entrera
> Jusques à ce que son arc il *raura.*
> > *Anc. Poés.*, t. IV, p. 234.

‖ *Se ravoir*, se retirer, se déprendre : « Il y a tant de ronces dans ce bois, qu'on ne peut pas se *ravoir*. »

> Sens me dona de decevoir
> L'anemi qui me veut avoir
> Et mettre en sa chartre première,
> Là dont nus ne se puet *ravoir*.
>
> *La Mort*, RUTEBEUF.

« A peine est-il en nous de nous *ravoir* de sa prinse. » (Montaigne.)

RAYOT, n. m. — Raieton, petite raie.

RE. — Cette syllabe au commencement de beaucoup de mots se prononce *r'* et *er*. On dit, par exemple : *R'cueillir*, *r'mener*, *ervenir*, *ertourner* et *r'tourner*, *r'pos*, etc. Rien du reste n'est plus commun dans les dialectes que la transposition de l'*r*, et surtout le changement de place de *r* initiale avec la voyelle suivante. (Voir Diez, *Langues romanes*, tome Ier, 207.)

Au mot *raguiser* nous avons fait remarquer que la particule prépositive *re* n'ajoutait rien à la signification de certains verbes. Nous en avons cité des exemples auxquels on peut ajouter *rattiser*, *rattirer*, *raugmenter*, *rebaiser*, qui ont le plus souvent le sens des mots simples : *Attiser, attirer, augmenter, baiser.*

REBAISER, v. act. — Attraper : « Il m'a joliment *rebaisé* dans cette affaire-là, mais je compte le *rebaiser* à mon tour. » (V. *Baiser.)*

REBINDER, v. neutre. — Recommencer ; reprendre une nouvelle *tournée* de petits verres. Corruption du v. français *rebiner*, faire pour la seconde fois. On a conservé *biner*, donner un second labour et dire deux messes dans deux paroisses différentes.

REBOND (Faire le), loc. — Célébrer l'octave de la fête patronale : « Cette année on ne nous a pas invités à la fête, mais seulement au *rebond*. »

Dériv. *rebondir*, fêter le *rebond*.

REBOUQUER, v. n. — Etre rassasié, ne plus pouvoir rien avaler : « Il y avait tant de plats qu'on a *rebouqué* dessus. »

‖ Se refuser à, reculer devant : « Celui-là est un vieux qui ne *rebouque* pas sur l'ouvrage. »

Rebouquer n'est rien autre chose que le vieux français *rebuchier*, *rebouquer*, *reboucher* qui signifiait s'émousser, se recourber : « Mais rencontrant le froc horrificque, (la lance) *rebouscha* par le fer.» (Rab., *Garg.*, 1, 43.)

« En vain, à ce que je voy, les dards d'amour avoient *rebouché* cy-devant sur moy. » *(Hist. Macaronique*, p. 11.)

Au fig. on *rebouque* sur l'ouvrage, sur un mets, comme le fer *rebouque* sur une cuirasse. (Voir Du Cange au mot *rebusare.)*

REBOURS (À la), À l'**erbours**, loc. adv. — Au rebours.

REBOUTEUX, n. m. — Celui qui, par des paroles cabalistiques, fait métier de remettre les fractures, les luxations, les entorses.

REBROQUER, v. act. — Regarnir une couverture en paille.

REBU, part. passé. — Séché, raffermi : « Depuis qu'il fait du vent, les chemins sont *rebus*. »

RÉCAILLER, v. act. — Chasser, poursuivre, presser vivement : « *Récaillez-moi* tous ces paresseux-là. »

RECAINER, **Ercainer**, v. n. — Braire, rire bruyamment, v. fr. *recaner*, d'où *ricaner* dans la langue moderne.

Diez tire ce mot du latin *cachinnare* ; pourquoi pas plutôt *recanere ?* La forme ancienne *recaigner* fait aussi penser à *canis*, chien.

> L'asnes prist à *recaner*
> Et si laidement à crier
> Ke les bestes se départirent.
> MARIE, fab. 67.

« Ainsi que le bonhomme eut ouvert la husche, et que cest asne veist la lumière, il commença à *recaner* si hideusement qu'il n'y eut là si hardy qui ne perdit sens et mémoire. » (C. N. N., LIeme.)

Dériv. recainement, n. m. Cri de l'âne. On dit aussi souvent *recainée*, *recainie*.

« *Réchanéiz* d'asnes. » (Dit de l'Apostoile, XIIIeme siècle.)

RÉCANVRER, v. actif. — Rudoyer, malmener quelqu'un ; le chasser, pour ainsi dire, à coups de fouet.

De *canvre* qui en patois signifie *chanvre*.

RÉCART, n. m. — Très-usité dans cette locution : « Mettre au *récart,* » mettre de côté, au rebut, dans un coin. La particule *re* ne changeant pas le sens de beaucoup de mots, c'est comme si l'on disait mettre à l'écart.

RÉCAUFFER, v. act. — Réchauffer. Au fig. exciter, presser : « Mes gens ne travaillent pas, il faut que je les *récauffe.* »

RECAUSER, v. n. — Reparler : « Nous *recauserons* plus tard de not'affaire. »

RÉCENT, adj. — Qui n'est pas ivre : « Il était bien *récent* quand il m'a parlé. » Le latin *recens* a souvent le sens de frais, dispos, qui n'est pas fatigué : *Integri et recentes milites.* (César.)

RECHEPER, Rechepper, v. n. — Repousser en cépée ; dériv. du substantif *receppe* :

« Item pour une *receppe* verte, trois solz tournois. » (*Coutumier des Forêts,* cité par Delisle.)

|| V. actif. Maltraiter, injurier, rudoyer quelqu'un : « Il est venu se plaindre, mais je l'ai joliment *recheppé.* »

Du fr. *cep.* Le *cep* de vigne était l'insigne des centurions romains. On sait qu'ils s'en servaient pour châtier les soldats indisciplinés. (Tacite, Annales, Ier liv., 23.)

Frapper avec un *cep,* tel est exactement le sens du verbe actif *rechepper.*

RECORSER, v. act. — Repaître, rassasier : « Avant de ramener les vaches à l'étable, il faut bien les *recorser.* »

|| *Se recorser,* v. réfl. Manger beaucoup, se gorger de nourriture. (V. *Décorsé* et *Encorser.)*

RÉCOUER, v. actif. — Trouver, mais en mauvaise part : « Où diable avez-vous *récoué* une pareille servante ? »

D'où probablement *Ricouard,* sobriquet injurieux qui est devenu un nom de famille, et qui à l'origine signifiait enfant trouvé.

|| Sauver. « X..., cette année, n'a pu rien *récouer* de sa récolte. »

RECOUVRIR, v. actif. — On confond toujours ce mot avec *recouvrer.*

RECRIRE, plus souvent Recri, v. actif. — Rechercher, du latin *requirere.* Quelques-uns disent *requeurre*, qui rappelle le v. fr. *re-querre*, demander, prier :

> Il dit : Ouvrez ; faut-il tant vous *requerre* ?
>
> Laf., *Ball. des Augustins.*

RÉDERIE, n. f. — Caprice, engouement, idée chimérique. De *redder*, *réder*, mot conservé en Picardie, et que l'on trouve au XVIᵉᵐᵉ siècle, synonyme de rêver. Scheler rapporte *redder* à un dérivé *rabidus*, forcené, en délire, d'où *rabidare*, d'où *rabder*, *radder*, *redder*, *réder*. Le changement de *a* en *e*, en position, n'a, comme on le sait, rien d'étrange ni d'irrégulier dans une syllabe atone. (Dict. d'étym. fr.)

RÉDILLON, n. m. — Petit rideau ; sentier escarpé.

REDOUILLER, v. act. — Battre, rosser. (V. *Randouiller.*)

REDUIRE, v. act. — Attraper, donner une bonne leçon : « Il est bien malin, mais je l'ai *r'duit* plus d'une fois. »

‖ *Reduit*, part. passé. Rusé, matois : « Il est tout jeune, mais il est déjà bien *r'duit.* » Composé du vieux mot *duire* et du préfixe *re* qui marque ici, comme en beaucoup de mots latins, la plénitude, l'excès.

RÉDUIRE, v. act. — Accabler, briser : « C'était un homme vigoureux, mais le travail et les chagrins l'ont *réduit.* »

On est *réduit* par une longue marche, *réduit* de fatigue, etc. C'est le français *réduire* pris dans un sens plus étendu.

REFORCHER, v. act. — Engager, forcer quelqu'un à manger.

‖ *Se reforcher*, v. réfl. Manger au delà de son appétit.

RÉGALER, v. act. — Payer la goutte à quelqu'un : « C'est un brave homme, il nous a bien *régalés.* »

Régales-tu à ce matin? dit un ouvrier à un autre.

RÉGENCE, n. f. — Petit pain fait au levain de bière.

REGIMBLER, v. n. — Rebondir : « On a lancé une pierre qui a *regimblé* sur moi. » Corruption du fr. *regimber* avec une signification plus large.

REJOINDRE, v. act. — Rencontrer : « J'ai *rejoint* un tel sur ma route. »

19

RELAIS, n. m. — Vannage : « Lever, abaisser les vannes d'un *relais*. »

RELÉQUER, v. actif. — Lécher de nouveau, ou simplement lécher.

|| Embrasser amoureusement : « I sont toujours à se *réléquer*. » V. fr. *relicher*.

> Semblable à ce serpent, qui, pu de mauvaise herbe,
> *Reliche* et repolit ses écailles bien jointes.
>   RONSARD.

RELIÉE, n. f. — Volée de coups de fouet.

RELIER, v. act. — Donner à quelqu'un des coups de fouet, battre, rosser.

RELUQUER, v. act. — Observer à la dérobée, en tournant les yeux de côté, *limis oculis*. On *reluque* un objet pour le voler ; on *reluque* une jeune fille dont on est amoureux. (V. *Luquer*.)

« Il *reluquait* toutes nos filles, souriant aux belles. » (G. Sand, les *Maîtres Sonneurs*.)

REMBELLIR, v. n. — Devenir beau. *Rembelli, rembellie*, épithète ironique : « Quoi qu'i me veut che *rembelli* là ? »

REMBLAYER, v. act. — Emblayer de nouveau. (V. *Emblayer*.)

REMBRÊLER, v. act. — Rhabiller. (Mettre les *braies*.)

REMONTER, Remotter, v. act. — Amonceler de la terre au pied de certaines plantes, et particulièrement des pommes de terre lorsqu'elles commencent à fleurir. De *mont* ou *motte*.

RÉMOUQUER, v. act. — Presser, exciter, gourmander : « Il faut *rémouquer* les gens pour les faire travailler. »

|| Remettre quelqu'un à sa place, lui donner une verte leçon : « Il voulait m'en conter, mais je l'ai joliment *rémouqué*. »

Le premier sens de ce verbe fait penser au latin *musca* : La *mouche* pique, excite ; le second au français populaire *moucher*, attraper.

RÉMOUVER, Rémouvoir, v. act. — Remuer, agiter, presser : « *Rémouvez* vo sauce. — Si o voulez finir d'fauquer ce soir, i faut s'*rémouver*. — I faut savoir *rémouvoir* ses gens. »

En v. fr. ce verbe signifiait retirer, déplacer, s'en aller, du latin *removere*.

> Quant d'iluecques *removueras*
> Argent ou faille emporteras.
> RUT., I, p. 31.

(V. *Mouver*.)

REMPIÉTER, v. act. — Raccommoder, refaire le pied d'un bas.

‖ *Se rempiéter*, v. réfl. Prendre du pied, devenir vigoureux. Cela se dit du blé ou de tout autre semis qui, rare et faible d'abord, pousse plus tard dru et serré.

REMPIRER, v. act. — Amoindrir, diminuer : « La guerre a fait *rempirer* le commerce. » Comme verbe neutre, on le conjugue indifféremment avec *être* ou *avoir* : « Le malade a ou est *rempiré*. »

‖ *Aller en rempirant*, loc. Aller plus mal.

REMUQUE, n. masc. — Odeur désagréable, semblable à ce qu'on appelle *odeur de fût, de tonneau*. *Remuque* est sans doute employé au lieu de *remucre*, composé de *re* et *mucre*. (Voir ce dernier mot.)

RENAFLER, v. n. — Aspirer l'air avec bruit par les narines.

RENALLER (Se), S'en **Raller**, v. n. — S'en aller, retourner chez soi.

> Puis s'apareillent demanois,
> *S'en rallèrent* en lor pays.
> CHAST. DE COUCY, v. 2126.

RENARD (Prendre un), loc. — Avaler de travers un liquide qui vous revient par le nez.

‖ *Avoir une maladie de renard*, feindre d'être malade. Allusion aux bons tours que joue maître *Renart* dans le roman de ce nom.

RENARDÉ, Renaré, adj. — Malin, rusé comme un renard.

RENARDER, v n. — Vomir. Dans le français populaire, *écorcher le renard* se dit d'un ivrogne qui vomit.

RENCULOTTER, v. act. — Remettre la culotte : « *Renculottez* cet enfant. »

‖ *Se renculotter*, au fig., rétablir ses affaires.

RENFILER, Raffiler, v. act. — Affiler : « Je vais faire *raffiler* min coutiau. »

RENGIE, n. f. — File, rangée. On dit aussi *rengette* que l'on trouvera dans une épitaphe de Marot, la XIVᵉᵐᵉ.

RENHAITER, v. act. — Exciter de nouveau. (**V.** *enhaiter*.) **V.** fr. *rehaitier, rehaiter*, ranimer.

> La coulour li est revenue,
> Et se commence à *rehaiter*.
>   CHAST. DE COUCY, v. 2889.

RENTIQUES, n. fém. plur. — Répliques : « Ne pas manquer de *rentiques*, » c'est avoir l'esprit vif, prompt à la répartie.

REPAICHANT, ante, adj. — Nourrissant : « Une bonne soupe *repaichante*, » qui *repait*.

REPARER (Se), v. réfl. — Se remettre au beau : « Dès que le temps sera *reparé*, il faudra semer. » Se *déparer* est le contraire.

REPASSER, v. act. — Gourmander sévèrement, châtier : « Si o' *repassiez* un brin vos éfants, i ne seraient mie si malpolis. »

REPASSEUX, n. m. — Celui qui aiguise les lames ; gagne-petit.

REPRENDRE, v. act. — Singer les manières, la façon de parler de quelqu'un ; avoir *l'humeur reprenante*, comme dit Balzac, dans le *Socrate chrétien*.

RÊQUE, adj. — Aigre, âpre au goût : « Des pommes, des poires *rêques*. »

RÉQUET, n. m. — Gaule qui sert à *érêquer*. (**V.** ce mot.)

REQUILLER, v. act. — Malmener quelqu'un, le *recevoir comme un chien dans un jeu de quilles*.

RESAQUER, v. actif. — Retirer un objet d'un lieu où on l'avait mis.

‖ Au fig., sauver quelqu'un d'une mauvaise affaire, le tirer d'un mauvais pas : « Il n'a pas réussi dans sa ferme, mais son père le *resaquera* de là. » Etym. *sac*. (**V.** *Saquer, désaquer, ensaquer*.)

RESCOUER, v. act. — Faire des reproches à quelqu'un, le tancer vertement.

RÉSIPÈLE, n. m. — Erysipèle. Tous les mots scientifiques sont dénaturés par les paysans. (V. *Fluxia.*)

RESPECT (Sauf vot'), loc. — Formule de courtoisie que les paysans à *prétentions* et qui se disent bien *éduqués*, emploient fréquemment s'ils viennent à parler, devant un supérieur, de certains animaux ou de certains objets auxquels ils attachent une idée méprisante ; ex. : « Nous avons, *sauf vot' respect*, de beaux cochons. — Nous allons aujourd'hui, *sauf vot' respect*, charrier du fumier. »

Il y en a qui vont jusqu'à dire : « Ma femme, *sauf vot' respect*, est accouchée ce matin. »

Dans le *Médecin malgré lui*, un paysan, pour parler d'un apothicaire, emploie cette plaisante formule d'excuse :

« J'avons dans notre village un apothicaire, *révérence parler*, qui li a donné je ne sais combien d'histoires. » (Molière.)

« Les truyes (*saulve l'honneur* de toute la compaignie) ne sont nourries que de fleurs d'orangiers » (Rabelais.)

RESSERRE, n. m. — Endroit, coin où l'on *serre* les objets qui ne peuvent plus servir.

RESSORTS (Être à), loc. — « Il faudrait *être à ressorts* pour rester domestique dans cette maison, » c.-à-d. il faudrait savoir tout faire, traire les vaches aussi bien que mener la charrue, etc.

‖ *Homme à ressorts, femme à ressorts*, personne capricieuse, qui change d'idées à tout moment.

RESSOURDRE, v. act. — Faire lever précipitamment, hâter, exciter : « Il faut *ressourdre* tous nos gens pour finir ce travail »

‖ *Se ressourdre*, v. réfl. Se lever : « Pendant la moisson, il faut se *ressourdre* de bonne heure.

‖ *S'élever* : « Le vent commence à se *ressourdre*. »

Etym. lat. *resurgere*. *Resordre, resourdre* est fréquent dans nos vieux auteurs avec le sens de *rejaillir, ressusciter* :

> Ce m'a fait *resourdre* en santé.
>
> CHAST. DE COUCY, v. 3065.

RESTER, v. n. — Habiter, demeurer : « Il *reste* habituellement à Paris. »

RESTOR, n. des deux genres. — Celui des enfants qui ressemble le plus au père, qui continuera, rétablira, pour ainsi dire la famille. La vieille langue avait *restor*, dédommagement, récompense, et le dérivé *restorement*, restauration, réparation. Notre mot *restor* est l'ancien français pris dans une acception métaphorique.

RÉTAMPIR, v. act. — Redresser, remettre debout : « Il faut aller *retampir* les villottes abattues par le vent. »

‖ Au fig., remettre quelqu'un à sa place, l'admonester sévèrement : « Qu'il vienne me trouver, je me charge de le *rétampir*. »

‖ *Se rétampir*, verbe réfl. Résister, se redresser, se rengorger : « Guette donc ch' bossu de Savoie, comme i se *rétampit !* »

RETAPER (Se), v. réfl. — Mettre ses plus beaux atours.

RÉTOQUER, v. act. — Accueillir quelqu'un en l'accablant de reproches.

‖ *Se rétoquer*, v. réfl. Faire des efforts pour soulever un fardeau. Se redresser avec fierté ; d'où cette locution : *Faire le rétoquet*, qui se dit d'un petit homme fier, opiniâtre, entêté.

R'ÊTRE, v. — Etre de nouveau : « O *r' sommes* dans not' ancienne ferme. — I *r' est* parti. » Le patois a gardé de la vieille langue l'usage de donner à un verbe quelconque le sens itératif au moyen de la particule *re* ; ex. :

> Poroit-elle en son cuer trouver
> Que jamais me peust *r'amer* ?
> CHAST. DE COUCY, v. 6063

> Et si ne *resai* par quel iestre
> La treble cose puist une iestre.
> PHIL. MOUSKES, v. 5986.

« Il nous *renvironnèrent* tout nostre ost. » (Joinville, p. 94.)

RÊTU, adj. — Bien portant, éveillé : « V'là un éfant bien *rêtu*. »

REUE, n. f. — Roue.

‖ *Faire la reue*, se dit d'une vache et surtout d'un taureau qui vous menace de ses cornes en mugissant.

REULIÈRE, n. f. — Ornière, du mot *reue*.

REUPER, v. n. — Rôter; dériv. *reupet*, rot.

REVENGE, n. f. — Revanche. Anc. *revenge*.

REVENGER, v. act. — Venger, défendre quelqu'un qui est attaqué : « N'aie pas peur de lui dire ce que tu penses, je suis là pour te *revenger*.

> L'autre, qui voit sa compaignie oultrager,
> Laissa la danse, et la vint *revenger*.
>> MAROT, Epit.

|| *Se revenger*, se défendre.

« Le maître qui se vouloit *revenger* fit semblant d'être malade. » (Noël du Fail.)

REVENIR, **Ervenir**, v. neut. — Fut., je *revenrai* ou *reverrai*; même forme au conditionnel ; subj., que je *revienche*, que tu *revienches*, qu'i *revienche*, qu'o *revenions*, qu'o *reveniez*, qu'i *revienchent*. Dans le dialecte normand du XIIIeme siècle, *venir* et ses composés *devenir*, *revenir*, *avenir* faisait au subjonctif *vienṭe*, *devienge*, *revienge*, *avienge*, et la prononciation de la finale *ge* était dure, d'après Burguy (t. Ier, p. 388.) La prononciation actuelle *revienche* confirme la remarque du savant grammairien.

Le futur *revenrai*, *reverrai* appartient plutôt au dialecte picard. La forme avec *d* intercalaire, *revendrai*, *reviendrai* a été la seule qui fût usitée en Normandie. (V. le mot *Venir*.)

REVERTÉRIS (Avoir un), loc. — Changer d'avis, de résolution. Du latin *revertor*, *eris*, je reviens sur mes pas.

REVUE (À la), loc. — Au revoir. On dit aussi, mais plus rarement, *à la revoyure*.

RHEUME, n. m. — Rhume.

> *Reume*, toux et puour sauvaige.
>> EUST. DESCH., *Ball.*

RIBLE, n. m. — Gerçures à la peau causées par un vent froid. On dit qu'on a du *rible* aux mains. etc.

RICACHER, v. n. — Rire insolemment, ricaner.

« A ces mots, les filles commencèrent à *ricasser* entre elles. » (Rabelais.)

‖ Dériv. *ricachier, ère,* adj. Celui, celle qui aime à rire ; se prend en mauvaise part.

Ricacheries, rires moqueurs.

RICHE, adj. — Fort, fertile, superbe : On dit du *riche* cidre, une *riche* année, une *riche* maison, un *riche* temps. L'Académie ne donne pas au mot *riche* ces acceptions diverses.

RIDIAU, n. m. — Rideau.

RIDONNÉ, adj. — Fripé : « Porter des habits *ridonnés.* » De *ride,* pris au figuré.

RIFLE, n. m. — Morceau de bois fixé au bout du *hanse* (voir ce mot) avec lequel le moissonneur aiguise sa faux. Pour cela, il le trempe dans un vase qui contient un mélange d'eau et de grès pilé, et que les paysans appellent *pot al sauce.*

RIFLER. v. act. — Raser, effleurer : « I m'a jeté un caillou qui m'a *riflé* l'figure. »

> En alloit en planant plus tost qu'un arondiaus
> De si près qu'il *riffloit* gloières et bouriaus.
> <div align="right">Adam de la Halle, du <i>Roi de Sézile,</i> v. 204</div>

‖ Aiguiser avec le *rifle* : « *Rifle* un peu t'fauque. » Ce mot s'emploie souvent dans un sens obscène.

RIMÉE, n. f. — Gelée blanche.

> De froit y souffri grief martire,
> Car en cel jour la matinée
> Estoit grescillié et *rimée.*
> Chast. de Coucy, v. 6317.

RIMER, v. n. — Geler blanc. *To rime,* en anglais.

RINCETTE, Rinchette, n. f. — Verre d'eau-de-vie qu'on prend après le café pour *rincer* sa tasse. Après la *rincette* vient la *rinchurette* ; après la *rinchurette* le *coup d'adieu,* et après ce dernier le *coup de cachoire.*

RINGOLISSE, Rigolisse, n. m. — Réglisse.

> ....Cil marinier
> Achatent les espices qu'il ont de maintes guises
> Et canelle, et gingembre, *ricolice* et baupine.
>
> AYE D'AVIGNON, v. 2331.

.« Dou royaume de Navarre vient filache dont on fait sarges, cordouans, basans, *ricolisses.* » (Liste des March. de Flandre, XIVe siècle.)

RIO, Riot, n. m. — Petit ruisseau : « Il nous fit descendre tout droit aux bords de la petite rivière de Joyeuse, ûn pauvre *rio* qui n'avait pas la mine d'être bien méchant. » (G. Sand, les *Maîtres Sonneurs.)*

‖ Petite rigole pour planter des pois, des fèves, etc.

RIOCHER, v. n. — Rire dédaigneusement, en dessous.

RIOLE (être en), loc. — Etre légèrement gris. Du fr. *rire.*

RIOTER, v. n. — Faire des *riots,* terme de jardinage. Dériv. *rioteux,* instrument avec lequel on creuse des *riots.*

RIPE, n. f. — On désigne par ce nom certaines maladies de la peau, surtout la teigne, la gale, les dartres.

Dériv. *ripeux,* celui qui est atteint de la ripe ; *ripilleux,* rugueux, dur au toucher. De l'allemand *rippen, riben,* forme populaire de *reiben,* frotter, gratter.

RIQUIQUI (Famille de), loc. — Famille pauvre et nombreuse.

RISIBLE, adj. — Spirituel, amusant : « Le père Ducastel étaıt bien *risible* avec ses histoires, » c.-à-d. faisait bien rire ceux qui l'écoutaient.

RISQUE-À-RISQUE, loc. — A tout hasard.

RISQUEUX, adj. — Celui qui s'expose au danger ; chanceux, périlleux, en parlant des choses.

RIVIÉRETTE, n. f. — Ruisseau.

> Berte fu enz ou bois assise sous un fo,
> Sor une *riverette* c'on appelait Minclo.
>
> BERTE, 822.

« Entre lesquelles escarmuches s'en fist une envers la porte Saint-Michiel en la prairie oultre une *riverette*. » (J. Le Fèvre, p. 174.)

ROBIN, n. m. — Taureau : « Mener une vache au *robin*. » Pour exciter le taureau à saillir la vache, et *lui donner courage*, comme dit un de nos vieux conteurs, il est d'usage qu'on lui crie : « Elle est belle, elle est belle, sus, ô burre ; sus, sus, sus, ô burre ; elle est belle, elle est belle, sus, sus, ô burre, sus. »

En patois allemand *burre* est le nom du bœuf, et *borre* est le prénom du taureau dans le *Reinaert*.

On appelle souvent *robin* un homme qui court les filles.

ROBINIÈRE, adj. — Vache qui demande le *robin*.
|| Fille qui court après les garçons.

RODINGOTE, n. f. — Redingote.

ROGNON, n. masc. — Ronron, léger grognement du chat. Nous avons le verbe *rognonner*.

ROGUÉ, adj. — Fier, orgueilleux, courroucé : « Il est parti tout *rogué*. »

ROIE, n. f. — Sillon. Donner à un champ une ou deux *roies*, lui donner un ou deux labours.

> Mais il est petis hons, sy n'a de terre *roie*.
>   Hug. Capet, p. 91.

ROITELET, n. m. — On appelle cet oiseau l'*oiseau du bon Dieu*, ou encore *la petite poulette au bon Dieu*. Toucher à son nid porte malheur ; le tuer, c'est un crime. Une légende raconte que le *roitelet* recouvre de feuilles et de mousse le corps de ceux qui n'ont pas été ensevelis ; une autre dit que cet oiseau apporta à la terre le feu du ciel : « Il est vrai qu'il y brûla ses plumes, mais tous les autres oiseaux lui donnèrent chacun la sienne, à l'exception du hibou qui depuis ce temps, solitaire, honni, est un objet d'exécration pour la gent ailée, et n'ose sortir que la nuit. » (Le Héricher.)

Suivant les localités, le *roitelet* se nomme *reblet*, *reblette*, *berruchet*, *racatin*, *riqueu*, *repepin*, onomatopées qui aspirent à reproduire son cri. (Le Héricher.)

ROMATISSE, Romatique, n. m. — Rhumatisme.

RONCHAILLES, n. f. plur. — Touffes de ronces, halliers épais. De *ronches*, ronces; d'où les noms de localités : *Le Ronchois, Roncherolles*, etc.

ROQUE, n. f. — Motte de terre : « Après avoir semé, un bon cultivateur fait écraser les *roques*. »
Dicton : « Fier comme un étron sur une *roque*, » s'applique à un petit homme qui a une haute idée de sa personne.

ROQUET, n. m. — Pommier qui porte des pommes appelées de son nom, *roquets* : Espèce tardive.

ROSETTE, n. propre. — Diminutif de Rose.

> *Rozette*, pour un peu d'absence,
> Votre cœur vous avez changé....
> Nous verrons, bergère *Rozette*,
> Qui premier s'en repentira.
> Des Portes.

ROSSAILLE, n. f. — Rosse.

RÔTILLER, v. act. — Griller : « Il faut *rôtiller* ces poulets. »
|| *Se rôtiller*, se brûler.

ROTONNER, v. n. — Murmurer, gronder entre ses dents. Radoter, dériv. *rotonnier*, *ère*, celui, celle qui gronde toujours, qui trouve toujours à redire.

ROUELLE, n. féminin. — Roue de charrue; du latin *rotella*, petite roue.
« Deux chérus à fers et à *roueles*. » (Douet d'Arcq., *Inv. de Clémence de Hongrie*.)
« Une charrue sans *rouelles*. (Joinville, cité par Littré.)

ROUFFION, n. m. — Odeur de brûlé, de graillon. Le café, par exemple, sent le *rouffion*, lorsqu'on le laisse trop longtemps bouillir au feu.

ROUFFIONNER, v. n. — Contracter une odeur de *rouffion*.

ROUGE, n. des deux genres. — « Un *rouge*, une grande *rouge*, » homme, femme qui a les cheveux roux.

ROUGET, n. m. — Petit mammifère du genre des martres et des fouines. On le nomme ainsi à cause de la couleur rousse de son poil.

ROULÉE, n. f. — Vigoureuse correction manuelle ; volée de coups de bâton.

ROULER, v. act.— « Rouler un champ de blé, d'avoine, » y faire passer le *rouleau* pour écraser les mottes de terre.

|| *Rouler sa bosse*, mener une vie vagabonde.

ROULET, n. m. — Rouleau ; terme d'agriculture.

> .... Cependant on exerce
> Les jeunes à tirer le *roullet* ou la herse.
> Cl. Gauchet.

ROULEUX, adj. — Vagabond, pauvre diable. On sait que pierre qui *roule* n'amasse pas mousse.

ROUPIEUX, adj. — Embarrassé, confus, comme celui que l'on surprendrait ayant une *roupie* au nez : « Je lui ai fait des reproches qui l'ont rendu tout *roupieux*. »

> Mais, quand il le vit si breneux,
> Il s'en alla tout *roupieux*.
> Poésies attribuées à Villon.

> Voire, par Dieu, si *roupieus*,
> Qu'ils s'enfuiront comme renars.
> Nicole de la Chesnaye.

ROUPILLER, v. n. — Murmurer, faire un léger bruit soit en pleurant, soit en parlant : « Si t'as le malheur de *roupiller*, dit-on à un enfant, je te donne le fouet. — Il faut obéir sans *roupiller*.»

ROUSSIAU, n. m., au féminin **Roussiaude**. — Homme, femme qui a les cheveux roux : « Cette *roussiaude*-là ne vaut pas les quatre fers d'un kien. »

> Car li serpens, plains de desloyauté,
> *Roussiaulx*, et fel, quant il se voit garis,
> Au paysan a son venin getté.
> Eust. Deschamps, fables.

ROUSSILLER, v. n. — Rôtir, brûler, sentir le roussi.

ROUSSOLER, v. act. — Rissoler.

ROUTE, n. f. — File, rangée. On plante des pommes de terre, des choux, du colza à la *route*.

ROUTIER, n. masc. — Rangée de pommiers plantés le long des routes.

‖ Etendue de blé, d'avoine ou d'herbe que le moissonneur abat avec sa faux à mesure qu'il avance.

ROUX-VENTS, n. m. plur. — Vents qui à l'époque de la lune rousse brûlent les plantes et les jeunes pousses des arbres.

ROYON, n. masc. — Rideau généralement planté de buissons, de halliers : « Un bon chasseur fait toujours battre les *royons* par son chien. »

RUDE, adj. — Brave, honnête : « Celui-là, c'est un *rude*, » c'est un homme sur lequel on peut compter.

D'un homme laborieux, infatigable, on dit *qu'il est rude au travail*.

RUDEMENT, adv. — Beaucoup, extrêmement : « Ces pommiers sont *rudement* beaux. — Cette fille est *rudement* jolie. »

RUETTE, n. f. — Petite rue.

S

SÂ, n. masc. — Sac : « Autant tient poche comme *sas.* » (L. de Lincy, *Prov.* II.) Voir le mot *blo.*

Au fig. *ventre* :

> Mains sont mors d'emplire leur *sac.*
>> Eust. Desch., *Notable Enseignement.*

SACLOT, n. m. — Petit sac de toile où les écoliers mettent leurs provisions.

La vieille langue avait *saquel,* diminutif de sac :

> IIᵉ florins a pris en sen plus grant monchiel,
> A Huon les donna en ung petit saquel.
>> Hug. Capet, p. 7.

SACRESTI, Sacristi, n. m. — Jurement : « A-t-il donc juré des *sacrestis ?* » Du lat. *sacer.*

SALITURES, n. fém. plur. — Choses sales, ordures : « Enlevez toutes ces *salitures.* »

SALOIRE, adj. fém. — Qui est en rut, en parlant des femelles de certains animaux, et particulièrement de la vache. On dit même d'une femme qui recherche les hommes qu'elle ressemble à une *vaque saloire.* Du fr. *saillir* ; du lat. *salire.*

SALOUÉ, n. m. — Saloir. La finale *oir* de beaucoup de mots se prononce *oué,* et nous avons donné comme exemples, *miroué, mouchoué,* auxquels nous ajouterons : *reposoué, pressoué, rasoué,* reposoir, pressoir, rasoir. Dans les verbes, cette finale sonne comme en français.

SALOUPIER, ère n. masc. et fém. — Celui, celle qui porte des vêtements sales ou qui tient des propos grossiers. Comp. avec l'angl. *sloppy*, boueux.

SALPAUDIER, **ère**, n. masc. et fém. — Personne malpropre : « Quelle *salpaudière* que cette femme ! » Peut-être de *sale* et de *peau*.

SANG-MÊLER, v. act. — Troubler, effrayer : « Ce coup de tonnerre m'a *sang-mêlé*.» *Sang-mêler* répond à cette locution française : *Tourner le sang*.

SANGSURE, n. fém. — Sangsue : « On lui a posé quinze *sang-sures*.»

SANGSURER, v. act. — Vivre aux dépens de quelqu'un, le *sucer* jusqu'au dernier sou : « C'est un brave homme qui se laisse *sangsurer* par un tas de gens. »

|| Exiger une rétribution trop forte : « N'ayez jamais affaire aux huissiers, ce sont des gens qui vous *sangsurent*. »

Non missura cutem nisi plena cruoris hirudo.

HORACE.

SANS (Être de), loc. -- Manquer de : « Je voudrais bien vous prêter de l'argent, mais je suis tout à fait *de sans*. — Trouvez-moi une servante, il y a six semaines que je *suis de sans*. »

|| *De sans*, s'emploie pour *sans* : « Comment ? O'z êtes venu *d'sans* vos enfants ? »

SANS-CŒUR, n. des deux genres. — Lâche, paresseux ; personne dure et sans pitié.

Du latin *socors* = *sine corde*.

SAP, n. m. — Sapin : « Du bois, des planches de *sap*. »

SAPAS, **Sabas**, n. f. — Femme malpropre, souillon ; sorcière digne de figurer au *sabbat* ?

SAPERLOTE, **Sapristi**, n. m. — Jurement adouci dont se servent ceux qui ne veulent pas jurer par le nom de Dieu.

SAQUER, v. act. — Extraire d'une bourse, d'un sac, d'un puits, etc. : « Allons, *saquez* vot' argent, et payez. »

|| Sauver quelqu'un d'un danger, le tirer d'embarras : « Il peut me savoir gré de *l'avoir saqué* d'un mauvais pas. »

‖ Ouvrir : « Quand j'ai été à Paris, c'est moi qui *saquais* de grands zius, » me disait un paysan.

‖ Etaler, montrer : « *Saquez* un peu vot' marchandise. »

Dans l'ancienne langue, on trouve les formes *sacer, sacier, sachier, sacher, saquer.*

En 1483, un enfant nouveau-né ayant été retiré vivant d'un abreuvoir à Abbeville, on assembla toutes les filles de la ville, et, « pour savoir et attaindre la vérité du cas, on leur fit *saquer* leurs mamelles. » La coupable fut ainsi découverte et brûlée vive. (Louandre, *Hist. d'Abbeville.*)

« Adont li vot li Enperères bouter sa main ou ventre pour *sakier* le quer. » *(Nouv. Franc.* du XIIIeme siècle, p. 9.)

‖ *Se saquer,* fuir promptement ; se tirer d'une mauvaise affaire.

Burguy tire ce mot du latin *saccus* ; comp. avec l'espagnol et le portugais *sacar.*

SAQUERMENT, n. m. — Sacrement.

> Je vous jure sur Dieu et sur le *saquerment.*
> HUG. CAPET, p. 113.

SAQUIE, n. f. — Ce que contient un sac.

SATANÉ, adj. — Diabolique, digne de satan : « Quel *satané* polisson ! »

‖ Difficile : « Vous me donnez-là un *satané* travail. »

SAUCÉE, n. f. — Averse.

SAUTE-À-PREUNES, n. m. — Grand garçon à l'air niais.

SAUTERELLE, n. f. — Crevette.

SAUTIER, n. m. — Psautier. L'aphérèse du *p* se rencontre dans le français tisane de *ptisana.*

« Item un beau *sautier* à lettres d'or et d'asur que le pape li donna.... » (Douet d'Arc ; *Inv. de Clémence de Hongrie.*)

> Oez que le psalmiste dist,
> David qui le *sautier* escrit.
> GUILL. DE NORM.

> On glose sur le gros *saultier.*
> COQUILLART, le *Blason.*

Nos vieux auteurs, sans souci de l'étymologie, rejetaient le *p* dans *pseaume, psaltérion, psaumoier* :

> De vielle sot et de rote,
> De lire et de *saterion*.
>
> BRUT, Ier, p. 78.

> Madame musique aus clochetes
> Et si clerc plain de chançonnetes,
> Portoient gigues et vieles
> *Saltérions* et fléuteles.
>
> *Bat. des VII Arts.*

> Dites-moi par quelle accointance
> Vous partirez au Dieu royaume
> Qui ne voulez pas dire un *siaume*
> Du *sautier* ....
>
> RUTEBEUF.

Grâces rendent et si *saumoient*.

RUTEBEUF, Ste M. l'Egypt.

SAUTIR, v. act. — Usité dans le sens de *saillir* : « Faire *sautir* une vache, une jument. » Pour le reste, même sens que le fr. *sauter*. *Sautir* n'est irrégulier qu'à l'infinitif et au part. qui fait *sauti*, aussi souvent que *sauté*.

On a pu voir plus haut que l'on dit *pétir* au lieu de péter. Beaucoup de verbes qui sont aujourd'hui de la première conjugaison appartenaient à la seconde par certains de leurs temps. Quelquefois ils avaient deux formes, comme *puir* et *puer* qui sont admis dans les Dict. de Richelet et de Furetière.

« C'est un voyage de foirards ; nous ne faisons que *vessir*, que péter, que ravasser, que rien faire. » (Rabelais.)

« En telle sorte que Marquet *tombit* de dessus sa jument, mieux semblant homme mort que vif. » (Rabelais.)

> Ou à *tyssir* (pour frommages former)
> Paniers d'osier et fiscelles de jonc.
>
> MAROT, Eglog. au Roi.

« C'est *puir* que sentir bon. » (Montaigne).

« Le pauvre avocat estoit demouré tout peneux de cest effroy et n'osoit plus *toussir* que par le congé du rodomond. (Sat. Ménippée, p. 347.)

20

« Lorsque j'*arryvis* ici le matin, le roy estoit parti pour aler au laisse-court qui feust occasion que je ne vous *despechys* vostre laquay et *aryvismes* à neuf heures au soir. (Lettre du second Maréchal de Biron, dans le *Bulletin du Blibliophile*, juin-juillet 1876.

> Sans oser ni cracher, ni *toussir*, ni s'asseoir.
>
> RÉGNIER.

« Il n'y a pas longtemps qu'un homme et une femme tombèrent en dispute s'il fallait dire *tomba* ou *tombit*. » (G. Bouchet, IIIᵐᵉ sérée.)

Dans le *Paris burlesque* du sieur Berthod, une femme du peuple parle ainsi :

> J'*allis* au sermon à Saint-Jacques,
> Et lorsque je fus de retour,
> Sans respecter un si beau jour,
> Il *m'enfermit* dans notre cave,
> Et me *traitit* comme une esclave ;
> J'y *demeuris* toute la nuit.
>
> *Paris burl.*, édit. du bibliophile JACOB.

SAUX, n. f. — Saule : « Il y a de *belles saux* le long de la rivière. »

> Là d'un costé auras la grand' closture
> De *saulz* espez ....
>
> MAROT, *Eglog.* IIIᵐᵉ.

> Tost sont venus stériles *sauls*.
>
> BAÏF, les *Mimes*.

SAVIGNIAU, n. m. — Filet formant une espèce de poche avec lequel on prend les truites quand la rivière est troublé.

SAVOIR, v. actif. — Fut., je *sérai*, etc. ; cond., je *sérais*, etc. ; subj., que je *save* ; imp. du subj., que je *suche*. On contracte la diphthongue *au* en *é* au futur et au conditionnel, comme dans *j'érai, t'éras,* etc., j'aurai , tu auras. La forme *save*, inconnue à l'anc. fr., se trouve dans une bouffonnerie d'Offenbach :

> Il faut qu'un bon savetier
> Save, save, save, save, save, save
> Il faut qu'un bon savetier
> Save, save, save, save son métier.

SE, S', pron. poss. féminin. — Sa : « *S'* femme ne vous écoutera pas. — *S'* maison est à vendre. » *Se* pour *sa* appartient au dialecte picard :

> Kant Alexis ot *se* femme veue ....
> Et covoitose et blance en *se* car nue...
> > *St Alexis*, réd. du XIIIeme siècle, v. 101.

Devant une voyelle, on emploie *s'n*, ainsi que devant l'*h* muet : « *S'n* homme est bien bon. »

SÉ, n. m. — Sel.

SÊ, adj. — Sec : « Il fait très-*sê* aujourd'hui. » Féminin *sèque* : « Not' avoine n'est pas encore assez *sèque* pour être liée. »

Dériv. *séquer*, sécher, et *sékeresse*, sécheresse, *desséquer*, etc.

> .... Mors tot a sa devise
> Fait sor toz pluie et *sekeresse*.
> > *Stances sur la Mort*, XXVIIIme.

SEC-EN-BOS, n. des deux genres. — Homme, femme qui n'a que les os et la peau.

SEIGNE, n. m. — Signe : « J'li faisais *seigne* de venir.»

SEIGNER (Se), v. réfl. — Faire le signe de la croix.

> Lors a levée sa main destre,
> Si le *seigna* du roi celestre.
> > RUT., *Ste Marie l'Egypt.*

> De Dieu et de sa mère se commence à *saigner.*
> > BERTE, v. 976.

« Lors la dame se *saigne* et fait grand admiracion. » *(Les XV Joies.)*

« On fait peur à nos gens seulement de nommer la mort, et la plus part s'en *seignent* comme du nom du diable. » (Montaigne.)

SEILLIÉ, n. fém. — Ce que contient une *seille :* « Une seillie d'iaue. »

SEMEUSE, n. f. — Machine pour semer. Mot formé comme *faucheuse, râteleuse.*

SEMEUX, n. m. — Semeur.

SEMISON, n. f. — Temps des semailles.

‖ Au plur., les *semisons*, les semailles.

> Trop a male semence en *semoisons* semée
> De qui l'âme sera en enfer forsemée.
>
> Rut., II, p. 259.

SEMOIRE, n. f. — Espèce de tablier montant à manches que l'on met par dessus aux enfants pour préserver leurs vêtements. **En fr.** *sarrau.*

La *semoire*, pour la définir exactement, est le tablier dans lequel le semeur porte la semence.

SENS (Se manger les), loc. — Ne pas se tenir d'impatience.

SEPT-TREUS, n. m. — Nom vulgaire de la petite lamproie de rivière, nommée par les savants *petromyson fluviatilis.* On appelle ainsi ce petit poisson à cause de sept petites marques ou petits *trous* qu'il a à la tête. Pour la même raison, il est connu ailleurs sous le nom de *sept-œil* : « L'ammocœte, chatouille, sucet ou *septœil* n'est que la larve, à différents états de développement, de la lamproie de rivière avec laquelle sa conformation est identique. » (Journal *Le Havre*, 19 avril 1876.)

SERCHER, Cercher, v. act. — Chercher.

> La cité *cerchent* qu'est d'avoir replenie.
>
> Ronc., p. 147, cité par Littré.

> Au bien matin, enprès mangier,
> A fait li dux les morz *cercher*.
>
> Ben. de Sainte-More.

> Je suis, malheureux de nature,
> Qui *serche* sa bonne adventure
> Ainsi qu'un povre valeton.
>
> R. de Collerye.

« Si tournoye et *serche* le jeune homs environ la nasse, et fait tant qu'il entre dedens, et se marie. » *(Les XV Joies*, p. 8.)

> Je veux user de ta bonté,
> Sans aller *cercher* ma santé,
> Aux boetes des apoticaires.
>
> J. Le Houx.

SERCLER, v. act. — Sarcler.

SÉRIE, n. fém. — Soirée : « Il seroit bon que à lundy...... nous assemblissons en l'ostel de Maroie Ployarde, ou l'en a accoutumé de tenir la *série*, environ sept heures du vespre. » *(Ev. des Quenouilles.)* *Série* est la forme picarde du vieux mot *sérée.*

> Je te rendray bon compte de ma vie,
> Depuis qu'à toy parlay l'autre *serée*. ·
>
> MAROT, Epit.

On connaît l'ouvrage humoristique de G. Bouchet intitulé les *Sérées*. Etym. lat. *serus.*

SERQUEU, n. m. — Cercueil. On trouve dans nos vieux auteurs les formes *sarcuel, sarquel, sarqueus, sarcu, sarcou, sarkeu.*

> En blancs *sarcous* fait mettre les seigneurs.
>
> CH. DE ROLAND.

> ...En unt porte al evesquie
> U sis *sarqueus* e sis tombeaux
> Ert aparillez, gent e beaus.   ·
>
> BENOIT DE SAINTE-MORE, v. 1690.

Il existe dans le département de l'Oise un village appelé *Sarcus*, en latin *de Sarcophagis* ; les paysans prononcent toujours *Serqueus. Cerqueux* est encore un village du Blaisois. (Talbert, p. 13.)

Il n'est donc guère possible d'admettre avec Burguy que ce mot vient de l'ancien haut-allemand *sarc*, cercueil, avec le suffixe *et.*

SERTE, n. f. — Temps pendant lequel sert un domestique dans une ferme, ordinairement une année entière. Du latin *servitium.*

SÉRUGIEN, Sirugien, n. m. — Chirurgien : « Je mandai mires et *surigiiens*, et fisc marchié de lui garir en ιιιιˣˣ besans.» (L'emp. Constant, Nouv. du XIIIᵉᵐᵉ siècle.)

> Je sai une fisicienne,
> Que à Lions, ne à Viene,
> Ne tant comme le siècle dure,
> N'a si bonne *sérurgienne*.
>
> RUTEBŒUE.

« Quant il vint là, il ne pot parler ; plusour des *cyrurgiens* et des physiciens de l'ost alèrent à li. » (Joinv., p. 62.)

SERVIABLE, adj.— Qui peut servir en parlant de certains objets : « Il ne faut pas donner ces vêtements, ils sont encore *serviables.* »

|| Facile à manier, utile : « Un instrument *serviable*. »

SERVIR, v. act. — Saillir : « Il faut faire *servir* notre jument. » Se dit aussi de l'espèce humaine, avec une acception de mépris : « C'est une femme qui se fait *servir* par le premier venu. »

Nos vieux auteurs donnaient à ce mot un sens très-approchant du patois : « Elle fist tant que vers elle vindrent deux hommes qui ou temps passé l'avoient en amours bien *servie*. » (C. N. N., LIeme.)

|| *Servir par devant le monde.* (Voyez la loc. *Etre par devant le monde.*)

SEUS, adj. — Seul ; fait au fém. *seule*, comme en français.

> Ki *seus* vait, seule voie tient.
>
> *Rom. des Sept Sages*, v. 1869.

SIAU, n. m. — Seau.

Dériv. *siautée*, n. f.. Ce que contient un seau : « Il est si riche qu'il *puche* l'argent *al siautée*. »

SIÉ, adv. d'affirmation. — « Vous n'avez pas fait ce que je vous avais commandé ? — Mais *sié*, je l'ai fait. » Du latin *sic est*, il en est ainsi ; *si è*, en italien.

SIEN (LE), **La Sienne**, adj. démonst. — Celui, celle : « Le *sien* qui sortira le dernier fermera la porte. — Tant pis pour les *siens* qui ne seront pas contents ! »

SIN, **Sen**, pron. poss. — Son ; devant une consonne initiale : « Il m'a prêté *sin* k'va.» Dans l'ancien dialecte picard, *son* faisait au cas sujet *sis* et au cas régime *sen* ou *sin*.

> Un edre sur *sen* cheve.
>
> Fragm. de *Valenciennes*.

« Et mist li cuens de Gherlre, par devant nous et en la présence des devant noumeis, *sen* saiel, *sen* corps. .... (Jan Van Heilu ; cité par Burguy.)

Cette forme s'est conservée dans la Haute-Normandie et dans la Picardie, et il n'est pas exact de dire, comme l'a fait Littré, que le picard met seulement *sin* ou *sen* devant une voyelle. (V. *Se*.)

SINTEUR, n. f. — Senteur.

SINTIR, v. act. — Sentir ; part. passé, *sentu.*

> Par Dieu, sire Auboyn, m'espée avez *sentue.*
>
> AYE D'AVIGNON, v. 600.

> Si j'ai mon temps mal despendu,
> Fait l'ay par conseil de folie ;
> Je m'en sens et m'en suis *sentu*
> Ez derreniers jours de ma vie.
>
> CH. D'ORL., *Ball.*

« C'est un maître ouvrier, il m'a arraché une dent et je n'ay point *sentu* de peyne. » (Palsgrave.)

C'est une faute, dit H. Estienne, de dire *sentu* pour senti. Cependant *sentu* se trouve encore dans le Dict. de rimes de Richelet (1781.)

Le dériv. *consentir* fait également *consentu*, et *repentu* au lieu de *repenti* est encore en usage : « Il s'est *repentu* d'avoit fait ce marché. »

> Plusieurs fois se sont *consentues*
> Aucunes dames par amours,
> Qui puis s'en sont bien *repentues*
> Et en ont fait maintes clamours.
>
> *Anc. Poés.*, III, p. 215.

Faillu, de faillir, se trouve dans Eust. Deschamps (p. 246) et *boullu*, de bouillir, dans Villon (p. 106.)

SINVRE, n. f. — Sanve ; senevé bâtard qui croit dans les jachères.

SI PEU QUE RIEN, loc. — Très-peu.

SIROTEUX, adj. — Sirupeux ; du fr. *siroter.*

SISSITE (Faire), loc. — Expression caressante pour faire asseoir un petit enfant.

SOIE, n. f. — Scie : « Et sachiez que en flun de Nile est une manière de delfins qui ont sor le dos une eschine autele comme *soie*, dont il ocient le cocodril. » (Brun. Latini, cité par Littré.)

‖ *Soie de long*, grande scie manœuvrée de haut en bas par deux ouvriers, qu'on appelle *soyeux de long.*

SOIFFARD, adj. — Ivrogne. *Soiffeur*, même sens.

SOIFFER, v. n.— Boire comme un ivrogne : « Il aime bien mieux *soiffer* que travailler. »

SOILE, n. m. — Seigle : « Aucuns, quant ce vient el tans d'esté, prestent as besoigneus *soile*.» (Beaumanoir.)

|| *Battre comme soile*, vieux dicton : « Mais quand ce viendra au chiquanous, frappez dessus comme sur *seigle* verde, ne l'épargnez. » (Rab., *Pant.*, IV, 12.)

SOILERIE, n. m. — Champ où l'on a récolté du seigle (*soile*.)

SOIR (À ce), loc. — Ce soir : « J'espère vous voir *à ce soir*.»

SOLÉ, n. m. — Soleil : « A *solé* couchant. » On a vu *paré* au lieu de pareil ; on dit de même *sommé* pour sommeil. Comp. avec la forme ancienne *soleiz* :

> Bels fut li vespres et li *soleiz* fut cler.
> Ch. de Rol., p. 14.

SOLIN, n. m. — Pièce de bois qui repose sur la maçonnerie de la base du bâtiment. En fr. *solin* a un sens tout à fait différent.

Dériv. *solinage*, n. m. Maçonnerie sur laquelle s'appuie le *solin*.

SONGNER, v. act. — Soigner. Ce mot se trouve fréquemment dans nos vieux auteurs, ainsi que *songneux, songneusement* qui n'ont pas cessé d'être en usage chez nous :

> Or soiés bien *songneuse* de son respassement.
> Berte, v. 1226.

> Soit roys *songneus* de son règne garder.
> Eust. Desch., *Ball.*

Du bas-lat. *sunnis, sunnia, sonia*, soin ; *soniare*, soigner. (V. Du Cange.)

|| « Etre *songneus* comme eu'n poule qui perd s'n œu, » s'applique proverbialement à une personne négligente.

SORCIERS (Les) de Villy-le-Bas, loc. — Sobriquet plaisant qu'on ... aux habitants de cette commune, parce qu'ils croient forte- sorciers, et qu'ils ne cessent de raconter à tout venant les ... vérés par un de leurs curés mort il y a environ trente ans, des accointances avec le monde *superstant*. Attirer ou dre, éteindre les incendies par des *paroles*, faire demeu- dont le conducteur jurait par le nom de Dieu, tout 'un jeu pour lui. Les braves gens qui ont survécu ' lui avec une terreur mêlée d'admiration.

SORCILÉGE, n. m. — Sortilége.

SORESSE, adj. fém. — Qui est en rut, se dit surtout en partant de la truie.

SORIR, v. act. — Faire sécher à la fumée : « *Sorir* des harengs.»

SORT (Jeter un), locution très-française qui exprime une idée à laquelle n'ont pas cessé de croire la plupart de nos paysans. Rien n'est plus commun que d'entendre dire à un laboureur qui perd ses bestiaux, qui a une mauvaise récolte, bref, qui ne réussit point dans sa ferme : « On m'a *jeté un sort*. » J'en connais, et des plus huppés, qui croient fermement qu'avec une parole, un attouchement, un clin d'œil, les *sorciers* agissent sur le bétail, et le font languir ou mourir. Ils vous affirmeront qu'une certaine poudre suffit pour tuer les hommes, les bestiaux, les grains, et *faire faillir les récoltes*.

Superstitions vieilles comme le monde! Voyez la Loi des XII tables. On condamne à être pendu celui qui a ensorcelé les champs : *Quei frouges excantasit, etc.*

‖ *C'est comme un sort*, loc. C'est comme si l'on m'avait jeté un sort ; ex.: «*C'est comme un sort*, tous les malheurs arrivent en même temps. »

‖ *Il est bien heureux dans sin sort*, loc. Se dit de quelqu'un qui mène une vie aisée.

SORTIR DE, loc. — Venir de : « Je *sors de* lui parler. »

«On dit : Je *sors* d'entendre le sermon, je *sors de* dîner ; mais cette locution admise dans les cas où effectivement on quitte un lieu après avoir entendu, dîné, ne doit pas être étendue au delà d'emplois analogues ; et on ne peut pas dire correctement : *Je sors de le voir*. » (Littré, p. 1989.)

SOTTISIER, ère, n. m. et fém.— Homme, femme qui dit des injures.

SOUCI, n. m. — Sourcil.

SOUDRE, v. neutre. — Sourdre ; v. act. dans le sens *d'éveiller*, *faire sortir du lit* : « Je vous ferai *soudre* de bon matin. » Du latin *surgere*.

SOUÉ, n. f. — Soif.

SOUPLE, adj. — Moite : « Ces draps sont trop *souples* ; il faut les étendre au soleil. »

SOUVIN, adv. — Souvent. Loc. part. : « I n'arrive pas *souvin*, » c.-à-d. il n'arrive pas vite.

SOYER, v. act. — Scier : « Il faut *soyer* du bos pour l'hiver. » || Couper avec la faucille.

> Je fais *soier*, je fais sarcler.
> > *Denier et Brebis*, dans JUBINAL, II, 270.

> Où moys d'aoust qu'om *soye* les fromens,
> M'en aloye jouer par un matin.
> > EUST. DESCH., *Ball.*

« Tant que par nuyt vinrent *soyer*, à tout *soyes* sourdes, les estaches qui soutenoient le pont. » *(Chron. de J. Le Fèvre*, p. 350.)

> Ce n'est que jeu, de bled *soyer*,
> Et de prez faucher, vrayement.
> > VILLON.

|| *Soyer ses paroles*, loc. part. Parler avec affectation. *Soyer* vient du latin *secare* comme *noyer* de *necare*.

ST', **Ste**, adj. dém. — Ce, cette : « Dites à *st'* homme de venir me parler. — *Ste* servante n'est pas très-laborieuse. » Comp. avec le latin *iste, ista, istud.*

STICHITE, **Sticite**, adjectif démons. — Celui-ci, celle-ci. *S'tila, s'téla*, celui-là, celle-là. Ces pronoms s'emploient ordinairement en mauvaise part.

SU, prép. — Sur : « Mettez les assiettes *su* l'table. »

SUBTIL, adj. — Agile, adroit, habile dans son métier ; celui qui fait beaucoup d'ouvrage et le fait bien.

On remarquera qu'en français ce mot a une signification moins étendue.

SUCRION, **Chucrion**, n. m. — Orge d'hiver, en fr. *escourgeon.*

SUFFISANCE, n. f. — Appétit : « J'ai mangé am'*suffisance*. »

SUIRE, v. act. — Suivre. Fut., je *suirai* ; condition., je *suirais* ; part. passé *sui* ; formes usitées du XIIème au XIVème siècle :

> Jo l'*suirai* od mil de mes fedeilz.
> > CH. DE ROL., p. 8.

> Si quist vallet tel com li plot
> Qui par foy en couvent li ot
> Que le chastelain tant *suira*
> Où qu'il le truist, et sy et là.
>
> Chast. de Coucy, v. 3963.

> Tuit te *suiront* et sergant et pietaille.
>
> Raoul de Cambrai, p. 43.

> Tant de périlz sont à *suir* la court,
> Qu'a grant peine s'en pourroit nul garder.
>
> Eust. Desch., *Ball.*

SUPLICE, n. propre. — Sulpice. *Saint-Suplice* (Sulpice), nom de localité. La lettre *l* est transposée comme dans *blouque*, boucle.

SUPPOSITION (Une) que, loc. — Supposé que.

SÛR (Pour) loc. adv. — Assurément : « *Pour sûr*, je viendrai vous voir. »

SUSUR, n. m. — Sureau. J'ai rarement entendu dire *séhu, séu* qui appartient particulièrement au dialecte picard. Il a été longtemps d'usage de planter le premier jour de mai un *mai de susur* à la porte des filles qui avaient eu un enfant.

Il est possible de tirer *séhu, séu, séhiu,* du latin *sambucus, sabucus,* mais notre mot *susur* paraît avoir une autre origine.

SURCHINS, Surcins, n. m. plur. — Nom générique par lequel on désigne les rats, les souris, les mulots : « Nous sommes infestés de *surchins.* » Ce mot est aussi voisin du latin *sorex, soricem* que le fr. *souris.*

SURIAUX, n. m. plur. — Aigreurs d'estomac.

SÛRIR, n. m. — Devenir aigre.

SURQUER, Churquer, v. actif. — Se dit du chat qui guette la souris ; s'applique par extension à celui qui épie les actions d'autrui, qui dérobe quelque chose précipitamment comme un voleur.

|| Etre à la piste de, courir après quelque chose : « *Surquer* un bon repas. »

SUZON, n. propre. — Diminutif de *Suzanne.*

T

T', pron. pers. — Tu, devant une voyelle : « Que *t'es* drôle ! — Où que *t'as* travaillé edpis deux mois ?

‖ Pron. possessif fém. Ta : « *T'*maison est-elle enfin louée ? » Comparez avec la forme *te* féminin singulier du pron. poss. picard, *tis, ten.*

« L'âme de *ten* père et de *te* mère. » (Auc. et Nicol.)

TABLÉE, n. f. — Réunion de personnes à table : « O'z'étions une fière *tablée* à ce mariage. » Ce mot qui n'est pas dans le dictionnaire de l'Académie a été employé par G. Chastelain et par Amyot.

TABLER, v. n. — Etre à table : « Ils sont *tablés* depuis le matin. » *Se tabler*, v. réfl. — Se mettre à table.

TÂCHER MOYEN, loc. — Faire en sorte, s'efforcer : « On *tâchera moyen* de vous rendre service.

TAHON, n. m. — Taon. On prononce le mot comme il s'écrit, et non pas *ton* ou *tan.*

> Là, vinrent moskes et *tohun.*
> MARIE, fabl. 59.

« Les Engastrimythes soy disoient estre descenduz de l'antique race de Eurycles, et sur ce alléguoient le tesmoignage de Aristophanes, en la comédie intitulée les *Tahons ou Mousches guespes.*» (Rab., IV, 58).

Etym. lat. *tabanus.*

TAI, Tei, pron. pers. — Toi. Cette forme appartient essentiellement au dialecte normand le plus ancien :

« Deu seit juges entre mei et *tei.* » (Les Rois, I, 24.)

> Ami Rollans, de *tei* ait Deus mercit !
> L'anme de *tei* soit mise en pareis !
> CH. DE ROLAND.

TAI! TAI! TAI! — Cri pour appeler et rappeler les chiens.

TAILLANT, n. m. — Comme dans le Berry, ce mot se dit non-seulement de la partie tranchante des instruments, mais des instruments mêmes que fabrique un taillandier : « Je vous recommande cet ouvrier, il fait du bon *taillant.* »

TAINER, v. act. — Fatiguer, harasser : « Cette longue course m'a beaucoup *tainé.* — Nos gens sont *tainés* de travailler.» C'est une corruption du fr. *tanner* auquel l'Académie ne donne que le sens de ennuyer, molester. Notre patois a conservé à ce mot la signification énergique qu'il avait généralement dans nos vieux auteurs :

« Vous ferez tant que vous me perdrez, et que je me *tannerai* de vous. » (Froissart).

« Et par ce moyen, nostre gendre vinst à chef de sa jousterie, dont il fut plutôt *tanné* que celle qui n'y avoit voulu entendre.» (C. N. N., 86ᵉᵐᵉ).

TALOCHER, v. act. — Donner des *taloches.*

TAMBOUILLE, n. f. — Cuisine : « J'ne peux mie aller travailler dans chés camps, j'ai assez de préparer la *tambouille*, » disait une brave fermière.

TAMBOURINAGE, n. masc. — Prix que l'on paie pour faire réclamer un objet perdu au son du tambour : « J'ai donné dix sous pour le *tambourinage* de min kien. »

TAMBOURINIER, n. m. — Tambourineur.

TAMIS (jeu de), n. m. — Variété du jeu de paume, qu'on appelle encore *jeu de tambour.*

TANT, adv. — S'emploie quelquefois pour *si, tellement* : « Il est *tant* niais qu'i se laisse manger l'laine su l'dos. »

‖ *Tant pus*, plus, d'autant plus : « *Tant pus* que tu li donneras, *tant pus* qu'i te demandera. »

‖ *Tant moins*, moins, d'autant moins.

‖ *Tant qu'à*, quant à, pour ce qui est de : « *Tant qu'à cha*, » quant à cela. — « *Tant qu'à mei*, » quant à moi.

‖ *Jusqu'à tant que*, jusqu'à ce que ; tant que.

‖ *Tant seulement*, seulement.

TANTANTE, n. f. — Tante ; terme enfantin (V. *Mémère*, etc.).

TANTOUILLER, v. act. — Terme de cuisine : remuer, mêler la sauce avec la *mouvette*. En v. fr. *touiller, tartouiller*, signifiait salir, souiller, barbouiller. Comp. avec le terme populaire *ratatouille*, avec le bourguignon *tatouiller*, tàter indécemment ; avec les mots poitevins *ratouiller*, être couvert d'eau et de boue, *tatouillade*, mauvaise marmelade de fruits, qui ne sent que l'eau ; *tantouillade*, compote de fruits.

TAPÉE, n. f. — Grande quantité ; abondance : « Il a une *tapée* d'ouvriers sous ses ordres. — Nous aurons cette année une rude *tapée* de pommes. »

TAQUE, n. f. — Tache : « Avoir des *taques* sur ses habits. » *Taque* est un mot picard qui rappelle à l'esprit la *Blanque-Taque* (Blanche-Tache), gué de la rivière de Somme ainsi nommé « pour le fort et dur gravier de *blanche marne* qui en forme le fond. » (V. la bataille de Crécy dans Froissart.)

TAQUER, v. act. — Tacher : « Porter des habits *taqués*, » qui ont des taches.

TARABUQUER, v. act. — Frapper sur quelqu'un à coups redoublés. Il faut rattacher ce mot à *buquer*, mot picard qui signifie *bucher*. La première partie, *tara*, doit être simplement une onomatopée, comme dans le fameux vers latin si connu :

At tuba terribili sonitu *taratantara* dixit.
ENNIUS.

TARDIF, adj. — Qui arrive tard, en parlant des personnes, comme dans cet exemple : Que vous êtes donc *tardif*, maître ! et comme les os de votre femme sont devenus mous en vous espérant ! » (Barbey d'Aurev. l'*Ensorcelée*, page 184.)

TARDILLON, n. m. — Poulet, canard, etc., éclos tardivement. ‖ Enfant né longtemps après les premiers.

TARELLE, n. f. — Tarière.

TARIGNIER, v. n. — Marchander, hésiter : « Il a longtemps *tarignié*, mais il a fini par se décider. »
Du fr. tard.

TAS, n. m. — Endroit où l'on tasse le blé, l'avoine, etc. : « Ce *tas* ne peut pas contenir plus de trois mille gerbes. » En néerlandais *tas* signifie amas de blé.

|| *A tas*, loc. En grande quantité : « Avoir du blé, de l'argent *à tas*. »

TAS, n. m. — Lézard noir et jaune qui se met dans les murailles ou se cache sous les cailloux. Il passe pour venimeux ; les vaches, dit-on, le mangent et en meurent.

Dicton : Fier comme un *tas*.

TASIE, n. propre. — Apocope de *Anastasie*.

TASSÉE, n. f. — Contenu d'une tasse.

TATEUX-DE-POULES, n. m. — Homme vétilleux, qui regarde à tout, et s'occupe trop des soins du ménage. *Tâter* les poules, pour voir *si elles ont l'œu*, comme on dit chez nous, n'appartient qu'aux femmes : c'est le devoir d'une bonne fermière qui ne veut rien perdre. L'opération est très-simple, mais peu ragoûtante, car il faut s'adresser directement au postérieur du volatile.

TATONNIER, ère, adj. — Méticuleux, qui s'occupe de détails inutiles. Du fr. *tatonner*.

TATOUILLE, n. f. — Volée de coups.

TAUPÉE, (Avoir la main). — loc. — Avoir la main heureuse, et surtout avoir le talisman qui donne le pouvoir de guérir les tranchées de cheval par un simple attouchement. Pour avoir la *main taupée*, il faut que l'on ait eu la chance d'étouffer dans sa main gauche une taupe mâle, ce qui n'arrive pas au premier venu, à ce qu'il paraît. — Dans le Berry, l'enfant encore au berceau auquel on fait étouffer une taupe conserve toute sa vie la vertu de guérir la *Vartaupe* (sorte de tumeur) en touchant de sa main privilégiée le mal du patient. (V. Jaubert.)

TAUPIÈRE, n. f. — Taupinière ; par syncope, comme *désorceler* pour désensorceler, *ploter* pour peloter, etc.

TAURIAU, n. m. — Taureau.

TAUROGNE, adj. f. — Vache en rut, qui demande le *tauriau*.—

Les paysans font coucher sur une litière d'hièbles les vaches qui ne sont pas *taurognes*, afin qu'elles le deviennent.

TAYON, n. m. — Grand-père. Pour étym. de ce mot on a proposé le grec Θεῖος, oncle maternel ou paternel. Ne viendrait-il pas plutôt du latin *atavus*, par aphérèse ?

Tayon est très-usité dans notre vallée, comme il l'a été du XIIeme au XVIeme siècle :

« Cil marchis estoit *taions* le roi Bauduin qui enfes estoit. » (Chron. d'Ernoul.)

> Je connuc bien vo *taion*, eu non Dé.
> HUON DE BORDEAUX, v. 3106.

> Frerez fu à se mere et fieux à sen *taion*
> HUG. CAPET, p. 4.

On disait au féminin taye, grand-mère :

« Marote Pelée, me *taie*, les (chiens) nourrissoit en un pot, et ilz ne povoient croistre plus grands que le pot n'estoit. » (*Ev. des Quenouilles* p. 66.)

« Si fut ordonné que leur filz coucheroit avec sa *taye* dont elle fut joyeuse. » (C. N. N. 50me.)

TÉ, pron. pers. régime. — Te : « Tu *té* repentiras de ne pas m'avoir écouté. »

TÉGUER, v. n. — Avoir la respiration gênée ; tousser.

|| Au fig. Murmurer : « Obéis, et ne *tègue* pas. »

TEL. — Contraction du pron. pers. *te* avec *le, la* : « Si tu veux vendre tin k'va, je *tel* paie tout de suite. — Je t'ai promis une récompense, je *tel* donnerai. »

Ces contractions comme nous l'avons déjà fait remarquer, étaient très-fréquentes dans la langue du XIIeme au XIIIeme siècle. Ainsi *jol, jel* = je le ; *jos, jes* = je les ; *nel* = ne le ; *nes* = ne les. On trouve *quil* équivalent à qui le ; *nos* à ne *vos* ; *quos* à *que vos*, etc. La plupart de ces formes sont usitées dans la vallée d'Yères.

TEL, adj. — Dans le même état ; le même : « L'affaire est restée *telle*, » c.-à-d. dans le même état qu'auparavant. — « Je vous ferai un bail *tel que* le premier. »

TEMPS, n. m. — Mot qui exprime la durée : « *Un bout de temps, un bon bout de temps,* » espace de temps plus ou moins long.

|| Sur le, sur ce coup de temps. — Sur ces entrefaites, au même instant. « Pierre abattait un arbre dans mon bois, je suis arrivé sur *le coup de temps.* »

|| Temps. — Etat de l'atmosphère : « *Un temps fort,* » un mauvais temps. — « La saison du *doux temps* est enfin arrivée. »

|| *Du temps que,* par le temps que. « Je ne sortirai pas *du temps qu'il* fait. »

|| L'atmosphère elle-même, le ciel. — « Il y a de l'orage *dans le temps.* — *Le temps* est, ce soir, tout brillant d'étoiles. »

TENIR, v. act. — Pour la conjugaison de ce verbe, voyez *Venir.*

TERQUE, n. m. — Espèce de brai avec lequel on marque les moutons. On fait aussi avec le *terque* des croix sur les portes des étables pour préserver les bestiaux des maladies contagieuses et surtout des maléfices.

|| *Nez-au-terque,* épithète injurieuse qu'on adresse à celui qui prise avec excès.

|| *Etre sale comme un terque, comme un pot au terque ;* locution facile à comprendre.

TERTOUS, Tertoutes, adj. — Tous en général, sans exception. On disait autrefois *trestous, tretous :*

> Les pouldz,
> Les loups,
> Les cloux
> Te puissent ronger sous la cotte
> *Trestous.*
>> Marot, épigr.

L'ancienne langue faisait un grand usage de la particule *tres* dans la composition des verbes et des noms ; elle y paraît sous les formes *trans, tra, tres, tre,* ex. :

> Puisque je vois Franchois fuïr et *trestourner.*
>> Fierabras, v. 219.

> Li amiraus en fu durement *trespensés.*
>> Gui de Nanteuil, v. 2448

TÊTARD, n. m. — Homme entêté, qui aime à contredire.

21

TÊTE, Toile d'oriller, n. f. — Taie d'oreiller. Ce solécisme vient de ce que les paysans sont toujours portés à confondre un mot moins connu avec un mot plus connu. Nous avons cité comme exemple *l'eau d'ânon* pour *laudanum*.

TÊTÉE, n. f. — Caprice, coup de tête : « Faire à s'*têtée*, » agir suivant ses caprices.

> C'estoit un bon baston bien fait à me *testée*.
>
> Hug. Capet, p. 114.

Anc. ce mot signifiait encore *coup appliqué sur la tête* :

> Baudus en done sor l'elme tel *testée*
> La perce brise ; fendue est et quassée.
>
> Aliscans, v. 7122.

TETTE, n. f. — Bout de la mamelle, en parlant des femmes ; en français ce mot ne s'applique qu'aux animaux. Nos vieux auteurs ne connaissaient pas cette distinction :

> .... Elle pressa sa *tette*
> Feignant de la donner au poupard, et soudain
> Une ondée de lait luy échape du sein.
>
> Baïf, p. 15.

> Bien, bien, fais le bers de l'enfant,
> Et luy donne un peu la *tette*.
>
> Anc. Poés., VI, 204.

TEURCO, n. des deux genres. — Celui, celle qui a le cou de travers ; de *teurdre* et de *co* (cou).

TEURCUL, n. des deux genres. — Mot rabelaisien qu'il est plus facile de comprendre que d'expliquer.

TEURDRE, v. act. — Tordre ; part. passé, *teurs*, *teurse* et *teurt*, *teurte*.

> Ses poins *teurdoit* de raige et dessiroit son vis.
>
> Vie St Alexis, st. 176, réd. du XIVme siècle.

« Jamays ne vis hart mieux *teurse*. » (Palsgrave.)

TI. — Particule qu'on emploie dans les phrases interrogatives, et qu'on place toujours après le verbe, ex. : « C'est-*ti* comme cha que vous vous y prenez ? — Voyons, j'irai-*ti* au marché ? »

TIEU ! TIEU ! TIEU ! — Cri pour appeler les vaches : « Toutefois (ainsi effarouchées) elles les rasseurent, les appellent, *tieu, tieu,* Margot, *tieu, tieu, tieu.* » (N. Fabrique.)

TIGNACHE, n. f. — Tignasse ; chevelure épaisse et mal peignée.

TIGNEUX, adj. — Teigneux.

« Là n'estoyent que troys *tigneux* et ung pelé de légistes. » (Rab., *Pantag.,* II, 5.)

> Femme trop piteuse
> Fait souvent fille *tigneuse.*
>> Cité par H. ESTIENNE.

> On ne peut guérir un *tigneux.*
>> *Anc. Poés.,* tome III, p. 189.

Jusqu'au XVIIe siècle *tigne* et *teigne* sont également usités.

TIGNON, n. m. — Bardane. Cette plante a été ainsi nommée par ce que ses fleurs *tiennent comme une teigne* aux habits.

TIN, Ten. — Pron. poss. — Ton : « On dit que *tin* neveu va se marier. » Devant une voyelle ou un *h* muet, on prononce *t'n* : « Va faire *t'n* ouvrage. »

Ten dans l'ancien dialecte picard était le cas régime de *tis,* ton.

> De *ten* service te paia
> En ce que men corps te donna.
>> R. d. S. G., 823, 4 ; cité par BURGUY.

TINTERELLE, n. f. — Petite cloche ; du fr. *tinter.*

TIOU ! TIOU ! — Cri pour rappeler les cochons à l'étable.

TIPONNER, v. act. — Faire quelque chose avec lenteur. Comp. avec *lentiponner.*

‖ Toucher à tout, déranger tout ; en ce sens ce mot ne s'applique qu'à un homme vétilleux qui s'occupe de détails inutiles.

Dériv. *tiponnier, ère,* n. m. et f. — Tâtillon, personne méticuleuse.

TIRANDER, v. act. — Tirailler.

TIRE, n. f. — Action de tirer, trait : « Il y a de la *tire* pour monter la côte. »

‖ Cheval de *tire,* cheval de trait.

TIRER, v. act. — Retirer : « *Tire-toi* de ma place. » Comp. avec *résipèle* pour érysipèle, *Toine* pour Antoine, *Gustin* pour Augustin, etc. Les paysans disent aussi *culer* pour reculer.

On trouvera un exemple remarquable d'aphérèse dans ce vers de Th. Corneille que Charlotte Corday orthographiait ainsi :

Le crime fait la honte et non pas le *chafaud.*

TISAINE, n. f. — Tisane. La lettre *a* devant *n* sonne presque toutours *ai* ou *ei* ; ex. : *Gleiner, painier, aine, cabaine, feiner*, etc.

TITINE, n. propre. — Diminutif de *Augustine, Ernestine, Clémentine.*

TOGNE, n. f. — Violent coup de poing appliqué sur la nuque.

TOINE, Toinot, n. propre. — Antoine ; de même *Toinette* pour Antoinette, *Nésime* pour Onésime, *Délaïde* pour Adélaïde, *Mélie* pour Amélie, *Phrasie* pour Euphrasie, *Phrosyne* pour Euphrosyne, etc.

TONDELIER, n. m. — Tonnelier.

TONTOME, n. propre. — Chrysostome.

TOPETTE, n. f. — Petite fiole : « Une *topette d'iau-de-vie.*»

TOQUART, adj. m. — Qui porte à la tête : « Vous avez du cidre *toquart*, il faut s'en défier. »

TOQUER, v. act. — Heurter : « Il a *toqué* sa tête contre un mur. » || Porter à la tête : « Ce cidre vous *toque.* » || *Etre toqué de*. Etre follement amoureux de.

TOQUET (Biau), n. m. — Nom injurieux que l'on applique à une femme mal coiffée, ou qui se donne des airs d'importance.

TOR, n. m. — Taureau : « Mener une vache au *tor.* »

.... Au grand turc vendu argent contant
Pour être mis au harnois comme un *tor.*

VILLON.

Je ne sais sur quelle leçon s'est appuyée le bibliophile (**P. Lacroix**) pour écrire ainsi ce dernier vers :

Pour estre mis au harnois *com' bug for!*

VILLON. p. 230.

« Lorsque les vaches sont en sault, les convient mener devant le *taur,* et les laissier le *taur* flairier. » (*Ev. des Quenouilles.*)

TORCHÉE, n. f. — Volée de coups : « I se sont donné une *boine torchée.* »

TORCHER, v. act. — Battre, jeter quelqu'un par terre en luttant avec lui. C'est une signification voisine du latin *torquere.* On trouve au XVIeme siècle les mots *torche, lorgne,* employés pour exprimer le bruit de coups distribués à tort et à travers :

> Donez des horions, pati, patac...
> Chipe, chope, *torche,* lorgne.
>
> *Bat. de Marignan,* dans L. DE LINCY.

Dans Rabelais, maître Janotus de Bragmardo dit à la fin de sa harangue : « Mais nac petetin petetac, ticque, *torche* lorgne. » (Liv. Ier, ch. XIX.)

Etym. tortiare, par l'intermédiaire *tortus.*

TORCHETTE (Net comme), loc. — Franchement, ni plus ni moins; ex. : « Je lui ai répondu *net comme torchette* que je voulais être maître chez moi. — Je vous louerai cette maison cent francs *net comme torchette,*» c.-à-d. ni plus ni moins. En Normandie, selon Littré, *clair et net comme torchette,* se dit aussi d'une chose sale ou d'une explication obscure.

TORCHON, n. m. — Femme, servante malpropre.

TORQUE, n. f. — Selle ou torche.

|| Au fig. *torque-à-tout le monde,* femme de mauvaise vie, qui se livre à tout le monde.

Par une métaphore aussi juste, aux environs de Rouen, on appelle *grande escamel* une femme de cette espèce. En v. fr. *escame* et *escamel* signifiait *escabeau;* ex. :

> La dame s'asist au mengier,
> Et li varlés vint au mercier,
> Et dist : alés laver, amis,
> Véés-là votre *escamel* mis.
>
> CHAST. DE COUCY, v. 6757.

> Uns compains estoit assommez
> Qui ronfloit dessus une *escame.*
>
> EUST. DESCH., *Le Dit du jeu des dés.*

TORQUER, v. act. — Mettre la *torque* à un âne, à un cheval.

TORQUETTE (Boire al), loc. — Boire en mangeant, lorsqu'on a la bouche pleine.

TOTONNER, v. act. — Jouer au toton : « *Totonner* des noix. »

TOTOS, n. m. plur. — Mamelles ; terme enfantin.

TOUCHE, n. f. — Tournure ridicule : « Avez-vous jamais vu pareille *touche ?* »

‖ *Avoir sa touche, en avoir une rude touche.* Etre complétement ivre.

TOUFFLE, n. f. — Touffe ; d'où *toufflette*, pompon, ornement de laine que l'on met au harnais des chevaux.

‖ *Œillet à toufflettes*, œillet barbu, qu'on appelle encore œillet de poëte.

TOUILLER, v. actif. — Agiter, mêler, remuer : « *Touiller* une sauce. — Avant de jouer, *touillez* bien les dominos. »

‖ Embrouiller, enchevêtrer, en parlant d'un peloton de fil, de chanvre, de lin.

Touiller dans le v. fr. se trouve avec le sens de *souiller :* « *Touillé* de boe ; *touillé* de sang.* » (Lett. de rémiss., 1400 et 1406.) Un composé de ce mot, *entouiller* a été employé par le poëte rémois Coquillart :

> Souvent *entouillé* par meslure.
>
> *Le Blason*, p. 163.

(V. plus haut *tantouiller*.)

TOUJOUS, adv. — Toujours ; on dit de même *boujous* au lieu de bonjour. Au XVIeme siècle, l'*r* des terminaisons *our, ours* ne sonnait jamais dans le langage du peuple. (V. Talbert, p. 221.)

‖ Néanmoins : « Si o' ne pouvez que m'prêter vingt francs, donnez-les *toujous.* »

‖ En vérité, assurément : « Je n'ai *toujous* jamais vu un si mauvais payeur. »

TOUPIE, n. f. — Au fig., ce mot désigne une femme de mauvaise vie qui ne reste jamais en place et *tourne* sans cesse pour chercher sa proie : « *Garrula et vaga, quietis impatiens, nec valens in domo cousistere pedibus suis, Nunc foris, nunc in plateis, nunc juxta angulos insidians.* » (Lib. Proverb., cap. VII, 2.)

‖ Morceau de bois en forme de toupie sur lequel le cordonnier enroule et corde le ligneul.

TOUPIER, Toupiner, v. n. — Tourner, s'agiter sur place comme une *toupie* ; s'emploie act. dans cette locution : *Faire toupier quelqu'un*, le faire attendre longtemps.

« Il est à *toupier* à l'entour du buisson. » (La Curne, dans Littré.) *Toupier* est dans le Dict de Richelet.

TOURGNIOLE, n. f. — Coup donné sur la tête ; de *tourner*, parce qu'un coup sur la tête étourdit.

TOURNER, v. act. — Faire sortir les bestiaux de l'étable : « Dites à la servante de *tourner* les vaches. »

TOURNIQUER, v. n. — Tourner sans cesse ; n'avancer à rien.

TOURNURE, n. f. — Mensonge : « Adressez-vous ailleurs, je suis fatigué de vos *tournures.* »

TOUSER, v. act. — Tondre : « *Touser* les moutons. » Du bas-lat. *tonsare.*

‖ Se faire *touser*, se faire couper les cheveux.

> Il a les cevels si meslés
> Qu'il volroit moult estre *tousés.*
> > PARTONOP., v. 6193.

> Li maistres keus si l'avoit fait *touser*,
> A la paele noircir et carbouner.
> > ALISCANS, v. 3158.

> Vous cloistriers, vous damoiselles,
> Vous jones toutes, vous puceles,
> Qui à Diu estes espousées
> Et qui tondus et *tousées*
> Avez pour Dieu vos belles tresches.
> > *Miracle de la B. V. Marie.*

> Aussi *touzez* qu'un moyne ou capellen,
> > MAROT, *Rond.*

Il faut rattacher à ce mot *tousel, touse, tousette* qui dans la vieille langue signifiaient jeune garçon, jeune fille, fillette, et *touselle* sorte de froment précoce dont l'épi est sans barbe, *tonsus.*

Iluec moururent maint viel et jovencel,
Dont demorarent maint orphelin *touzel*.

GAYDON, v. 5199.

..... Guillaume Malet,
Qui n'ert *tosel* pas ne vaslet,
Mais chevaliers durs e vaillanz.

BEN. DE SAINTE-MORE.

TOUSERIE, n. f. — Tonte des moutons.

TOUSEUX, n. m. — Celui qui fait son métier de tondre les chiens, les moutons; qui émonde les haies, etc.

TOUSSAILLER, v. n. — Tousser fréquemment.

TOUSSE, n. f. — Toux ; c'est presque le latin *tussis*.

TOUSSOTER, v. n. Diminutif de *tousser*.

TOUTOUILLE, n. f. — Grosse femme.

TRACHER, v. act. — Chercher : « Où va-ti *tracher* tout ce qui dit ?» — *Trache* bien, et tu trouveras. »

|| *Tracher sin pain*, mendier ; d'où *tracheux de pain*, mendiant, misérable.

Les anciennes formes sont *tracier*, *tracer*, *trasser*, *tresser*, *tracher*, suivre la trace, chercher avec soin, de *tractiare*, forme latine supposée par Diez.

Et avec gens le temps je passeray,
Affin qu'ennuy ne me quière ne *trace*.

R. DE COLLERYE, épit.

Anciennement ce mot voulait encore dire *marcher beaucoup, courir, errer à travers champs* :

Et vont *traçant* parmi ces rues,
Pour veoir, por estre veues.

LA ROSE, v. 9,067.

Je faictz mes gorgias courir,
Danser, bondir, tourner, virer,
Trasser, furetter, enquérir.

COQUILLARD, *Blason*.

J'ay *trassé* plus que nulle aultre personne ;
J'ay veu le Turc, le souldan de Bablone, etc.

Anc. Poés., I, pag, 39.

En ce dernier sens, le patois dit *traxer* : « Un chasseur dira qu'il a *traxé* longtemps pour trouver du gibier. »

TRACIER, n. m. — Volée ou pièce transversale d'une voiture, à laquelle sont fixés les traits des chevaux. Même étym. que pour *tracher*.

TRAIL, n. m. — Treuil.

TRAIN (Etre en), loc. — Etre occupé à, et non pas disposé à, comme en français : « *Etre en train* de s'habiller, de se raser, etc.»

‖ Aller son *train-train*, loc. Aller tout doucement ; travailler sans se presser. Corruption du français *trantran*.

TRAINACHE, Trinache, n. f. — Plante très-commune dans les blés, dite renouée liseron, *polygonum, couvolvulus*. De *traîner*, parce que cette plante se *traîne* sur la terre.

TRAÎNER, v n. — Etre enceinte : « Il y a deux mois qu'elle est mariée, et elle *traîne* déjà.»

On applique aussi ce mot aux animaux : « Notre vache est malade, elle *traîne*. »

‖ En général, avoir une maladie de langueur.

TRAINOIRE, Trinoire, n. f. — Courroie ou sangle qui sert aux boquillons à *traîner* leurs fagots.

TRÈFE, n. m. — Trèfle. Dans ce mot, la lettre *l* est supprimée ; elle est au contraire ajoutée dans *touffle, guimple, Christophle, temples* (touffe, guimple, Christophe, tempe).

‖ Trèfle à quatre feuilles : « Cellui ou celle qui treuve le *treffle* à quatre feuilles, s'il le garde en révérence, sachiez, pour aussi vray que Evangile, qu'il sera eureux et riche toute sa vie.» (*Ev. des Quenouilles*). — Cette superstition fleurit toujours : « Les risées n'y font rien, dit la mère Mahé, que vère, j'y crais, au trèfle à quatre feuilles.» (B. d'Aurevilly, l'*Ensorcelée*).

TRÈFLERIE, n. m. — Champ dans lequel on a récolté du trèfle.

TREMBLEMENT, n. m. — Suite nombreuse : « Il est venu avec sa famille et tout le *tremblement*.»

TREMPE, n. f. — Vigoureuse correction.

TREMPETTE, n. f. — Pain que l'on fait tremper dans le cidre.

TRÉTIN, n. m.— Botte faite avec la paille qui reste après le *gluage* (V. *Gluier*). Il faudrait peut-être écrire *traitin*, de *trait* (ce que l'on a retiré, extrait).

TREU, n. m. — Trou : « Il ou elle a un *treu* sous le nez qui lui fait bien du mal, » dit-on en parlant d'un ivrogne ou d'une ivrognesse.

> Mors, di l'oncle, di le neveu,
> C'or nous convient par petit *treu*
> Passer à moult petit d'avoir.
> *Stances sur la Mort*, X.

On dit *treuer* et plus souvent *treuver* au lieu de trouer : Porter des habits *treuvés*. « Comp. avec *trauwer*, que l'on trouve dans le poëme de Hugues Capet :

> Tel cop li a donné en sa targe listée,
> Que tout parmy ly a despechie et *trauwée*.

TRIBOULER, v. act. — Agiter, troubler, importuner : « Vous me *triboulez* l'esprit. »

> Veci nos anemis, par la vertu nommée,
> Qui si ont à dame Aye sa terre *triboulée*.
> AYE D'AVIGNON, v. 3885.

> Biax fils, fait-il, bien devroie desver,
> Puis qu'ainsi voi mon païz *triboler*,
> Et mes barons ocirre et afoler.
> GARIN, 3626.

Ce mot énergique si souvent employé par nos vieux auteurs a été remplacé par *tribouiller*, qui lui-même est tombé en désuétude. *Tribouler* était formé de *triboil*, *tribouil* :

« Dont il ot à un parlement qui fu à Paris, grant *tribouil* de moy et de l'evesque Perron de Chaalons. » (Joinville, p. 242.)

« Hellas ! fait-elle, tant Dieu me veult grant mal quant il me mist en tel *triboil*. » (*Les XV Joies*, p. 29.)

Dériv. *tribouillade*, œufs brouillés, mot très-usité chez nous, et *Tribouillard*, nom propre, assez commun en Normandie.

Etym. lat. *tribulare*, herser ; au fig. persécuter.

TRICOTÉE, n. f. — Volée de coups de bâton ; d'où *tricoter*, v. act. Battre. De *trique*, *tricot*, gourdin.

TRIFOUILLER, v. act. — Remuer tout, fouiller partout. Mot composé de la particule augmentative *tri* (tre) et de *fouiller*.

‖ V. n. — Tromper au jeu.

TRINQUEBALLER, v. act. — Agiter, secouer : « *Trinqueballer* un trousseau de clefs. »

« Vray est qu'ilz molestent tout leur voisinage à force de *trinque-baller* leurs cloches. » (Rab., I, 40.)

‖ Traîner, porter un objet ça et là, *trimballer* dans le fr. populaire, *triballer* dans Rab., II, 16.

TRIOLÉE, Triolaine, n. f. — Multitude, ribambelle : « Il a une *triolaine* d'enfants.

> Au moyen de la *triolaine*,
> Et qu'elle en disoit des biens tant,
> La pauvre mignonne se pene
> Et s'en va vers luy tout batant.
>
> COQUILLART, *Droits nouveaulx*.

Je trouve encore ce mot dans Gauthier de Coinsy, mais il m'est impossible de lui donner un sens précis :

> De jéunes, de *triolaines*,
> Jainés estoies comme pié d'escoufle.
>
> *Comment Théoph. vint à Pénitance.*

TROIS-PIEDS, n. m. — Trépied.

TROITE, n. f. — Truite : « *Troites* d'Andelys. » (Dictons pop. au XIIIe siècle.)

TRONDELER, v. act. — Renverser quelqu'un en lui faisant faire plusieurs pirouettes. (V. *Cul-trumblet*).

TROUFIGNON, n. m. — Anus ; croupion de volaille.

« Et des deux premiers doigts, vous ouvrirez le *troufignon*. » (Béroalde de Verville).

TROUSSE, n. f. — Ligne amorcée d'un paquet de vers qu'on laisse traîner au fond de la rivière, dans les temps d'orage, pour prendre des anguilles. Ces poissons sont si voraces qu'ils s'attachent *mordicus* à l'appât, et plutôt que de lâcher prise, se laissent tirer hors de l'eau,

TROUVE, n. f. — Trouvaille : « Faire une bonne *trouve*. »

TROYELLE, n. f. — Truelle.

TRUCHER, v. act. et neut. — Courir après un bon repas, faire le parasite. Dériv. *trucheux, trucheuse*.

Etym. *truc* qui, dans le langage populaire, signifie manière de voler. Le *trucheux* est celui qui, pour ainsi dire, a le *truc* pour attraper un bon repas.

TUER (Etre à), **Etre bon à tuer**, loc. — S'applique à quelqu'un dont la conduite est infâme : « *Il est à tuer* celui qui maltraite ses parents. »

TUMBER, v. n. — Tomber : « Il faut dire *tomber*. Autrefois on disait *tumber* ; il y a encore des pays où on le dit, ce qui pourrait bien venir du grec τύμβος, qui signifie une fosse. » (A. de Boisreg, 1692, p. 665 ; cité par Talbert).

TURLUTUTU, interj. — Lorsqu'on ne veut pas écouter quelqu'un, on l'envoie promener en fredonnant :

> Turlututu,
> Capé pointu.

Turlututu est une onomatopée exprimant le son de la flûte. « Savez-vous, Messieurs, quel fut le plus brave et le plus hardi de la journée? » Ils répondirent en s'inclinant : « C'est vous, sire. — Oh ! bien, reprit le roi (Frédéric le Grand), ce n'est pas moi, c'est un petit fifre. Au plus chaud de la bataille, il n'a pas cessé de souffler dans son *turlututu*. » (Janin, *Rêve Académique*).

TURNE, n. f. — Taudis où tout va sans-dessus dessous. Une maison où les gens s'injurient du matin au soir, se traitent de *pourriture* et de *fumier* est une *turne*.

TUTER, v. act. — Aspirer un liquide à la manière des porcs, ou au moyen d'un chalumeau.

U

UCHARISTIE, n. fém. — Eucharistie. On dit de même *Urope*, *Ustache*, etc. Pour la prononciation de la diphthongue *eu*, voir *Abruver*.

URTE, n. m. — Usage. « Mettre des habits à tout *urte*, » les mettre en tout temps, les porter aussi bien les dimanches que les jours ouvriers.

USABLE, adj. — Qui s'use facilement : « Je ne veux pas de cette toile, elle est trop *usable*. »

USAGE (Pré, Pâtis d'), n. m. — Pré, pâtis dans lequel les habitants d'une commune ont droit de mener paître leurs bestiaux.

USAGIER, n. m. — Ancienne forme de *usager*.
« Quant aux *usaigiers* qui ont droit et coustume de prendre bois esforêts. » *(Ordon. des Rois*, t. VII, p. 776 ; cité par Littré.)

USTENSILE, n. masc. — Ce mot s'emploie souvent dans un sens obscène.

USURE, n. fém. — Détérioration d'outils, de meubles, d'habits : « Les enfants, ça fait de l'*usure*. » Cette ferme est bonne, il n'y a pas trop d'*usure*. »

USURFRUIT, n. m. — Usufruit. Pour l'intercalation de la lettre *r*, voir *harler*.

V

VA ! — Interjection qu'on emploie pour donner plus de force à la pensée ; elle se place ordinairement à la fin de la phrase ; ex. : « Je suis bien malade, *va !* — Tu ne viendras jamais à bout de tes affaires, *va !* » C'est l'impératif du verbe *aller*.

> Qui es tu, *va*, qui vas par ici ?
>> RUT., II, p. 101.

> Lesse, *va*, tost les chiens aler.
>> RENART, v. 1220.

VACABOND, adj. — Vagabond.

VAILLANT, adjectif. — Actif, laborieux : « Henri est un *vaillant* ouvrier. — Un tel n'est point assez *vaillant* pour que je li donne m' fille. »

VALOIR, v. n. — Ce verbe fait *vaurrai*, au futur, et *vaurrais*, au condit. Cette forme qui remonte au XIIeme siècle provient d'une assimilation de *l* à *r*.

> Adont pensa bien li cuvers
> Que poi li *vaurra* sa desfense.
>> *Roman de la Violette*, p. 303.

> Petit li *vaurra* sa raisòn.
>> *Roman de la Manekine*, v. 662.

« Exemples y pourroit ou prendre dont on *vaurrait* mieux à la fin. » *(Le lai de l'Oyselet,* XIIIeme siècle, dans Jaubert.)

Le subjonctif se conjugue ainsi : « Que je *vauche*, que tu *vauches*, qu'il *vauche*, qu'o *valions*, qu'o *valèche* ou *valiez*, qu'ils *vauchent*. » Il est aisé de reconnaître dans *vauche* une ancienne forme *vauge* :

> E vers tuz li aït e *vauge*,
> E le maintienge en son poeir.
>> BENOIST, v. 17214.

VANT, n. masc. — Jactance, vanterie. D'où *Monsieur, Madame-grand-Vant,* sobriquet dont on baptise les gens à grand fracas.

VAPAIL, n. m. — Pièce de bois, en forme de volée, à laquelle on attache les baculs ou les traciers des deux derniers chevaux d'un chariot. (Decorde).

VAQUE, n. f. — Vache, du latin *vacca*; dériv. *vaquier*. (Voir le mot *Attaquer*.)

VAQUETTES (Faire des), loc. — Laisser du cidre au fond de son verre. La civilité des paysans défend de *faire des vaquettes* quand on boit plusieurs dans le même verre, ce qui arrive encore de nos jours dans certaines fermes, quoique l'âge d'or soit passé depuis longtemps.

VARIER, v. n. — Hésiter : « Il a *varié* longtemps, mais il a fini par se décider. »

|| Etre sur le point de : « Je *variais* de partir, lorsque la pluie m'a tout à coup empêché. »

VAROQUE, n. masc. — Bâton qui sert à enrouler le *comble* d'un chariot autour du *pouliot*, afin de serrer les gerbes. D'où *varoquer*, serrer au moyen du *varoque*.

VAROUILLE, n. f. — Grosse toile d'emballage qui sert à essuyer le pavé.

|| Au fig. femme malpropre.

VAROUILLER (Se), v. réfl. — Se salir, se vautrer dans la boue; de *varouille*.

VASTRIGUER, v. n.— Courir de côté et d'autre ; être continuellement dans les foires et les marchés.

VAUDOISE, n. fém. — Coup de vent subit et violent. Y a-t-il un rapport métaphorique entre ce mot et *vandoise*, quelquefois *vaudoise*, poisson du genre des carpes, appelé aussi dard à cause de la rapidité avec laquelle il s'élance ?

VAVITE, n. f. — Diarrhée.

> N'apportez point de vin nouveau ;
> Car il faict avoir la *va tost.*
>   *Le Testament de Pathelin.*

VEF, Vêve, adj. — Veuf, veuve ; n. comm. *un vef, une vêve.*

On a dit d'abord *vedu, vedue* (du latin *viduus*) puis l'*u* se prononça comme une consonne, *vedv,* qui a donné *vef* au masculin, et *veve,* au féminin.

> Ocis i fu Antoine qui d'Avignon fu dus ;
> Sa fame en devint *veve.* por l'amitié dolut.
>
> AYE D'AVIGNON, v. 46.

> Le seigneur Dieu les abessés relève....
> Garde les étrangers ;
> Suportera le pupil et la *vêve.*
>
> BAÏF, pseaumes.

> Je chante les vertus d'une vaillante *vefve.*
>
> DU BART. *Judith.*

VEILLATIF, adj. — Vigilant : « Quand on a beaucoup d'ouvriers, il faut être *veillatif.* »

VÉLIN, n. m. — Chair de jeune veau, qui n'est pas bonne à manger : « Ce n'est pas du veau que vous me donnez-là, c'est du *vélin,*» dit-on à un boucher qui vous sert de mauvaise viande.

VENDERDI, n. masc. — Vendredi. Pour beaucoup ce jour est néfaste.

VENIR, v. n. — Prononcez *v'nir* ; de même *t'nir* au lieu de tenir. Futur, je *venrai,* plus souvent *verrai* ; cond., *venrais, verrais.* Ces formes sont du XIIeme et XIIIeme siècle :

> Si t'en *venras* à pié ot moi
> Déduire ès cans tot à secroi.
>
> *Partonop,* v. 5093.

> Ahi ? Ogier? mult es plains de folage
> Et outrageus, si t'en *verra* damage.
>
> OGIER DE DANEMARCHE, v. 4289.

Subj., que je *vienche,* renforcement de l'ancienne forme *vienge,* particulière au dialecte normand :

> Preiom, s'aveir veus seignorie
> Jamais en tote Normendie,
> Que tu od force, senz demore,
> La *vienges* défendre et secorre.
>
> BENOIST, v. 15818.

Aux temps composés, *venir* se conjugue avec avoir : « Il y a bien longtemps qu'oz *avez venu* dans not' pays. »

> Cis a servi ce povre menestrel,
> Et en mains lieus *a venu* et alle.
>
> HUON, v. 7580.

Ainsi se conjuguent les composés : revenir, convenir, parvenir, etc. Tenir, retenir ont les mêmes formes, excepté au part. passé : *tint, retint* sont plus usités que *tenu, retenu*.

VÊPE, nom des deux genres. — Guêpe : « Un gros, une grosse *vêpe* m'a piqué. »

> Mais kant ce vint à l'asenblée,
> Une *wespe* s'est desseuvrée.
>
> MARIE, fab. 56.

Vêpe est tout à fait le latin *vespa*.

VERBLED, n. masc. — Larve du hanneton, le *mans*. De *ver* et de *bled*, c.-à-d. ver qui attaque le blé.

VERDAUD, adj. — Diminutif de vert : « Ces fruits sont encore *verdauds*. »

VERGUE, n. f. — Verge ; du latin *virga*.

‖ *Cheval de vergue*, cheval qui est à la droite du conducteur, à portée de la *verge* ou du fouet.

VERGUETTE, n. f. — Vergette : « Passer par les *verguettes*, » recevoir le fouet.

VERGUIE, n. fém. — Vergée, mesure de terre. Bas-latin *virgia, virgata*, dans Du Cange.

VERMAINE, n. f. — Vermine. Au fig. vaurien, misérable : « Ne fréquente pas cette *vermaine*. »

VÉROLE, n. fém. — Gros mot qui désigne la petite vérole : « Ma petite fille a la *vérole*.»

VÉROU, n. m. — Verrat.

VERSEUX, euse, n. m. et fém. — Celui, celle qui est chargée de verser à boire aux convives.

22

VESCHE, n. fém. — Vesce : « Une jarbe de *vesche* ou d'avenne. » (Cité par Littré.)

‖ Dériv. *vescherie*, n. m. Champ où l'on a récolté de la *vesche*.

VESÉE, n. f. — Vif désir : « Il n'a pas une petite *vesée* de se marier avec cette fille. »

VESER, v. n. — Fuir, courir çà et là, en parlant des vaches piquées par les taons. (V. le mot *Bsiner*.) Il suffit qu'elles entendent le bourdonnement de ces insectes pour décamper aussitôt, la queue en trompette. Ce mot doit venir de *veze*, cornemuse dans le patois berrichon. Le bourdonnement des insectes, par un jour chaud et calme, peut fort bien être comparé, dit Jaubert, au son très-lointain de la *veze*.

Au fig. *veser* signifie aimer à courir, à voyager, à fréquenter les foires et les marchés.

VESON, n. des deux genres. — Celui, celle qui n'aime pas rester chez soi ; personne qui se remue, qui s'agite beaucoup pour ne rien faire : *multa agendo nil agens*.

On trouve ce mot dans notre vieux langage avec une acception érotique : « De sorte que tous les chiens du commun alloient après branlant le *vezon. (Nouv. Fabrique.)*

VESONNER, v. n. — S'agiter beaucoup et faire peu de besogne. Comme étym. Du Méril propose le latin *vesanus*, fou.

VÉSOUILLARD, Vésouilleux, adj. — Qui aime courir, voyager.

VESOUILLER, v. n. — Etre toujours parti : « Ce n'est pas à *vesouiller* que vous ferez vos affaires. »

VESSARD, adj. — Celui qui a l'habitude de vesser. Au fig. peureux.

VESSE-DE-LEU, n. f. — Vesse-de-loup, sorte de champignon du genre lycoperdon. Il y a dans le Pays de Bray, près de Criquiers, une localité appelée *Vesse-Dru,* parce que le terrain est propice à la production de ces champignons. (Dergny, *Pays de Bray.*)

VÊTU-DE-SOIE, n. m. — Noble périphrase par laquelle on désigne un *porc*. Un paysan qui se pique de savoir-vivre ne prononce jamais le mot *porc,* à plus forte raison, *cochon,* devant un supérieur.

VIANDE (Etaler sa), loc. — Tomber par terre.

VIANDIER, adj. — Qui aime la viande ; qui mange beaucoup de viande.

> Ahi ! grant cler, grand provandier,
> Qui tant estes grant *viandier*,
> Qui fetes Dieu de vostre pance.
> RUT., la *Compl. d'Outre-Mer*.

VIAU, n. m. — Veau : « *Grand viau,* » grand imbécile.

VIDEBREQUIN, n. m. — Vilebrequin.

VIDURES, n. f. plur. — Entrailles de poisson.

VIE, n. fém. — Loc. particulières : « *Animal de grande, de chère vie,* » animal qui coûte beaucoup à nourrir.

‖ *Faire la vie,* mener la vie d'un débauché. *Vie de porichinelle* (polichinelle), même sens.

‖ *Faire une vie du diable,* crier, tempêter, mener grand bruit, faire le diable à quatre.

VIÈVE, n. propre. — Geneviève.

VILLOTE, n. fém. — Petit tas de blé, d'avoine, de foin, etc., que l'on recouvre d'un *caperon* par crainte de la pluie, en attendant qu'on puisse le mettre en gerbes.

VIOLONNER, v. n. — Jouer du violon : « C'est le père Conseil qui *violonnera* à la noce. »

D'où *violonneux*, synonyme de ménétrier.

VIONDIR, v. n. — Siffler, en parlant d'une balle de fusil, d'une pierre lancée avec une fronde, etc. Onomatopée.

VIPER, v. n. — Siffler comme la vipère.

VIPÈRE, n. masc. — « J'ai vu un gros *vipère* dans le bois. » Au XVIIeme et même au XVIIIeme siècle, le genre de ce mot n'était pas fixé.

> La patrie, indulgente mère,
> Ouvre son sein à ce *vipère*.
> LAGRANGE-CHANCEL.

VIPILLON, n. m. — Goupillon. Le patois est plus voisin du mot étymologique : *vulpes*. On trouve *vulpil* dans Saint-Bernard.

VIR, v. act. — Voir. Contraction des anciennes formes *vedeir*, *veir*, *veïr :*

> Et jo (en irai) al sarrazin Espan,
> S'in vois *vedeir* alques de sun semblant;
> > Ch. de Rol., p. 24.

> Tant pour oir ses cortesies,
> Tant pour *veir* ses mananties.
> > Brut., v. 10022.

> Chemin pour Bel Accueil *veïr*.
> > Rose, v. 10048.

Fut. et cond., *voirai*, *voirais*, formes le plus souvent employées par les auteurs du XVIᵉᵐᵉ siècle :

« Ceste année les aveugles ne *voirront* que bien peu, les sourds oyront assez mal. » (Rabelais.)

> Quand *voirrons*-nous quelque tournoy nouveau ?
> > Ronsard, le *Bocage royal*.

Subj. que je *voiche* ; imparf. du subj. que je *viche*.

VIRAUDER, v. n. — Vagabonder, rôder çà et là. Du fr. *virer*, lequel dérive, selon Diez, du latin *viriœ*, bracelet ; selon d'autres de *gyrus*, cercle. Les mots *chavirer*, *environ*, *environner*, *virement*, *virole*, etc. ont évidemment la même racine, et sont toujours usités ; quelques autres sont tombés en désuétude ou ne sont pas admis par l'Académie, comme : *vireton* (trait d'arbalète), *tournevirer*, *virade*, *vire-volte*, *virée*, etc.

> Sans faire *virade* ne tour,
> Cheminer, ne aller dehors.
> > Coquillart.

« Les moindres choses *tournevirent* nostre jugement. » Ce mot pittoresque est de Montaigne.

« Enfin après beaucoup de tournées et de *virées* par des ruelles escartées. » (Sat. Ménippée.)

Dans le patois du Berry « *faire son viron ou sa vironnée*, » c'est faire sa tournée. Dans celui du Poitou, je note *revirer* (retourner), *reviron* (culbute), *avirer* (faire changer de route, d'où *aviron*), *vi-*

ronna (vertige), *dévirer* (détourner, égarer), tous mots excellents et expressifs.

VIRAUDIER, n. m. — Vagabond, vaurien, coureur de filles ; au fém. *viraudière.*

VIRÉ (Être bien ou mal), loc. — Être de bonne ou de mauvaise humeur.

VIRLIGOUTE, n.des deux genres.— Personne qui a la vue basse, qui *n'y voit goutte.*

VIS, n. m. — Visage, du lat. *visus.*

> Li chastelains, pour mieus véoir
> Son corps et son gracieus *vis*,
> S'est un petit en sus assis.
>   CHAST. DE COUCY, v. 172.

> De la poor qu'el ot tot li chanja le *vis.*
>   AYE D'AVIGNON, v. 285.

> Je raurai Ayglentine, m'amie o le *vis* fier,
>   GUI DE NANTEUIL, v. 2302.

Ce mot est resté chez nous dans ces locutions proverbiales : « Poli comme un *vis d'ours.* — Rester immobile comme un *vis de chire,* » une image de cire.

En fr. *vis* subsiste dans la loc. prép. *vis-à-vis*, qui signifie exactement *visage à visage*, partant, en face de, à l'opposite de. On ne doit s'en servir que pour exprimer une position de lieu. C'est parler allobroge en français, disait Voltaire, que d'écrire coupable *vis-à-vis* de vous, difficile *vis-à-vis* de nous, etc.

VISARD, adj. — Avare, regardant : « C'est un homme qui n'est pas *visard*, » c.-à-d. qui est généreux.

VITOLER (Se), v. réfl. — S'étendre comme un *veau* au soleil ; faire, comme disent les paysans, un métier de paresseux. Du latin *vitulus (vitulari,* dans Plaute.) Notre mot *vitoler* me remet en mémoire un adjectif créé par le romancier Balzac : «Canalis est un petit homme sec de tournure aristocratique, brun, doué d'une figure *vituline,* et d'une tête un peu menue, comme celle des hommes qui ont plus de vanité que d'orgueil. » (Balzac, *M. Mignon.)*

VITRE, n. f. — Fenêtre d'une maison.

VIUS, adj. — Vieux.

> Li mors prend tout à son kius,
> Sitôt les jouenes com les *vius.*
>
> RENART LE NOUVEL, v. 5895.

Formes anciennes : *viex, viaux, viez,* cas du sujet.

« Aussi veut li *viez* tenir le roy plus près à amour que nul autre roy. » (Joinville, p. 163.)

V'LÀ, loc. prép. — Voilà : « La *v'là !* la *v'là !* » (Beaum., *Barbier de Séville,* I, 6.)

VO, pron. poss. — Votre ; devant une consonne : « *Vo* femme, *vo* père. »

Devant une voyelle, *vot* : « *Vot'* ami viendra-t-il bientôt ? » On trouve dans le fragment de Valenciennes *vost,* apocope de *votre.*

Dans nos vieux auteurs, *vo* est employé indistinctement au singulier et au pluriel, comme cas du régime et cas du sujet :

> Oï parler de *vo* samblanche,
> De *vo* biauté, de *vo* vaillanche,
> Que prisant aloit tout li mons.
>
> *Rom. de la Violette,* v. 372.

> Vo fille sera arse. . . . .
>
> BERTE, v. 476.

VOITURÉE, n. f. — Ce que porte et contient une voiture : « Une *voiturée* de gens, de blé, de foin, de bois, etc.

VOL, contraction du pronom *vous* et de l'article *le, la.* — « Quoi qu'oz' allons faire ch' matin ? — Attendez, je *vol* dirai. »

VOUI, adv. — Oui ; vient du verbe *vouloir* dont une des anciennes formes était *vuil.*

VOULOIR, v. act. — Fut. et cond. *vourrai, vourrais.* Formes du XIIeme et XIIIeme siècle : *vorai, volrai, vourai, vourrai, vaurai.*

> Tout ainsi le croi et crerei,
> N'autrement croire non *vourrei*
>
> *Rom. du Saint-Graal,* v. 2223.

« Et il me dist tout en riant : Dités quant que vous *vourrez,* je ne me courouce pas. » (Joinville, p. 181.)

Le cond. fait à la première et à la seconde pers. du plur., o' *vour-raimes, o' vourraites.* Comp. avec les formes *vorriens, vourriés* :

« Nous firent demander, par un frère de l'ospital qui savait sarra-zinois, de par le soudan, se nous *vorriens* estre délivre. » (Joinville, *Credo,* p. 279.)

Subj. que je *veuche,* que tu *veuches,* qu'il *veuche,* dérivé de l'an-cien indicatif *vel* (veu). Dans la vieille langue, *volge, vouge, veuge,* au subj., sont des formes normandes.

VRÊPE, n. m. — Soir : « I k'minche à faire *vrêpe.* »

‖ *Vrêpes,* n. m. plur. Vêpres : « Viens-tu à *vrêpes* avec mei ? »
Dicton : « Aller de travers comme un kien qui revient des *vrêpes.*»

VRIMEUX, adj. — Venimeux.

W

WERTAGES, n. m. plur. — Vesce et pois mêlés : « Nous avons eu une bonne récolte de *wertages.* »

WOUAIRAS, n. m. plur. — Pois et vesce récoltés séparément. V. fr. *waras, warat,* fourrages.

Z

ZIÈBLE, n. m. — Hièble : « Arracher du *zièble.* »

ZIUS, n. masc. pluriel. — Yeux : « Avoir mal aux *zius,* ouvrir de grands *zius.* »

ZIUS-DE-VAQUE, n. m. — La grande pâquerette.

SUPPLÉMENT AU GLOSSAIRE

DE LA

VALLÉE D'YÈRES

4° X
17

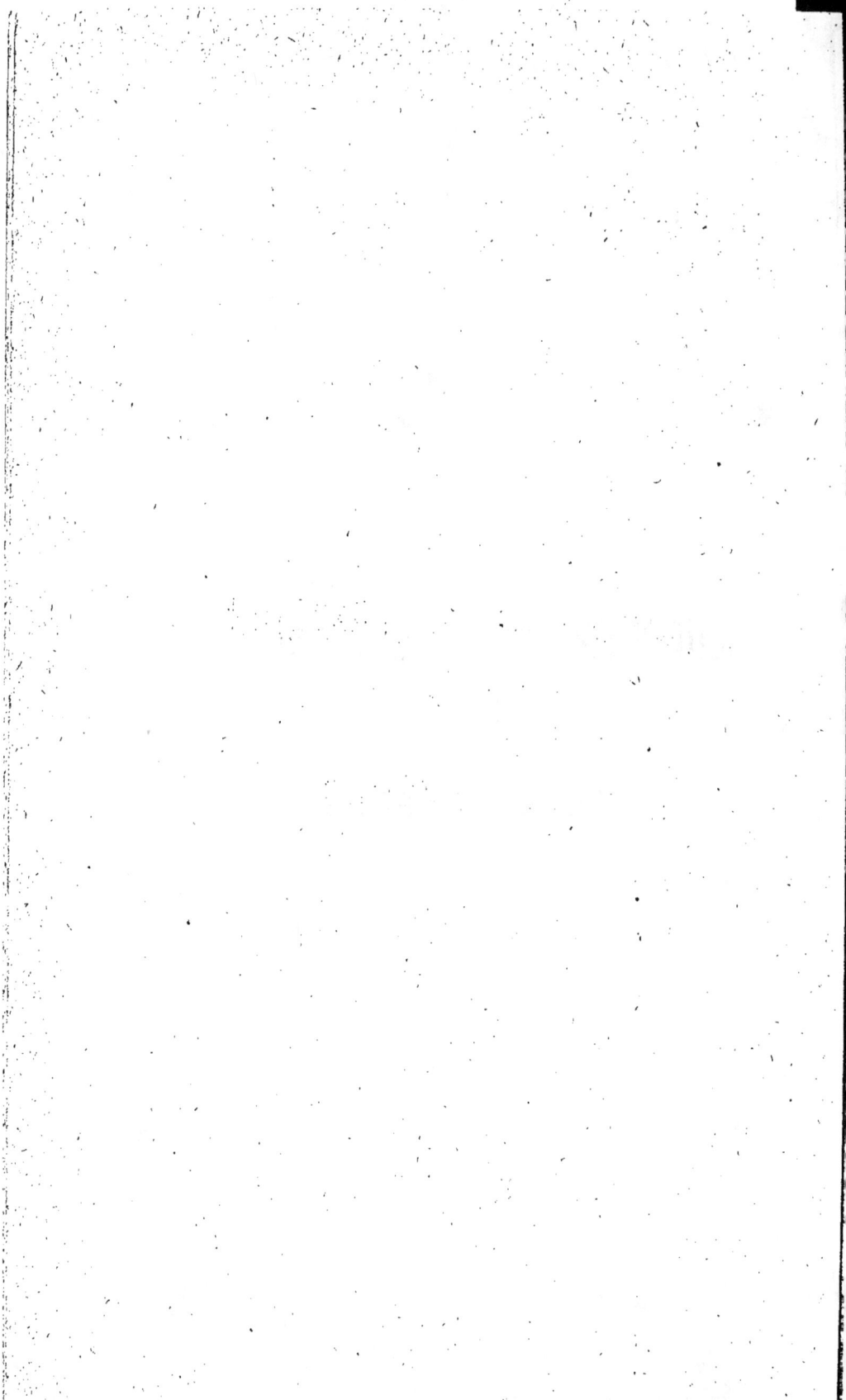

SUPPLÉMENT AU GLOSSAIRE

DE LA

VALLÉE D'YÈRES

POUR SERVIR

A L'INTELLIGENCE DU DIALECTE HAUT-NORMAND

ET

A l'Histoire de la vieille Langue française

Par A. DELBOULLE

Professeur au Lycée du Havre

OUVRAGE MENTIONNÉ PAR L'ACADÉMIE FRANÇAISE

(2 Août 1877)

> « Quand une langue a eu plusieurs
> âges, comme la nôtre, les vieux livres
> sont bons à lire. Avec eux on re-
> monte à ses sources, et on la con-
> temple dans son cours. »
>
> JOUBERT.
> (*Pensées*, tome II, p. 275.)

HAVRE

IMPRIMERIE J. BRENIER & Cⁱᵉ, 2, RUE BEAUVERGER, 2

1877

BIBLIOTHÈQUE NATIONALE — R. F. — IMPRIMÉS.

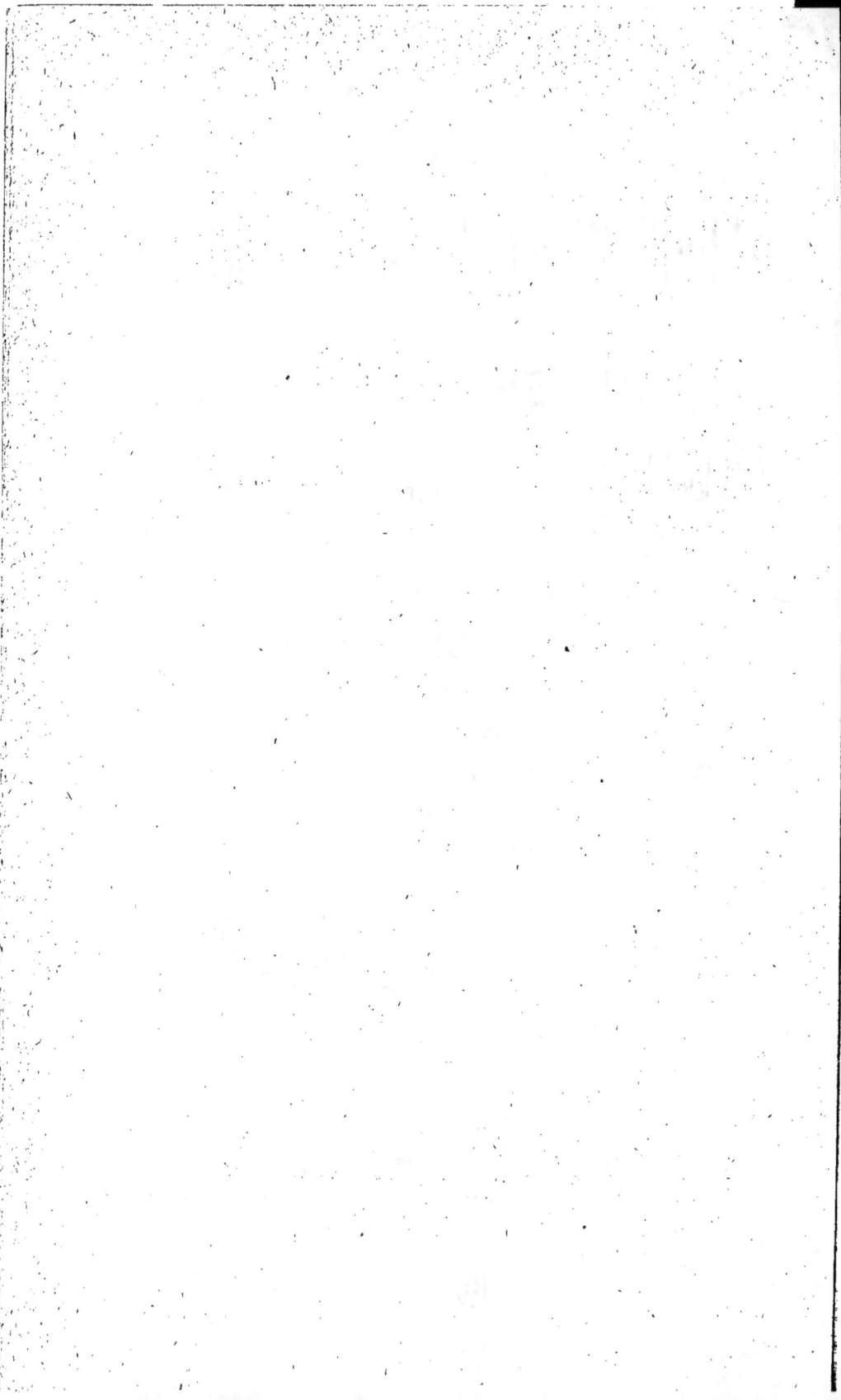

INTRODUCTION

J'essaie de compléter par ce Supplément le *Glossaire de la Vallée d'Yères*. On y trouvera beaucoup de mots nouveaux qui me sont revenus à la mémoire et un certain nombre de locutions curieuses que j'ai recueillies çà et là, en observant le précepte de Montaigne, c'est-à-dire en conversant avec un bouvier, un maçon, un charpentier. C'est ainsi que, glanant de tous côtés, j'ai grossi ma gerbe et augmenté mon butin. Il n'y a pas un seul mot dans mon livre que je n'aie entendu plusieurs fois et dont je ne me sois bien fait expliquer le sens par maint exemple, si par hasard il m'était inconnu. Outre qu'un goût particulier m'a porté à ce travail, l'intérêt que l'on commence à prendre aujourd'hui à l'étude de notre vieille langue m'a surtout excité à en rassembler les débris épars dans notre patois, à rechercher les titres de noblesse de ces mots dont un grand nombre, nés dans la pourpre, sont en train de mourir sous les haillons. Quel livre intéressant ne pourrait-on pas composer sur la grandeur et la décadence de certains mots ? Pourquoi, par exemple, et par suite de quelles vicissitudes *enfouir* (1), qui signifiait

---

(1). « Adont mouru Salehedins... et fu *enfouis* en la cymitère S.-Nicholai-d'Acre. (*Chron. de Rains,* p. 113.)

A grant solemnité fu li roys *enfouis.*

Hug. Capet, p 21.

enterrer solennellement ; *manant* (2), qui désignait un homme riche, puissant ; *débonnaire* (3), qui voulait dire de bonne race, de bonne nature ; *lavement* (4), qui a été synonyme de baptême, ont-ils perdu leur signification première pour en revêtir une autre plus triviale ou moins illustre ? Pourquoi *tombir* et ses composés *intombir, retombir,* ont-ils disparu de la langue littéraire ? Pourquoi *chécher, fiable, craventer, brongnes, couture, potuit, gorron, démenter, éclicher, ramponer, encarauder, randir, randonner, baut, grau* ou *groe,* et tant d'autres que l'on rencontre placés au plus bel endroit dans les chansons des trouvères picards et normands, sont-ils venus se perdre dans l'obscurité des villages et des hameaux ? Un grand nombre cependant ne méritaient pas d'être oubliés, parce que chacun d'eux contient un enseignement, une page d'histoire, et qu'ils nous rappellent les usages et les mœurs de nos ancêtres, les invasions des conquérants et le mélange des races. La langue du XVII⁰ siècle est admirablement belle, mais que de mots utiles, indispensables, ont été comme proscrits par la délicatesse exagérée des uns, par le purisme capricieux des autres ? Ils avaient transformé en un parc régulier et élégant notre vieille forêt gauloise : halliers, buissons, folles herbes, étaient impitoyablement arrachés. Quelques rares auteurs de cette époque, Molière,

(2). Gentil fu de parage et d'avoir fu *manans.*
Rou, dans Littré.

(3). E l gentilz hum, chevalier *de bon aire.*
Ch. de Rol., v. 2252.

(4). Amen, amen. Dieu soit loué
De ce glorieulx *lavement.*
Mystère de Saint-Clément.

Mme de Sévigné, Lafontaine, protestaient contre cet essart ; le fabuliste surtout ressuscitait les vieux mots qui sentaient les bois, la campagne et même le fumier; il les recherchait, les remettait en honneur, parce qu'ils étaient nécessaires, expressifs, et qu'ils ne pouvaient être remplacés que par de longues périphrases. « Le grossier animal qui s'engraisse de glands », il l'appelait de son vrai nom, et ce n'est pas lui qui, comme Du Belloy, aurait fait une énigme en quatre vers pour dire qu'il ne restait plus un chien à manger dans toute la ville de Calais :

> Le plus vil aliment, rebut de la misère,
> Mais aux derniers abois ressource horrible et chère,
> De la fidélité respectable soutien,
> Manque à l'or prodigué du riche citoyen.

Je ne nie pas que le commerce, l'industrie, les inventions nouvelles aient enrichi notre langue d'une multitude de termes nouveaux dont quelques-uns sont frappés au bon coin et resteront. Mais que de noms d'arbres, de fruits, d'arbustes, de plantes, d'animaux, d'instruments d'agriculture, sont inconnus ailleurs qu'à la campagne et ne volent point dans la bouche des hommes, parce qu'ils n'ont pas d'état civil authentique, semblables à ces héros dont les noms sont restés dans l'oubli parce qu'ils n'ont pas eu la chance d'avoir été chantés par un Homère !

Si nous n'étions pas élevés dans une indifférence grossière des choses de la campagne, il y a longtemps que nous aurions recueilli ces enfants perdus, et longtemps que nos poëtes, nos écrivains, les auraient produits à la lumière. N'avons-nous pas d'ailleurs démontré suffisamment que quelques-uns ont une histoire et quelque-

fois même une généalogie illustre ? Je ne répéterai pas
à ce propos les plaintes de La Bruyère ; mais demandez
à un citadin normand ce qu'on entend par *broutard,
bouillet, coquéne, doguin, douverret, faude, enféronner,* termes usités non-seulement dans la vallée
d'Yères, mais encore dans toute sa province : ou il
avouera son ignorance, ou il vous répondra tout de travers. En revanche, il ne se trompe point sur la signification de *warrant, dock, railway, tender, turf,
sport,* et il se démantibule consciencieusement la
mâchoire à prononcer mal une foule d'autres mots
venus de la terre étrangère, et qui sonnent aux oreilles
françaises je ne sais quoi de barbare.

Je suis bien loin de dire qu'il faut négliger les langues
étrangères, mais avant tout ne devons-nous pas connaître la nôtre à fond ? Est-ce savoir le français que de
l'étudier seulement dans les œuvres des écrivains du
du XVIIᵉ siècle, et ne faut-il pas remonter plus haut
que Louis XIV ? Il n'est point en Europe de nation qui
ait eu du XIIᵉ au XVIᵉ siècle une littérature aussi variée,
aussi riche que la nôtre ; et cependant, pour combien
de personnes, même éclairées, nos origines, l'histoire
de notre esprit, manifesté dans des productions de tout
genre, ne sont-elles pas lettre morte ? Nous avons des
chants héroïques que la Grèce eût gravés sur le marbre
de ses temples et dans le cœur de ses éphèbes, et c'est à
peine si quelques élèves de nos lycées connaissent même
de nom la chanson de Roland. Les maîtres eux-mêmes,
comme de parti pris, ne sont pas moins ignorants : un
professeur sorti de l'Ecole normale me demandait sé-
rieusement si dès le XIIIᵉ siècle on écrivait le français
en Lorraine. Il semble que nous en sommes restés à

Voltaire qui n'eût tenu aucun compte du moyen-âge, si ces siècles qu'il appelle, comme Boileau, grossiers, n'avaient préparé le laborieux enfantement du règne de Louis XIV. En Allemagne, de nombreux professeurs expliquent, commentent, devant une jeunesse studieuse, les œuvres de nos vieux trouvères : faut-il que ce soit des étrangers, pour ne pas dire des ennemis, qui nous apprennent à connaître nos ancêtres, à comprendre leur langue, à renouer le passé au présent, qui nous donnent, en un mot, des leçons de philologie en même temps que de patriotisme ?

Démontrer que, malgré les progrès de la civilisation, en dépit des chemins de fer, des fleuves et des rivières, ces chemins qui marchent, l'influence des fondateurs de notre langue n'est point morte, que leur idiôme primitif s'est précieusement conservé au fond de nos campagnes, qu'une multitude de locutions pittoresques, de comparaisons naïves tirées de nos trouvères ont passé de bouche en bouche et se sont transmises de génération en génération, tel est le but que je me suis efforcé d'atteindre en composant le *Glossaire de la Vallée d'Yères*. Il peut se faire que j'aie exagéré le rapport qui existe entre la vieille langue et le patois actuel, car on abonde toujours dans son sens ; tout au moins, la thèse méritait d'être discutée. Un philologue véritable eût trouvé là matière à un article aussi intéressant qu'instructif. Au lieu d'examiner mon livre à ce point de vue, on a préféré, parce que j'ai écrit *tor* et *tauriau*, *caine* et *coquêne*, *facheine* et *famaine*, me critiquer sans merci sur mon chaos orthographique (1). Mon cri-

(1). Voir la *Revue critique* du 12 mai 1877.

tique feint assurément d'ignorer que j'ai écrit ces mots tels que je les ai trouvés dans les anciens textes. Qui ne sait que dans nos vieux auteurs *quêne* est orthographié *quesne*, *caisne*, *'kaisne* et *kesne* ? Le nom propre *Beaucaisne* sonne comme *Beauquesne*, *Caisnoy* comme *Quesnoi*, et cela n'a rien d'illogique, car aux XIIᵉ et XIIIᵉ siècles, *ca, co, cu*, se prononcent de la même façon que *ka, ko, ku* et *qua, quo, qu*. C'est ce qui explique les formes *caisne* et *quesne, carquier, quarquier, karquier, karete* et *carete, cartée* et *quartée, cascune* et *casqune*, que l'on rencontre souvent dans le même texte et dans la même page. Quant au mot *tor*, comme je l'ai toujours trouvé écrit de cette manière jusqu'au temps de Villon, et même au delà, il est tout naturel que je n'aie pas préféré *taur*, orthographe plus moderne. J'ai eu tort peut-être d'écrire *facheine* et *famaine* : personne cependant n'ignore que, aux XIIᵉ et XIIIᵉ siècles, les diphthongues étymologiques *ai* et *ei* avaient un son identique, en sorte que les formes *avaine* et *aveine, plain* et *plein*, sont tout-à-fait homophones.

Mon critique, qui signe O. O., va jusqu'à me chicaner sur la prononciation des habitants de la Vallée d'Yères, et c'est là que je puis l'accuser d'outrecuidance. Il voudrait me faire croire que je suis sourd ; que mes compatriotes ne disent pas *crire, fauque, avoir, boire, savoir, vir, grisir, courias*, etc., mais *cri, fâx, aveir, beire, savei, veir, couriache*. J'ai habité cette vallée pendant vingt ans ; je n'ai jamais cessé d'y passer chaque année deux ou trois mois ; je répète que, pour m'instruire, je m'entretiens avec le premier venu, un bouvier, un charretier, un maçon ; c'est égal, cette prononciation n'existant pas dans le petit coin qui a vu naître mon critique, elle ne doit pas exister ailleurs. Ainsi argumente M. O. O., oubliant que j'avais dit dans la préface de mon livre qu'en général les finales des mots sonnaient fortement, que mon patois *gros et rude* était mêlé de picard et de normand. Parce que *l* mouillée n'existe pas dans certaines régions de la Normandie, dans le Bessin, par exemple, il affirme que tous les Normands prononcent *arsoule, cornale, ceuyer, droule*; mais qu'il vienne dans nos villages, et lorsqu'il entendra dans les rues un marchand de moules *crier des mouilles*, une femme dire qu'elle va *cueiller des ortilles pour ses picots*, je le défie bien de soutenir que *l* mouillée n'existe pas chez nous. De ce que nos paysans disent *pétiot* et *pékiot*, il en tire aussitôt cette conclusion qu'ils doivent prononcer *chimequière*, parce que *ti* + voyelle, se change en *ki* + voyelle. J'en demande pardon à mon critique ; on n'a jamais dit dans notre vallée : *renquier, morquier, méquier, raquier, enquier, piquieux*, au lieu de rentier, mortier, métier, ratier, entier, pitieux. Je lui dirai donc en bon français : « Monsieur, ayez pitié de mon ignorance, et faites-moi l'amitié de retrancher la moitié de votre critique », et non pas : *ayez piquié, faites-moi l'amiquié de retrancher la moiquié,* etc.

Il est très-facile de faire des règles, mais je crois que les patois n'en admettent guère. S'il en était autrement, ce ne seraient plus des patois, mais des langues parfaites, des langues comme il n'y en a pas. Chez nous, les gens de la vallée ne prononcent pas comme ceux de la plaine, à tel point que les uns trouvent ridicule ou incompréhensible le langage des autres. Dans un rayon de trois ou quatre lieues, je note que la finale *eur* des substantifs non verbaux, comme *douleur, malheur, peur*, sonne ici *eur*, comme en français ; là, *ure*, plus loin, *eu*. Allez maintenant établir pour toute une province des règles de prononciation. Cela me rappelle que dans la dernière réunion des délégués des Sociétés savantes, un savant à systèmes, M. Joret, qui a fait un gros livre, je crois, sur le rôle du *c* dans les langues romanes, a prononcé doctoralement cet axiôme : « Dans le patois normand, *c* suivi de *a* a conservé sa valeur gutturale ; suivi de *e* ou *i*, il s'est changé en *ch.* » La première affirmation est déjà contestable, car en normand et en picard le son *ke* représente aussi bien et aussi souvent que le son *ca* le *c* latin suivi d'un *a* : *k'min, k'va, k'veu.* Quant à la seconde, elle est plus que discutable, elle est insoutenable. Je n'ai jamais entendu dire chez nous *maliche, chité, chiter, sauchiche, cheler, viche, chertain, chérébral, chélèbre, prinche, chéleste, chitoyen, chentinie*, quoique l'on prononce *chent, chentième, chivot*, etc. C'est dans le pur dialecte picard que ces formes subsistent, et encore dans les monuments même les mieux caractérisés de ce dialecte, l'usage français est-il souvent en concurrence avec l'usage picard, de sorte que l'on trouve maintes fois *ce* à côté de *che*. Je ne prétends pas apprendre à M. Joret que dans les vieilles chartes picardes, qui ont le mérite d'offrir le langage vulgaire dans toute sa vérité, on trouve, par exemple, *calice, cirographe, grâce, préjudice, décembre*, à côté des formes *justiche, chertes, connaissanche*, etc. A plus forte raison n'est-il pas étonnant que notre patois, qui est un composé de picard et de normand, tantôt admette tantôt rejette le *ch* chuintant. C'est surtout dans les termes d'un emploi rare, ou relativement modernes, que l'usage français a prévalu, et pour cette raison j'ai dû écrire *centime, récent, rancer, censément, cérébral,* etc., et non pas *chentime, réchent, rancher, chensément, chérébral.* On remarquera que je n'invoque point l'autorité des œuvres littéraires où les copistes ont pu substituer leur orthographe à celle des auteurs, car j'aurais trop beau jeu. Ainsi dans *Doon de Mayence,* poëme écrit dans le dialecte picard, la première tirade monorine contient quatorze vers terminés en *che,* huit en *ce,* un en *ge.* Il n'est pas possible de soutenir que les notations *che, ce, ge,* aient une valeur identique.

Je reviens à mon critique M. O. O. qui ne me paraît faire qu'un avec M. Joret. Il est impossible de mettre en doute sa science philologique qu'il fait, d'ailleurs, sonner très-haut, à tel point que Du Méril, Burguy, ont fait, selon lui, leur temps, et qu'ils ne sont même plus bons à consulter. C'est toujours l'histoire du nain qui, monté sur les épaules du géant, se croit plus grand que celui qui le porte. Mais je puis suspecter sa bonne foi lorsqu'il me reproche des fautes que je n'ai point commises. Ainsi il me fait un crime d'écrire *k'va, k'ville,* et de conserver l'*e* muet dans *venir* et *tenir.* S'il m'eût lu avec attention, il aurait vu que j'ai fait cette remarque : « prononcez *v'nir, t'nir.* » A l'en croire, j'ai dit que *chenu* était fort usité à Paris : non, monsieur, ce n'est pas moi qui ai dit cela. Parce que j'ai fait remarquer que les formes patoises *éraites, venderaites, recevraites,* se rapprochent du latin *haberetis, venderetis, reciperetis,* ce que personne, à moins d'être

aveugle et sourd, ne peut contester, voilà que je suis
accusé de faire dériver le conditionnel français de l'imparfait du subjonctif latin. C'est là une idée grotesque
qui ne m'a jamais traversé la cervelle, mais mon hyper-
critique n'y regarde pas de si près.

Il paraît encore que j'ai eu tort de prouver l'authen-
ticité d'un mot normand tour à tour à l'aide d'Eustache
Deschamps, de Marot, de Montaigne, de La Fontaine,
écrivains étrangers à notre province. N'est-ce pas comme
si l'on reprochait à Littré de citer dans l'historique des
mots français des passages de Villehardouin, de Froissart, de Rabelais, de Montaigne, sous prétexte que ces
auteurs ne sont pas de l'Ile-de-France, que l'un a écrit
en champenois, l'autre en picard, celui-ci en touran-
geau, celui-là dans la langue du Poitou et de la Saintonge ? M. O. O. qui me refuse tout, excepté la *variété
des connaissances et la vivacité de l'esprit* (c'est toujours quelque chose), s'en prend aussi à mes étymologies
dont quelques-unes lui paraissent fantaisistes. En matière étymologique, je prétends moins que personne
être infaillible ; d'illustres savants comme Ménage, et
bien d'autres avant et après lui, m'ont appris tout ce
que cette science cache de piéges, et je me suis bien
gardé de trancher du docteur. Il eût été bon pour moi
que M. O. O. se souvînt de ce précepte d'un ancien
qui disait : « mieux vaut approuver celui qui donne facilement beaucoup d'explications sur les origines des
mots que de critiquer celui qui ne peut pas les donner
toutes ; d'autant plus qu'en matière d'étymologie on
ne peut pas rendre raison de tout. » Je n'ai vraiment
pas de bonheur. Un autre critique aussi sévère, mais
plus généreux, n'eût pas manqué de rectifier mes

erreurs, et au lieu de donner maintes nasardes sur mon nez à Du Méril, à Burguy, à Jaubert, il m'aurait éclairé sur l'origine de *aldauce, bédahu, bistalot, bulotte, cahonner, chachas, clatre, échorter, étampir, fourciner, greuillie, jorer, maribrail, payon, ranquillie,* et autres pareils ; tandis que M. O. O. a gardé avec un soin jaloux son trésor d'érudition, en sorte que je n'ai point de remerciement à lui faire, et que ces mots cherchent toujours comme devant leur historien.

Tout cela prouve, comme dit le proverbe, que l'on ne peut contenter tout le monde et son père. Heureusement que des philologues éminents comme MM. Chassang, inspecteur général de l'Université, Frédéric Baudry, le savant collaborateur de Littré, ont été plus indulgents pour mon travail, et m'ont dédommagé par leurs éloges de cette critique peu bienveillante et par trop doctorale. Les vrais savants sont comme les forts : ils sont doux. Ils pensent peut-être aussi, comme je ne sais plus quel vieil auteur, qu'il n'y a point de si méchant livre dont on ne puisse extraire quelque chose de bon. Tel a été sans doute l'avis de Littré qui n'a pas dédaigné de *tirer incessamment des notes* du *Glossaire de la Vallée d'Yères,* comme le témoigne le Supplément à son Dictionnaire, ce livre d'or de la langue française ; tel a été encore celui de l'Académie française qui, par l'organe de M. Doucet, a distingué mon livre et l'a mentionné honorablement.

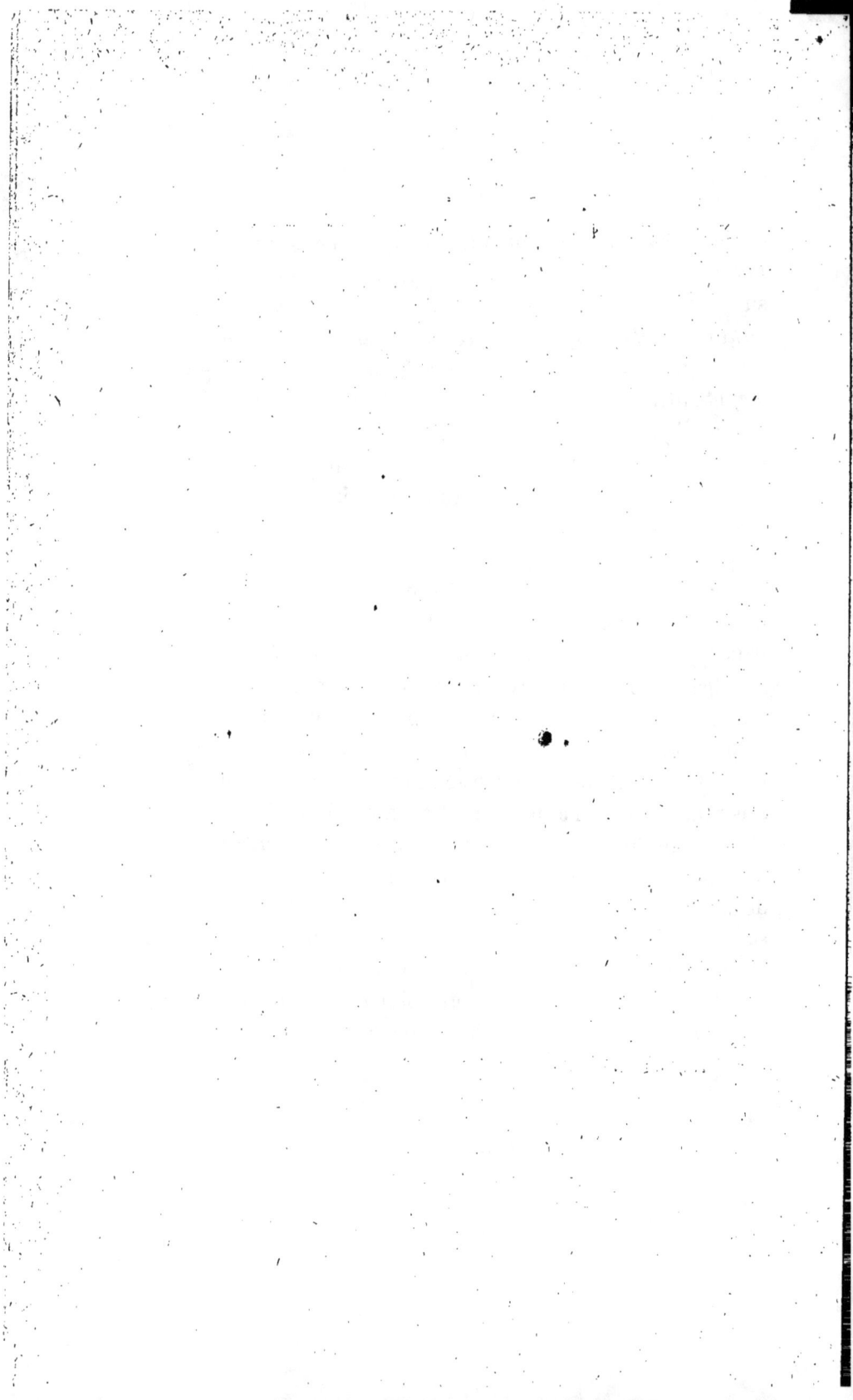

LISTE

Des Auteurs et des Ouvrages cités dans ce

Supplément

—✦—

Adenès Li Rois. — Les Enfances Ogier, pub. par A. Scheler. Bruxelles, 1876.

Adenès Li Rois. — Bueves de Commarchis, pub. par A. Scheler. Bruxelles, 1874.

Adenès Li Rois. — Li Roumans de Cleomadès, pub. par A. Van Hasselt. Bruxelles, 1866.

Ancien Théâtre français, 11 vol. pub. par Viollet Le Duc. Paris. Jannet. 1854.

Bouchet. — Les Serees, pub. par C.-E. Roybet. Paris. Lemerre. 1873.

Brun de la Montaigne, pub. par P. Meyer. Paris. Firmin-Didot. 1875.

Chansons du XVᵉ siècle, pub. par G. Paris. Paris. Firmin-Didot. 1875.

Chronique de Rains, pub. par L. Paris. Paris. Techener. 1837.

Conquête de Jérusalem, pub. par C. Hippeau. Paris. Aubry. 1868.

Contejean. — Glossaire du patois de Montbéliard. 1875.

Darmesteter. — Traité de la formation des mots composés dans la langue française. Paris. Vieweg. 1875.

Dolopathos (Li Romans de), pub. par C. Brunet et A. de Montaiglon. Paris. Jannet. 1856.

Doon de Mayence, Chanson de geste, pub. par A. Pey. Paris. Vieweg. 1859.

2

Floovant, Chanson de geste, pub. par F. Guessard et Michelant. Paris. Vieweg. 1859.

Gachet. — Glossaire roman. Bruxelles. 1859.

Gaufrey, Chanson de geste, pub. par F. Guessard et Chabaille. Paris. Vieweg. 1859.

Gérard de Rossillon, pub. par Francisque-Michel. Jannet, 1856.

Guerre de Mets, pub. par De Bouteiller. Paris. Firmin-Didot. 1875.

Guillaume de Palerne, pub. par H. Michelant. Paris. Firmin-Didot. 1876.

La Curne. — Dictionnaire hist. de l'ancien langage français, pub. par Favre. Champion. Paris.

Mystère de Saint-Clément, pub. par Abel.

Raynaud. — Etude sur le dialecte picard dans le Ponthieu. Vieweg. Paris. 1876.

Roman (Le) du Renart, supplément, variantes, par P. Chabaille. Paris. 1835.

Trouvères belges du XIIe au XIVe siècle, pub. par A. Scheler. Bruxelles. 1876.

Watriquet de Couvin (Dits de), pub. par A. Scheler. Bruxelles. 1868.

SUPPLÉMENT AU GLOSSAIRE

VALLÉE D'YÈRES

———⊰◦⊱———

A

ABOYARD, arde. — adj. pris subst. — Chien, chienne, qui aboie continuellement.

‖ Celui, celle qui importune par son caquet, ses criailleries.

ADITER (S'), v. réfl. — Hanter une maison, un endroit ; s'y plaire, s'y attacher. « Pierre *s'adite* dans la maison de Paul ; il n'en sort que pour y rentrer. »

Ce verbe est surtout usité au part. *adité*, qui signifie choisi, préféré. « Il est si délicat qu'il lui faut des plats *adités*. — Ce marchand a des pratiques *aditées*. — Le lièvre se gîte en des places *aditées*. »

Etym. lat. *aditare*, aller fréquemment vers.

AFFAUDER, v. act. — Manger la part d'un autre ; se dit des personnes et des animaux. « J'ai deux k'vas dans m'n écurie, l'un *affaude* l'autre.

Etym. *ad* et *fraudare.*

AFFULER. — *Ajoutez*: on trouve, mais rarement, le substantif *aful* :

> Puis sur le banc sont les maîtresses
> D'*aful* de testes et de habitz.
>> *Anc. Poés*. XI. Monol. d'un clerc de taverne.

D'où l'on peut soutenir que le latin *infula*, bandeau, diadème, est une étymologie raisonnable.

AGLASSÉ. — *Ajoutez* : *Esclasser*, avec le sens de se reposer, est une autre forme de l'ancien verbe *aclasser* :

> Francheiz sont endormiz, par lor loges s'*esclassent*.
> *Rou*, v. 1702.

AGRAPPINER, v. act. — Agrafer avec un *agrappin*. « Aide-mai à *agrappiner* m'robe. »

AIS, n. m. — Pièce principale de la charrue, celle qui maintient le soc. Cette signification ne se trouve pas dans les dictionnaires.

AMOUILLETTE, n. f. — Mèche du fouet. « Je n'peux mie faire claquer min fouet sans *amouillette*. » De *mouiller*, parce qu'on mouille la mèche pour mieux faire claquer son fouet.

AMUSOIRE, n. m. — Amusette, jouet d'enfant.

ANDOUILLARD, adj. pris subst. — Lâche, poltron.

ANDOUILLE. — *Ajoutez* : Les paysans emploient souvent ce mot dans un sens obscène. On sait que Rabelais s'en est donné là-dessus à cœur joie, ex. : « Le serpent qui tenta Eve estoit *andouillique*. » (Liv. IV, 38.)

ANGLAIS, n. m. — Créancier ; très-usité déjà en ce sens au XVIᵉ siècle :

> Un bien petit de près me venez prendre,
> Pour vous payer ; et si devez entendre
> Que je n'euz onc *anglais* de vostre taille.
> Marot, dans Littré.

> Si faut-il que j'assemble ensemble
> Guillaume et son *anglois* Mathieu,
> Pour les accorder en ce lieu.
> *Anc. Théât.*, IV, p. 73.

Les Anglais ont été longtemps nos ennemis héréditaires ; pour certaines gens, un créancier n'est pas précisément un ami. De là sans doute le sens bizarre donné au mot *anglais*.

ANGLAIS (avoir ses), loc. — Avoir ses règles. « Les *Anglais* sont débarqués », même sens.

ANICHER, v. act. — Attirer quelqu'un chez soi, le retenir comme dans une *niche*.

|| S'anicher, v. réfl. — Ne pas sortir de chez soi ; rester pour ainsi dire dans sa niche. Voir *Nichard* dans le Glossaire.

ANTOINE DE PADOUE (Saint). — On invoque ce saint pour retrouver un objet perdu. Dans une comédie de Larivey, *Les Esprits*, un avare sur le point de cacher son trésor se recommande à saint Antoine de Padoue.

ANUIT, Ennuit. — *Ajoutez* : « Je ne crois pas du tout, dit M. F. Baudry, que ce mot vienne de *à* et *nuit*. Les exemples du XIIe siècle qui signifient peut-être « cette nuit » sont autre chose. A mon avis, l'*anuit* ou *ennuit* des paysans est *en hui*, *in hâc die*, et devrait ainsi s'écrire. » Cette étymologie est ingénieuse et paraît fort probable.

AOÛTAGE, n. m. — On entend par ce mot les corvées que doit un ouvrier qui s'est loué pour le temps de la moisson : « J'vas ennuit travailler à l'*aoûtage*. » Littré donne ce mot dans son supplément, mais avec un autre sens. Ex. :

> Ah ! quand reviendra l'*aoûtage* (le temps de la moisson),
> Je reverrai mon beau village.
>   ALF. DE VIGNY.

ARÊQUE. — *Ajoutez* : Sarment de houblon, après qu'il a été épluché.

ARGOUILLE, n. f. — Querelle, dispute : « Chercher *argouille* à quelqu'un. »

ARTABAN. — *Ajoutez* : « Ce nom est tiré du grand Cyrus de Mlle Scudéry. » (Note de M. F. Baudry.)

ASI. — *Ajoutez* : « Comp. avec *hèzi*, trop cuit, brûlé, dans le patois messin.

AVOIR UNE CHOSE DE QUELQU'UN, loc. — Avoir de la rancune, avoir une dent contre quelqu'un, par une ellipse remarquable : « Edpis que j'ai lingué (pêché à la ligne) dans sin pré, M. Gost a toujou eu eune chose ed mai. »

B

BABAUDE, n. f. — Maillet de bois fait tout d'une pièce. Les ouvriers qui fabriquent des lattes et des douvelles dans la forêt d'Eu s'en servent pour fendre leur bois.

BAISER. — *Ajoutez* : « Dans l'acception de tromper, duper, *baiser* est la prononciation normande de l'ancien verbe *boisier, boiser,* qui signifiait frauder, frustrer : « Boiser son serment », fausser son serment, dans La Curne.

> Afié li aveit (sa fille), si ne l'en vout *boisier.*
>
> Rou, v. 4308.

> Tuit furent si parent et moult l'avoient chier,
> Ni a cheli des. III. qui le voeille *boisier.*
>
> Doon, v. 6710.

De *boiser* dérivaient *boiséor, boisdeux,* trompeur et *boisdie, boisie,* tromperie, trahison, malice. Ex. :

> Maix li signour, plain de *bodié*
> Avoient jai cuvertement
> Préparé lor chevalerie.
>
> Guerre de Mets, st. 51.

La forme *boisard* (nom propre fort commun en Normandie) se trouve dans La Curne, mais il ne donne pas d'exemple de l'emploi de ce mot. Je ne l'ai rencontré qu'une fois dans un ancien texte, dans *Gérard de Rossillon,* poëme écrit sur les confins entre la langue d'oc et la langue d'oil :

> Que nus ne deit le rei clamer *boisart.*
>
> Gérard de Ross, p. 328.

Il a paru naturel à La Curne de faire venir les mots *boiser, boiseur* et autres pareils de celui de *bois* où les trahisons et les autres crimes se commettent plus communément. Les mots *embusquer*, *emboiser* et autres semblables paraissent s'en être pareillement formés. — Scheler n'est pas loin de se ranger à cette opinion. Littré les tire du provençal *bauzia*, trahison ; bas-latin *bausia*, *bausiare* dans Du Cange ; termes qu'il faudrait rapporter, d'après Burguy, à l'ancien haut-all. *bôsi*, *pôsi*, sans force, sans prix ; dans les compositions, mauvais, nuisible, sot, imbécile.

BEDELÉ, part. passé. — Couvert de boue.

BEDIÈRE, n. f. — Mauvais lit. Comp. avec l'anglais *bed*, lit.

BELETTE, n. f. — Petite charrue ; ainsi nommée parce que l'*ais*, la pièce principale, est recourbé et fait pour ainsi dire le gros dos comme la belette dans sa marche.

BELLE-VOISINE, n. f. — Fenêtre percée dans le grenier d'une maison : « Dem' *belle-voisine*, j'vois tout ce qui se passe dans chés camps. »

BERDELET. — *Ajoutez* : Comparez avec *berdolai*, bavarder, bredouiller dans le patois de Montbéliard.

Le v. fr. *bredaler* exprimait le mouvement du rouet.

BERNAFLE, n. f. — Morceau déchiré à une robe, à un habit : « J'ai une grande *bernafle* à mes culottes. »

BESACHE, n. f. — *Ajoutez* : A Dancourt, qui est le village de notre vallée le plus riche en mendiants, on dit « qu'une *besache* bien menée vaut cent écus de rente. »

BEUGLÉE, n. f. — Beuglement.

BIBEU, n. m. — Cerfeuil sauvage, dit aussi persil d'âne.

BISTOQUER, v. act. — Même sens que *biscoter*. (V. le *Glossaire*.)

> El c'est fait tant *bistoquer*,
> Tant janculer
> Dessus l'herbette nouvelle...
> *Anc. Théât.*, III, p. 341.

BLÉRI, Blérie. — *Ajoutez* : Les formes *Blarie*, *Blayerie* se trouvent dans les dictionnaires d'Oudin et de La Curne.

BLOUQUE. — *Ajoutez :* Comparez çe mot avec l'espagnol *bloca*, formé du latin *buccula*, par la transposition de la lettre *l*.

BOBO, n. m. — Sobriquet qu'on applique à un homme niais, un peu simple, c'est un mot espagnol *bobo*, formé sur le latin *balbus*, qui a donné les vieux mots *baube* = bègue ; *bauboyer* = balbutier, *abaubir*, rendre muet, étonner, déconcerter : « La haste de parler luy entrerompoit la voix et fesoit sa langue *bauboyer*. » (Alain Chartier, dans La Curne.)

> Quant Païen l'entendirent, tout furent *abaubi*.
> *Bueves de Comm.*, v, 1491.

On trouve encore *bobu* avec le sens d'imbécile dans Baudoin de Sebourc, et Jacques de Baisieux a donné à *bobert* la même signification :

> Avoir nos cuidiés ahonteis,
> Mais n'én aveis, par saint Obert ;
> Bien nos teneis or pour *bobert*.
> *De la Vescie à Prestre*, v. 294.

Nous avons conservé le participe *ébaubi* et le nom de famille *Lebaube*. — Louis le Bègue est appelé *Loeys li Baube* dans maint vieux chroniqueur.

BOISSONNER, v. n. — Boire avec excès ; *se boissonner*, s'enivrer.

BOUEN, Bon (faire), loc. — *Il fait bouen* ou *bon* dans ce champ, dans ce pré, etc., est une locution qui signifie que l'herbe y est bonne et abondante pour les bestiaux.

BOUFFARD. — *Ajoutez :* « Il se présenta au Tribunal des harangues un fort gros et gras homme, pour persuader aux Athéniens la paix et concorde entre eux, mais quand ils virent ce gros *bouffare*, etc. » (Bouchet, 26e serée.)

BOURRIQUOT, n. m. — Bourriquet. Espagnol *borriço*.

BOUTINETTE, n. f. — Cordon ombilical ; diminutif de *boutaine*, *boudaine*.

BRADER, v. act. — Vendre une chose à son détriment, à perte. « J'nai point vendu min k'va, j'lai *bradé*. »

BRAN. — *Ajoutez* : Dans un texte lorrain du XIIe siècle, publié dans *la Romania* (juillet 1876), *bran* signifie boue, et sert à traduire les mots latins *lutum, cœnum*, ex : « Fiz d'omme et vers... qui habite en maison de *bran, domo luteâ*, et demor en poudrière et ai terrien fundemant ! » — « Sui chaüz en laide fosse, et el *bran* des tormenz : *decidi in cœnum flagitiorum*. »

Littré ne cite aucun exemple de *bran*, employé en ce sens.

BRISE (A), loc. — Abondamment. « Les pommiers cette année ont des pommes *à brise* », au point de *briser* sous les fruits.

BRIMBALLOT, n. m. — Sobriquet que l'on donne aux malheureux atteints de paralysie ; du fr. *brimballer*, remuer, agiter.

BRIMBELLE. — *Ajoutez* : On dit en picard *brimbette*, et *brimbeux* dans le même patois signifie vagabond. Il paraît naturel de rattacher ce mot à *brimbe*, forme primitive de *bribe*. « Dans une bande de gamins, à la bouche et aux dents noires comme de l'encre, elle était aux *brimbelles*, son panier de goûter déjà plein. » (E. de Goncourt ; *la Fille Elisa.*)

BRINDEZINGUES, n. f. plur. — *Ajoutez* : Ce mot ne s'emploie qu'au pluriel. Je n'avais osé rien hasarder sur l'origine de *brindezingues* dans le *Glossaire*. On peut cependant le rapprocher de *brindes*, ivresse, mot qui n'est plus usité que dans cette locution : être dans les *brindes*.

> Œvoé Bromien, Dieu conquérant des Indes,
> Que tu me rends gaillard et que j'ayme tes *brindes* !
> *Anc. Théât.*, t. VIII, p. 92.

Comp. *brindes* avec l'anglais *brandy*, eau-de-vie, et avec l'italien *brindisi*, toast. *Brinde-zingues* est aussi usité dans le patois de Montbéliard. M. Contejean tire ce mot de *brindiai* (trinquer dans le patois de Montbéliard), et de l'allemand *singen*, chanter.

BROUÉE (Chasser, cacher la), loc. — Prendre en se levant un bon verre d'eau-de-vie ; c'est ce que dans les villes on appelle *tuer le ver*. On a dit autrefois plus poétiquement *charmer la brouée*.

> Dès la pointe du jour je *charme la brouée*
> A boire je n'ay point l'esguillette nouée.
> VÉRONNEAU, *l'Impuissance.*

Du jus incarnatin
Pour *charmer la brouée.*

JEAN LE HOUX.

L'auteur du Glossaire de l'ancien théâtre français donne en cet endroit à *brouée* le sens de boisson ; c'est une erreur.

BROUSSAILLEUX, adj. — Qui est plein de broussailles. La Curne donne *brossailleux* et *brocerreus* avec le même sens.

BUETTE, n. f. — Petite ouverture pratiquée à une cave pour que le jour y pénètre. Pour l'étymologie voir *buhot* dans le Glossaire.

BUREAUTIN, n. m. — Bâtard, enfant du *bureau* (recueilli par le bureau de charité.)

C

CABIN, n. des deux genres. — Vache maigre, cheval efflanqué. Ce mot est toujours précédé de l'adjectif *grand*, et s'applique quelquefois aux personnes : « Grand *cabin !* » dit-on, en apostrophant une grande femme maigre et mal bâtie. On trouve dans un Glossaire latin du Xe siècle *cabo, onis*, avec le sens de *equus castratus*. Le régime *cabonem* a très-bien pù donner *cabin*. Dans le patois de Montbéliard *cabe* désigne une vache qui ne donne plus de lait.

CACHERIE, n. f. — Chasse, en mauvaise part : « B... n'a qu'el *cacherie* et qu'el pêkerie en tête. » Bas-latin *cacheria* : « Sauf à mondit signeur et à se hoirs contes de Haynnaut ès lius devant nommeis le *cacherie* des biestes. » (Du Cange.)

C'est la prononciation picarde de l'ancien mot *chacerie* :

> De gibiers et de *chacerie*,
> Moult fu riche de pecherie.
> *Dolopathos*, v. 1023.

CAFOUILLER. — *Ajoutez :* La particule *ca*, ainsi que ses variantes *cal, car, chal, char, gal, gar*, est péjorative dans *cagot, cafourchons* (califourchons), *calorgne, cafuter, gauquêne*, etc. : « C'est le sentiment de l'idée péjorative que renferme cette particule qui inspire à nos vaudevillistes les noms propres tels que *Galuchard, Galuchot, Galimard, Calino*. » (Darmesteter ; traité de la formation des mots, p. 112 et suiv.). Littré avait le premier attiré l'attention sur cette particule dans son histoire de la langue française, II, p. 434.

CAFUTER. — *Ajoutez :* Fureter, fouiller. J'avais oublié d'indiquer ce sens : « Quel éfan ! il est toujou à *cafuter* dans chés ormoires ! » On trouve dans l'ancien français *fuster* avec cette signification :

Tant vait par le mostier *fustant*
Qu'en une crote s'enbati.
Del Tumbeor Nostre-Dame, v. 112.

« Lors fist *fuster* tout le chastel à sçavoir que le chevalier estoit devenu. » (Perceforest, dans La Curne.) — En Champagne, *caffus* désigne des fruits mauvais ou gâtés et, en général, des objets de rebut (chez nous des *raffus*), et *cafuter* signifie trier, mettre de côté les *caffus*.

Etym. *ca*, particule péjorative, et *fuster*.

CAILLEBOTTER. — *Ajoutez :* Charbonner, en parlant de la mèche d'une lampe ou d'une chandelle. Lorsqu'une chandelle *caillebotte*, les bonnes femmes ne manquent jamais de dire : « Nous aurons demain des nouvelles. »

CALAINE, Caline. — *Ajoutez :*

Mais la fumée et li *kaline*
Li est ferue en mi le vis.
Messire Gauvain, v. 320.

CALOT, n. m. — Les sabotiers et galochiers de la forêt d'Eu donnent ce nom aux copeaux qu'ils font en taillant leurs pièces de bois. Diminutif du fr. *cale*, morceau de bois ; du latin *cala*, bûche.

CAMOMINE, n. f. — Camomille ; on dit aussi souvent *Camamille* (les *l* sont mouillées).

CAPERONNER, v. act. — Couvrir les *villottes*, les *demoiselles* d'un *caperon* (V. ce mot dans le Glossaire).

CARABINÉ, adj. — Difficile, opiniâtre, entêté : Qué tête *carabinée !* i ne fait que ce qu'i veut ! » — « Les *carabins*, est-il dit dans La Curne, étaient autrefois une espèce de milice qui subsistait encore sous Louis XIII. On avait formé de là le mot *carabiner*, se battre comme des carabins.

CARNU. — *Ajoutez :* Ce mot est encore du vieux français :

Les déables d'enfer vous ont or fervestu
Et vous ont or donné chel bon cheval *quernu*.
Doon, v. 2724.

CATERNEUX, euse, adj. — Capricieux, fantasque.

CAT-HOUANT. — *Ajoutez* : Si l'on attrape par hasard un de ces malheureux oiseaux, il est de tradition de le clouer ou plutôt de le crucifier, les ailes étendues, à la porte des granges et des étables ; sans doute afin d'avertir ses pareils qu'ils aient à déguerpir aussitôt des environs. Cet usage barbare commence à disparaître depuis qu'on a pu faire entrer dans la tête des paysans que le chat-huant est le destructeur acharné des mulots.

CAUDE (prendre une), loc. — Prendre un air de feu ; se chauffer en passant.

CAVÉE, n. f. — Fosse, chemin creux. Ce mot n'est usité en français que comme terme de vénerie.

> Embatu sont en une grant *cavée.*
> > *Enf. Ogier,* v. 982.

CÉLATIF, adj. — Sédatif : « De l'eau *célative.* » Pour les mots savants estropiés, voir *fluxia,* dans le Glossaire. — Une brave femme me disait que son enfant allait beaucoup mieux depuis qu'il prenait de l'*ordure* de fer, c.-à-d. de l'iodure de fer.

CHAPE (porter), loc. — Se dit des poules et autres volatiles malades qui vont traînant les ailes. Locution pittoresque.

CHÉCHER. — *Ajoutez :*

> Et la seconde fu d'un fust c'on dit *chessier.*
> > *Conq. de Jérus.,* v. 7437.

Il y a encore à Réalcamp une vallée qu'on appelle la Vallée du *Chécher.*

CHENT, Chint. — adj. numéral. — Cent.

> Thiebaut à *chent* villes, vere plus de dous *chens,*
> U il n'a mie aré ne semé *chent* arpens.
> > *Rou,* v. 4979.

CHERCLE, Cheicle, n. m. — Cercle ; prononciation picarde.

> Deseur le heaume si grant coup li donna,
> Quel *chercle* en fet voler, trestout li embarra.
> > *Doon,* v. 1246.

> Puis li lachent. i. heaume dont li *cheiclez* luist cler.
> > *Gui de Nanteuil,* v. 953

CHIMETIÈRE, n. f. — *Ajoutez* : Je me suis trompé en donnant à ce mot le genre masculin. Il est toujours féminin comme dans la plupart de nos vieux auteurs :

« Adont mouru Salehedins... et fu enfouis en la *cymetère* S.-Nicholai-d'Acre. » (*Chron. de Rains*, p. 113.)

« En la *cimetière* que on dit Saint-Jean. » (Froissart, dans Littré.)

CHINAGRÉE, Cinagrée, n. f. — On entend par ce mot tout aliment propre à engraisser les bestiaux. De l'orge cuite, des pommes de terre cuites sont une bonne *chinagrée* pour les pourceaux.

CHIVIÈRE. — *Ajoutez* :

> A mesnaige fault pain et vin...
> La crible et la *chivière*,
> Ratel, et petel, et mortier.
> > *Anc. Poés.*, I, p. 119.

CIERGE-PLEUREUR, n. m. — Cierge porté, à la suite du corps, par un proche parent ou un ami intime du défunt.

CLAPOT, n. m. — Bavardage, propos calomnieux. — « Qué chipie ! avec ses *clapots* elle ferait battre le bon Dieu avec la sainte Vierge ! »

CLAPOTER, v. n. — Parler à tort et à travers ; médire, calomnier : « Ale a *clapoté* je ne sais quoi sur min compte. »

‖ Patauger dans une mare, un ruisseau, etc : Qué gamin ! on ne peut l'empêcher de *clapoter* dans l'iau. »

CLAPOTIER, ère, n. m. et f. — Celui, celle qui se plaît à bavarder ; médisant, ante,

‖ Enfant qui s'amuse à battre l'eau des mares et des ruisseaux pour la faire rejaillir sur soi ou sur les autres.

CLENCHE. — *Ajoutez* :

> N'on ne puet entrer ès osteus
> Sans buscier u sacier le *clenque*.
> > *Ch'est du honteus Menesterel.*

CLICHER, v. n. — Avoir la diarrhée, la *cliche* ; usité dans le v. fr. populaire :

> Et si de nuit sa femme *cliche*,
> Ou dedans le lit elle pisse,
> Le mary n'osera gronder.
> *Anc. Poés.*, I, p. 25.

CLIQUETTE, n. f. — Petit poisson plat, carrelet ou limande, par similitude de forme avec le français *cliquette*, petit osselet ou mince morceau de bois plat.

CLOQUETER, v. act — Annoncer au son d'une clochette (*clo quette*) qu'il a été perdu tel ou tel objet : « J'ai perdu min kien de cache, j'vas le faire *cloqueter*.

COCHONNADE. n. f. — Viande de cochon ; toute espèce de mets qui a pour base cette viande.

COMPÈRE-LORIOT. — *Ajoutez* : Quand on fait son cas au milieu d'un chemin, on est sûr d'attraper un *compère-loriot*.

COPIN, n. m. — Gros crachat. En v. fr. *écopir*, *récopir*, signifiaient cracher :

> Il fu por nous en la crois mis
> Et claucifiés et *escopis*,
> GILLES DE CHIN, v. 2031.

> Quant l'amiraus l'entent, tous li sans li noirchi.....
> Ens en fons bénéis en despit *rescopi*.
> FIERABRAS. v. 5936

Ecopache, crachat, est très-usité dans le pays de Caux, et se dit encore quelquefois chez nous dans cette locution proverbiale : « Il a si peu de chance qu'i se noierait dans s'n *écopache*. »

COQUE-SOURIS. — *Ajoutez* : Comme le chat-huant, le coque-souris a mauvaise réputation. C'est un oiseau *funeste*, et pour cette raison on le cloue impitoyablement aux portes des granges ou des étables. Un poëte appelle la chauve-souris « sœur du hibou funèbre et de l'orfraie avide. »

CORDIAU (Un bon k'va de), loc. — Personne patiente, qui fait tout ce que l'on veut, que l'on mène facilement, que l'on conduit, pour ainsi dire, comme le *cheval de cordeau* dans un attelage.

COUCHETTE, n. f. — Linge de propreté dont on enveloppe les enfants au berceau. Cette acception n'est pas notée dans les dictionnaires.

COUCOU, n. m. — Primevère. Les paysans ont dû ainsi nommer cette fleur parce qu'elle fleurit cachée sous la neige, par allusion au jeu de coucou.

COUILLONNER, v. act. — Railler, se moquer. Mot grossier que les paysans emploient comme tant d'autres de cette espèce sans songer à mal.

Dériv. — *Couillonnade*, lâcheté, bêtise, niaiserie. « Dire des *couillonnades*, des choses grivoises. »

COULOMBE, n. f. — Solive, poutre ; du latin *columna*, colonne. « *Columpnes* rundes ki furent as murs justées. » (*Rois*, 247.)

> (Do) vit à une *coulombe*.i. grant escu doré,
> A son col le pendi...
> > *Doon*, v. 3504.

> Les *colombes* en sont ovrées à or bon.
> > *Aye d'Avignon*, v. 2206.

COURIETTE. — *Ajoutez :* « Deux petites verges et une *coroyette*, » dans La Curne. Comparez notre mot avec le messin *coriat* qui a le même sens.

COUVER, v. n. — Se mettre sous les pieds ou entre les jambes un pot de terre rempli de braise, ce qui entretient une douce chaleur. A la campagne toutes les femmes *couvent*. Voir *couvet* dans Littré. Outre l'acception que Littré donne à ce mot *couvet*, il en a une autre assez bizarre : *flatus ventris tenuior.* « Auquel Jehan print taulent de laschier ung pou de ventosité, lascha c'est assavoir ung *couvet*. » (Du Cange ; *Lett. de Rém.*, 1468.)

CRAPOU, Crapaud. — *Ajoutez :*

> Et oient la vermine entour eus fremillier ;
> De *crapous*, de culeuvrez i avoit.i. millier.
> > *Gaufrey*, v. 1640.

CRAVENTER (Se), v. réfl. — Se donner beaucoup de mal, travailler à se faire crever, comme disent les paysans : « N'êtes-vous pas assez riche ? à quoi bon vous *craventer* de la sorte ? » *Craventer*, qui est un composé de crever, *crepare*, bas-latin *crepentare*, signifiait anciennement briser, renverser, abattre :

> Si fiert celui ki le dragun teneit,
> *Craventet* ambur en place devant sei
> E le dragun et l'enseigne le rei.
>
> *Ch. de Rol*, v. 3548.

> S'iert prise Orenge et les murs *craventez*.
>
> *Aliscans*, v. 1785.

> Là veissiez ces lances et ces escus croissir,
> Et de lor brans d'acier ses vers helmes tentir,
> Chevaliers *craventer* et verser et morir.
>
> *Aye d'Avignon*, v. 3010.

CREDO, n. m. — Lorsqu'un chat fait son ronron, on dit qu'il récite son *credo*, quelquefois son bréviaire.

CRESSENTINE, n. f. — C'est le nom défiguré du chrysanthème.

CUL (Peur-en-), n. des deux genres. — Celui, celle qui a peur de tout : « Qui m'a donné un *peur-en-cul* comme tai ? »

D

DÉCAFLOTER, v. act. — Oter l'écale : « *Décafloter* des noix. » Littré, dans le supplément à son dictionnaire, explique ainsi le mot *écaflote* : peau de légumes qui reste dans la passoire, quand la purée est passée. — Dans *Li Dis de la Nois*, de Watriquet, je note les formes *eschafillon*, *escaflote* = coquille de noix. Ces mots, ainsi que le nôtre, ont pour origine *scaffa*, cosse, dans Du Cange.

DÉFOURNÉE, n. f. — Accouchement. Avec *enfourner* et *défourner*, les paysans qui ont la parole libre font un jeu de mots facile à comprendre : « Il est pu aisé d'*infourner* que de *défourner*. »

DÉFOURNIR, v. n. — Usité seulement au participe : « J'voudrais bien vous prêter de l'argent, mais j'en suis tout-à-fait *défourni*. »

DÉFOURRURES. — *Ajoutez* : On appelle encore *défourrures* des gerbes de blé battues et passées au peigne. Elles servent aux couvertures en pailles, et dans la plupart des baux les fermiers sont tenus de fournir un certain nombre de ces gerbes.

DÉHOUSER, v. act. — Déshabiller, dévêtir (V. *Houser*, dans le Glossaire.)

> Et après qu'il l'eust *deshousée* :
> Or ça, dist-il, tendre rousée,
> Vous ai-je faict du mal ainsi ?
>   Marot, *Epig.* XLI.

DÉHOUSSINER (Se), v. réfl. — Se remuer, se presser, De *de* préfixe, et *housse*.

DÉLIMONIER, n. m. — Jeu d'enfants qui a quelque rapport avec le jeu de barres : « Jouons à *délimonier*. »

DÉLOGE (Faire Jacques), loc. — Déménager la nuit sans tambour ni trompette, mettre, comme on dit encore, la clef sous la porte : «Le pendart ! *Il fait Jacques Desloges*. Il a raison, il vaut mieux estre plus poltron et vivre davantage.» (*Com. des Prov.*, p. 74.)

DÉLOQUETÉ. — *Ajoutez* :

> Vous n'este pas trop desgouté,
> N'y elle trop *desloquetée*.
>
> J. GODARD ; *Les Desguisez. Anc. Théât.*, VII, p. 353.

DÉMUCHER. — *Ajoutez* :

> Ne se vout *démucher*, à Roem se cela.
>
> *Rou*; v. 4760.

DENTIER, v. act. — Défier, provoquer ; montrer les dents à quelqu'un par menace : « Tu veux me *dentier*, mais tu t'en repentiras.»

DENTU, adj. — Qui a les dents longues et solides, du latin *dentatus*.

> Sengliers grans et *dentus*, dont grandement y a.
>
> *Doon*, v. 1691.

Je lis dans Michelet : «Limaces, limaçons, insectes de mille sortes, tous gens de terrible appétit, nés *dentus*, armés d'appareils formidables, d'ingénieuses machines à détruire. » (*L'Oiseau*, p. 75.)

Le même auteur a essayé de ressusciter l'adjectif *griffu* : « Le vautour, l'aigle, tous les brigands *griffus*, crochus, altérés de sang chaud.» (*L'Oiseau*, p. 143.)

Ces deux mots si énergiques et si français n'ont été admis dans aucun dictionnaire. Comp. avec *dentu*, *griffu*, les vieux mots *crenu*, chevelu, de *crine*; *cretu*, fier, orgueilleux, de crête; *nervu*, de nerf, et *cœuru*, qui a du cœur, usité en maint endroit dans la Normandie.

DÉPÊQUER (Se), v. réfl. — Se tirer difficilement d'un chemin boueux, d'un hallier épais, et, par extension, d'une mauvaise affaire. Son corrélatif *empêquer* n'est usité qu'au participe. (V. le Glossaire.)

Etym. *de* particule privative, et *pedica*, lacet, piège ; d'où le bas-latin *dispedicare*, qui a formé directement *dépêquer*.

BIBLIOTHÈQUE NATIONALE R.F. IMPRIMÉS

Dans le v. fr. *despescher* avait souvent le sens de débarrasser,
tirer de :

> De pesché serez *despechés*,
> Guéris de toutes maladies.
>
> *Myst. de Saint-Clément*, p. 87.

DÉSAILER, v. act. — Casser l'aile : « J'ai tiré une perdrix que
j'ai *désailée*. »

DÉTRIER (Se), v. réfl. — Même sens que *se dépêquer*.

DIGONNER. — *Ajoutez* : La vieille langue avait *dagonner*, percer
d'une dague et au fig. railler, piquer, comme dans cet exemple :

> (Le vilain) cuida que il l'alast ainsi *dagonnant*.
>
> *Doon*, v. 2682.

V. Du Cange au mot *dagha*, et comp. avec l'anglais *daggèr* et l'allemand *degen*, épée.

DISCIPLES (Assembler ses), loc. — Réunir ses créanciers pour
faire un concordat : « Deg... est bien fier ; il a pourtant assemblé
deux fois ses *disciples*. »

DORÉE. — *Ajoutez :* « Testes de moutons, formages mols, *dorées*
de beurre. » (Nouv. Fabrique, p. 63.)

DOUTANCE. — *Ajoutez* : Le passage tiré de Quesnes de Béthune
a été cité de mémoire ; voici le texte véritable :

> Anemis Dieu en seriés
> Et que pourront faire si anemi
> Quant tout li saint trembleront de *doutance*
> Devant celui qui onques ne menti ?

DRAPÉ. — *Ajoutez* : Quand un jeune gars se permet de conter
fleurette à une fille plus âgée que lui, elle ne manque pas souvent de
lui dire : « Vas-tu te taire, piot morveux, tes *drapés* sont core cro-
chés à chés haïes. »

E

ÉBOULÉE, n. f. — Un médecin de notre vallée, **M.** Ternisien, m'avertit que ce mot est souvent employé dans le sens de fausse couche.

ÉCLON, Équillon, n. m. — Echelon ; cran de crémaillère. « Abaisser, lever d'un *éclon* l'crémaillère. » V. fr. *eschilon, escaillon.*

ÉCOQUER, v. act. — Casser, rompre, en parlant d'une corde trop tendue : « Il a tellement serré le *comble,* qu'il a tout *écoqué.* »

‖ Au fig. — Se crever de manger. « J'm'en sus donné à tout *écoquer.* »

Etym. de *e,* particule, et de *coque,* pris métaphoriquement.

ÉCORNER, v. act. — Assourdir. « Tu m'*écornes* les oreilles avec ton bavardage. »

ÉGARGATER (S'). — *Ajoutez* : On peut supposer que ce mot a pour étymologie le v fr. *gargate,* gorge :

> Si tost com ot soupé, li hiraus se leva
> Et à plaine *gargate* esranment s'escria.
> *Brun de la Montaigne,* v. 2353.

En sorte que s'*égargater* aurait signifié d'abord s'écrier à pleine gorge, et par conséquent ouvrir largement la bouche. De ce sens, il aurait passé insensiblement à celui que nous signalons dans le *Glossaire.*

ÉGRIGNER (S'), v. réfl. — Se mettre à pleurnicher comme les enfants en faisant une laide grimace.

‖ Se plaindre. « C'est li qui s'est *égrigné* quand il a fallu payer les frais du procès. »

‖ Avoir l'air *égrigné*. — Avoir un air revêche, triste. (V. *Grigner* dans le *Glossaire*.)

EMPERCHEUR, n. m. — A Rétonval, Aubermesnil, Foucarmont, on appelle ainsi les ouvriers qui plantent *les perches* autour desquelles s'enroule le houblon.

ENCARAUDER. — *Ajoutez :* Ce verbe ainsi que les noms *charaux, caras, charaudie*, ont pour étymologie le bas-latin *caragius* (sorcier), usité dans les écrivains ecclésiastiques des Ve et VIe siècles. « *Non licet ad sortilegos vel ad auguria respicere, non ad* caragios *nec ad sortes adspicere.* » (V. Quicherat, *Addenda lex. lat.*)

> Que se tu crois en sorcerie
> En charme ne en *charaudie*.
> > *La Voie du Paradis.*

ENCEPÉE (Être), loc. — Se dit, au fig., d'une fille enceinte avant le mariage. (V. *Enceper* dans le *Glossaire*.)

ENGREUILLER, v. act. — Mettre en *greuille*. (V. ce mot.)

ÉPAILLER. — *Ajoutez :* On trouve *espaille* = paille, en sorte que notre mot *épailler* n'en est qu'une simple dérivation :

> S'il a del foine ou de l'avoine
> Moult li sera poc de se peine ;
> Ou de l'estrain ou de l'*espaille*
> Il ne li chalt....
> > *Dolopathos*, v. 6882.

ÉPERCINGLEUX, euse, adj. — « Ch'est un *épercingleux* d'iau sale, de putet, » c.-à-d. un médisant et même un calomniateur (V. *Eper-cingler*).

ÉPINTE, n. f. — Glas, sonnerie funèbre : « Sonner deux, trois *épintes*. »

ÉPITAPHE, n. m. — Soufflet : « J'li ai flanqué un *épitaphe* parmi l'figure. »

ERMONS, n. m. plur. — Les deux pièces de bois qui tiennent de chaque côté le timon d'un chariot.

ÉTRAMER. — *Ajoutez :* Comp. ce verbe avec *estramier*, paille, fourrage, forme très-approchante du patois :

> En viex *estramier* fu muciez,
> Et en l'estrain fu seul laissiez.
>> *Rou*, v. 8039.

« *Par estras,* » loc. ancienne que l'on trouve dans Brun de la Montaigne avec le sens probable de dispersé, en désordre, a la même origine que les mots patois *éternir* et *étramer* :

> Il et si compaignon qui s'en vont *par estras*,
> Et si n'i nul d'eulz qui soit point granment las.
>> *Brnn de la Mont.*, v. 357.

Cette locution rappelle encore à l'esprit le *strata viarum*, de Virgile ; *par estras*, peut-être par les chemins.

ÉTREULER (S'), v. réfl. — Se ruiner : « X... n'a pas assez d'avances pour réussir dans s'ferme, i *s'étreulera*. » — En Basse-Normandie, *étreuler* signifie jeter sans ordre, en monceau.

F

FABRIQUEUX, n. m. — Celui qui fabrique, invente; en mauvaise part : « Un *fabriqueux* de fausse monnaie. — Un *fabriqueux* de mentiries. » Fém. *fabriqueuse*.

FAIRE À DEUX, loc. — S'associer pour le jeu, pour un marché, une entreprise quelconque.

FANIE, n. propre. — Stéphanie, par aphérèse. Comp. *Fanie* avec l'anglais *Fanny*.

FÉDÉRIC, n. propre. — Les anciens textes donnent souvent *Fédris* au lieu de *Fredis*. *Fédéric* = Frédéric.

FIABLE. — *Ajoutez* : M. F. Baudry me fait justement remarquer que ce mot n'est pas la corruption de *féal*, mais tout simplement l'adjectif verbal de *fier*, comp. *aimable*, etc.

FIN DES FINS (à la), loc. — Enfin, en dernier lieu : « A la *fin des fins*, nous sommes tombés d'accord. »

FOUÉE. — *Ajoutez* : Dicton : « Faire une *fouée* de mariage. » faire un feu qui ne dure pas longtemps.

FOUTRIQUET, n. m. — Petit homme remuant et prétentieux. *Fotriquet*, dans le patois de Montbéliard, signifie chétif, merdeux, polisson. (V. Contejean.) Le maréchal Soult, taquiné trop souvent par M. Thiers, avait donné à ce fameux homme d'Etat le surnom de *foutriquet*, à cause de sa petite taille.

FRAIKTHEUME, n. f. — Humidité, rosée abondante : « N'allez point ce matin vous promener dans chés camps, il y a trop de *fraiktheume*. » On distingue bien dans la première partie de ce mot l'adjectif *frais*, mais il est difficile de donner l'origine de la seconde partie.

FRAIS, Fraique au fém., adj. — Ce mot n'a pas le sens du fr. *frais, fraiche*. Il signifie trempé par la pluie, percé jusqu'aux os : « J'ai été prins par l'orage, et je reviens tout *frais*. »

FRILLEUX, euse, adj. — Frileux ; les *l* sont mouillées. Dans le Berry, *friller* signifie avoir froid. (V. le comte Jaubert, *Glossaire du centre de la France.*)

FRIPOUILLE, n. f. — Gens de rien : « N' fréquente point st'*fripouille*-là. »

‖ Objets de nulle valeur. « On revend Canconat, mais tout son mobilier, c'est de la *fripouille*. »

En dialecte lorrain on dit *frapouille*. Ces formes sont des variétés de *frapaille* qui désignait une vile multitude et particulièrement des gens inaptes à la guerre :

> Si ne soiomes pas tenu
> En l'estor ne en la bataille
> Ne por garçon ne por *frapaille*.
> > *Guill. de Palerne*, v. 1793.

> La gent Herbert ne sont mie *fraipaille*.
> > *Raoul de Cambrai*, p. 43.

> Ez vous Charlon poignant par la bataille,
> Ne sambloit pas estre rois de *frapaille*.
> > *Enf. Ogier*, v. 5401.

L'origine de ce mot est *frape*, ruse, tromperie :

> Se or ne set Renars de *frape*
> Il iert chéuz en male trape.
> > RENART, *Variantes*, 165.

Comp. encore avec les vieux mots *flepe, frepe, ferpe, fripe, filoche,* lambeau, qui ont donné fripier, fripon ; en sorte que *fripouille* signifie exactement un tas de fripons.

G

GADROUILLER, v. n. — Travailler dans l'eau ; faire un travail dégoûtant. *Gadrouille*, femme sale, débauchée.

GAILLE, n. f. — (Les *l* sont mouillées) Moule à fromages.
|| Virole : « J'vas cheuz le serrurier faire mettre une *gaille* à m'fourquefile. »

GALOURIAU, n. m. — Garçon de ferme, même sens que *Cassier*.

GARIGNON, n. m. — Fruit qui n'arrive pas à maturité ; pommes, poires pierreuses, même sens que *Cafignon*.

GAUCHIER, **ère**, adj. — Gaucher. Dans Rabelais, *gauschière* est un qualificatif qui s'applique à un objet qu'on tient de la main gauche : « Une raquette *gauschière*. »

GERGON. — *Ajoutez* : Locut. prov. : « Locher son poirier de *gergon*, » Caqueter à double ratelée, comme disent nos vieux auteurs. Dériv. *Gergonnière*, femme bavarde.

GERGONNER CONTRE, **Après quelqu'un**, loc. — Crier contre quelqu'un, médire d'une personne : « Que les docteurs de chambre et de table ne prennent point icy un degré trop hault pour eulx, c'est de *gergonner contre* le Maistre céleste, auquel il nous convient tous de donner audience. » (Calvin.)

GIVANNE, n. f. — Femme mal bâtie ; s'emploie toujours avec le qualificatif grand : « Qué grande *givanne !* »

GLAUDE, n. propre. — Claude : « Des reines-*glaude*. »
Au temps de *Glaude*, l'emperesse.....
Anc. Poés., VII, p. 237.

Pour le changement du *c* en *g*, voir dans le Glossaire le mot *grible*. Dans les lexiques de la basse-latinité, on trouve *grassus, figatum, negare* au lieu de *crassus, ficatum, necare*.

GORRON, n. m. — Goulot d'une bouteille. C'est le vieux mot *goitron, gotron* qui signifiait gosier, pris métaphoriquement :

> Entre la gorge et le *gotron*
> Li fist passer le fer trenchant.
> *Rou*, v. 9224.

GRAUS, n. m. plur. — Griffes, ongles, doigts : « Ne touche pas là, pétiot, ou bien je te donnerai sur tes *graus*.» Dans l'ancienne langue *grau, groe*, signifiait crochet, harpon, crampon, serre : « Fu li vaissiaus saciés fors à *graus* de fier. » (*Chron. de Rains*, p. 96.)

> Près s'ui k'en autel point que pinchons ou aloe
> K'espreviers fameilleus tient saisi en sa *groe*.
> *Berte*, v. 859.

Etymologie bas-lat. *grapa, grappa*. Ce mot appartient particulièrement au dialecte picard.

GRÉGI. — *Ajoutez : Grégir* une robe, la froncer, la plisser.

GRILLETTE À GRILLETTE, loc. adv. — Petit à petit : « Il lui a donné tout ce qu'il avait *grillette à grillette*. » Du patois *griller*, glisser ; v. fr. *escriller, esgriller* :

> A la planche vint, sus munta ;
> Ne sai dire s'il abuissa,
> U *esgrilla*, u meshanéa,
> Mais il chaï, si se néia.
> *Rou*, v. 5532.

GRIOLÉ, adj. — Tacheté de gris et de blanc, en fr. *grivelé*. Je rencontre la forme *grivollé*, voisine du patois, dans une vieille chanson populaire :

> Et le doux roussignolet
> O sa plume *grivollée*
> M'a laissé là tout seullet.
> *Chansons du* XV*e siècle*, publiées par M. G. Paris, p. 21.

Dans le Tarn on donne au loir le nom de rat *grioulé*. (Eug. Rolland ; *Faune populaire*, p. 36.)

GRIPPE-JÉSUS, n. m. — Gendarme ; mot formé par antiphrase. Les gens que les gendarmes empoignent ne sont pas tout-à-fait des *Jésus.*

GRIS, n. m. — Griffe, et par extension, doigt : « Si tu n'es pas sage, t'auras sur tes *gris,* » dit-on à un enfant. Etym. all. *griff.*

> Les *gris* qui sont pongnans, ens u corps li remploie
> > *Doon,* v. 1548

> > Quant Tybert vit qu'il est dreciez
> > Par mautalent est hériciez.....
> > Puis done un saut, sel fiert des *gris.*
> > > *Renart,* dans LITTRÉ.

> .....A chat jamais ne me jouray,
> Il est trop dangereux des *gris.*
> > *Anc. Thédt.,* II, p. 408,

> Se sur vous je jette mes *gris* (doigts)
> Vous direz une pie.....
> > *Anc, Thédt.,* I, p. 27.

GRISARD, arde, adj. — Grisâtre.

GUERNOUILLE. — *Ajoutez :* Quand les *guernouilles* coassent au printemps, c'est signe de doux temps.

GUEULÉE, n. f. — Goulée ; cri, aboiement, hurlement. « Pousser, faire des *gueulées* du diable. » On dit aussi souvent *gueulement.*

H

HAPPETTE, n. f. — Haridelle, rosse : « Ne v'là ti pas un biau fermier avec ses trois *happettes* qu'il traîne par les lippes ! »

HARÉE, n. f. — *Ajoutez :* Rapprochez ce mot de *halay* qui, dans le patois messin, signifie aussi pluie, ondée.

HERCHER. — *Ajoutez :* « Quand il éra *herché* ce que j'ai labouré, » c'est-à-dire, quand il aura travaillé autant que moi, lorsqu'il aura passé par les mêmes épreuves.

HISTOIRE QUE, loc. conj. — Parce que : « I m'en veut, *histoire que* j'li ai dit ses vérités. »

HÔPITALIER, n. m. — Paresseux, propre à rien, bon à mettre à l'*hôpital* : « J'n'ai pas besoin d'un *hôpitalier* comme vous al maison.» Fém. *hôpitalière*.

HOSTO, HOSTEAU, n. m. — Prison : « Envoyer, mettre quelqu'un à l'*hosto*. »

HOTTIAU. — *Ajoutez :* Baïf a employé ce mot comme diminutif de *hotte* :

> (Les garsons) Emplissent les *hoteaux* de raisins grivelez.
> *Poés. chois.*, p. 12.

HOUPIARD, n. m. — Gamin qui garde dans une ferme les dindons, les pourceaux, etc.

I

INTOMBIR. — *Ajoutez* : Dans le *Mystère de St-Clément*, je note la forme *enthomir* qui se rapproche beaucoup de *intombir* :

> Vraiment je suis tout *enthomi*
> Et say la hanche toute route.

Dans les Dits de Watriquet de Couvin *entoumir*, même sens, p. 298.

K

K'MINAIE. — *Ajoutez* :

> En mi liu de ceste cité
> A une tor d'antiquité,
> Deus cens toises haute et cent lée,
> Roonde come *keminée*.
> > *Floire et Blanc*, v. 1595.

> Lès le fu à la *keminée*
> Qui cler lor ardoit sans femée.
> > *Rom. de Perceval.*

L

LAIT-CAMOU, n. m. — Lait récemment trait, qu'on n'a pas encore coulé.

LAITRON, n. m. — Jeune poulain qui tette encore sa mère.

LANNER, v. act. — Importuner, fatiguer quelqu'un par son bavardage : « Va-t-in, tu nous *lannes* avec tes contes ! » Du lat. *laniare*, déchirer.

LARMIER, n. m. — Saillie pour empêcher l'eau de couler dans le pied d'une meule de blé ou d'avoine : « Ma moie s'avance, nous en sommes aù *larmier*. » De *larme*, à cause que le *larmier* pleure pour ainsi dire. (Littré.)

LAYURES, n. f. plur. — Bois que l'on coupe pour faire une *laie*; les *layures* reviennent ordinairement au garde du bois.

LÈCHE-CUL. — *Ajoutez :* Comparez avec M. de *Baisecul*, mot de l'invention de Rabelais.

LEU. — *Ajoutez :* « J'écrirais *queue le leu*, queue du loup, *le leu* dans la langue d'oïl exprimant le cas régime. *Leu leu* n'a jamais signifié par sa réduplication une file, une série. » (Communication de M. F. Baudry.)

LEUNE CHARMÉE, loc. — Lune entourée d'un cercle de brouillard : signe certain de pluie, si l'on en croit les paysans.

LOCHAGE. — *Ajoutez :* *Locher* est français mais nous avons perdu les composés *délocher, élocher :*

> Tote l'eschine l'a *deslochée*
> *Renart, Variantes,* p. 180.

Et vous, mes dentz, chacune si s'*esloche*

VILLON, p. 204.

Eslocher, c'est tirer de son lieu, d'un type latin *exlocare*.

LORINER, v. act et n. — Regarder curieusement, dans une mauvaise intention ; espionner. Comp. avec l'all. *lauern*, épier ; suisse, *loren, luren* ; suédois, *lura*.

M

MAISONCÈLE, MAISONCELLE. — *Ajoutez :*

> Une povre fame manoit
> En la ville ki maintenoit
> Une povre *maisoncelete*,
> Estroite et baisse et petitete.
>   *Dolopathos*, 7699.

MAL. — *Ajoutez :*

> Jamais n'iert jors ne m'an soveingne
> Des *mals* ke soffrir me covint.
>   *Dolopathos*, v. 8604.

MANGONNER, v. act. — Gronder entre ses dents; manger ses paroles. « Qué que tu *mangonnes* là? on ne t'entend mie. »

MANTELINE, MANTELAINE. n. f. — Manteau de femme.

MAQUER. — *Ajoutez :* « *Maquer* quelqu'un, » l'accabler d'injures. « Ne dispute pas avec li, i te *maquera*. »
  || Etre *maqué* à frichons, loc. — Avoir fréquemment des frissons. — De même *être maqué* à poux, à puches, être mangé par la vermine.

MARIBRAIT. — *Ajoutez :* Le rouge-gorge se nomme *Brée* dans l'arrondissement de Pont-Audemer.

MARQUE, n. f. — Mesure de bois de charpente. *La grande marque* contient 300 chevilles, et la *petite marque* 96. La première égale 71 décistères, la seconde 23.

MESNIL. — *Ajoutez :* En composition *Mesnil* est abrégé en *mi*

4

ou devient *miné* ; ex. : *Mi-David, Miné-Riam*, au lieu de Mesnil-David, Mesnil-Réaume. *Aubermesnil* se dit toujours *Le Berbini* :

> J'n'sommes-ti point du *Berbini*,
> J'n'o n'allons mie core ennuit :
> Qu'i pleuche, qu'i vinte, qu'i tonne,
> Restons ouèche qu'o sommes ;
> Si o'sommes bien, t'nons-nous-y,
> J'n'sommes-ti point du *Berbini* ?
>
> Chanson des *Empercheurs de houblon*, communiquée par M. Parisy-Dumanoir.

Certains noms de localités voisines de notre vallée ne sont pas moins défigurés dans la bouche de nos paysans. Ainsi le *Mont-de-l'Aigle, Preuseville, Melville, Hesmy, Haute-Maladrerie, Puisenval, Réalcamp, Rieux, Campneuseville* sont prononcés : *Mont-del-Lègue, Predville, Himy, Haumarderie, Pusinva, Riacamp, Rius, Camedville*.

METTRE DEDANS (prononcez d'dins), loc. — Attraper, duper quelqu'un.

MINABLE. — *Ajoutez :* « La redingote que portait le général Bonaparte était si rapée, il avait l'air tellement *minable*, que j'eus peine à croire d'abord que ce fût un général. » (Stendhal ; *Mém. sur la vie de Napoléon.*)

MOIE. — *Ajoutez :*

> Il s'en torna par un larriz
> Tant qu'il vint à une grant voic
> Entre un champ et une *moie*.
>
> *Renart*, v. 313, dans Chabaille.

Dans le poëme de *La Guerre de Mets* se trouve *moiée* avec le sens de monceau, amas :

> De paicelz ont les grant *moiées*
> Toutes arses, sen rien estorde.
>
> St. 261.

MONTOIR. — *Ajoutez :* « Quand fut pendant du costé du *montouer*, fit souplement le tour de l'estrivière. » (Rabelais, I. 35.)

MORTOËSE, n. f. — Mortaise. Prononciation picarde, comme *moëson, poëser, poëne, moëner*, etc., au lieu de maison, peser, peine, mener.

MOUILLE, n. f. — Moule : « Faute de soles, on mange des *mouilles*. »

MOURMAUD, aude, adj. — Languissant, énervé, lourd ; — Se dit des personnes, des animaux, du temps : « La chaleur vous rend *mourmaud*. — Min k'va n'est pas comme toujou, il est *mourmaud*. — Un temps *mourmaud*, » un temps lourd.

MOYEN (Avoir), loc. — Avoir de la fortune, être dans une grande aisance : « X... peut dépenser, il *a moyen*. » On disait autrefois *avoir des moyens* :

> Suy-moi donq toujours de bien prez,
> Quand nous irons parmi la ville,
> Affin que la tourbe civile,
> Des bourgeois et des citoyens,
> Connaisse que *j'ay des moyens*.
>
> J. GODARD, Les Desguisez, sc. I, act. II.

MULON. — *Ajoutez :*

> Sor le *mullon* de fain qui flote
> Se siet dolans et esbahis.
>
> Renart, v. 223. dans CHABAILLE.

MULOTER, v. n. — Se dit d'un chien de chasse qui s'amuse à déterrer des mulots. Ancien terme de vénerie que C. Gauchet explique ainsi : « Quand le sanglier va cerchant les cachettes des mulots, là où ils ont caché le bled.

N

NAISSANCE, n. f. — Parties génitales d'un animal : « No vaque a reçu un coup de corne al *naissance*. »

NATION (Mauvaise), loc. — S'emploie souvent pour qualifier un ou plusienrs mauvais sujets : « N'me parlez point des B..., c'est une *mauvaise nation.* »

NŒUD-GORDIEN, n. m. — Même sens que *nœud-gabriet*. Voilà comme les mots historiques sont dénaturés à la campagne et ailleurs.

NOQUE, n. f. — Entaille, cran de crémaillère. Rapp. ce mot de *noquet*, nom des petites bandes de plomb qu'on met dans les angles enfoncés des couvertures d'ardoises. (Littré.)

O

ONDÉE. — *Ajoutez :* Lorsqu'il tombe une ondée et qu'en même temps le soleil luit, c'est que le diable se bat avec sa femme.

ORTAUS, n. m. plur. — Orteils : « J'n'aime pas qu'on marche su mes *ortaus*. » La Curne donne ce mot comme ayant été employé par Ph. Mouskes. On le trouve encore usité au XIVe siècle, ex. : « Le loup a le bout des *ortaux* plus gros et plus rond que n'ont les chiens. » (Cité dans Littré.)

P

PAICHER, v. act. — Paître : « Nos vaques ont bien *paiché*, é sont soules. Dériv. *paichage* = paisson.

PANNE, n. f. — Tuile : « Couvrir une maison avec des *pannes*. » Du bas-latin *panna*, v. Du Cange.

PÉPÈRE. — *Ajoutez* :

Pépère et mémère
Ont couché tête à cul ;
Mémère a fait vesse
Et pépère a sentu.

J'ai entendu maintes fois fredonner ce couplet que je ne donne pas pour de la poésie attique.

PET GLORIEUX, loc. — Jeune fille ou jeune garçon qui se mire dans sa toilette, dans ses beaux atours : « Il est plus *glorieux qu'un pet*, et ce drôle là n'en feroit pas à moins de cinq sols. » (*Anc. Théât.*, IX, p. 35.)

PÉTAU. — *Ajoutez* : En berçant un petit enfant, la mère ou la nourrice chante, pour l'endormir, ce couplet mélancolique :

Mes petits pétaus viendront,
Et les vôtres, ma grand-mère,
Mes petits pétaus viendront,
Et les vôtres, ma grand-mère,
Et les vôtres s'en iront.

PIÉSENTE. — *Ajoutez* : « Une voie qui va de Daminoys a le crois Lorchain par mi no teroir de Mesoutre estoit *piessente*. » (*Charte picarde de* 1320, dans l'Etude sur le dialecte picard dans le Ponthieu, par Raynal.)

> En l'ombre d'une *piésente,*
>
> WATRIQUET ; *fastrasie.* p. 303.

PINDRÉE, n. f. — Pannerée : « J'porte au marché une *pindrée* d'œufs. » Le *d* est intercalé comme dans *aumonde* pour aumône, *fanfarde* pour fanfare :

> Le lendemain sçans halte pour une *fanfarde*
> Au françois envoya une belle ambassade.
>
> *Journal de J. Bauchez,* p. 151.

PIPITRE, n. m. — Pupitre.

PITIEUS, adj. — Compatissant : « C.... n'est pas *pitieux* aux pauvres. » C'est ainsi que l'on parlait autrefois, ex. :

> Ayés, pour enseignier les riches,
> Large cuer et cortois et gent
> Et *piteus* à la poure gent.
>
> ROSE, v. 6610.

« Dès le temps de l'enfance fu le rois *piteus* des poures et des souffraiteus. » (Joinville.)

La vieille langue avait aussi *impiteus, impitieus.* Ces mots sont à regretter.

PLAMUSE. — *Ajoutez :* La Curne donne *blamuse* et cite cet exemple : « Les battoit du plat de la main sur les fesses avec de grandes clacquades et *blamuses* assez rudes. » (Brantôme, *Dames galantes.*)

PLAUDER (Se faire), loc. — Se faire saigner : « J'ai ma al tête, i faut que je voiche à Grandcourt m'*faire plauder.* » Les paysans ont longtemps abusé et abusent encore de la saignée au mois de mars.

PLUQUE. — *Ajoutez :*

> En tous les estas de ce monde,
> Il y a eur, honneur ou *pluc.*
>
> *Anc. Poés.,* t. XII, p. 310.

Le sens de *pluc,* d'après M. de Montaiglon, paraît être celui de « butin » ; c'est l'anglais *pluck,* allem. *plfücken.*

POMPETTE. — *Ajoutez :* « Du temps des robes à *pompettes.* » (*Anc. Théât.,* II, p. 159.)

PONT, n. m. — Pièce carrée qui fermait en avant les pantalons d'autrefois. Il n'y a plus que quelques vieillards qui portent des *culottes à ponts.*

POPER, n. propre. — Prosper.

POSETTE (À s'), loc. adv.— Doucement, posément : « Boire, manger à *s'posette.* — Faire un travail à *s'posette,* » sans se presser.

POTUIT. — *Ajoutez :* Je rencontre dans le Mystère de Saint-Clément absolument la même forme :

> Ho ! céans ho ! entrer n'y fault
> Beaux hostes, ouvrés le *pottuis.*
> P. 118.

POUDROUSSER (Se), v. réfl. — Même sens que *se poudriller.*

POUILLU, adj. pris subst. — Thym. Cette plante en fleur ressemble en quelque sorte à la crinière hérissée d'un *pouilleux.*

POYELLE, n. f. — Poële à frire. Ce mot est plutôt picard que normand ; il est néanmoins très-usité dans notre vallée.

Q

QUOI (Avoir de quoi). — *Ajoutez :* Dans son livre intitulé *Curiosités théâtrales,* V. Fournel nous apprend que la locution *avoir de quoi* est un terme d'actrice pour désigner l'état de fortune d'une camarade qui s'est retirée du théâtre avec une belle aisance.

R

RABINDER, v. n. — Revenir précipitamment : « Quoi ! te v'là déjà *rabindé* al cuisine. »

RABIOTS, n. m. plur. — Objets sans valeur, bagatelles, futilités : « Donner, dire des *rabiots*. » Corruption probable du v. fr. *ravaut*, bourde, moquerie, qui a donné ravauder, ravaudeur, etc. On peut aussi rapprocher ce mot du rouchi *ravau*, *raval*, rabais, dépréciation ; mais dans ce cas il se rapprocherait pour le sens et l'étymologie de *ravaler*.

RACCROUPIR (Se), v. réfl. — Ce mot se trouve dans Cotgrave. En patois, c'est un synonyme de s'accroupir, l'*r* prosthétique n'ajoutant rien au sens.— « Un tel *se raccroupit* », c.-à-d. se courbe, vieillit. — Rester toujours *raccroupi* au coin de son feu. — *Un vieux raccroupi*, un homme qui ne se remue jamais.

> ......Il fait beau voir Pasquet,
> Tout *raccroupy* avec sa grande jaquette,
> Toujours dormant sans songer du paquet
> De sa femmote...
>
> *Anc. Poés.*, I, p. 242.

RACHIN, n. m. — Détour. Ce mot ne s'emploie qu'en parlant des pigeons ramiers, des perdrix, qui s'envolent droit devant le nez du chasseur et tout d'un coup se replient, font un *rachin*, c.-à-d. un détour, soit à droite, soit à gauche.

RADON, n. m. — Œilleton d'artichaut ; d'où *radonner*, ôter les œilletons pour faire un plant nouveau. Peut-être du latin *radix*, racine.

RAILEU, n. m. — Pomme à couteau très-tardive et qui se conserve longtemps.

RAMI (Être), se ramicer. — *Ajoutez* : Comp. avec le v. fr. *amissier* qui paraît avoir dans le passage que nous citons le sens de se réconcilier :

> Pernez parole o li par semlant *d'amissier*,
> Al parlement le fete ochire è destrenchier.
>
> *Rou*, 4434.

RANCONNER, v. n. — Râler ; fréquentatif de *rancer* (V. ce mot dans le Glossaire).

RAPURER (Se), v. réfl. — Redevenir pur, limpide, en parlant d'un liquide : « i faut laisser au cidre nouviau le temps de se *rapurer*. »

‖ Au fig. s'éclaircir, en parlant du temps : « Si le temps se *rapure*, o'z irons travailler dans chés camps. »

‖ Activement : « I faut un bon vent pour *rapurer* le temps. »

RAVAUDERIES, n. f. plur. — Méchants morceaux d'étoffe, et par extension, bagatelles, brimborions. Ce mot existe en génevois : à Montbéliard, *raivaderie*. Pour l'étym., voir *rabiots*.

REBAISER. — *Ajoutez* :

> Si se tiennent à vous, vostre est la compaignie,
> Et se il vous *reboisent*, ce n'iert ne mort ne vie.
>
> *Aye d'Avignon*, v. 2928.

Voir *Baiser* dans le Supplément.

RECATRER, v. act. — Resserrer les bandes d'une roue qui se relâchent.

RECRAN, adj. masc. — Fatigué, épuisé : « O'sommes r'venus *recrans* del forêt. » Contraction de l'ancien français *recréant* :

> Il avoit le corps navret et *recréant*.
>
> GACHET ; Gloss., p. 408.

> Varsauz, moult les ferez as épées trainchanz,
> Si que au bien férir les façons *recréanz*.
>
> *Floovant*, v. 1967.

> Hui chest jour le rendroi vaincu et *recréant*.
>
> *Gui de Nanteuil*, v. 908.

« De *recroire*, dont il est difficile, dit Burguy, de s'expliquer le développement des significations : être rebuté, cesser, abandonner, se regarder comme vaincu. »

A l'origine, *recréant* désignait le champion qui dans un duel se déclarait vaincu et so rendait à son adversaire : *se recredens*. De ce sens il passa naturellement à celui de lâche, misérable, et plus tard à celui de *fatigué, épuisé*.

REGAIGNER, v. act. — Imiter dérisoirement le langage d'une personne, singer ses manières : « Ch' gamin n'est bon qu'à vous *regaigner*. » *Déganer*, usité en Basse-Normandie, a le même sens que notre mot *regaigner*. Le vieux fr. avait *engaignier*, *enganer*, tromper, abuser, et par extension, railler, bafouer :

> Ses enemis ne l'pot onc *enganer*.
> *Saint-Alexis*, st. 32.

> Mais traie est et *enganee*
> Et deceue laidement.
> *Guill. de Palerne*, v. 48.

Il est évident que tous ces mots ont le même radical *gan, gann*, contraction de l'ancien saxon *gamen*, badinage, dérision. Cette étymologie donnée par Burguy est plus vraisemblable que toute autre. *Diez* tire *enganer* de l'ancien haut-allemand *geinôn*, ouvrir la bouche, bâiller, mais cette étymologie dit M. G. Paris, offre de grandes difficultés.

RÉGÂ, n. m. — Herbes qu'on laisse pousser pour avoir de la graine : « Il y aurait bien un lièvre dans ce *régâ*. »

|| Graine d'herbe : « Il a semé du *régâ* dans ce champ pour le convertir en herbage. »

Corruption pour le sens et l'orthographe du mot anglais *ray-grass*.

REMBRÊLER, v. n. — Fêter l'octave de la fête patronale, sans doute par ce que ce jour-là, on se *rembrêle*, c.-à-d. qu'on remet *ses beaux habits à la viande*.

RÉMONIE, n. f. — Vertu, énergie : « T'as donc point de *rémonie* pour te laisser mener comme cha ! »

En certains endroits, ce mot a un autre sens : « Mettre tout en *rémonie*, » bouleverser, mettre tout sens dessus dessous.

REMONTER SON HORLOGE, les poids de son horloge, loc. — Renifler.

REMPONGNER, v. act. — Empoigner de nouveau. On trouve *rempoigner* en ce sens dans un texte du XIIIe siècle (V. Littré).

|| Recommencer une chose qui n'a pas réussi : « I nous faut *rempongner* l'affaire, peut-être que ça ira mieux. »

|| Continuer un travail commencé : « C'est pas assez de travailler le matin, i faut core *rempongner* le soir. »

RENAFLÉE, n. f. — Aspiration bruyante par les narines.

RENIFLARD, arde, adj. — Celui, celle qui renifle continuelle-ment, épithète que l'on applique souvent aux enfants morveux.

RÉPOURDROUSSER, v. act. — Envoyer promener quelqu'un ; le presser, le pousser vivement : « I faut *répourdrousser* chés pares-seux-là. »

RETOMBIR, v. n. — Retentir. « Quand on abat un grand arbre, la terre *retombit* de sa chute. »

Composé du v. fr. *tombir* :

> Quant il crient ensanble, si font tel glatison,
> Que la terre en *tombist*. III. leues environ.
>
> *Conq. de Jérus.*, v. 7590.

On se servait aussi en ce sens de *intombir* :

> Car la sale *entombi* avironéement.
>
> GACHET ; *Gloss.*, p. 159.

Ces mots exprimaient en général le bruit que fait un objet en tom-bant.

REUPER. — *Ajoutez* : Dans le patois messin, *repe* offre la même signification.

REVENIR, v. n. — Ressembler. « O'z avez un fius qui vous re-*vient* bien. »

|| Être convenable, bien aller : « Cet habit là vous *revient* tout-à-fait. »

REVIF, n. m. — Nouvelle vigueur, en parlant des personnes et des choses : « L'v'là sauvé, il a prins du *revif*. » Latin *redivivus*.

RIBLE. — *Ajoutez* : « *Rible* ne se dit pas seulement pour les ger- mais pour le sentiment de froid piquant qu'on éprouve quand agité par un jour de gelée. » (Note de M. F. Baudry.)

RIMER. — *Ajoutez :*

> Cette saison (l'hiver) est fort encline
> A venter, pluvoir et *rimer.*
> > *Anc, Poés.*, XII; *Prénostication des Songe-creux.*

RIPE. — *Ajoutez :*

> « Brodier ! puant ! ripeulx !
> > *Anc. Théât.*, III. 314.

ROGER-BONTEMPS, n. m. — Homme sans souci, qui ne pense jamais au lendemain et qui est toujours d'humeur joyeuse. Ce type national de *Roger-Bontemps* paraît avoir été créé par Roger de Col- lerye, « le roi des bons compagnons, le prince de toute joyeuseté. » Littré donne à ce mot une autre origine historique qui peut, il me semble, être discutée.

Au fém., *une vraie Roger-Bontemps.*

RONFLÉE, n. f. — Ronflement. « I fait des *ronflées* à réveiller les morts. »

RONGNER, v. act. — Forme mouillée de *ronger* : « Cette affaire-là me *rongne*, » me préoccupe extrêmement.

ROULE, n. m. — Râle : « Le *roule* de la mort. »

RUFLE, RUFE, adj. — Bien portant, vigoureux. Au fig. : « I n'est pas *rufle*, » c.-à-d. ses affaires vont mal, il n'est pas riche.

S

SACCAGER, v. act. — Ennuyer, importuner : « Quel éfan ! il est toujou à vous *saccager* ! »

SANG-MÊLER. — *Ajoutez :*

« Je croy que ceste-cy me fera *sang-mesler.* »
                              P. TROTEREL, *Les Corrivaux.*

SANSANDRE, n. propre. — Alexandre.

SCHLINGUER, v. n. — Sentir mauvais de la bouche, des pieds, mot d'argot qu'on peut rapprocher de l'allemand *stinken.*

SERCLEUX, n. m. — Sarcleur : « Car, ce faisant, j'espargne les *sercleurs*, qui gaignent argent. » (Rabelais.)

SÈVRE, n. f. — Sève. Nos paysans prononcent aussi *gaffre* au lieu de gaffe, *vivre* (poisson) au lieu de vive. Comp. ces formes avec les mots suivants qui dérivent du latin : *pertris*, v. fr. ; perdrix, fr. mod., de *perdix*, velours de *villosus*, registre de *regestum*, *fronde* de *funda*, chanvre de *cannabis*. Nous lisons dans les vieux auteurs *évangélistre, célestre, arbalestre, pertruis*, etc :

Celui *évangélistre* amoit,
Après Dieu seignor le clamoit.
                    RUTEBEUF, II, p. 323.

Mist son chief fors par la fenestre
Pour gracier le roi *celestre.*
                    RUTEBEUF, II, p. 351.

Par un *pertruis* de la paroit
A esgardé, si l'a veu.
                    Guill. de Palerne.

« Tendirent los très et lor pavellons tout entour le castiel au giet d'une *arbalestre* à tour. » (*Chron. de Rains*, p. 66.)

On remarquera que cet *r* épenthétique suit généralement les lettres *v*, *f*, et surtout les dentales *d*, *t*. A Montbéliard, *amandre* se dit au lieu de *amande* ; à Vire, *chardron*, *cardron* pour *chardon*, comme au temps de Jean Le Houx :

> Pourquoi ne croist sur mon tombeau
> Que du *chardron* qui l'environne ?
> — Qui n'a jamais beu que de l'eau
> Ne produit herbe qui soit bonne.
>
> JEAN LE HOUX, p. 90.

Un poëte que je crois bas-normand, Jean Joret, a composé un poëme intitulé le *Jardrin solitaire*, forme qui se retrouve encore ailleurs :

> Je me suis adventuré,
> En nos *jardrins* suis entré
> Pour cueillir rose ou bouton
> En ceste nouvelle saison.
>
> *Chansons du XVe Siècle*, p. 9, pub. par M. G. PARIS.

Les noms de famille *Lecointe*, *Lecointre*, si communs en Normandie, sont absolument synonymes et signifient tous deux « l'homme instruit, cultivé, gracieux, aimable, » de l'ancien adj. *cointe*.

SIGNALS, n. m. plur. — Eclairs de chaleur ; on dit encore *calinage*.

SOIE. — *Ajoutez :*

> Ma grant hache prendrai en leure,
> Mon sizel, ma *soie*, ma congnie.
>
> *Myst. de Saint-Clément*, p. 53.

SONGNIE, n. f. — Pièce de bois transversale sur laquelle s'appuie l'allonge d'un chariot.

SOUÉ. — *Ajoutez :*

> Mais bien je voy
> Que suis auprès de la fontainne
> Et meurs de *soy*.
>
> *Chans. du XVe Siècle*, p. 142.

SOUFFLÉE, n. f. — Expiration violente : « Avons-nous fait des *soufflées* pour monter l'côte ? » Ce mot, dit Littré, était usité au XVIe siècle.

SURCAUD, adj. — Employé dans cette locution : « I fait *surcaud* », il fait un temps lourd, très-chaud. Mot composé de *sur* et *caud* (chaud), comp. avec le français *suraigu*, *surhumain*, etc.

T

TABLE. — *Ajoutez :*
> Tout droit après Meniadus
> Se sist Marine, et puis Argente.
> Moult fu cele *tablée* gente.
> > ADENEZ ; *Cléom.*, v. 17370.

TAITAI, n. m. — Petit chien ; mot enfantin qui n'est qu'une ono-matopée.

TATA, n. m. — Du pain ; terme enfantin.

TALONNETTE, n. f. — Fer plat en forme de demi-cercle qui s'adapte au talon des bottes, et remplace les clous.

TAPETTE, n. f. — Jeu d'enfants qui est le même que la fossette ; seulement au lieu de jouer des billes, on joue des noisettes. Du fr. *taper*.

TÊTER, v. act. — Soutenir contre quelqu'un une chose avec opi-niâtreté ; ne pas vouloir démordre de son opinion : « C'est un homme à vous *têter* ce qu'on sait cent fois mieux que lui. »

TINETTE, n. f. — Bloc de bois arrondi qu'on place dans un coin de la cheminée pour servir de siége aux enfants. Cela s'appelle encore un *blo*. Dans l'ancien français, *tinel* désigne un gros et long morceau de bois, espèce de massue, qui figure dans plusieurs chansons de geste.

> Li .I. aporte hache et li autre *tinel*.
> > *Gaufrey*, v. 936.

> (Renouars) Porte son *tinel* dont n'est pas encombrés.
> Grans fu et lons et par devant quarrés,
> Et si estoit de fer molt bien bendés.
> > *Aliscans*, v. 3437.

TINTIN, n. m. — Caquetage, babil, haut et bruyant : « Entendez-vous nos femmes ? font-elles un *tintin* ? — Anciennement *cliquetis* d'épées.

> Mais ou plus grand *tintin* d'espées seur cherviaus…
> Là ert adès li queins et s'enseigne royaus.
> ADAM DE LA HALLE.

|| Au fém. — Femme bavarde, véritable *cacquetoere*, comme disait Villon. D'où *tintiner*, jaser à tort et à travers ; du bas-latin *tintinare*.

Au lieu de *tintin*, on dit quelquefois *tintinière*, mot qui n'est pas moins significatif.

TITI-À-LONGUE-QUEUE. n. m. — La mésange longue-queue.

TORTIGNONNER, v. n. — Hésiter, différer : « Cependant si Henri IV arrivait à Saint-Denis avec le parti pris de ne plus *tortignonner*, etc. » (*Journal des Débats*, 7 juillet 1877.)

TOUILLER. — *Ajoutez :* « La vie est si *entouillée* que on ne la sait par quel coron *destouiller*. » (Froissart.)

TOUPINER. — *Ajoutez :*

> Si fort le trait a li, puis le va empoignant,
> Que plus de .c. degrés mesconte en *toupinant*.
> Doon, v. 7519.

TOUTOU, n. m. — Petit cochon. On n'ignore pas qu'en français ce mot signifie chien dans le langage des enfants. Je ne sais pas trop dans quel sens V. Hugo, qui se vante d'avoir mis « un bonnet rouge au dictionnaire, » a employé ce terme :

> Tous ces tigres, les Huns, les Scythes et les Daces,
> N'étaient que des *toutous* auprès de mes audaces.
> *Contemplations.*

TRAÎNACHE. — *Ajoutez :* A Bayeux et dans la Nièvre, la *traînache*, me dit-on, s'appelle poétiquement la *chemise du bon Dieu*.

TRANCULER, v. act. et n. — Différer, *dilayer* sans cesse, comme dit Régnier.

TROMPE. n. f. — Erreur, tromperie : « J'ai fait une *trompe* en

vous payant. » Comp. avec *mente* = menterie, usité dans l'arrondissement de Pont-Audemer. L'auteur d'une *Pronostication* composée
vers 1525 fait avec *mente* un jeu de mots puéril :

(Ceste année) Les choulx et poreaulx auront vente,

> Car ilz sont bons quant ilz sont cuyts,
> Mais sur toutes herbes la *mente*
> Aura le bruit par le pays
> > *Anc. Poés.*, XII, p. 164.

TUTU, n. m. — Suçon ou morceau de linge rempli de mie de pain
que l'on donne à *tuter* (sucer) aux enfants au berceau.

U

USURE. — *Ajoutez :*

> Puis s'en vestir la casure (chasuble),
> Où il n'avoit ne trou ne *usure*.
> > GAUTHIER LE LONG ; *Combat de St-Pol*, v. 465.

V

VAQUE. — *Ajoutez :*

> Li païsanz s'enfuient, boef ne *vaque* n'i muit.
>
> *Rou,* v. 1077.

|| Dicton : « Prindre el *vaque* et l'viau », prendre une femme enceinte ou déjà mère.

VARIER. — *Ajoutez :*

> « Je m'en vois sans plus *varier.* »
>
> *Myst. de Saint-Clément.*

> Par Dieu je *varie* de crier.
>
> *Anc. Théât.*, I, p. 319.

D'où l'ancien mot *variement,* hésitation :

> Et se vous aiderons sans nul *variement.*
>
> Hug. Capet, p. 34.

VENDUE, n. f. — Vente à l'encan d'un mobilier : « Iras-tu al *vendue* de Poulet ? »

VERMOLU, adj. — Vermoulu : « On scie aussi les cartillages *vermolus.* » (Paré, dans Littré.) On a dit *vermolissure,* au lieu de *vermoulure* : « On dit que ces tableaux n'envieillissent jamais, et n'estre subjects à quelconque pourriture ou *vermolissure.* » (Bouchet, 28e serée.)

VERSELLES, Verzelles, n. f. — Testicules : « Mai ne pas plaider aveuc li ! on me couperait plutôt les *verzelles.* »

VERT-MONNIER, n. m. — Le pivert d'eau, ainsi nommé parce qu'il aime le voisinage des moulins.

VESER. — *Ajoutez :* Dans le *Roman de Rou*, *vesoier* me paraît avoir à peu près le même sens que notre mot *veser* :

> E Normandz devant els (li Alemanz) pristrent à *vesoier* :
> Semblant firent de fuir.........
>
> *Rou*, v. 3970.

Il est presque superflu de faire remarquer que F. Pluquet se trompait lorsqu'il donnait à *vesoier* la signification de *user de ruse*.

VÊTU-DE-SOIE. — *Ajoutez :* Dans ce vers antithétique de V. Hugo, qui nous paraît simplement grotesque, nos paysans verraient une sorte de blasphème :

> Le pourceau misérable et Dieu se regardèrent.
>
> (Sultan Mourad dans la *Lég. des Siècles.*)

VIAU, n. m. — Endroit resté non labouré par suite du dérangement de la charrue ou de la maladresse du charretier : « Tu ne sais mie t'nir t'carrue, tu fais des *viaus* tout partout. »

VIEILLE (Faire), loc. — Revenir bredouille de la chasse. — Ne pas prendre une seule partie en jouant soit aux cartes, soit aux dominos.

VILLOTE. — *Ajoutez :* Villon appelle *villotières* les filles qui se prostituaient en été dans les champs sur des *villotes* ou tas de foin. La plus ancienne édition de ce poëte donne *violletière*, leçon qui nous paraît être bonne, car *viollet* signifiait jadis petite voie, petit sentier, et l'on n'ignore pas que ces sortes de femmes exerçaient de préférence leur industrie dans les ruelles écartées.

VIPILLON. — *Ajoutez :* Ce mot est souvent employé dans un sens obscène, comme dans les farces des XVe et XVIe siècles :

> ......Vous romperez
> Son *vipillon ;* laissez entrer.
>
> *Anc. Théât.*, p. 445.

VIVANCE, n. f. — Manière de vivre : « Le père M... avait une drôle de *vivance*. »

Havre. — Imprimerie J. BRENIER et Cie, rue Beauverger, 2.

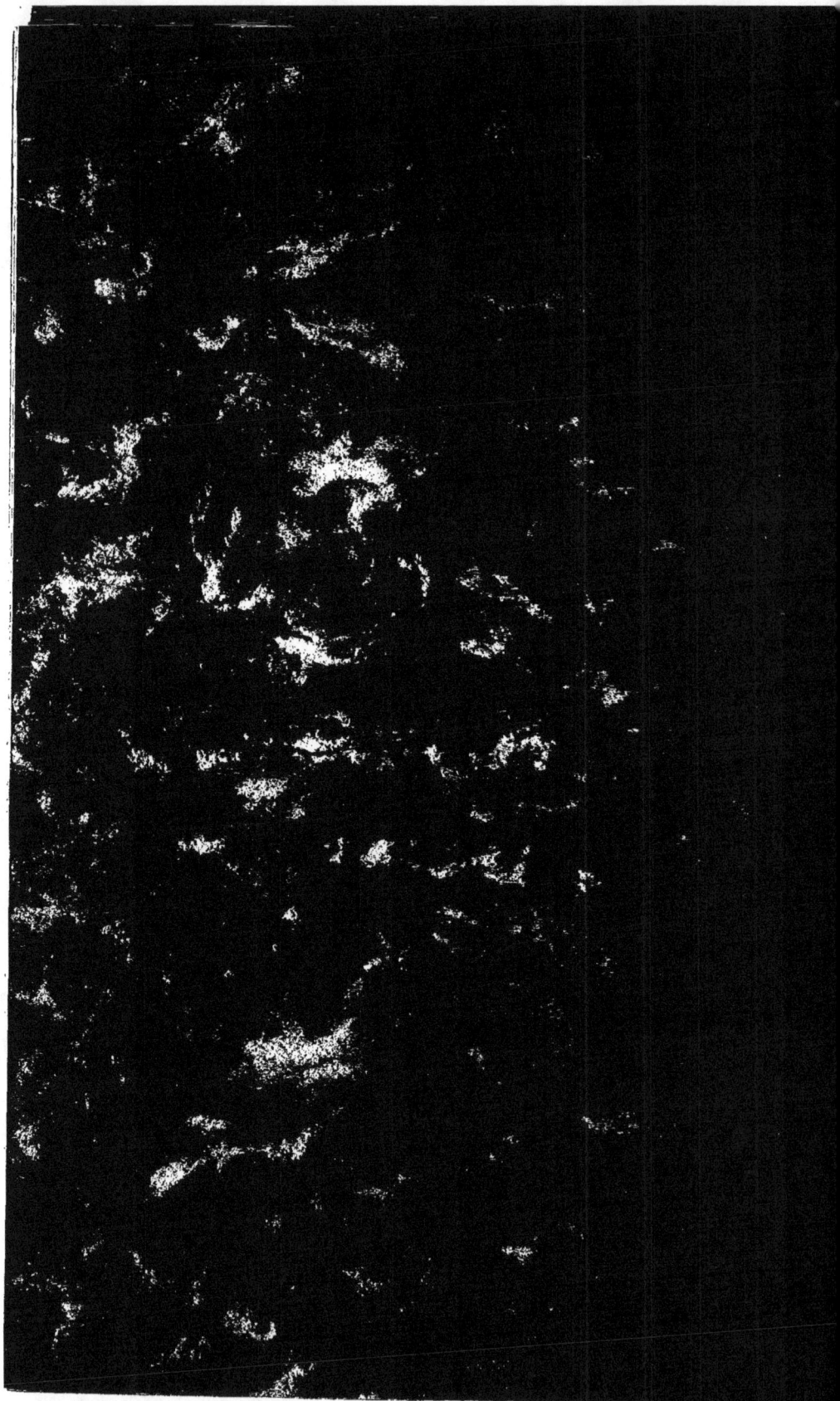

BIBLIOTHEQUE NATIONALE DE FRANCE

3 7502 01136555 0

www.ingramcontent.com/pod-product-compliance
Lightning Source LLC
Chambersburg PA
CBHW071950270326
41928CB00009B/1398

* 9 7 8 2 0 1 9 5 6 4 2 3 0 *